Kathrin Schön

ErlebnisWandern mit Kindern

Schwäbische Alb

OST: VOM RANDECKER MAAR BIS INS RIES

Hallo Kinder!

Ich bin Rothi, das Murmeltier. Von mir erfahrt ihr spannende Geschichten von riesigen Kratern, faszinierenden Höhlen und mächtigen Burgen. Gemeinsam entdecken wir Spuren von Römern und Steinzeitmenschen, Bauten des Bibers, eine Ameisenmetropole und die Rieser Storchenhauptstadt. Nehmt eure Eltern und Freunde mit und kommt mit mir auf die Schwäbische Alb!

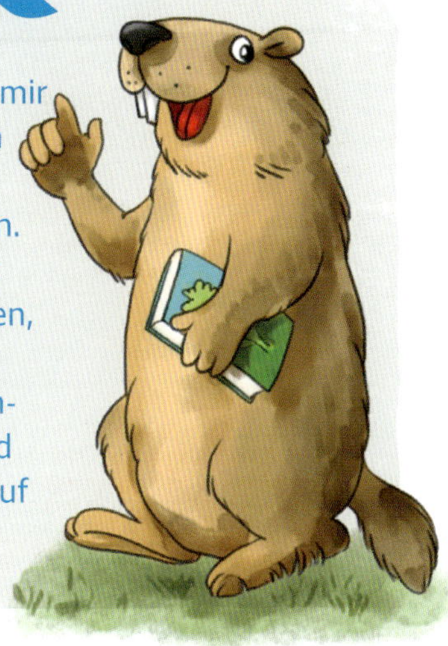

ROTHER

Vorwort

Nach vielen Jahren der einsamen Wanderungen hat mir das Verfassen dieses ErlebnisWanderbuches besondere Freude bereitet. Das Wandern mit Kindern war stets spannend und voller Überraschungen. So verwandelte sich so manches »lauffaule« Kind, für das bisher schon 100 Meter ohne Tragen, Laufrad oder Fahrrad zu viel waren, in Gesellschaft mit anderen Kindern zu einem ausdauernden Wanderer. Auch so manche Attraktion bzw. Spielmöglichkeit, wie etwa das Bohren von Löchern mit Stecken in den Schlamm, hat man als Erwachsener nicht auf dem Schirm. Und so verwundert es nicht, dass aus einer ursprünglichen Wanderzeit von zwei Stunden schnell mal vier Stunden werden. Wer mit Kindern wandert, sollte also grundsätzlich viel (zusätzliche) Zeit einplanen – insbesondere bei kleineren Kindern, um ihrer Kreativität und Begeisterung freien Lauf lassen zu können.

Zu erleben gibt es im Wandergebiet so einiges: Da wären zum einen die beiden Einschlagskrater Ries und Steinheimer Becken. Ein weiterer Krater ist das Randecker Maar, welcher jedoch vulkanischen Ursprungs ist. Erlebnispfade erklären auf spielerische Art und Weise so manches Phänomen und machen die Landschaft mit allen Sinnen erlebbar. Eine Waldkugelbahn bietet Kindern nicht nur einen Riesenspaß, sondern vermittelt nebenbei noch Wissen über Wald und Holz. Mittelalterliche Städte, Burgen, Schlösser und Ruinen warten darauf, von neugierigen Kindern entdeckt zu werden. Aussichtsreiche Wege lassen die teils wacholder- und orchideenreichen Heiden erleben. Zahlreiche Spielplätze, darunter auch Wasser- und Abenteuerspielplätze sowie Niederseilparcours, sind an die Touren angebunden ebenso wie Einkehrmöglichkeiten, die oft mit Biergärten ausgestattet sind und teils spezielle Kindergerichte anbieten. Auf der östlichen Schwäbischen Alb und im Ries gibt es auch zahlreiche Bademöglichkeiten wie Erlebnisschwimm- und -freibäder, Badeseen und sogar ein richtiges Flussbad. Und wenn das Wetter einmal nicht zum Wandern geeignet sein sollte, bietet sich eine Vielzahl an weiteren Freizeitmöglichkeiten wie thematisch vielfältige Museen, spannende Höhlen und sogar ein Besucherbergwerk an.

Mein besonderer Dank gilt allen Kindern, die mitgewandert sind, und insbesondere auch deren Eltern. Ich wünsche Ihnen und Ihren Kindern viel Freude beim Erlebniswandern und freue mich über Korrekturhinweise, wenn sich Fehler eingeschlichen haben sollten oder sich Gegebenheiten vor Ort inzwischen geändert haben. Diese werden dann unter rother.de (beim Buch) veröffentlicht und können bei der Planung zukünftiger Touren hilfreich sein.

Kathrin Schön — Frühjahr 2024

Inhalt

Allgemeine Hinweise 6
GPS-Tracks und Koordinaten der Ausgangspunkte 8
Schwäbische Alb (Ost) und Ries 18

1 **Randecker Maar**
Über Ziegelhütte und Randeck nach Ochsenwang **24**

2 **Schopflocher Moor**
Rundwanderung vom Parkplatz Torfgrube **30**

3 **Zum Neidlinger Wasserfall**
Durch das Streuobstparadies von Neidlingen **34**

4 **Westerheimer Höhlentour**
zur Schertelshöhle **38**

5 **Wiesensteiger Geopfad**
Von der Papiermühle auf den Sommerberg **43**

6 **Naturpfad SinnesWandel**
Naturerlebniswanderung ab Bad Boll **48**

7 **Landschaftspark Schloss Filseck**
Die Waldvariante mit Abstecher zum Charlottensee **52**

8 **Geo-Tour Schwäbisch Gmünd**
Auf den Rechberg und zurück über Straßdorf **56**

9 **ErlebnisWaldpfad NATURATUM**
Waldwanderung bei Schwäbisch Gmünd **62**

10 **Löwenpfad »Orchideenpfad«**
Rundwanderung ab dem Hexensattel **66**

11 **Karst-Lehrpfad Laichingen**
Informative Wanderung zur Tiefenhöhle **70**

12 **Ruckenberg und Blautopf**
Abwechslungsreiche Runde ab Blaubeuren **74**

13 **Eiszeitpfad Lonequellrunde**
Rundwanderung vom Bahnhalt Urspring **80**

14 **Helfenstein und Felsental**
Rundwanderung ab Geislingen an der Steige **84**

15 **Felsenmeer Wental**
Rundwanderung vom Landhotel Wental 89

16 **Geo-Pfad Steinheimer Becken**
Rundwanderung vom Meteorkrater-Museum 94

17 **Brenzquellrunde**
Über die Ruine Herwartstein zum Itzelberger See 98

18 **Schlossberg Heidenheim**
Von Schloss Hellenstein zum Wildpark Eichert 102

19 **Urweltpfad Bolheim**
Informative Runde vom Parkplatz Brunnenhau 106

20 **Eselsburger Tal**
Von Herbrechtingen nach Eselsburg 110

21 **Neandertalerweg**
Vom Archäopark Vogelherd zum Hohlenstein 114

22 **Charlottenhöhle und Kaltenburg**
Rundwanderung ab der HöhlenErlebnisWelt 118

23 **Wasser-/Klang-Pfad Auernheim**
Erlebnisweg ab der Zehentscheuer 122

24 **Bergbaupfad Aalen**
Rundweg ab dem Tiefen Stollen 126

25 **Dellenhäule und Ebnater Tal**
Rundwanderung zur Ameisenstadt 130

26 **Naturlehrpfad Lauchheim**
Vom Feuerwehrweiher zum Bewegungsplatz 134

27 **Auerochsenweg**
Im Tal der Schneidheimer Sechta 138

28 **Biber- und Baumlehrpfad**
Naturerlebniswanderung bei Benzenzimmern 142

29 **Geotope Klosterberg**
Von Maihingen durch das romantische Mauchtal 145

30 **Oettinger Storchennester-Runde**
Vom Parkplatz Entengraben zum Roßfeld 149

31 **Nördlinger Stadtrundgang**
In und um die historische Altstadt **154**

32 **Erlebnisgeotop Lindle**
Rundwanderung vom Literaturcafé **158**

33 **Vom Riegelberg zur Alten Bürg**
Runde über Utzmemmingen im Südwestries **162**

34 **Lehrpfad »Rund um die Hölle«**
Waldwanderung zur Hohlensteinhöhle **167**

35 **Rund um den Michelsberg**
Erlebnisweg und Baumlehrpfad **172**

36 **Lauschtour am Goldberg**
Von der Goldbergalm bei Lutzingen **176**

37 **Geotope Kühstein**
Vom ehemaligen Almarinbad in Mönchsdeggingen **180**

38 **Märchenweg zur Harburg**
Vom Wörnitzstrand zur Waldschänke Eisbrunn **184**

39 **Walderlebnispfad Wemding**
Runde durch den Bayerischen Staatswald **190**

40 **Zukunftswald Monheim**
Themenpfad im Monheimer Stadtwald **194**

41 **GEMULA-Weg**
Von Blossenau zur Übersfelder Ruinenkirche **198**

Freizeit- & Schlechtwettertipps
Tiere und Natur **202**
Badeseen und Erlebnisbäder **204**
Freizeitparks und Erlebnisspielplätze **210**
Klettergärten und Sommerrodelbahn **212**
Festungen und Burgen **213**
Museen **215**
Höhlen und Bergwerk **219**
Infozentren **221**
Themenwege **222**
Fossiliensteinbruch **224**
Dampfeisen- und Bimmelbahnen **225**

Stichwortverzeichnis **226**

Allgemeine Hinweise

Anforderungen

Bei allen in diesem Wanderbuch vorgestellten Touren handelt es sich um Rundtouren, welche größtenteils auf markierten Wegen verlaufen. Teilweise sind sie jedoch auch unmarkiert, was ein gewisses Maß an Orientierungsvermögen voraussetzt und den Kindern die Aufgabe als Pfadfinder zukommen lässt. Da die meisten Touren eher kurz bis mittellang sind, ist ein durchschnittliches Ausdauervermögen von Kindern und Erwachsenen ausreichend. Steilere Abschnitte sind oft überschaubar und für die meisten Kinder gut zu bewältigen.
Es ist auch jeweils ein Alter angegeben, ab welchem die Wanderungen als geeignet anzusehen sind, wobei das individuell von Kind zu Kind sehr verschieden sein kann und von den Eltern selbst für ihr Kind bzw. ihre Kinder am besten beurteilt werden kann. Oft sind Varianten genannt, um bestimmte Attraktionen auch mit jüngeren Kindern erwandern zu können. Geht es steil bergab, machen wir kleine Schritte und sind besonders vorsichtig, wenn es rutschig ist. Hier sind Trittsicherheit und Aufmerksamkeit und an Steilhängen manchmal auch eine gewisse Schwindelfreiheit, teils über eine längere Strecke, notwendig. Details sind jeweils bei den Touren unter Anforderungen in der Kurzinfo beschrieben.
Zur leichteren Orientierung sind die Touren in drei farbig gekennzeichnete Schwierigkeitskategorien gegliedert (s. unten).

SCHWIERIGKEIT: **LEICHT**

Es handelt sich hierbei um kürzere Touren, welche auf gut zu begehenden und meist ungefährlichen, aber trotzdem spannenden Wegen verlaufen. Geeignet sind sie oft schon für Kinder ab 3–4 Jahren. Die Wanderungen und Spaziergänge weisen nur einen geringen Höhenunterschied auf. Zu dieser Kategorie zählen etliche Erlebniswege und Lehrpfade, die nicht nur jüngeren Kindern Abwechslung garantieren, einige Touren sind kinderwagen- oder laufradgeeignet.

MITTEL

Mittellange Wanderungen, die auch mal größere Höhenunterschiede überwinden und abschnittsweise auf schmalen, abschüssigen oder steilen Pfaden verlaufen, werden in dieser Kategorie zusammengefasst. Sie verlangen etwas Kondition und Trittsicherheit und eignen sich je nach Länge für Kinder ab ca. 5–8 Jahren.

SCHWER

Besonders lange Touren mit größeren Höhenunterschieden und Wanderungen, bei denen Trittsicherheit und Schwindelfreiheit neben einer guten Kondition Voraussetzung sind, finden sich vor allem im Bereich der mittleren Schwäbischen Alb. Sie eignen sich mit der richtigen Ausrüstung für Kinder ab ca. 10 Jahren.

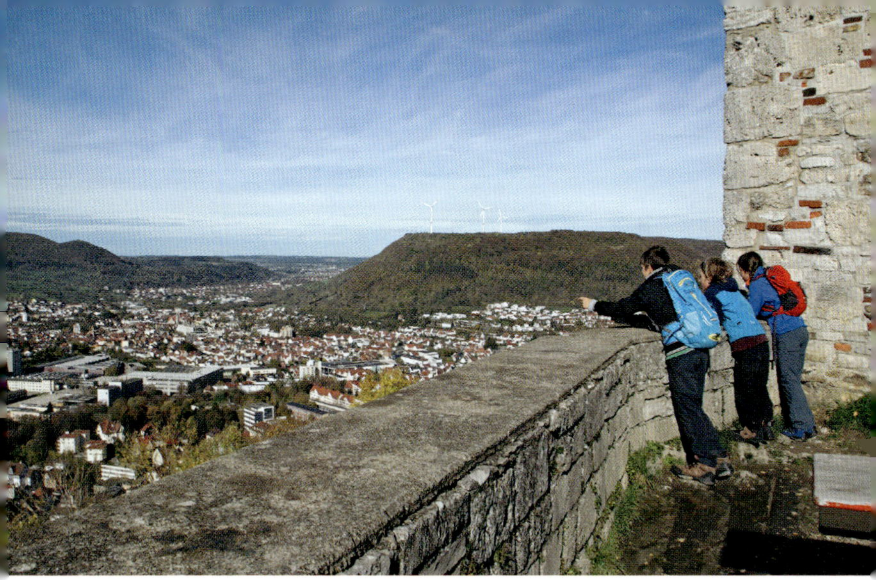

Gehzeiten

Hierunter ist jeweils die reine Gehzeit für die gesamte Tour zu verstehen. Je nach Altersempfehlung wird von einer abgestuft unterschiedlichen Wandergeschwindigkeit ausgegangen. So sind Kinder im Kindergartenalter noch halbe Laufanfänger und damit deutlich langsamer unterwegs als große Kinder im Sekundarschulalter, die mit Erwachsenen schon gut mithalten können. Pausen zum Essen und Spielen, Zeit für das Lesen von Infotafeln oder das Ausprobieren von Erlebnisstationen sowie Sicherheitspuffer sind nicht einberechnet. Wichtig ist es beim Wandern mit Kindern daher, ausreichend zusätzliche Zeit einzuplanen, um den Kindern auf dem Weg die Möglichkeit für Entdeckungen, das Beobachten von Tieren und eigene Aktivitäten zu bieten. Die ausgewählten Touren sind meist auch kurz genug, um das entspannt zulassen zu können. Grundsätzlich gilt, dass der langsamste Wanderer das Tempo bestimmt.

Tourenauswahl

Bei der Auswahl der geeigneten Tour ist neben dem Wetter, der Tageslänge und den Bodenverhältnissen insbesondere das Alter der Kinder entscheidend. Touren mit kleinen Kindern, die noch in der Kraxe getragen werden, sollten nicht länger als drei Stunden dauern.

OBEN

Aussicht von der Burgruine Helfenstein auf die Fünftälerstadt Geislingen an der Steige sowie den Albtrauf (Tour 14).

UNTEN

Die mächtige Wurzel einer umgestürzten Eiche dient als Waldohrensessel (Tour 41).

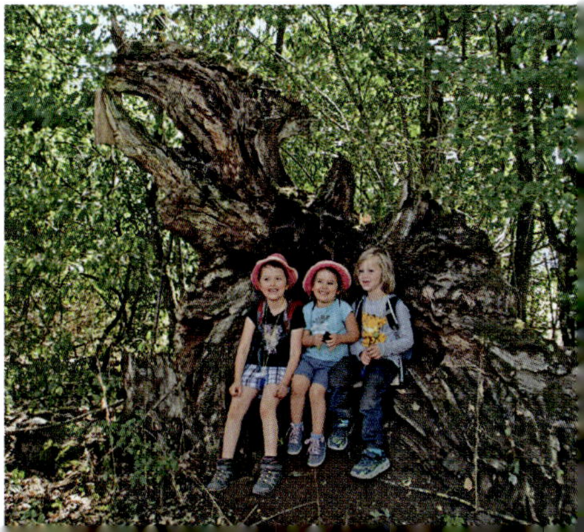

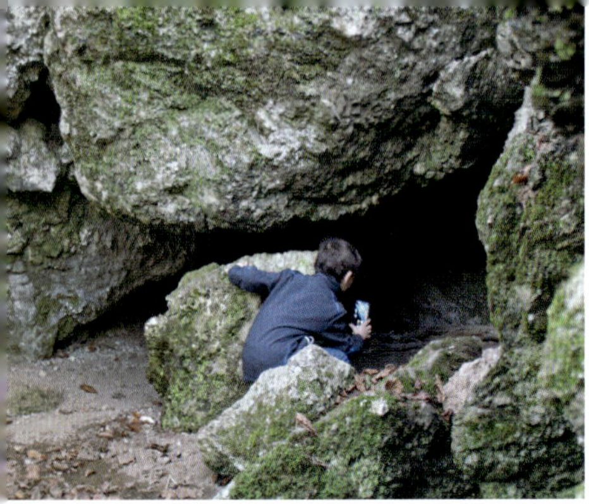

Das Erkunden von großen und kleinen Höhlen macht allen Kindern Spaß (Tour 35).

Zwischendurch sollten die Kleinen immer wieder aussteigen und sich bewegen. Zu empfehlen ist, ausschließlich bei angenehmen Temperaturen und trockenem Wetter loszugehen und wärmere Kleidung mitzunehmen, damit die Kinder nicht auskühlen.
Kinder im Kindergartenalter schaffen schon Touren mit einer Länge von maximal 2 Stunden reiner Gehzeit auf Wegen mit wenig Steigung, während für Grundschüler Wanderungen mit einer reinen Gehzeit von bis zu 4 Stunden ausgewählt werden können. Voraussetzung ist allerdings, dass genügend Pausen eingeplant werden. Für ältere Kinder und Jugendliche sind auch längere Touren geeignet.
Da aber Kinder sehr individuell sind, können diese Angaben nur als grobe Anhaltspunkte angesehen werden. Die Eltern wissen selbst am besten, welche Tour welcher Länge in welchem Alter für ihr Kind bzw. ihre Kinder am besten geeignet ist.
Die im Wanderbuch vorgestellten kürzeren und leichteren Touren sind auch für ältere Kinder und Jugendliche interessant – sei es vor einem bevorstehenden Wetterwechsel oder in Kombination mit einem der vielen Freizeittipps.
Touren durch Laub- und Laubmischwälder sind besonders im Frühjahr zu empfehlen, wenn die Frühblüher die Zeit vor dem Laubaustrieb nutzen und wahre Blütenteppiche auf den Waldböden bilden. Wanderungen auf Pfaden an Steilhängen dagegen sollten wegen der Rutschgefahr nur bei trockenen Bodenverhältnissen unternommen werden.

GPS-Tracks und Koordinaten der Ausgangspunkte

Auf **gps.rother.de** stehen zu diesem Wanderführer GPS-Tracks und die Koordinaten der Ausgangspunkte zum kostenlosen Download bereit. Dieser QR-Code führt direkt zum Download.
1. Auflage, Passwort: **337601skr**
Die GPS-Tracks können in die **Rother App** importiert werden. In der App kann man unterwegs stets sehen, wo man gerade ist und wo es langgeht. **Anleitungen dazu: rother.de/gps**
Trotz sorgfältiger Prüfung können wir Fehler und zwischenzeitliche Veränderungen nicht ausschließen. Verlassen Sie sich für die Orientierung niemals einzig und allein auf die GPS-Daten, sondern beurteilen Sie die Verhältnisse vor Ort.

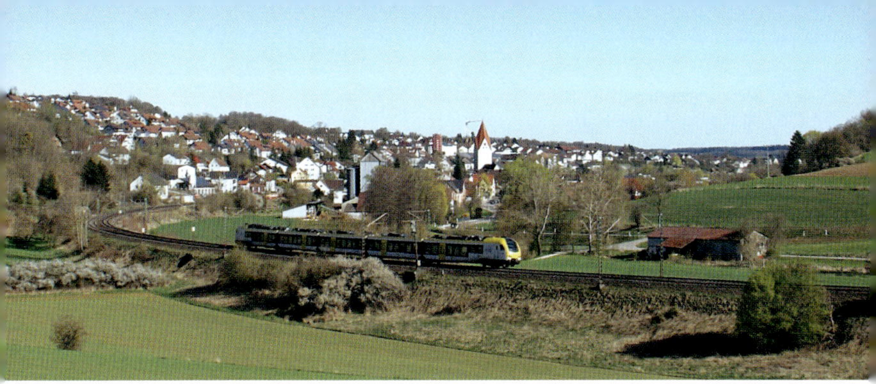

Öffentliche Verkehrsmittel und Anfahrt

Das Wandergebiet ist mit Bahnlinien teils recht gut erschlossen. Die meisten Bahnhöfe werden mindestens im Stundentakt angefahren – auch an Wochenenden und an Feiertagen.
Auf der Schwäbischen Alb sind die Busverbindungen sehr gut. Auch an Wochenenden und Feiertagen werden meist im Ein- bzw. Zweistundentakt die wichtigsten Haltestellen bedient. Von Anfang Mai bis Mitte Oktober fahren auf den touristisch bedeutsamen Linien an Wochenenden und Feiertagen RadWanderBusse, die meist auch Fahrräder transportieren. Regelmäßig oder nur zu ausgewählten Terminen im Sommerhalbjahr verkehren historische Züge, die ebenfalls sehr gut als Verkehrsmittel für Rad- und Wandertouren genutzt werden können. Nähere Informationen hierzu sind auf schwaebischealb.de/rad/rad-wanderbusse-auf-der-schwaebischen-alb zu finden. Wer bei einem AlbCard-Gastgeber übernachtet, fährt im Großteil des Wandergebietes (Baden-Württemberg) sogar umsonst mit Bus und Bahn.
Auskunftsportale sind unerlässlich für die Planung im Vorfeld und auch vor Ort praktisch, denn hier können individuelle Zug- und Busverbindungen abgerufen werden und auch Verspätungen werden angezeigt.

Etliche Touren können mit dem Zug erreicht werden (Tour 13).

Für ganz Baden-Württemberg und darüber hinaus, also für das gesamte Wandergebiet, können über bwegt.de Verbindungen abgerufen werden. Die Darstellung erfolgt übersichtlich, Zwischenhalte können angezeigt werden ebenso wie Wartezeiten und Fußwege (ein Klick darauf öffnet eine Karte mit eingezeichneter Route). Zudem gibt es eine App zum Download. Das Pendant für Bayern bayern-fahrplan.de deckt ebenfalls das gesamte Wandergebiet ab. Die Darstellung der Verbindungen erfolgt sehr übersichtlich mit allen Umstiegen und Umsteigezeiten. Das jeweilige Regionalnetz mit sämtlichen Linien und Haltestellen sowie Karten mit eingezeichnetem Fußweg können über den Menüpunkt

Fahrplanauskunft

Deutsche Bahn: bahn.de
Donau-Iller-Nahverkehrsverbund: ding.eu
Heidenheimer Tarifverbund: htv-heidenheim.de
OstalbMobil: ostalbmobil.de
Verkehrsgemeinschaft Donau-Ries: vdr-bus.de
Verkehrs- und Tarifverbund Stuttgart: vvs.de
Fahrplan für Baden-Württemberg: bwegt.de
Bayern-Fahrplan: bayern-fahrplan.de

»Info« angezeigt werden. Auch hier gibt es eine kostenlose App.
Da sich die Bushaltestellen mehr oder weniger weit vom Ausgangspunkt der Tour entfernt befinden, ist teils ein längerer Anmarsch nötig, was sich auch auf die Altersempfehlung der Touren niederschlägt. Manche Ausgangspunkte sind jedoch nicht, nur sehr umständlich oder an Sonn- und Feiertagen gar nicht mit öffentlichen Verkehrsmitteln erreichbar. Deshalb ist stets auch die Anfahrt mit dem Auto beschrieben, meist von der nächsten Autobahn, Staats- oder Bundesstraße bzw. von der nächsten größeren Stadt aus. Parkmöglichkeiten und -gebühren werden ebenfalls erwähnt. Beim Ausgangspunkt sind jeweils die Adresse oder die Koordinaten angegeben, um ihn mit dem Navi problemlos finden zu können.

LINKS
Im explorhino in Aalen können die Besucher in die Rolle eines Meteorologen schlüpfen. (Freizeittipp F10).

RECHTS
Am Neandertalerweg im Lonetal warten Eiszeittiere, wie dieser Riesenhirsch, darauf, beklettert zu werden (Tour 21).

Einkehr

Gasthäuser und Biergärten, die direkt an der Wanderroute oder in deren Nähe liegen, sind zusammen mit Adresse, Telefonnummer und Internetadresse, soweit vorhanden, ebenfalls in der »Kurzinfo« angegeben. Auch die bei Redaktionsschluss geltenden Öffnungszeiten und Ruhetage sowie Besonderheiten wie spezielle Kindergerichte, regionale Zutaten oder ein vorhandener Spielplatz sind erwähnt. Trotzdem empfiehlt es sich, sich vor der Tour über die aktuellen Öffnungszeiten zu informieren und ggf. eine Reservierung vorzunehmen, z. B. bei einer größeren Wandergruppe.

Highlights für Kinder

Die Touren sind so konzipiert und ausgewählt, dass sie für Kinder attraktiv sind. Sie enthalten meist mehrere Highlights, die bei jeder Tour extra hervorgehoben werden. Dazu gehören Burgen, Ruinen und Höhlen, Spielplätze und Klettermöglichkeiten, aussichtsreiche Abschnitte und Aussichtstürme, abenteuerliche

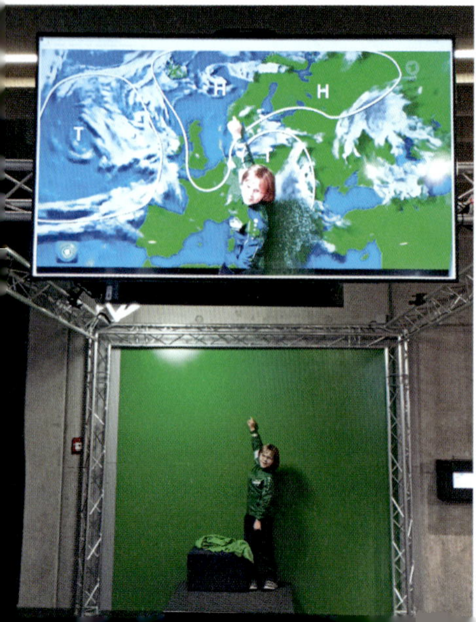

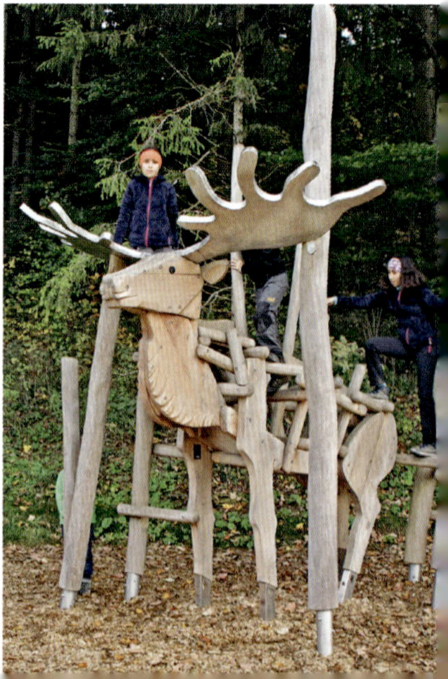

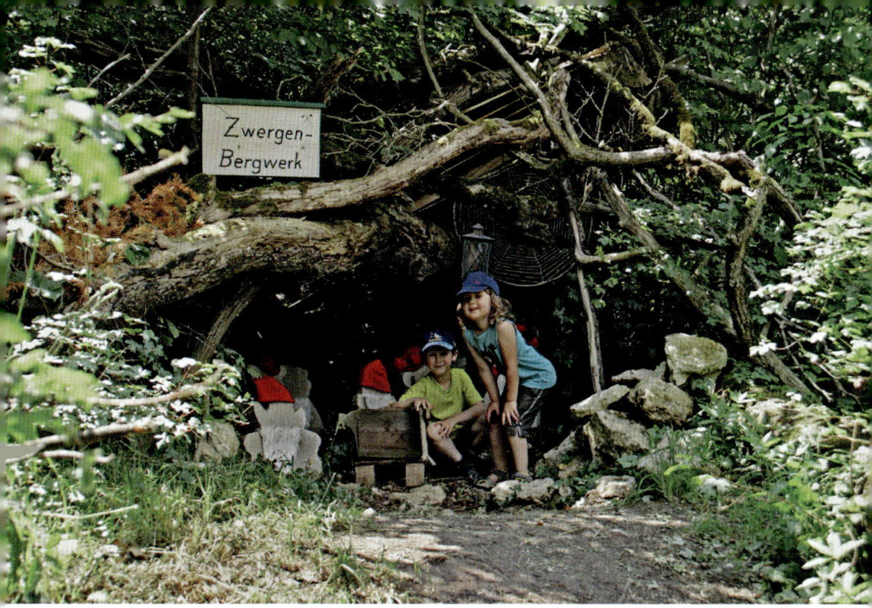

Der Harburger Märchenweg ist im Sommerhalbjahr ein sehr lohnenswertes Ausflugsziel (Tour 38).

Pfade, Begegnungen mit Tieren und Spielmöglichkeiten am Wasser. Ergänzt sind hier weitere, für Kinder besonders attraktive Freizeittipps in der Nähe, welche nach der Wanderung unternommen oder besucht werden können wie Schwimmbäder, Badeseen oder für Kinder geeignete Museen.

Freizeit- und Schlechtwettertipps

Nach dem Tourenteil ist eine Vielzahl unterschiedlicher Freizeittipps im gesamten Wandergebiet zusammengestellt, die in der Freizeit, bei schlechtem Wetter (extra gekennzeichnet) oder in Kombination mit einer Wanderung besucht werden können. Das Angebot reicht von Tipps zu Begegnungen mit Tieren und Natur über Badeseen und Erlebnisbäder, Freizeitparks und Erlebnisspielplätze, Klettergärten, Festungen und Burgen, für Kinder interessante und geeignete Museen sowie Höhlen bis hin zu einem Fossiliensteinbruch und einem Schaubergwerk.

Wer bei einem AlbCard-Gastgeber übernachtet, kann viele der Freizeiteinrichtungen umsonst besuchen und muss auch für den öffentlichen Nahverkehr im Großteil des Wandergebietes (Baden-Württemberg) nichts bezahlen (schwaebischealb.de/albcard).

Motivation

Die Touren sind so ausgewählt und die Routen so gelegt, dass sie möglichst viele Attraktionen für Kinder bieten und so wenig wie möglich auf langweiligen Asphalt-, Schotter- und Forstwegen verlaufen. Da dies aber nicht immer vollständig ausgeschlossen werden kann und gerade jüngere Kinder gelegentlich zum Weiterwandern animiert werden müssen, gibt es hier einige Tipps zur Motivation. Eine einfache Möglichkeit ist das Nennen von Etappenzielen, indem etwa auf das nächste »Highlight« der Tour

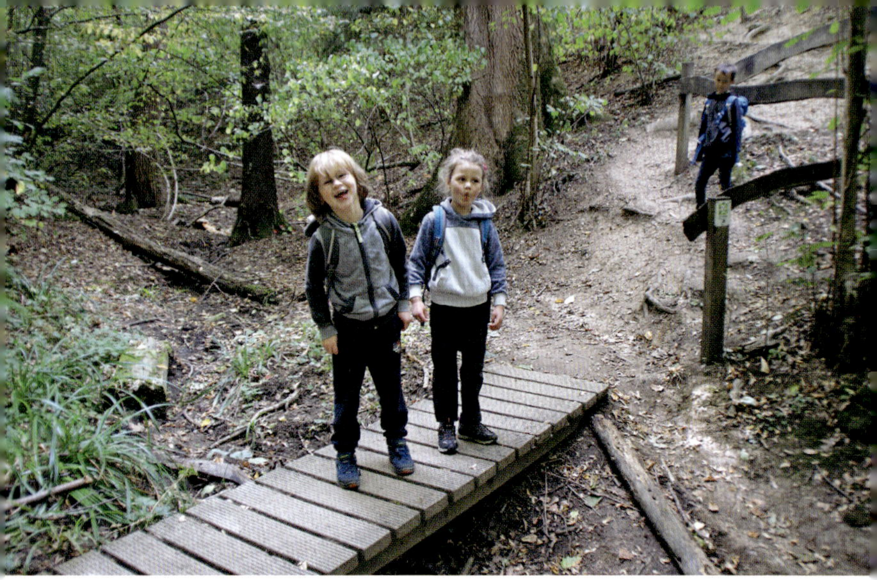

»Quatschkinder« am Naturpfad Sinnes-Wandel (Tour 6): Gemeinsam mit Freunden wandern macht viel mehr Spaß.

hingewiesen wird, auf einen nahen Spielplatz oder den Besuch eines Schwimmbades nach der Tour. Ein kurzes Stück getragen zu werden, kann bei kleineren Kindern schon Wunder bewirken. Die Bestechung mit Süßigkeiten sollte die Ultima Ratio sein, wenn gar nichts anderes hilft. Zuvor sollten diverse Spiele ausprobiert werden: Wer findet den nächsten Wegweiser, den nächsten Baumstumpf, den nächsten Pilz? Wenn es möglich ist, können auch Wettrennen, Zapfenweitwurf oder ein Versteckspiel eingebaut werden. Auch Klassiker wie »Ich sehe was, was du nicht siehst« oder »Engelein flieg« bieten sich an, um Kinder zu motivieren oder abzulenken. Bestimmungsbücher sind eine tolle Möglichkeit, um die Natur mit ihren Pflanzen und Tieren kennenzulernen. Gemeinsam können wir Bestimmungsversuche unternehmen oder Kinder nach bestimmten Pflanzen oder Bäumen suchen lassen. Oder es geht ein Erwachsener voraus und versteckt »Schätze«. Motivierend kann es zudem wirken, den Kindern Forscherutensilien in die Hand zu geben, wie Fotoapparat, Fernglas, Becherlupe oder Kompass.

Selbstverständlich jedenfalls ist ein dickes Lob nach der Tour für die erbrachte Wanderleistung.

Vielleicht mag das nächste Mal auch eine Freundin oder ein Freund mitwandern? Der Erfahrung nach ist das nämlich die beste Motivation. Denn wenn mehrere Kinder miteinander unterwegs sind, die sich bestenfalls gut verstehen, wird es nicht langweilig und auch weniger wanderbegeisterte Kinder freuen sich auf die Tour und sind mit Begeisterung dabei.

Ausrüstung

Rucksack: Jedes Kind sollte selbst entscheiden dürfen, ob es einen Rucksack tragen möchte oder nicht. Sich als echter Wanderer oder echte Wanderin zu fühlen und seine Pausenverpflegung sowie die unterwegs gefundenen Schätze selbst zu transportieren, ist der Wunsch vieler Kinder. Gerade kleinere Kinder kann ein Rucksack aber auch in ihrer Bewegungsfreiheit behindern. Wichtig ist hier, ein an die Größe des Kindes angepasstes Modell zu wählen. Außerdem zu beachten ist, dass das Gewicht des Rucksacks samt Inhalt zehn Prozent des Körpergewichts des Kindes nicht übersteigt.

Schuhe und Kleidung: Auf den blauen Touren reichen prinzipiell bequeme Freizeitschuhe oder Sandalen aus. Für Touren der mittelschweren und schweren Kategorie sind Trekkingsandalen, -schuhe oder Wanderschuhe mit griffiger Profilsohle zu empfehlen. Diese sollten die Knöchel umschließen und eine griffige Profilsohle aufweisen – besonders auf der technisch anspruchsvollsten Tour 5 ist das ein absolutes Muss. Auch sollten die Schuhe gut passen und bereits eingelaufen sein, um Blasen zu verhindern, die eine auch noch so tolle Wanderung zur Tortur werden lassen würden.

Die Kleidung sollte wetterangepasst sein. An sonnigen Tagen ist an ausreichend Sonnenschutz in Form einer Sonnenkappe oder eines Sonnenhutes zu denken. Bei wechselhaftem, kühlerem Wetter empfiehlt sich eine dünne Regenjacke und gegebenenfalls ein Pullover oder eine Fleecejacke. Dünne, lange Hosen bieten Wald- und Wiesenkindern Schutz vor Zecken und unangenehmen Brennnesseln. Bewährt hat sich das Zwiebelprinzip, nach dem einzelne Kleidungsstücke bei Temperaturanstieg nach und nach ausgezogen oder umgekehrt auch wieder angezogen werden können. Beim Besuch von Schauhöhlen, in denen es ganzjährig rund 8° C hat, ist auch bei warmen Außentemperaturen an wärmere Kleidung zum Drüberziehen zu denken. Liegt ein Wasserspielplatz am Weg oder ist unterwegs das Spielen am Wasser möglich, sollte gerade bei kleineren Kindern an Wechselkleidung gedacht werden.

Erste-Hilfe-Set: Wer mit Kindern unterwegs ist, sollte auf jeden Fall eine kleine Rucksackapotheke mitnehmen. Diese sollte Pflaster,

Wandern mit herrlichem Blick ins Randecker Maar (Tour 1).

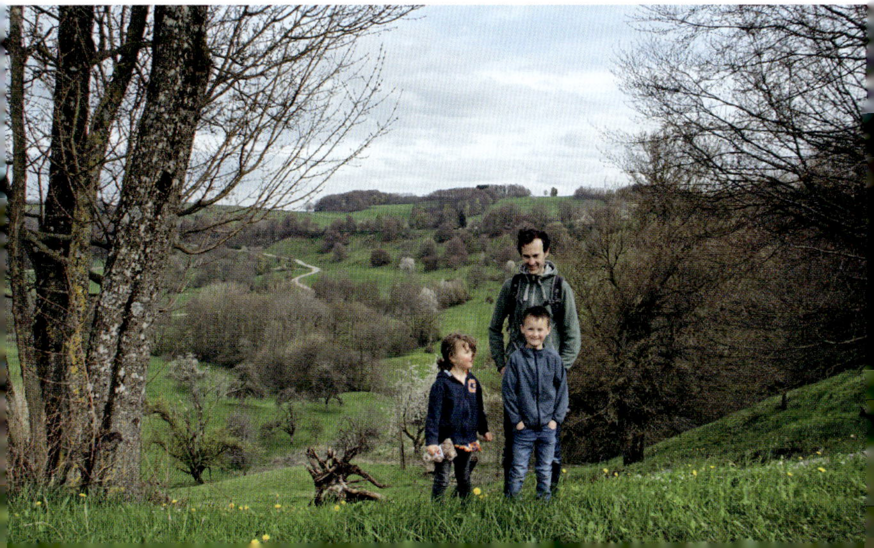

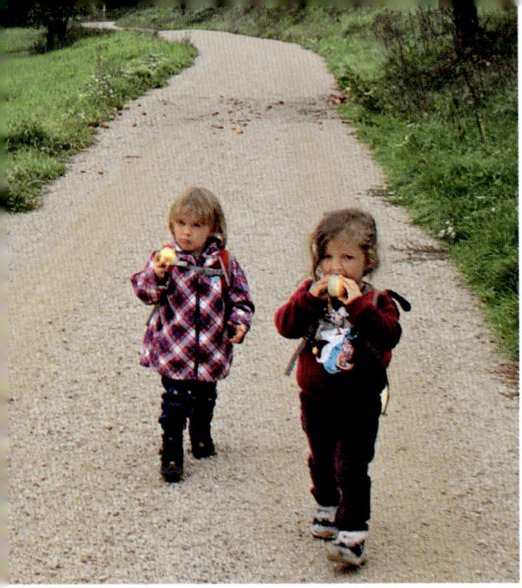

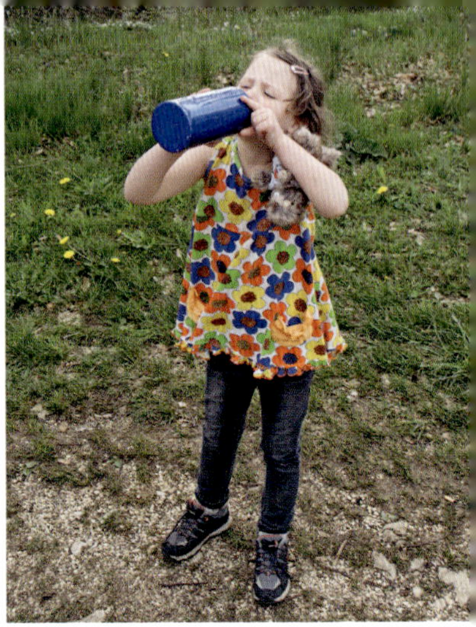

Wer fleißig wandert, braucht zwischendurch eine gesunde Stärkung und ausreichend zu trinken.

Blasenpflaster, eine Schere, eine Pinzette, sterile Wundauflagen, eine Mullbinde, eine elastische Binde, ein Wunddesinfektionsspray, etwas Abschwellendes, z. B. ein Arnikapräparat für stumpfe Verletzungen, sowie ein Mittel gegen Insektenstiche enthalten. Daneben auch an die Sonnencreme denken!

Verpflegung: Auch auf kürzeren Wanderungen, oder wenn eine Einkehr geplant ist, sollte trotzdem etwas Essbares eingepackt werden. Gut eignen sich Müsliriegel, Obst- und Gemüsescheiben, belegte Brote, Würstchen oder anderes Fingerfood zum Knabbern wie Salzbrezeln oder -stangen. Wenn alles andere nicht hilft, darf es zwischendurch auch mal eine kleine Süßigkeit wie Gummibärchen als Motivationshilfe für schwächelnde Wanderkinder sein. Je nach Länge der Tour sollte eine angepasste Menge an Wasser, Schorle oder Tee mitgenommen werden. Was als Snacks für unterwegs oder für ein Picknick in den Rucksack gepackt wird, ist jedoch letztendlich individuelle Geschmackssache.

Forscherutensilien: Das Mitnehmen einiger Forscherutensilien für die jungen Naturforscher ist sehr zu empfehlen. Zum genaueren Betrachten von Gesteinen, der »Minifossilien« im Ries, oder auch von Pflanzen eignet sich eine Lupe. Eine Becherlupe hat zudem den Vorteil, dass auch kleine Tiere kurz gefangen und genauer betrachtet werden können. Dabei bitte aber sehr vorsichtig vorgehen, damit keines der zarten Wesen zu Schaden kommt. Außerdem ist es verboten, seltene und deswegen geschützte Tiere zu fangen oder Teile von geschützten Pflanzen abzureißen, weswegen bei Gebrauch einer Becherlupe eine gewisse Artenkenntnis der Eltern wichtig ist. Auch ein Fernglas kann praktisch sein, um etwa Vögel zu beobachten. Ein Kompass motiviert dazu, die Rolle des Wanderführers zu übernehmen. Wer eine ausrangierte, aber noch funktionierende Digitalkamera hat, kann den kleinen Naturforschern damit ebenfalls eine Freude bereiten und sie bei ihrem Tun sinnvoll unterstützen.

Tiere, Pflanzen und Natur

In der Natur lassen sich nicht nur viele Pflanzen und Tiere entdecken und beobachten, sondern es lauern hier auch diverse Gefahren. Da wären zum einen die Zecken zu nennen, die sich bevorzugt im hohen Gras und in Gebüschen aufhalten, besonders dort, wo es feucht ist – im Vorbeigehen werden sie dann abgestreift. In nassen Jahren können sie aber auch auf Heiden vorkommen, weswegen stets Vorsicht geboten ist und ein Absuchen des ganzen Körpers nach der Wanderung Pflicht ist. Wer auf Nummer sicher gehen will, trägt lange, helle Hosen, zieht die Socken über die Hosenbeine und verwendet entsprechende Zeckenmittel. Zwischendurch, besonders nach dem Gang durch hohes Gras bzw. durchs Unterholz, die Kleidung mit den Händen abstreifen. Hat sich trotz aller Vorsicht eine Zecke festgebissen, sollte diese mit einer speziellen Zeckenzange zeitnah entfernt werden, ohne sie zu quetschen. Beim Auftreten von Krankheitssymptomen (v. a. Borreliose und FSME) ist ein Arzt aufzusuchen. Da das komplette Wandergebiet FSME-Risikogebiet ist, ist eine entsprechende Impfung in Erwägung zu ziehen.

Eine weitere Gefahr geht im Spätsommer und Frühherbst ab etwa August von Wespen aus. Sie stören jedes Picknick und kommen sofort angeflogen, sobald man sich niederlässt und das Essen auspackt. Das Einzige, was gegen diese Insekten hilft, ist Sprühnebel, erzeugt mit einer mitgeführten, mit Wasser gefüllten Sprühflasche. So wird ihnen einsetzender Regen vorgegaukelt und sie ziehen sich in ihr Nest zurück. Aber bitte den Wasserstrahl nicht direkt auf die Tiere richten und grundsätzlich keine hektischen Bewegungen machen oder sie wegzupusten versuchen, denn das alles macht sie aggressiv und sie stechen dann erst recht zu. Beim Essen und Trinken draußen ist es grundsätzlich wichtig, alles, was man in den Mund nimmt, zuerst gründlich anzuschauen, um gefährliche Stiche im Mundraum zu vermeiden, bei denen sofort ein Notarzt verständigt werden muss. An anderen Körperstellen hilft bei Stichen eine Stichsalbe, die sofort aufgetragen werden sollte. Linderung versprechen auch zerriebene Blätter des häufig vorkommenden Spitzwegerichs. Allergiker sollten immer ein Gegenmittel dabeihaben.

Eine weitere Gefahr in Wäldern und an Waldrändern besteht bei Holzpoltern. Die meist zum Abtransport bereitgelegten, aufgeschichteten Stapel aus langen Baumstämmen dürfen auf keinen Fall beklettert werden, auch wenn es noch so verlockend ist! Das ist lebensgefährlich! Außerdem sind Eichen insbesondere am Waldrand und

Eine Lupe ist ein wichtiges Utensil für junge Naturforscher und -forscherinnen.

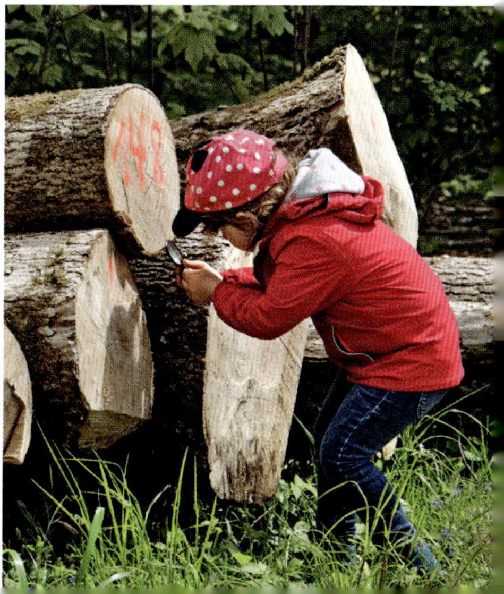

einzelnstehende, alte Eichen häufig von Raupen des Eichenprozessionsspinners befallen. Diese gilt es zu meiden, zügig weiterzugehen und unter ihnen nicht zu rasten, denn die feinen Haare der Raupen können schwere allergische Reaktionen auslösen.
Da viele Pflanzen und verlockend leuchtende Beeren giftig sind, sollten jüngere Kinder vor einer Wanderung daran erinnert werden, unterwegs nichts in den Mund zu stecken.
Weitere Gefahren sind wetterbedingt durch Schnee und Eis im Winter sowie Gewitter im Sommer. Sich im Vorfeld über die Wetterentwicklung per Internet, Radio, Fernsehen und andere Medien zu informieren, sollte selbstverständlicher Bestandteil einer guten Tourenplanung sein. Besondere Vorsicht ist während und nach Stürmen geboten, wobei insbesondere Wälder zu meiden sind. Aber auch schon bei relativ geringen Windgeschwindigkeiten kann es aufgrund des Eschentriebsterbens im Bereich von Exemplaren dieser Baumart durch plötzlich herabstürzende Äste gefährlich werden.

Nachhaltigkeit und Umweltschutz

Viele der Touren sind mit öffentlichen Verkehrsmitteln erreichbar. Bei manchen ist eine zusätzliche Wegstrecke bis zum eigentlichen Startpunkt zurückzulegen. Aber gerade mit etwas älteren Kindern ist das gut machbar, denn oft gibt es auch hier Interessantes zu entdecken. Wer bei einem AlbCard-Gastgeber übernachtet, fährt im Großteil des Wandergebietes (Baden-Württemberg) sogar umsonst mit Bus und Bahn – inklusive An- und Abreise. Es lohnt sich also, mal Urlaub ohne Auto zu machen! Auch Einheimische können die AlbCard nutzen, aber nur wenn sie bei einem entsprechenden Gastgeber übernachten. Hier gibt es eine Vielzahl unterschiedlicher Unterkünfte jeder Preisklasse, darunter auch viele familienfreundliche. Und bei der Vielzahl an Freizeitmöglichkeiten wird es sicher niemandem langweilig und einem Familienurlaub »dahoim« steht nichts im Wege!
Da das Wandergebiet vollständig in den beiden UNESCO Global Geoparks Schwäbische Alb und Ries liegt, ist das Mitnehmen von Fossilien und Gesteinen nicht erlaubt. Wir betrachten sie daher nur mit den Augen und lassen sie für die nächsten Besucher liegen.
Außerdem ist es für uns selbstverständlich, unseren Müll wieder mit nach Hause zu nehmen – inklusive Papiertaschentüchern und Bananenschalen. Ebenso verwenden wir Brotzeitboxen und Trinkflaschen.
Dass Kinder Schätze aus der Natur mit nach Hause nehmen wollen, ist an und für sich positiv, doch muss die »Sammelwut« gebremst werden, wenn es sich um besonders geschützte Tier- und Pflanzenarten handelt. Dazu gehören z. B. auch die Schneckenhäuser von Weinbergschnecken, die, selbst wenn sie leer sind, nicht aus der Natur entfernt werden dürfen. Eine schöne Alternative ist es, ein Foto vom gefundenen Schatz zu machen. Kinder bewegen sich gern abseits der Wege, suchen sich ihre eigenen Pfade und schlagen sich durchs Gebüsch. Oft ist das kein Problem, doch in Naturschutzgebieten ist es sehr wichtig, auf den Wegen zu bleiben, um die hier vorkommenden teils sehr seltenen Pflanzen und Tiere nicht zu zertreten oder zu stören. Meist ist das Verlassen der Wege in Naturschutzgebieten sogar verboten.

RECHTS

Dieser Kletterbaum ist eine Attraktion für Kinder (Tour 12).

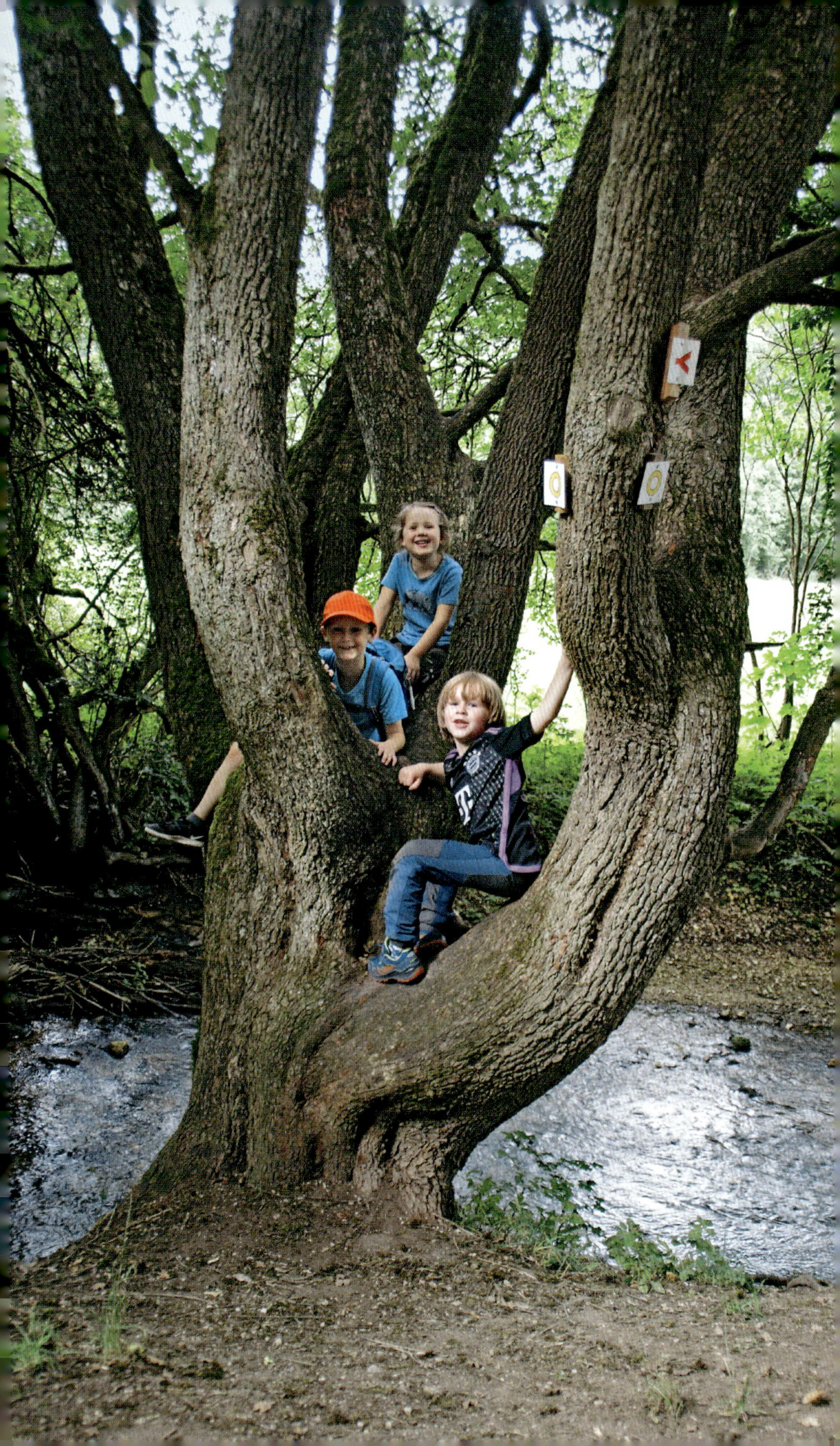

Schwäbische Alb (Ost) und Ries

Schwäbische Alb (Ost)

Unser Wandergebiet beginnt im Westen mit den Überresten des schwäbischen Vulkanismus, der vor rund 24 bis 17 Millionen Jahren aktiv war. Das Randecker Maar (Tour 1) ist ein alter Vulkankrater aus dieser Zeit und auch das Schopflocher Moor, ein einzigartiges Hochmoor mit schönem Holzbohlenweg, fußt auf zu Ton verwittertem vulkanischen Tuffgestein (Tour 2). Wer mehr über die beiden Naturschutzgebiete sowie das Biosphärenreservat erfahren möchte, besucht das Naturschutzzentrum Schopflocher Alb (Freizeittipp H1).
Das gesamte Wandergebiet liegt in der Süddeutschen Schichtstufenlandschaft. Über Hunderte von Jahrmillionen hinweg lagerten sich in unterschiedlichen Landschaften verschiedene Gesteine Schicht für Schicht ab. Fluss- und Seenlandschaften wechselten sich mit Küstenbereichen, flachen und tieferen Meeren ab, in denen sich unter anderem Sande, Tone und Kalke ablagerten. Diese wurden im Laufe der Zeit zu Festgesteinen verfestigt, das gesamte Schichtpaket gehoben und leicht nach Südosten gekippt. Daran griff die Abtragung insbesondere durch Wasser an. Dieses nagte an den Gesteinen und ließ die Alb zurückweichen, schnitt Täler ein und Zeugenberge von der Alb ab. Aufgrund der unterschiedlichen Eigenschaften der Gesteine der einzelnen Schichten entstanden steilere und flachere Hänge sowie verschiedene Böden, die sich für bestimmte Nutzungen mehr oder weniger eignen.
Im Norden beeindruckt der Albtrauf mit seinen Schluchtwäldern, tief eingeschnittenen Tälern und vorgelagerten Zeugenbergen. Der geologische Lehrpfad auf den Rechberg ist mit zahlreichen Vitrinen, verschiedenen Gesteinen und Fossilien eine Art Geomuseum unter freiem Himmel. Spannend und mit vielen anregenden Fragen und Aufgaben lassen sich hier über 50 Millionen Jahre Erdgeschichte erwandern und auch eine Burgruine liegt am Weg (Tour 8). Hoch über Geislingen an der Steige thront eine Burgruine mit toller Aussicht – durch das wildromantische Felsental geht es wieder hinab ins Tal (Tour 14). Die reichen Streuobstbestände in warmen Talungen und an Unterhängen lassen sich am besten bei Neidlingen erleben, das als die Kirschengemeinde gilt (Tour 3). Typisch für die steilen, kargen Hänge der Schwäbischen Alb sind die Wacholderheiden, die von Schafen und Ziegen beweidet werden. In orchideenreicher Ausprägung lassen sie sich bei

Bizarre Felsen, die die Fantasie anregen, gibt es im Felsenmeer Wental zuhauf (Tour 15).

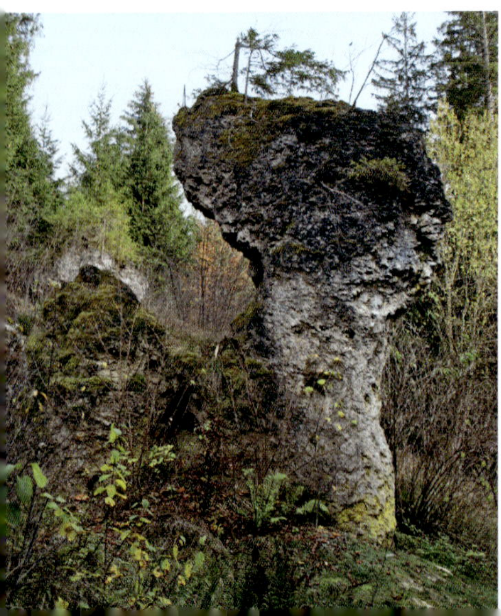

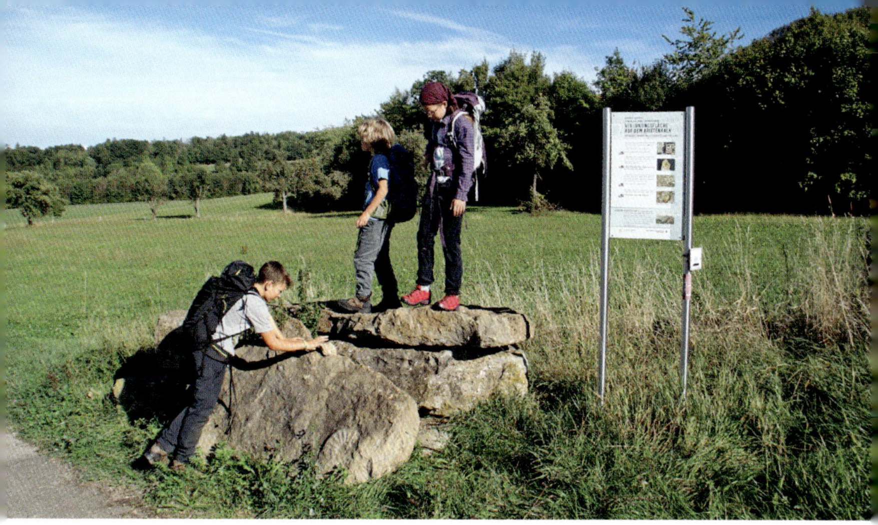

Reichenbach im Täle erwandern (Tour 10). Bizarre Felsen, die die Fantasie anregen und teils sagenumwoben sind, gibt es am Albtrauf sowie in zahlreichen Albtälern – besonders viele sind es im Felsenmeer Wental (Tour 15). Nördlich an den Albtrauf schließt sich das Albvorland an. Die für dieses typischen eingeschnittenen Bachtäler, die sogenannten Klingen, lassen sich im Badwäldle bei Bad Boll (Tour 6) und im Taubental bei Schwäbisch Gmünd (Tour 9) mit allen Sinnen erleben. In Letzterem gibt es sogar einen kleinen Wasserfall und außerdem eine 350 m lange Waldkugelbahn. Gleich nebenan bieten sich mit dem Kletterwald Skypark sowie dem Landschaftspark Himmelsgarten inklusive Wasserspielplatz, Spielgolf und Aussichtsturm weitere Freizeitmöglichkeiten (Freizeittipps D1 und C2). Einen weiteren Kletterwald gibt es in Laichingen (Freizeittipp D2). Das einzige Schaubergwerk der Schwäbischen Alb, der Tiefe Stollen in Aalen, gewährt Einblick in den früheren Eisenerzabbau – schon allein die Fahrt hinein mit der Grubenbahn ist ein aufregendes Erlebnis für Kinder (Freizeittipp G6). Auf dem anschließenden Bergbaupfad lassen sich weitere Stollen entdecken (Tour 24).
Nach Süden hin flacht die Hochfläche der Schwäbischen Alb ab und geht von der Kuppenalb in die Flächenalb über, die vor rund 20 Millionen Jahren vom Molassemeer erreicht worden ist. Zeuge davon ist die Kliffküste, die sich heute abschnittsweise noch gut nachverfolgen lässt und Aufschlüsse mit Bohrlöchern und Bohrschwämmen aufweist (Tour 19, Freizeittipp C4). Auch sind nach Süden hin vermehrt Höhlen vorhanden, wobei die größeren meist als Schauhöhlen mit Rasthäusern, Museen und Spielplätzen erschlossen sind (Touren 4, 11 und 22, Freizeittipps C6, F3, G1, G2, G5), und die kleineren oft frei zugänglich sind. Hier können junge Höhlenforscher mit Taschen- oder Stirnlampe auf Entdeckungstour gehen – aber nur im Sommerhalbjahr, um die überwinternden Fledermäuse nicht

Sehr anschaulich mit Vitrinen, zahlreichen Gesteinen und Fossilien führt der Geologische Pfad auf den Rechberg. Auch für Kinder ist er interessant und spannend (Tour 8).

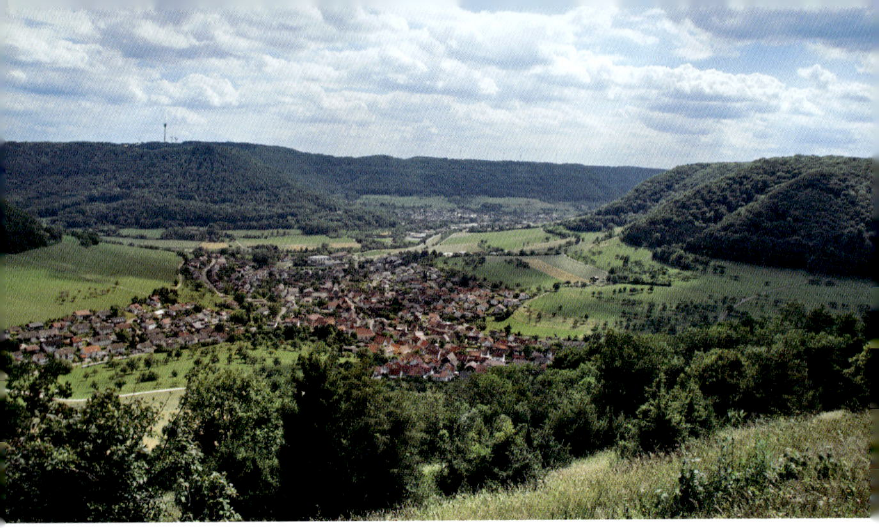

Ausblick vom Haarberg mit Wacholderheide auf Reichenbach im Täle und ins Filstal (Tour 10).

zu stören (Tour 21, Freizeittipps G3 und G4). Auch wenn die Schwäbische Alb arm an oberflächlichen Gewässern ist, gibt es trotzdem einige ständig wasserführende Flusstäler wie Filstal (Tour 5) und Brenztal (Touren 17 und 20) sowie ein paar künstlich geschaffene Seen. Dazu gehören der Lonesee mit Wassererlebnisbereich inklusive Beobachtungsturm (Tour 13), der Itzelberger See mit Bootsverleih, Minigolf, Kiosk und großem Spielplatz (Tour 17) sowie der Härtsfeldsee, in dem auch gebadet werden kann (Freizeittipp B13). Ansonsten stehen zahlreiche Hallen- und Freibäder zur Verfügung, darunter auch etliche Erlebnisbäder mit Rutschen sowie ein chlorfreies Naturerlebnisbad (Freizeittipp B15).

Da Alblimes und Limes durch die Wanderregion führten, lassen sich immer wieder Spuren der Römer in Form von Mauerresten ehemaliger Kastelle, Badegebäude und römischer Landgüter finden (Touren 8, 13 und 33). Anschaulich aufbereitetes Wissen über die Zeit vor knapp 2.000 Jahren bietet das Limesmuseum in Aalen (Freizeittipp F11). Doch auch aus anderen Epochen sind Zeugnisse bis heute in der Landschaft erhalten, darunter Burgen, Schlösser und Ruinen (Touren 7, 12, 17, 18 und 22, Freizeittipps E1 – E3).

Geopark Ries

Der Geopark Ries umfasst neben dem eigentlichen Asteroidenkrater auch den Bereich, in dem heute noch Auswurfmassen vorhanden sind – sei es in Form von alten Steinbrüchen oder von wahrnehmbaren Hügeln in der Landschaft. So überlappen sich die beiden Teilbereiche des Wandergebietes, denn auch auf der Ostalb sowie der Riesalb als Teilen der Schwäbischen Alb sind Auswurfmassen vorhanden. Diese sind ebenfalls im Bereich der Monheimer Alb, die bereits zur Fränkischen Alb gehört, zu finden. Deswegen reicht das Wandergebiet auch in Abgrenzung zur Nachbarregion Altmühltal bis zur östlichen Grenze des bayerischen Landkreises Donau-Ries. Im Geopark Ries sind zahlreiche Erlebnisgeotope mit Infotafeln, Aussichtspunkten und alten Steinbrüchen, die quasi Fenster in die Erdgeschichte sind, eingerichtet (Touren 29, 32 und 37); teils gibt es dort spezielle Kindertafeln. Wer mehr über das Riesereignis und seine Auswirkungen auf Gestein und Landschaft erfahren möchte, nimmt an einer Geoparkführung teil oder besucht das RiesKraterMuseum in Nördlingen (Freizeittipps A7 und F14). Die historische Altstadt mit der komplett begehbaren Stadtmauer ist auf jeden Fall einen Besuch wert (Tour 31). In vielen Rieser Orten gibt es mittlerweile wieder Störche – besonders viele sind es in Oettingen (Tour 30). Weitere Wege, Lehr- und Erlebnispfade lassen naturnahe Fluss- und Bachtäler sowie Wälder des Riesrandes und der Monheimer Alb erleben (Touren 27, 28, 34, 39 und 40). Auch im Ries und im idyllischen Kesseltal gibt es einige kleinere, aber genauso interessante Höhlen in den verkarsteten Kalkgesteinen (Touren 33, 34 und 35), artenreiche Wacholderheiden werden durch Beweidung mit Schafen und Ziegen erhalten (Tour 33, 34 und 35). Auf dem sagenumwobenen Goldberg treibt das Goldbergmännle sein Unwesen – eine Lauschtour führt amüsant und familiengerecht durch die Wälder der zum Donautal abflachenden Riesalb (Tour 36). Speziell für Kinder gestaltet sind der GEMULA-Weg bei Blossenau, der ganzjährig begangen werden kann und zu dem es ein Sommer- sowie ein Winterheftchen mit unterschiedlichen Aufgaben und vielen interessanten Informationen gibt (Tour 41), sowie der Märchenweg mit Märchenwald Harburg, dessen Stationen allerdings nur von Mai bis Oktober aufgebaut sind (Tour 38).

Die Karstphänomene

Die oberste Schicht der Schwäbischen Alb besteht aus Kalkgesteinen und wird aufgrund der Farbe Weißjura genannt. Abgelagert worden ist der Kalk vor rund 150 Millionen Jahren in einem warmen Flachmeer. Kalkgesteine weisen zahlreiche Spalten und Klüfte auf und haben zudem die Eigenschaft, dass sie durch Säuren leicht gelöst werden können. Säuren befinden sich stets im Regenwasser, wobei Kohlensäure die bekannteste ist. Sickert Niederschlagswasser in den Untergrund ein, können die Säuren dort Kalk lösen und wegtransportieren. Kommt frisches Wasser nach, kann dieses weiteren Kalk lösen, der dann wiederum wegtransportiert wird. Indem das immer und immer wieder geschieht, werden die Spalten und Klüfte nach und nach erweitert und an Kreuzungen können Höhlen entstehen. Heute findet die Entwässerung der Schwäbischen Alb vornehmlich unterirdisch statt. Zahlreiche

Der Höhlenforscher hat einen Felsspalt entdeckt, der ans Tageslicht blicken lässt (Tour 33).

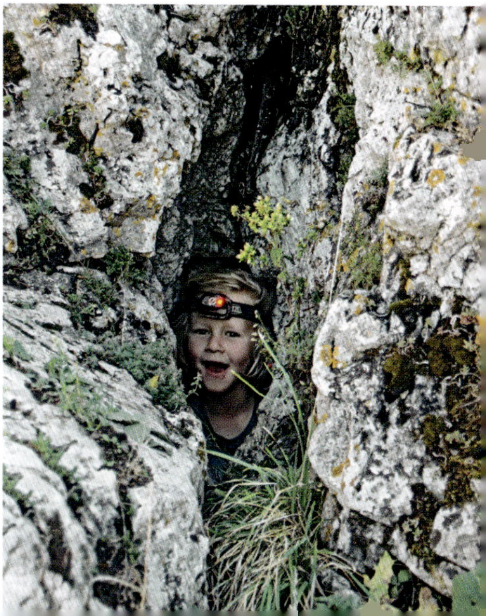

Spalten und Klüfte im Kalkgestein sorgen dafür, dass Regenwasser recht schnell in den Untergrund einsickert. In einer Art von unterirdischen Flüssen bewegt sich das Wasser durch höhlenartig erweiterte Gänge. Wo es wieder zutage tritt, entstehen Quelltöpfe (Touren 12, 13 und 17). Doch geformt worden ist die Hochfläche der Schwäbischen Alb einst schon durch oberflächlich abfließendes Wasser. Wo heute Trockentäler sind, gruben sich ehemals Flüsse in den Untergrund ein. Dies war der Fall, als der Grundwasserspiegel noch höher lag und zuletzt während der Kaltphasen des Eiszeitalters, als der Untergrund gefroren und daher das Karstsystem blockiert war. Immer wieder treffen wir auf der Albhochfläche auf Dolinen. Diese können entweder oberflächlich durch Lösung und Ausspülung entstehen oder durch den Einsturz von unterirdischen Hohlräumen (Touren 1, 2, 11, 15, 19, 21 und 41). Hülen oder Hülben waren auf der verkarsteten Alb in früheren Zeiten nötig, um Regenwasser aufzufangen und es für das Vieh und als Brauchwasser nutzen zu können. Es handelt sich dabei um wasserstauende Mulden, die entweder natürlich entstanden oder künstlich angelegt worden sind. Als Trinkwasser für die Menschen wurde hauptsächlich Regen von den Dächern in sogenannten Dachbrunnen aufgefangen und während Trockenzeiten Quellwasser in Holzfässern mühsam auf die Albhochfläche hinauftransportiert. Heute zeugen die Hülen oder Hülben nicht nur vom harten Alltag in früheren Zeiten, sondern sind oft auch wichtige Biotope von teils seltenen Pflanzen- und Tierarten (Touren 1, 11, 15, 16 und 23).

Nachwuchsgeologe im ehemaligen Steinbruch am Kühstein (Tour 37).

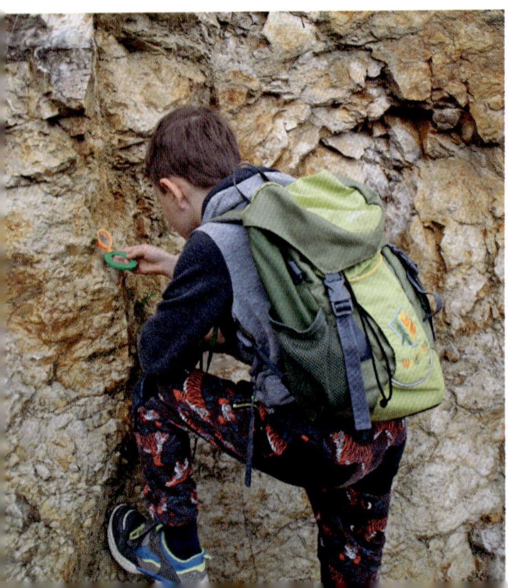

Der Asteroidenkrater

Entstanden ist der Rieskrater, als vor rund 15 Millionen Jahren ein Asteroid mit einer Größe von gut 1 km Durchmesser in der süddeutschen Schichtstufenlandschaft einschlug. Er traf dabei genau den Übergangsbereich zwischen Schwäbischer und Fränkischer Alb mit Albtrauf und Zeugenbergen und erzeugte kurzzeitig einen 4,5 km tiefen Krater mit einem Durchmesser von etwa 12 km. Dieser hatte sehr steile Wände, die daher nicht stabil waren, und so brachen von allen Seiten her Schollen nach, was den Krater auf schließlich 25 km im Durchmesser vergrößerte. Außerdem war sehr viel Gestein ausgeworfen worden und bildete bis in etwa 100 km Höhe eine Glut- und Staubwolke. Dieser Auswurf bedeutete eine Entlastung für den Kraterboden, der in der Folge hochfederte und kurzzeitig einen Zentralberg bildete, wie er heute noch im Steinheimer Becken zu finden ist. Im Ries dagegen ist er wieder in sich zusammengesackt und nur noch ein Ring ist von ihm oben

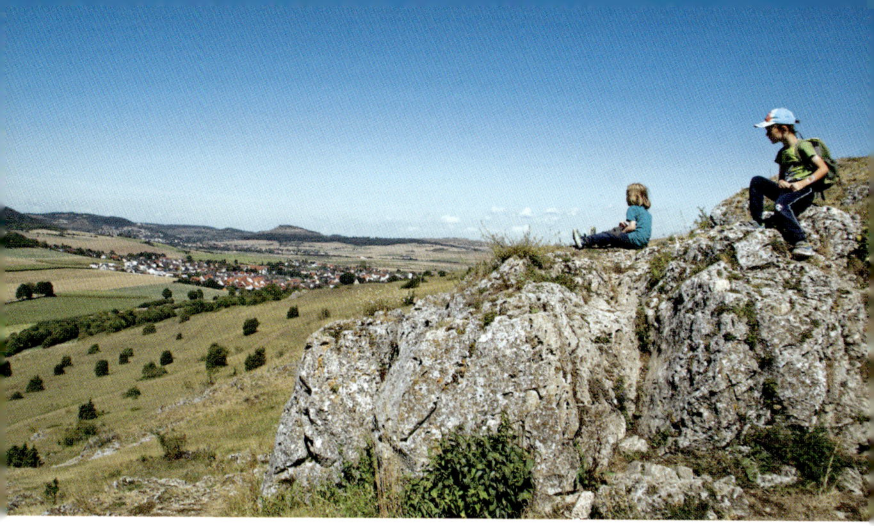

geblieben, was typisch für Krater mittlerer Größe ist. Heute sind davon nur noch einige einzelne Hügel erhalten, wie der Wallersteiner Felsen, die Marienhöhe bei Nördlingen oder der Klosterberg bei Maihingen (Tour 29). Und auch in die Umgebung ist sehr viel Gestein ausgeworfen worden. In einem Umkreis von mehr als 40 km um das Kraterzentrum war die Landschaft mit Auswurfmassen mehrere Zehnermeter dick überdeckt – heute sind davon teils noch beträchtliche Reste vorhanden (Touren 35 und 36). Über den bunt durcheinandergemischten Auswurfmassen, den Bunten Trümmermassen, wurde zuletzt das Material aus der nach etwa einer Minute zusammenbrechenden Glutwolke abgelagert – der sogenannte Suevit. Dieser berühmte Schwabenstein besteht vor allem aus sehr alten Gesteinen des Grundgebirges, die teilweise aufgeschmolzen worden und wieder erstarrt sind.

Da sie durch die Luft geflogen und dabei verdreht worden sind, werden die dunklen, einst geschmolzenen Bestandteile aufgrund ihres Aussehens Flädle genannt. Zudem sind im Suevit Bruchstücke verschiedener Gesteine in einer fein zerriebenen, hellgrauen Grundmasse vorhanden (Touren 29, 32 und 33).

Vom Riegelberg bietet sich ein herrlicher Blick ins Ries und zum Ipf (Tour 33).

In der sogenannten Megablockzone zwischen äußerem Kraterrand und den hochgefederten Schollen des einstigen Zentralberges sind verschiedenste Schollen vorhanden, die entweder vom Kraterrand abgerutscht oder von innen nach außen Richtung Kraterrand transportiert worden sind (Touren 32, 33 und 37).

Nach dem Einschlag bildete sich im abflusslosen Krater ein See, der rund 2 Millionen Jahre lang bestand. Dieser war relativ salzhaltig und es lebten nur wenige Arten darin, aber dafür von diesen Einzellebewesen eine große Zahl. Es waren Salzwasserschnecken sowie Muschelkrebschen, deren winzige Schalen heute noch in den alten Steinbrüchen zu finden sind. Außerdem bildeten Algen im Riessee Riffe, die heute als Riesseekalke vorliegen – ebenfalls eine Besonderheit (Touren 29, 30 und 32).

1 Randecker Maar

ÜBER ZIEGELHÜTTE UND RANDECK NACH OCHSENWANG

2.30 STUNDEN

7,6 KILOMETER

↗ 210 HÖHENMETER

↘ 210 HÖHENMETER

MITTEL ab 8 Jahren

Ein Vulkankrater, eine Schlucht und ein berühmter Dichter: Traumhafte Einblicke in den Vulkankrater Randecker Maar mit seiner malerischen Weidelandschaft, tierische Begegnungen, die abenteuerliche Zipfelbachschlucht und ein überwältigender Fernblick vom Breitenstein erwarten uns auf dieser Tour. Unterwegs können wir bei geeignetem Wetter Schmetterlinge und andere Insekten beobachten, im Herbst den Vogelzug. Aufgrund seiner trichterartigen Eintiefung in den Nordabfall der Schwäbischen Alb stellt das Randecker Maar ein beliebtes Durchzugsgebiet dar, denn hier kann der Höhenunterschied zwischen Alb und Albvorland von 400 bis 500 Metern von Vögeln und Insekten leichter überwunden werden. Pflanzenfans können sich über eine große Vielfalt an verschiedenen, auch seltenen Arten freuen, die sie auf den mal trockenen, mal feuchten Böden antreffen. Am Mörikefels und in Ochsenwang begegnen wir außerdem dem bekannten Dichter Eduard Mörike, der hier 1832/33 als angehender Pfarrer tätig war und es liebte, in seiner Freizeit in dieser beeindruckenden Landschaft unterwegs zu sein.

Ausgangspunkt: Parkplatz Hepsisauer Steige an der K1254 östlich von Ochsenwang, 748 m. Navi: N48.57726, E09.51750. Anfahrt von der A8 (Ausfahrt 58, Aichelberg) auf der L1200 über Weilheim (Teck) Richtung Neidlingen. Bald rechts auf der L1212 über Hepsisau Richtung Schopfloch. Nach kurvenreicher Strecke rechts Richtung Ochsenwang. Beim Recyclinghof befindet sich der unbeschriftete Parkplatz.
Mit Bahn/Bus: Vom Bahnhof Kirchheim (Teck) mit der WBG-Buslinie Nr. 176 bis Haltestelle Ochsenwang, Bissinger Straße. Von Anfang Mai bis Mitte Oktober fährt der RadWanderBus Schopflocher Alb an Wochenenden und Feiertagen. Von hier direkter Einstieg in die Tour.
Ausrüstung: Gut profilierte Trekking- oder Wanderschuhe, genügend Proviant und Getränke, Sonnenkappe und Sonnenschutz.

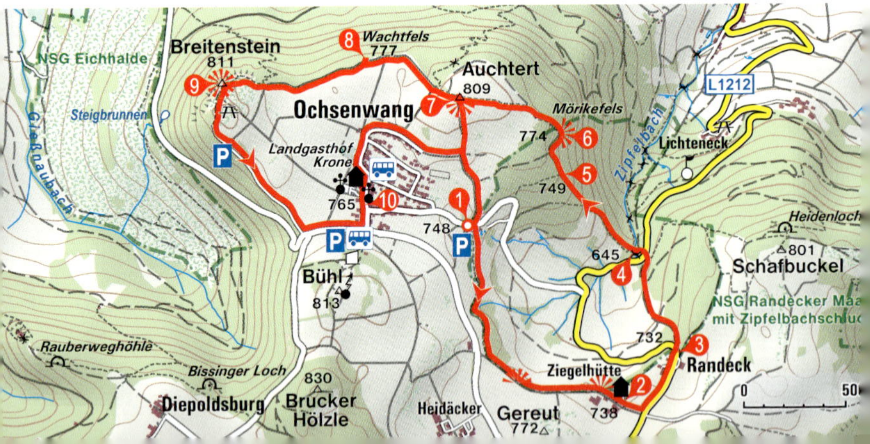

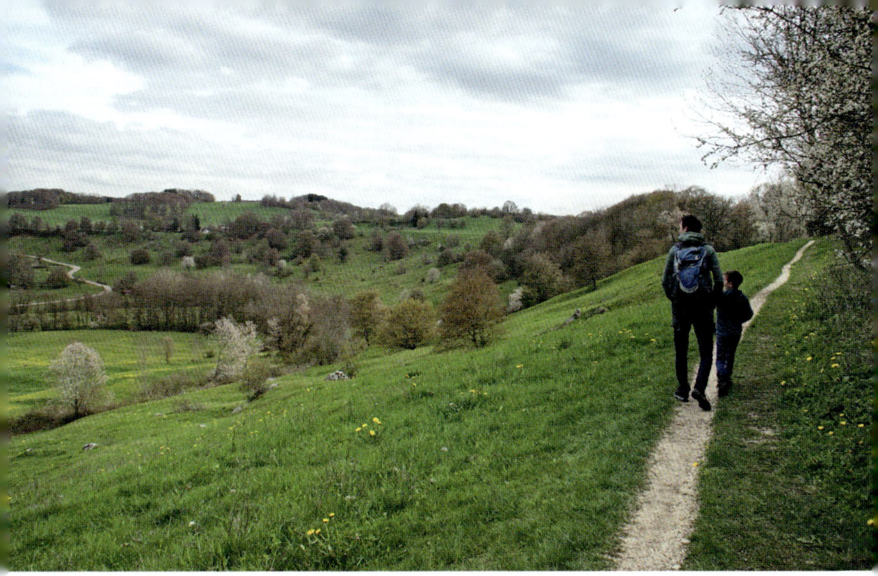

Es geht rund um das Randecker Maar, das einst als Vulkankrater entstanden ist.

Anforderungen: Mittelschwere Rundtour, teils auf Naturwegen und -pfaden, teils auf Asphalt- und Kieswegen. Zwischen Randeck, Zipfelbachschlucht und Mörikefels teils steil und bei Nässe rutschig. Da das Gelände zudem zwischen Zipfelbachschlucht und Mörikefels steil abfällt, ist hier besondere Vorsicht geboten. Trittsicherheit ist erforderlich. Kinder ggf. an die Hand nehmen.

Markierung: Teile der Tour verlaufen auf dem Albsteig. Abschnittsweise unmarkiert, zwischen Zipfelbachschlucht und Auchtert Weg Nr. 68.

Einkehr: Landgasthof Krone (überwiegend regionale Zutaten, geöffnet täglich ab 11.30 Uhr, Di Ruhetag, Eduard-Mörike-Str. 33, 73266 Bissingen-Ochsenwang, Tel. +49 7023 95130, krone-ochsenwang.de). Ziegelhütte mit Maarstube (kleinere Snacks, Kaffee und Kuchen, überwiegend ökologische/regionale Zutaten, Öffnungszeiten s. Website, Ziegelhütte 1, 73266 Bissingen-Ochsenwang, Tel. +49 7023 71438, hof-ziegelhuette.de).

Varianten: Abkürzung bzw. Zweiteilung der Tour möglich. Die östliche Schleife umfasst die Umrundung des Randecker Maares (4,5 km, mittel, ab 8 Jahren, 1.15 Std.). Die westliche Schleife verbindet das Randecker Maar mit Breitenstein und Ochsenwang (3,8 km, leicht, ab 5 Jahren, 1.15 Std.) und kann am Wanderparkplatz Ochsenwang (Bushaltestelle) oder am Wanderparkplatz Breitenstein begonnen werden.

Tipps: Faltblatt zum Naturschutzgebiet (naturschutzzentrum-schopfloch.de/infomaterial), Urweltmuseum Hauff (s. Freizeittipp F1).

Hinweis: Zwischen Zipfelbachschlucht und Mörikefels verläuft die Tour in der Kernzone des Biosphärenreservates. Hier dürfen die Wege keinesfalls verlassen werden. Es besteht die Gefahr von herabfallenden Ästen. Warnschilder beachten. Bei lebhaftem bis stärkerem Wind eine andere Tour wählen.

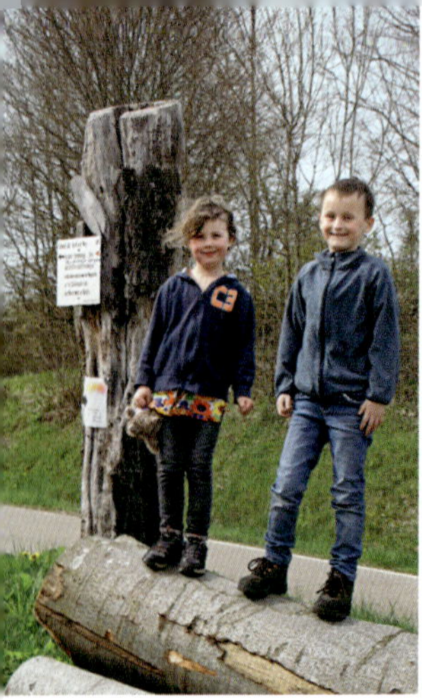

LOS GEHT'S Vom **Wanderparkplatz Hepsisauer Steige ❶** wandern wir am Naturschutzgebiet-Schild vorbei auf dem Albsteig sogleich mit schönem Blick auf das Randecker Maar auf einem Pfad entlang. Die hellen Felsen sind Weißjurablöcke, die einst vom steilen Kraterrand abbrachen und in den Krater stürzten. Es geht an blütenreichen Magerrasen vorbei. Nach einem Stück am Waldrand entlang mündet unser Naturweg in einen Asphaltweg. Wir folgen ihm nach links an Weiden vorbei mit herrlichem Blick in das Maar sowie ins Albvorland mit einzelnen Zeugenbergen. Durch eine hübsche Lindenallee passieren wir den Salzmannstein sowie einen Aussichtspunkt mit drei Infotafeln. Hier steht auch ein riesiger Holzdrachen, den wir links liegen lassen. So erreichen wir in Kürze den Weiler **Ziegelhütte ❷**, wo neben zahlreichen, teils interaktiven Infotafeln des Milchlehrpfades die Maarstube als Einkehrmöglichkeit sowie ein kleiner Spielplatz mit begehbarem Labyrinth vorhanden sind. Linker Hand sind auf der Weide Vertiefungen, sogenannte Dolinen erkennbar, welche als Biotop und Naturdenkmal geschützt sind. An der Einmündung gelangen wir nach links in Kürze an der Landesstraße entlang an großen Holzskulpturen vorbei nach **Randeck ❸**, wo wir am Ortsende den unbeschilderten Graspfad jenseits der Leitplanke nehmen. Kurz geht es steil durch den Wald hinab an einem Weißjurakalkbrocken vorbei, bevor wir stets geradeaus an Weiden und am Waldrand entlang in den Krater sowie in die Zipfelbachschlucht hinabwandern. Nach Querung einer Straße über-

OBEN

Auf geht's zur Wanderung im Randecker Maar. Maskottchen Rothi darf auch mit.

UNTEN

Solche Brocken aus Kalkstein liegen im Maar lose herum. Sie sind nachträglich in den einstigen Vulkankrater gestürzt.

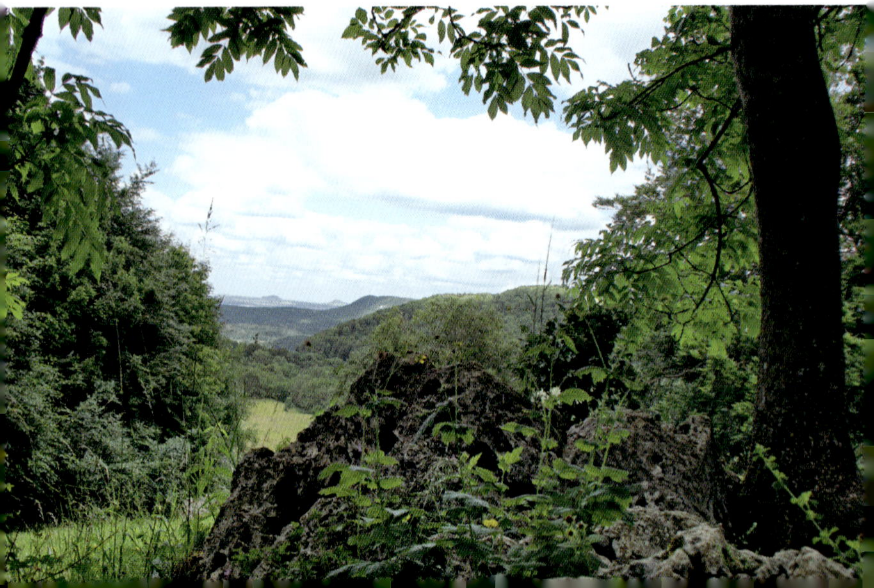

Hallo Kinder!

Wusstet ihr schon, dass **Krater** auf unterschiedliche Weisen entstehen können? Das Ries im Osten unseres Wandergebietes ist durch den Einschlag eines Körpers aus dem Weltall als **Asteroidenkrater** entstanden. Das **Randecker Maar** im Westen dagegen verdankt seine Entstehung einem **Vulkanausbruch** vor rund 17 Millionen Jahren. Zu dieser Zeit gab es im Bereich Bad Urach – Kirchheim/Teck zahlreiche Vulkane, doch ist das Randecker Maar mit 1,2 Kilometer Durchmesser der größte Vulkankrater. Entstanden ist er dadurch, dass aufdringende, heiße Magma kurz vor der Erdoberfläche auf Grundwasser traf. In Kombination mit den enthaltenen Gasen kam es zu heftigen vulkanischen Ausbrüchen mit Explosionen, wodurch ein Vulkantrichter, ein sogenanntes **Maar**, ausgesprengt wurde. Nach Ende der vulkanischen Tätigkeit entstand durch die ausgeworfenen Tuffe, die den Untergrund abdichteten, ein See. Von den Lebewesen, die dort lebten, können heute noch Fossilien gefunden werden.

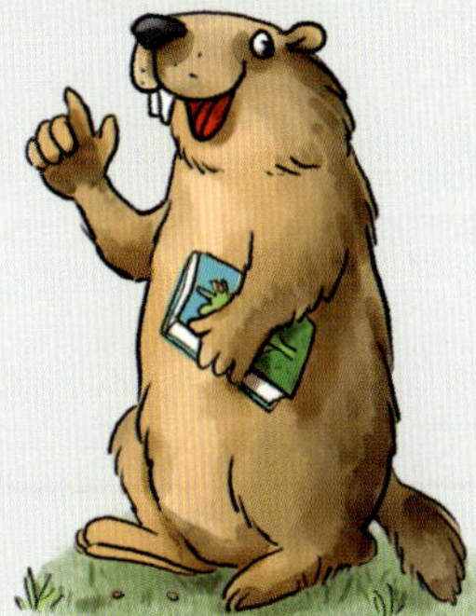

schreiten wir auf einem Holzsteg den **Zipfelbach** ❹, der das Randecker Maar entwässert. Nun geht es, uns links haltend, durch die Kernzone des Biosphärenreservates, teils steil hinauf, teils über Stufen durch den Schluchtwald, stets dem Weg Nr. 68 folgend. Bald weiter auf dem teils wurzeligen Erdpfad am Waldrand und Weiden entlang mit schönem Blick über das Randecker Maar und später wieder durch den Wald, wo

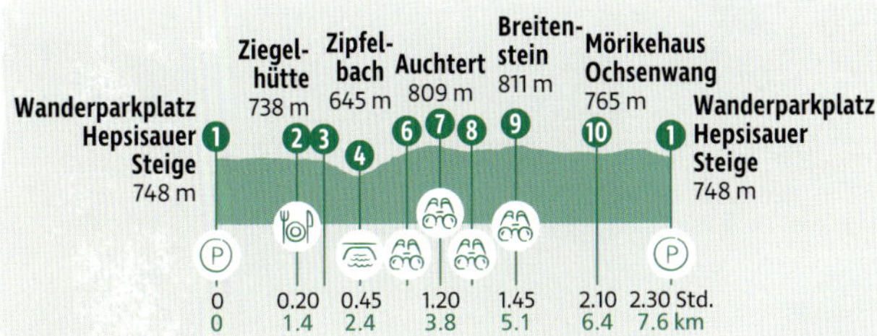

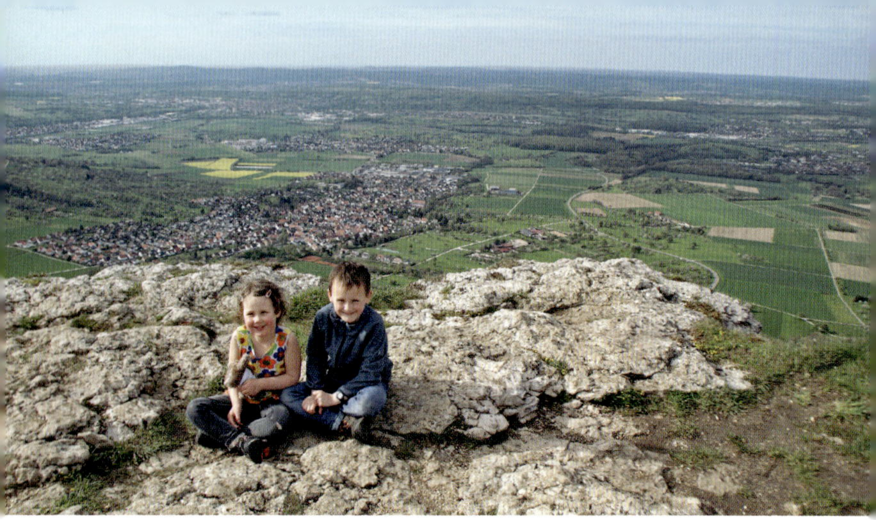

Aussicht vom Breitenstein ins Albvorland.

wir uns an einem **Wegedreieck 5** rechts halten. Nun noch ein Stück steil hinauf, dann haben wir eine Bank erreicht, die sich auf dem **Mörikefels 6** befindet. Von dem Felsvorsprung aus können wir eine schöne Aussicht ins Albvorland genießen.
Wir verlassen den Wald und steigen, uns links haltend, aussichtsreich auf breitem Naturweg über Magerrasen, zum Gipfel des **Auchtert 7** hinauf, wo wir auf den Albsteig stoßen. Auf diesem geradeaus weiter, geht es bald auf einem Asphaltweg mit schönem Blick auf Ochsenwang am Waldrand entlang. Gelegentlich bietet sich ein Blick ins Albvorland von der nahen Albtraufkante aus (Vorsicht!). Direkt nach einer Rastbank können wir die Aussicht vom **Wachtfels 8** genießen. Verlässt der Albsteig den geschwungenen Asphaltweg, folgen wir dem Naturweg hinauf auf den **Breitenstein 9** mit grandioser Aussicht auf das Albvorland mit Zeugenbergen sowie Burg Teck. Eine Bronzetafel zeigt die Lage der teils sichtbaren Orte auf.

Ziegen werden als »Rasenmäher« im Randecker Maar eingesetzt.

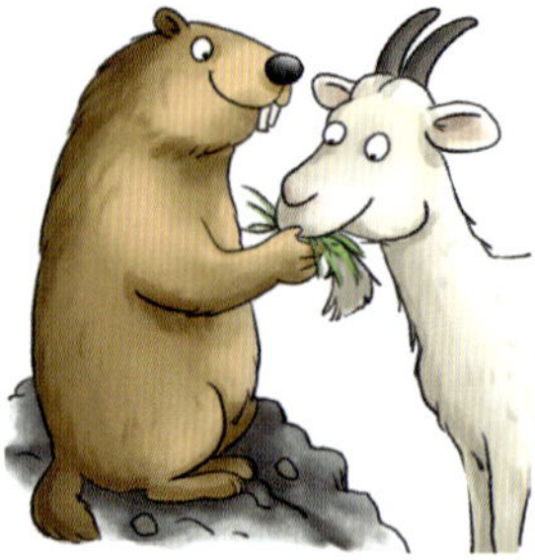

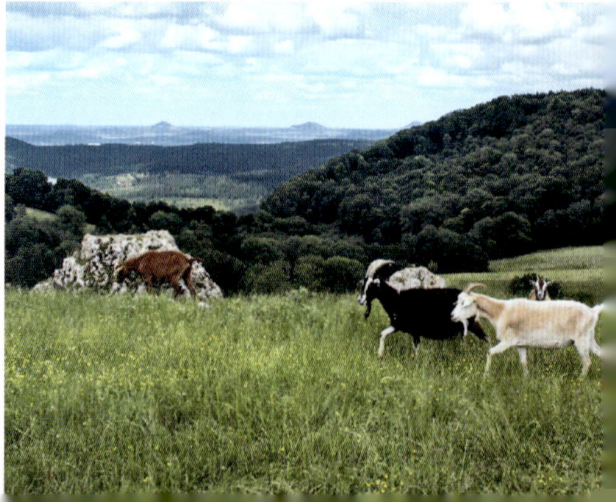

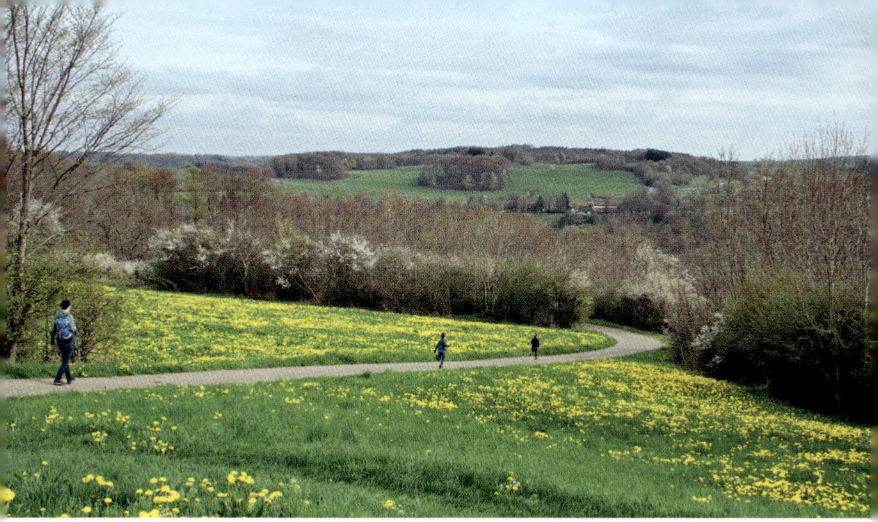

In einem Bogen geht es weiter an einem Grillplatz vorbei sowie am Waldrand entlang. Wir passieren den Wanderparkplatz Breitenstein mit Infotafeln. Am Gedenkstein Drei unbekannte Soldaten erreichen wir die Kreisstraße, der wir auf dem Gehweg nach links folgen. Nach dem Wanderparkplatz Ochsenwang und der Bushaltestelle Bissinger Straße verlassen wir sie beim ehemaligen Gasthaus Rössle nach links und erreichen auf der Eduard-Mörike-Straße das **Mörikehaus ⑩**. Wir folgen der Straße weiter, an der Bushaltestelle Rathaus vorbei – gegenüber ein großer Ammonit vor dem Futterhaus Ochsenwang. Vor dem Rathaus befindet sich eine hübsche Hülbe mit Goldfischen und zwei Brunnen sowie der Landgasthof Krone. Am Ortsrand ignorieren wir das Sackgasse-Schild und wandern in einer Rechtskurve weiter. Erst an Wohnhäusern vorbei bringt uns dann der anschließende Feldweg zu einer Bank mit nettem Spruch. Nach rechts folgen wir, nun wieder auf dem Albsteig, dem Asphaltweg hinab. Nach Querung der Kreisstraße haben wir den **Wanderparkplatz Hepsisauer Steige ①** wieder erreicht.

Auf den letzten Metern geht's im Sauseschritt hinab.

★Highlights

Herrliche Runde um den Vulkankrater, durch die Kernzone des Biosphärenreservates und am Albtrauf entlang zum aussichtsreichen Breitenstein.

Bauernhof Ziegelhütte mit Kühen, Eseln, einem Milchlehrpfad und einem kleinen Spielplatz mit Labyrinth. Es werden auch Eselwanderungen angeboten (Tel. +49 7023 72583, randeck-esel@bauernhofziegelhuette.de).

Die abenteuerliche Zipfelbachschlucht.

Im Herbst (August bis November) werden im Randecker Maar Vogel- und Insektenzug beobachtet. Jährlich findet ein Tag der offenen Tür statt (nähere Informationen unter randecker-maar.de).

2 Schopflocher Moor

RUNDWANDERUNG VOM PARKPLATZ TORFGRUBE

1.15 STUNDEN

2,8 KILOMETER

↗ 20 HÖHENMETER

↘ 20 HÖHENMETER

LEICHT ab 3 Jahren

Das bedeutendste Hochmoor der Schwäbischen Alb erleben: Auf einem barrierefreien Schwellenweg führt diese Kurzwanderung durch ein beeindruckend blütenreiches Hochmoor. Bei geeignetem Wetter können zahlreiche Schmetterlinge, aber auch Bergeidechsen beobachtet werden. Mehrere Infotafeln erläutern die Besonderheiten des Moores, beispielsweise vorkommende Amphibien und Reptilien. Die Vegetation weist zahlreiche seltene Pflanzen auf, die trittempfindlich sind. Daher darf das Moor nicht betreten werden. Der hölzerne Schwellenweg führt zu einem Tümpel, an dem kleine Naturforscher und Naturforscherinnen so manche Entdeckung machen können. In einem Bogen geht es weiter um das Moor herum. Auch ein Abstecher zum Naturschutzzentrum Schopflocher Alb ist möglich. Zum Abschluss der Tour bietet sich eine Einkehr in der Gaststätte Albengel an, in der besondere Kindergerichte serviert werden.

Ausgangspunkt: Parkplatz Torfgrube nahe der Gaststätte Albengel (Otto-Hoffmeister-Haus), 756 m. Navi: Torfgrube 6, 73266 Lenningen-Schopfloch. Anfahrt von der A8 (Ausfahrt 58, Aichelberg) auf der L1200 über Weilheim (Teck) Richtung Neidlingen. Bald rechts auf der L1212 über Hepsisau Richtung Schopfloch hinauf. Nach Randeck der Beschilderung zum Otto-Hoffmeister-Haus folgen.

Mit Bahn/Bus: Vom Bahnhof Kirchheim (Teck) mit der WBG-Buslinie Nr. 176 bis zur Haltestelle Schopfloch, Torfgrube (ca. 150 m bis zum Startpunkt der Tour). Von Anfang Mai bis Mitte Oktober fährt der RadWanderBus Schopflocher Alb an Wochenenden und Feiertagen.

Ausrüstung: Feste Freizeitschuhe, Sonnenkappe und Sonnenschutz.

Anforderungen: Leichte, schattenarme Rundwanderung auf Hackschnitzelweg, Schwellenweg und Asphaltwegen. Der Abstecher zum Naturschutzzentrum Schopflocher Alb verläuft auf teils steileren Wald-, Feld- und Wiesenwegen und ist nicht mit dem Kinderwagen möglich.

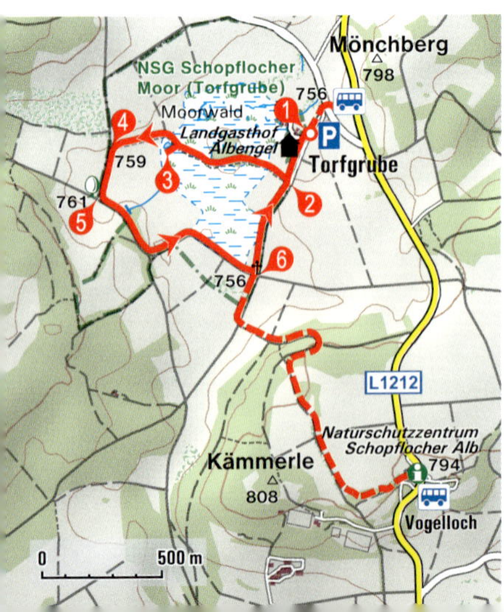

Markierung: Keine vorhanden. Abstecher zum Naturschutzzentrum Schopflocher Alb in beide Richtungen beschildert.

Einkehr: Landgasthof »Albengel« (Otto-Hoffmeister-Haus mit Biergarten, regionale Zutaten, Kindergerichte, Öffnungszeiten s. Website, Torfgrube 6, 73266 Lenningen-Schopfloch, Tel. +49 7023 900100, albengel-otto-hoffmeister-haus.de).

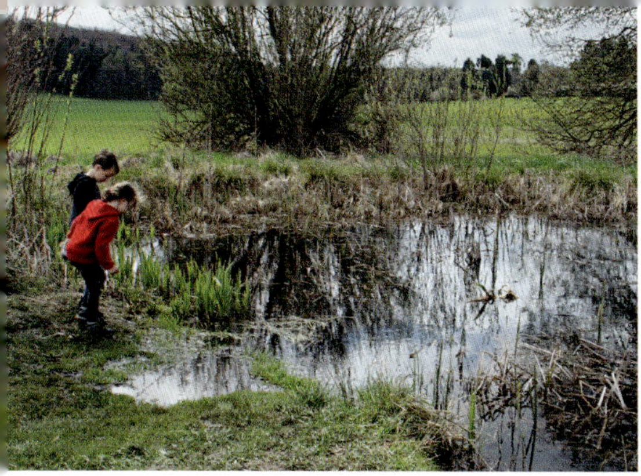

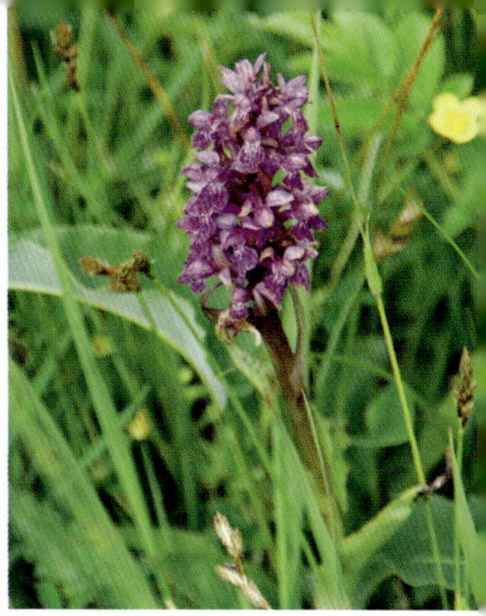

Variante: Abstecher zum Naturschutzzentrum Schopflocher Alb mit interaktiver Ausstellung, Schaugarten und aufgelassenem Kalksteinbruch (2.30 Std., 6,2 km, ab 5 Jahren). Auch mit dem Bus möglich. Weitere Informationen s. Freizeittipp H1.

Tipp: Faltblatt zum Naturschutzgebiet (mit der Moorhexe, naturschutzzentrum-schopfloch.de/infomaterial).

Im Schopflocher Moor gibt es viel zu entdecken. Auch Orchideen wachsen hier.

LOS GEHT'S Vom **Parkplatz Torfgrube** ❶ mit Infotafel gehen wir an der Gaststätte Albengel vorbei und erreichen in Kürze den rechts abzweigenden **Hackschnitzelweg** ❷, auf dem wir sogleich an zwei Infotafeln zum Schopflocher Moor selbiges betreten. Nach rechts blicken wir auf eine Pferdekoppel.

Bald schließt ein barrierefreier Schwellenweg an. Es geht an Wiesen vorbei, auf denen Pflanzen wie Wiesen- bzw. Schlangenknöterich oder Wollgräser vorkommen. Auch die Bergeidechse oder gar die giftige Kreuzotter können mit Glück beobachtet werden. Linker Hand steht eine Moorbirke mit seltsamen Wucherungen, die durch einen Pilz hervorgerufen werden. Auf einer Infotafel können wir die Amphibien und Rep-

Entdeckt ihr die Moorbirke mit den seltsamen Wucherungen? Auf Besen aus solchen Zweigen sollen die Hexen in der Walpurgisnacht zum Blocksberg geflogen sein.

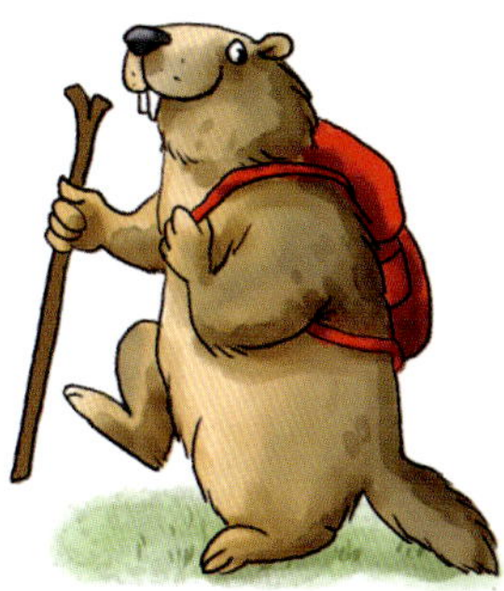

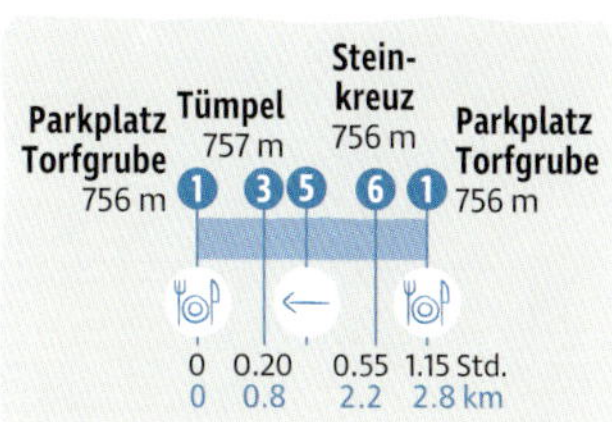

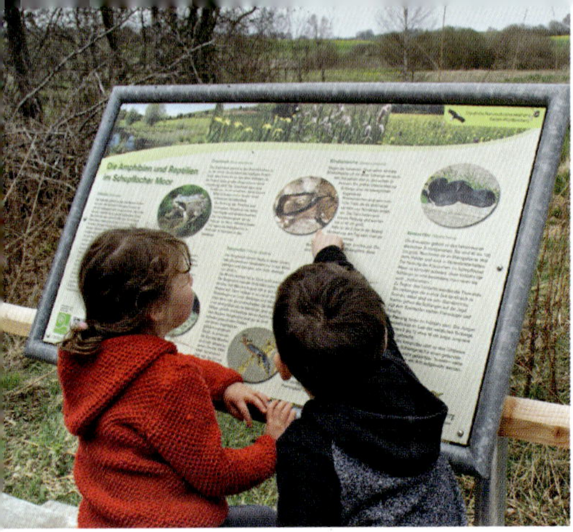

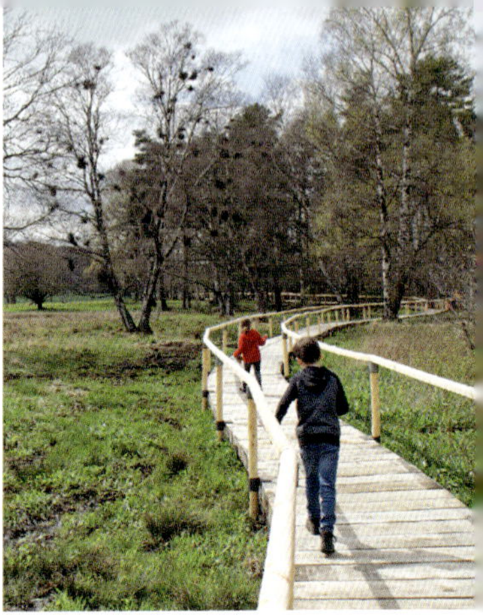

LINKS

Hier erfahren wir, welche Amphibien und Reptilien im Schopflocher Moor leben.

RECHTS

Im Sauseschritt geht es durch das Moor.

UNTEN

Vom Holzschwellenweg aus sind Beobachtungen im Schopflocher Moor möglich.

tilien des Schopflocher Moores kennenlernen, bevor wir in das Moorwäldchen eintauchen, das auf einem Torfhügel wächst. Anschließend wandern wir an einer Streuwiese vorbei, die sich im Frühsommer durch ihre Blütenpracht auszeichnet und zahlreiche seltene Pflanzen wie Trollblume, Breitblättriges Knabenkraut und Teufelsabbiss beherbergt. In Teilbereichen sind zeitweise Schottische Hochlandrinder im Einsatz. Es schließt das Niedermoor mit Seggen, Binsen und Hochstauden wie Mädesüß an, in dem wir ab Mai den Sumpfrohrsänger beobachten können. Der schwarze Torf ist in an mehreren Stellen erkennbar. Ab der Infotafel am **Tümpel 3**, in dem man zahlreiche Insekten, Amphibien und Libellen beobachten kann, können wir einen kurzen Abstecher zu diesem machen. Wieder zurück, endet bald der Schwellenweg und wir folgen dem Wiesenweg nach halb links. Treffen wir auf einen **Betonplattenweg 4**, gehen wir auf ihm nach links weiter, nun am Rande des Naturschutzgebietes

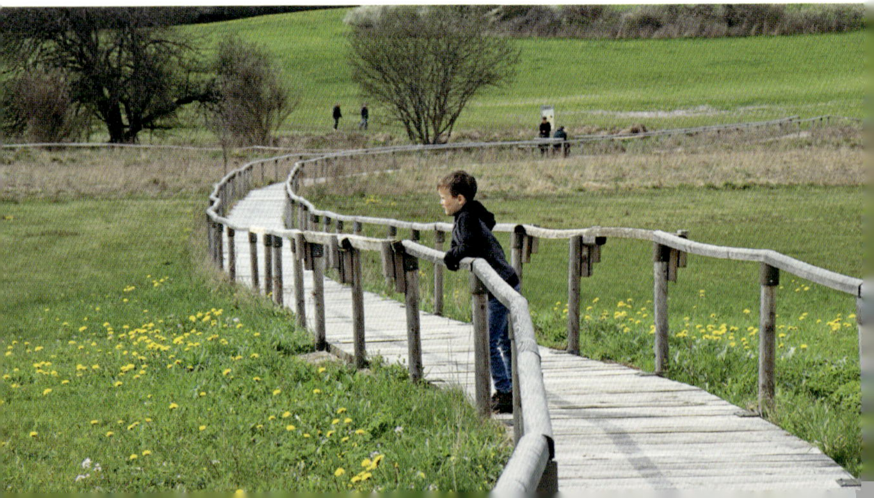

Hallo Kinder!

Ein **Hochmoor** auf der Schwäbischen Alb ist etwas ganz Besonderes, denn für die Entstehung eines solchen ist ein wasserdichter Untergrund nötig. Das ist auf der Albhochfläche nur selten der Fall, da der Untergrund hier hauptsächlich aus Kalk besteht und dieser mit seinen vielen Spalten und Klüften das Wasser schnell einsickern lässt. Dass hier bei Schopfloch dennoch ein Hochmoor entstehen konnte, liegt wie beim Randecker Maar am **Vulkanismus**. Das Schopflocher Moor sitzt sozusagen auf einem Vulkanschlot. Auch hier bildete der zu Ton verwitternde Tuff eine **wasserstauende Schicht**, welche nach Ende der letzten Eiszeit vor rund 10.000 Jahren die Entstehung eines Sees zur Folge hatte. Dieser wuchs mit der Zeit mit Pflanzen zu, er verlandete also, und es siedelten sich **Torfmoose** an. Damit ein Hochmoor entstehen kann, muss es außerdem im Jahresdurchschnitt über 1.000 mm regnen. Dies ist hier am Albtrauf, an dem sich die Wolken stauen und vermehrt abregnen, der Fall.

entlang. Auch an der nächsten Einmündung mit einer **Linde** ❺ folgen wir dem Radweg nach links. Dann blicken wir auf die Doline »Wasserfall«, durch die der Westteil des Moores entwässert wird, bevor es kurz durch den Wald geht. Am Waldrand verlässt uns der Radweg und unser Weg wendet sich nach links. Mit schönem Blick auf das Moor sowie den Weiler Torfgrube wandern wir weiter. Bald dreht unser Weg nach rechts und wir erreichen bei weiteren Dolinen ein **Steinkreuz** ❻, von wo aus wir nach rechts einen Abstecher zum **Naturschutzzentrum Schopflocher Alb** machen können (s. Variante). Ansonsten geht es nach links an Wiesen sowie geradeaus am **Hackschnitzelweg** ❷ vorbei zur Gaststätte Albengel und zum **Parkplatz Torfgrube** ❶ zurück.

★Highlights

Beeindruckend blütenreiches Moor, in dem verschiedenste Tiere beobachtet werden können.

Für Kinder gibt es im Gasthof Albengel (Otto-Hoffmeister-Haus) spezielle Gerichte wie Schnitzel nach Art der Torf-Moor-Hexe oder Pommes mit Drachenblut von der Limburg.

Naturschutzzentrum mit interaktiven Stationen, Klopfplatz, Steinbruch und Schaugärten über Abstecher erreichbar.

3 Zum Neidlinger Wasserfall

DURCH DAS STREUOBSTPARADIES VON NEIDLINGEN

3.00 STUNDEN

8,5 KILOMETER

↗ 120 HÖHENMETER

↘ 120 HÖHENMETER

MITTEL ab 8 Jahren

Kirschblüten und Wassererlebnis: Diese Wanderung durch die idyllische und reiche Kulturlandschaft ist nicht nur zur Zeit der Kirschblüte im April, wenn sich das gesamte Tal in ein weißes Blütenmeer verwandelt, ein Genuss, sondern das ganze Jahr über. Besonders empfehlenswert ist sie zur Schneeschmelze und nach stärkeren Niederschlägen, wenn sich der Neidlinger Wasserfall in seiner vollen Pracht entfaltet. Tiere wie Enten und Hühner können im Ort sowie Pferde, Schafe und Rinder auf der Weide beobachtet werden. Bei geeignetem Wetter lassen sich auch Drachen- und Gleitschirmflieger am Himmel entdecken. Ganzjährig beeindruckt der Blick auf die Ruine Reußenstein, welche ab dem 13. Jahrhundert auf einer Felsnadel aus Kalkgestein am steilen Albtrauf zum Schutz der Neidlinger Steige erbaut worden ist. Sonn- und feiertags ist die Kugelmühle im Seebach in Neidlingen zu erleben, in der mittels Wasserkraft Juragestein zu kugelrunden Murmeln geschliffen wird.

Ausgangspunkt: Parkplatz Benzwang in Neidlingen, 443 m. Navi: Schönbuchstr. 4, 73272 Neidlingen. Anfahrt aus Richtung Stuttgart von der A8 (Ausfahrt 58 Aichelberg) Richtung Weilheim (Teck), dann auf der L1200 Richtung Wiesensteig. Der Wanderparkplatz befindet sich im Norden von Neidlingen (Wegweiser zur Reußensteinhalle).
Mit Bahn/Bus: Vom Bahnhof Kirchheim (Teck) mit der WBG-Buslinie Nr. 177 bis Haltestelle Mitte in Neidlingen. Hier direkter Einstieg in die Tour.
Ausrüstung: Feste Freizeitschuhe, genügend Proviant und Getränke, Sonnenkappe und Sonnenschutz.
Anforderungen: Längere, aber problemlose Rundwanderung, meist auf Asphalt-, Kies- und Spurwegen. Der kurze Abstecher zum Neidlinger Wasserfall führt über einen Grasweg.
Markierung: Nur teilweise markiert mit einem blauen Dreieck, aber mit etwas Orientierungsvermögen problemlos.
Einkehr: Gaststätten, Restaurants und Cafés in Neidlingen.
Kurzvarianten: Alternativer Start am Wanderparkplatz Braike ❸ möglich (2.30 Std., 5,5 km, ab 5 Jahren). Wer mit Kinderwagen oder Laufrad

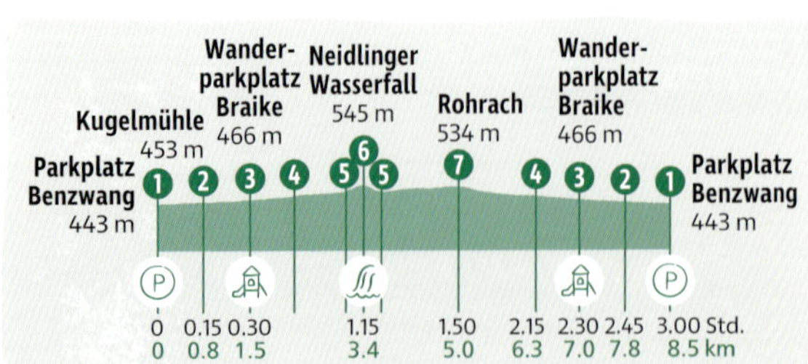

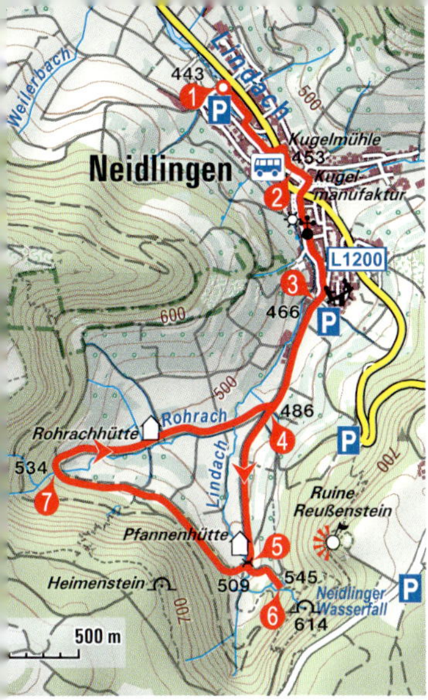

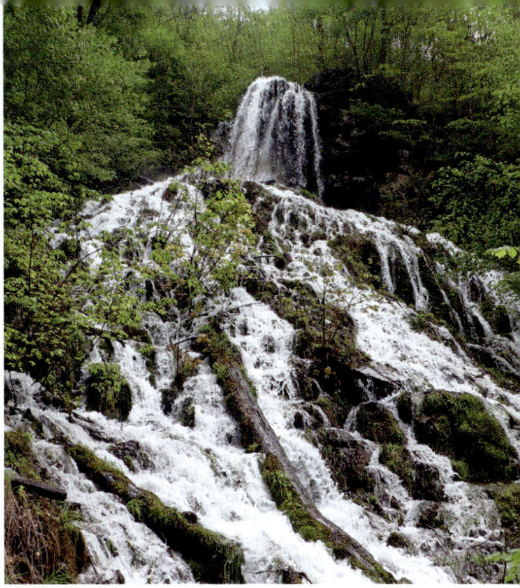

Ein seltener Anblick: der Neidlinger Wasserfall bei hoher Wasserführung.

unterwegs ist, lässt den Abstecher zum Wasserfall weg (2.15 Std., 4,9 km, leicht, ab 4 Jahren).
Tipp: Ruine Reußenstein (frei zugänglich; ausgeschilderter Wanderpfad vom Wanderparkplatz an der L1200 Richtung Wiesensteig).

LOS GEHT'S Vom **Parkplatz Benzwang ❶**, wo auch eine Infotafel mit Wanderkarte vorhanden ist, folgen wir oberhalb der Container der Lindachstraße nach links entlang der Lindach. Bald queren wir diese nach rechts über eine Brücke. Unser Fußweg mündet in die Immenstraße, der wir nach links folgen. Wir passieren das Alte Forsthaus, wo es Biosphärenhonig zu kaufen gibt. Uns links haltend, treffen wir bei der Bushaltestelle Mitte und dem Gasthof Lamm auf die Weilheimer Straße. In einem Rechts-Links-Rechts-Schlenker überqueren wir sie mittels Zebrastreifen. Nach der Infotafel »Vogelwelt im Winter« nehmen wir die Gießenstraße nach links, die uns sogleich zur im Seebach befindlichen **Kugelmühle ❷** bringt. 30 m weiter bachaufwärts treffen wir auf die Kugelmanufaktur. Hier gehen wir nach rechts auf der Kelterstraße zum Rathaus, einem schmucken, denkmalgeschützten Fachwerkbau mit historischer Rathausuhr. Die Höhenlage über dem Meeresspiegel können wir selbst herausfinden. Nach Querung der Straße wandern wir auf der Kirchstraße an der Lindach entlang – am linken Straßenrand, da kein Gehsteig vorhanden ist (Vorsicht!). Es geht an ein paar als Naturdenkmalen geschützten Linden vorbei, einem Brennhäusle mit Verkauf von Biosäften, einer Wanderkarte sowie einem Laden mit Holzspielwaren, bevor wir die Kirche erreichen. Geradeaus weiter schließen mit Pfarramt und Pfarrscheuer zwei

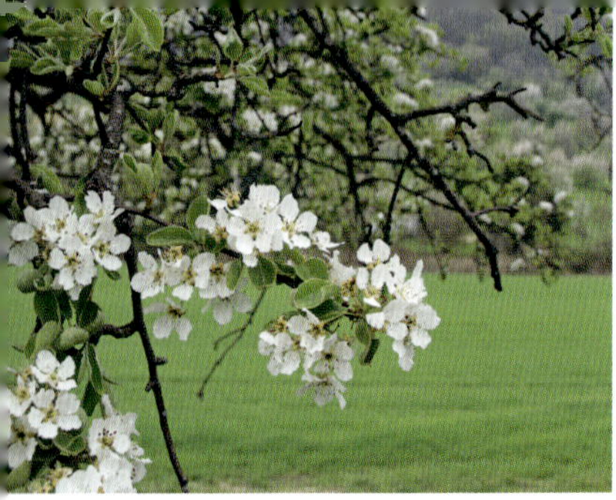

weitere hübsche Fachwerkhäuser an. Nach dem Lindachhof – hier rauscht die Lindach über einen versinterten Absturz – gelangen wir zum **Wanderparkplatz Braike ❸**, an den der **Spielplatz Schloßstraße** anschließt. So verlassen wir den Ort und wandern an Streuobstwiesen mit unzähligen Kirschbäumen vorbei – teils werden sie auch als Weide oder Koppel genutzt – und passieren mit Blick auf die Ruine Reußenstein einen Infokasten des NABU sowie eine Landfrauen-Bank mit dem Baum des Jahres 1991, der Sommerlinde – auch ein Blick zurück lohnt sich. Bei **Burkhardt's Bänkle ❹** teilt sich der Asphaltweg hier im Lindachtal – wir nehmen den mittleren und wandern geradeaus weiter. Nach dem Rastplatz Pfannenhütte mit Grillmöglichkeit erreichen wir die **Lindachbrücke ❺**, vor der wir nach links zu unserem Abstecher abbiegen. Wir folgen den blauen Dreiecken dem Asphaltweg nach halb rechts hinauf. In einer Linkskurve verlassen wir ihn nach rechts. Der Grasweg führt uns über einen Steg in den Wald hinein, wo wir sogleich auf die Infotafel zum Geopoint **Neidlinger Wasserfall ❻** treffen, den wir ab hier erkunden können.

Wieder zurück an der **Lindachbrücke ❺**, überqueren wir diese und gelangen, uns rechts haltend, in den Wald – rechts das Feuchtbiotop Pfannenstiel. In Waldrandnähe geht es weiter – zwischendurch ist auch ein kurzer Ausblick möglich. Der Spurweg führt uns sodann an Weiden vorbei. Mit schönem Blick wandern wir stets geradeaus weiter, wobei wir zwischendurch einen Asphaltweg queren. Nach Querung des Baches **Rohrach ❼** biegen wir rechts in den Asphaltweg ein, der uns wieder mit schönem Blick in Bachnähe hinabbringt. Immer wieder kann das

OBEN
Neidlingen ist für seine Kirschen bekannt. Besonders schön ist es hier zur Zeit der Kirschblüte.

UNTEN
Die Ruine Reußenstein thront über den idyllischen Streuobstwiesen des Lindachtales.

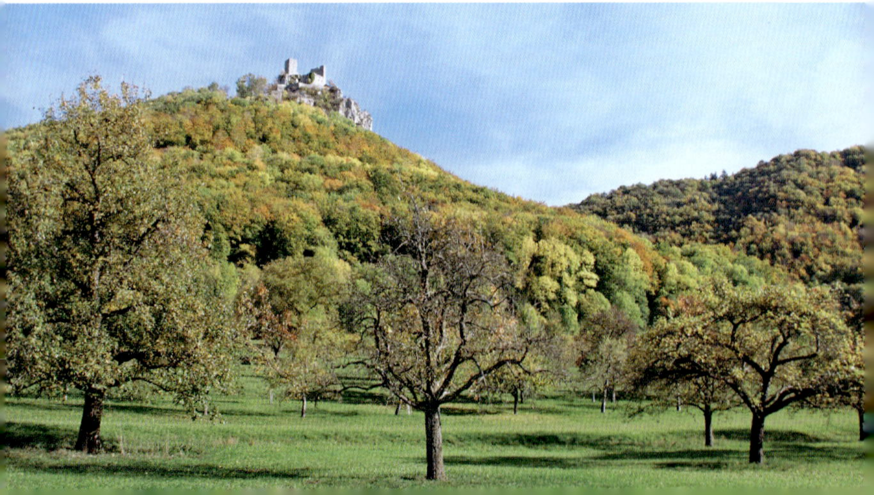

Hallo Kinder!

Verrenkt ihr euch beim Wort **Biosphärenreservat** auch fast die Zunge? Dieses komplizierte Wort steht für einen Typ von Schutzgebiet, mit dem **der Lebensraum von Pflanzen, Tieren und Menschen** geschützt werden soll. Eingeteilt ist dieses in mehrere Zonen. Am strengsten geschützt ist die **Kernzone**, in der überhaupt keine Nutzung durch den Menschen stattfindet. An diese schließt die **Pflegezone** mit naturnaher Nutzung der Wiesen und Wälder an. Hier darf auch gewandert werden. Den größten Anteil hat die **Entwicklungszone**, die die Menschen nachhaltig, also sanft nutzen dürfen. Zu dieser gehören auch die Neidlinger Streuobstwiesen. Die Besitzer der Obstbäume ernten hier die reifen Früchte und bringen sie zur Mosterei, die daraus leckeren Saft presst. Sie erhalten dafür einen guten Preis, der sie dazu motiviert, die Streuobstwiesen weiterhin zu pflegen. Das ist nicht nur für das Landschaftsbild sehr wichtig, denn in den oft alten Bäumen leben teils seltene Tiere. So werden der Schutz von Pflanzen und Tieren und der Erhalt von Arbeitsplätzen vor Ort unter einen Hut gebracht – ein tolles Beispiel für **Nachhaltigkeit**.

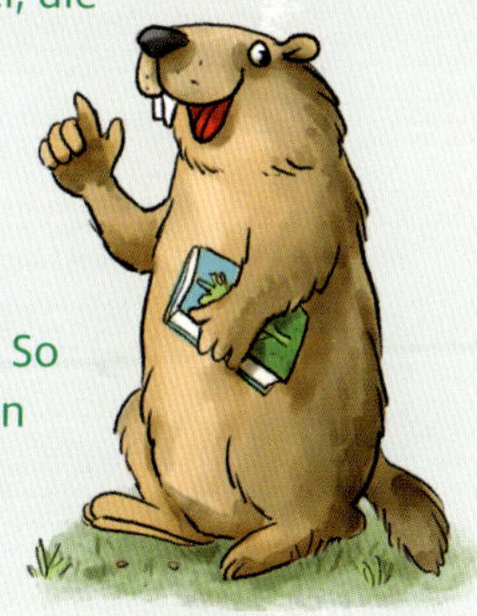

Ufer des plätschernden Baches erreicht werden. So kommen wir an der Rohrachhütte, einer weiteren Rasthütte, vorbei. Haben wir die Lindach erneut gequert, erreichen wir schon **Burkhardt's Bänkle** ❹, ab dem es auf bekanntem Weg zurück zum **Parkplatz Benzwang** ❶ geht.

★Highlights

Herrliche Kulturlandschaft mit Streuobstwiesen – besonders schön während der Kirschblüte.

Versteckter Wasserfall, der vor allem zur Schneeschmelze und nach stärkeren Niederschlägen beeindruckt.

Tiere im Bach und auf der Weide.

Einzigartige Kugelmühle mit kleinem Museum und Verkauf von steinernen Murmeln (weitere Infos unter kugelmuehle-neidlingen.de).

4 Westerheimer Höhlentour

ZUR SCHERTELSHÖHLE

4.00 STUNDEN

12,7 KILOMETER

↗ 270 HÖHENMETER

↘ 270 HÖHENMETER

SCHWER ab 10 Jahren

Eine märchenhafte Tropfsteinhöhle: Auf dieser Tour, die am höchstgelegenen Ort des Alb-Donau-Kreises startet, gibt es gleich drei Höhlen zu entdecken: Da ist zum einen die Schertelshöhle, die als Tropfsteinhöhle bekannt ist und sich mittels Audiotour, Infoblatt oder mit einem Führer ihre Geheimnisse entlocken lässt. Nicht weit davon entfernt befindet sich das Steinerne Haus, welches im Sommerhalbjahr von den jungen Höhlenforschern unter die Lupe genommen werden kann. Ebenso nicht weit ist es bis zur Burkhardtshöhle, deren Höhlendecke im Zweiten Weltkrieg gesprengt worden ist. Alle drei Höhlen dienen im Winterhalbjahr als Fledermausquartier und können daher dann nicht besucht werden. Neben diesen Highlights bietet die Tour, die durch abwechslungsreiche Wälder am Albtrauf und durch die heckenreiche Kulturlandschaft bei Westerheim führt, so manche weitere Überraschung wie etwa das Maus-Kreuz.

Ausgangspunkt: Parkplatz am Schopf Westerheim, 815 m. Navi: Kirchenplatz 14, 72589 Westerheim. Von der A8 (Ausfahrt 60, Hohenstadt) der Beschilderung nach Westerheim folgen.
Mit Bahn/Bus: Vom Hauptbahnhof Ulm mit der DB-Buslinie Nr. 30 bis zur Haltestelle Westerheim, Rathaus.
Ausrüstung: Gut profilierte Trekking- oder Wanderschuhe, genügend Proviant und Getränke, Sonnenkappe und Sonnenschutz, Taschen- oder Stirnlampe sowie Jacke für die Höhlen.
Anforderungen: Lange Rundwanderung, für die ausreichend Kondition erforderlich ist. Verlauf meist auf Wald-, Feld- und Graswegen. Zu Beginn und am Schluss längere Abschnitte auf Asphalt. Ab dem Wanderparkplatz bis zum Ortsrand muss im Seitenstreifen der Straße gegangen werden – hier ist besondere Vorsicht vonnöten.
Markierung: Fast durchgehend markiert mit gelbem Ring und gelegentlich Haupt-Wegweisern.
Einkehr: Rasthaus an der Schertelshöhle (Getränke, Vesper, Kuchen, wie Schertelshöhle nur von April bis Mitte November am Wochenende geöffnet, Im Hochbuch 1, 72589 Westerheim, Tel. +49 7333 7845, schertelshoehle.de), Skiliftgaststätte »Halde« (schwäbische Spezialitä-

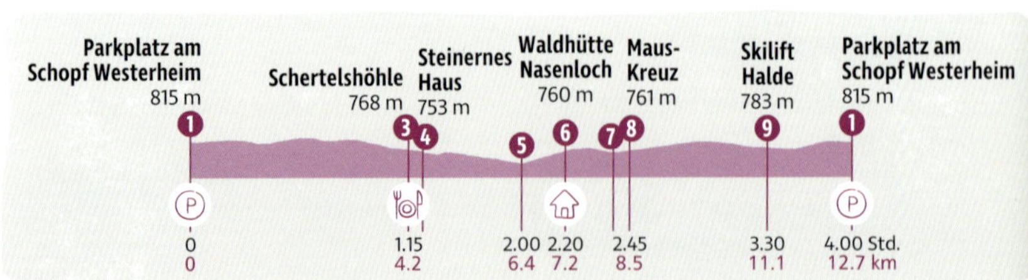

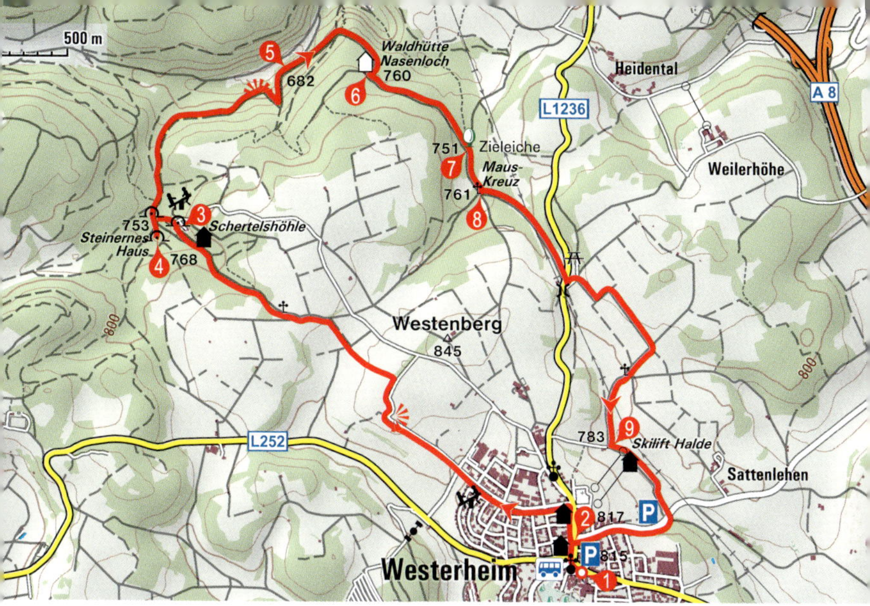

ten, geöffnet während Liftbetrieb und auf Anfrage, Tel. +49 7333 6345 oder 6455, skilift-halde.de), Gaststätten, Restaurants und Cafés in Westerheim.

Tipps: Alb-Bad Westerheim (Infos unter westerheim.de/freizeit-tourismus/freizeitangebote/alb-bad), 817 Adventure Golf bietet eine moderne Variante von Minigolf, bei der mit echten Golfschlägern und -bällen in einer Landschaft mit Felsen und Bäumen gespielt wird und auch Wasserhindernisse zu überwinden sind. Näheres unter achtsiebzehn.de.

Hinweis: Da die Höhlen bedeutende Winterquartiere für Fledermäuse sind, dürfen sie vom 1.10. bis 31.3. nicht betreten werden. Auch die Schertelshöhle samt Rasthaus ist zwischen Mitte November und Ende März geschlossen.

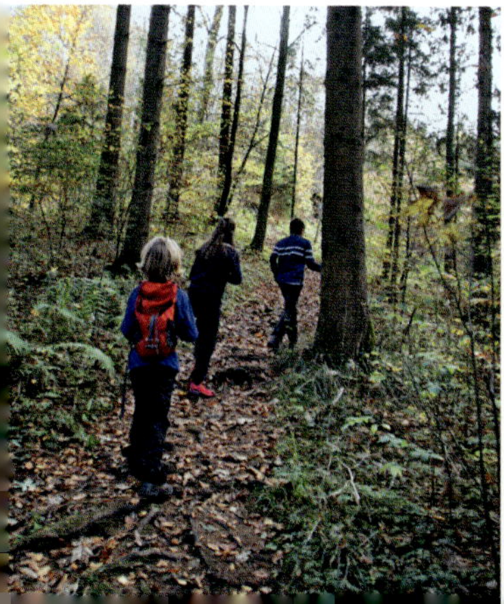
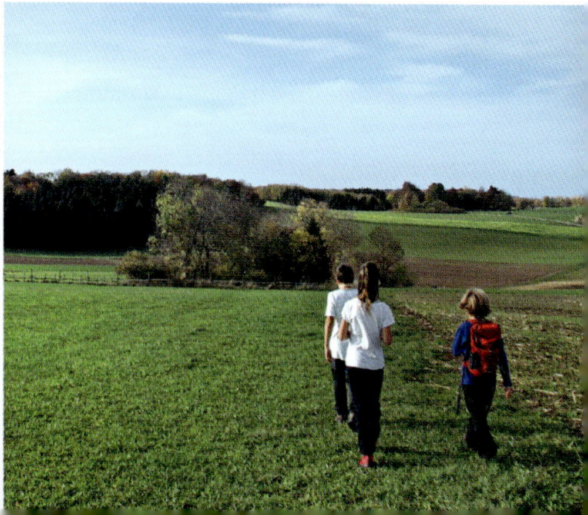

Die Tour verläuft abwechslungsreich auf Wald-, Feld- und Graswegen.

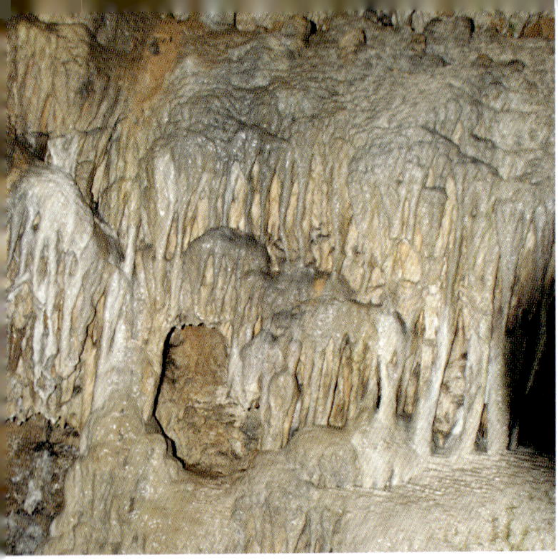
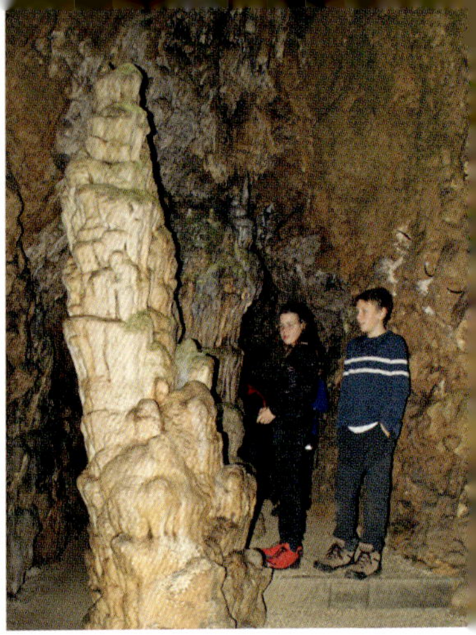

Faszinierend schöne Tropfsteinhöhle – die Schertelshöhle hier mit Sägezahnsinter an den Wänden und einem mächtigen Tropfstein.

LOS GEHT'S Wir starten am **Parkplatz am Schopf** am Kirchplatz in **Westerheim** ❶ und biegen an der Tankstelle links ab. Auf der Wiesensteiger Straße passieren wir sogleich die Bushaltestelle und das im Alten Rathaus, einem hübschen Fachwerkhaus, untergebrachte Haus des Gastes und gelangen zur **Apotheke** ❷. Direkt danach beginnt an der Einmündung der Hohenstadter Straße (auf dieser kommen wir am Rückweg) die eigentliche Rundwanderung, für die wir geradeaus auf der Wiesensteiger Straße weitergehen. Wir gelangen an einer Frischmilch-Zapfsäule in einem kleinen 24h-Selbstbedienungshofladen vorbei sowie an einem Hofkreuz. Am Gasthof zum Adler gegenüber dem Friedhof verlassen wir unsere Straße nach links und wandern auf der Gartenstraße durch ein Wohngebiet weiter. Es geht an einer Streuobstwiese und ein paar Gewerbebetrieben vorbei. Macht unsere Straße eine Linkskurve, wandern wir geradewegs auf dem Fußweg weiter, vorbei an einem Spielplatz mit Rastbank sowie einem Bolzplatz. Dann blicken wir nach links auf das Gelände des Familienparks Westerheim. Nach Querung der Hagentellenstraße wandern wir geradewegs auf einem Asphaltweg hinauf, der später in einen Spurweg übergeht – rechts Blick auf Pferdekoppeln. So erreichen wir eine Bank mit schöner Aussicht auf Westerheim und Umgebung. Wir folgen dem Spurweg weiter nach rechts mit Blick auf Windkraftanlagen. Direkt vor einem Feldgehölz nehmen wir den kaum sichtbaren Grasweg nach links. Dieser führt uns bald landschaftlich schön hinab an einer Weide mit Gehölzstreifen entlang. Nach Querung eines Feldweges bringt uns der nächste Grasweg geradeaus zu einem weiteren Feldgehölz, wo er in einen Asphaltweg einmündet. Wir folgen diesem ein Stück nach links, bis im Bereich eines Feldgehölzes mit fünf Bäumen – bei »Lenza Scheuerle«, das als Naturdenkmal ausgewiesen ist – ein Feldweg halb rechts abzweigt. Dieser führt uns an einem Marterl mit Inschrift sowie einer privaten Hütte vorbei in den Wald. Sanft wandern wir auf dem Forst-

Hallo Kinder!

Könnt ihr euch vorstellen, dass **Tropfsteine** Tausende von Jahren zum Wachsen brauchen? Schon um eine Kalkablagerung in der Größe eines Würfels mit Kantenlänge von einem Zentimeter zu erhalten, dauert es ungefähr 60 bis 80 Jahre. Ein Tropfstein wächst im Durchschnitt in 10 Jahren nur um einen Millimeter. In Höhlen tropft das kalkreiche Wasser von der Decke herab. Dabei wird **Kohlenstoffdioxid** frei und damit auch Kalk, denn dieser ist im Wasser an Kohlenstoffdioxid gebunden. Auch beim Auftreffen des immer noch kalkreichen Wassers auf dem Boden wird Kalk abgelagert, denn durch die Erschütterung wird ebenfalls wieder Kohlenstoffdioxid freigesetzt. Über die Jahre hinweg können so v**on der Decke herab Stalaktiten** und **vom Boden herauf Stalagmiten** wachsen. In der Schertelshöhle sind es vor allem die Stalaktiten, die es zu bewundern gibt. Brechen sie, weil sie zu schwer geworden sind, herunter, bilden sie teils interessante Figuren wie zum Beispiel einen Nikolaus.

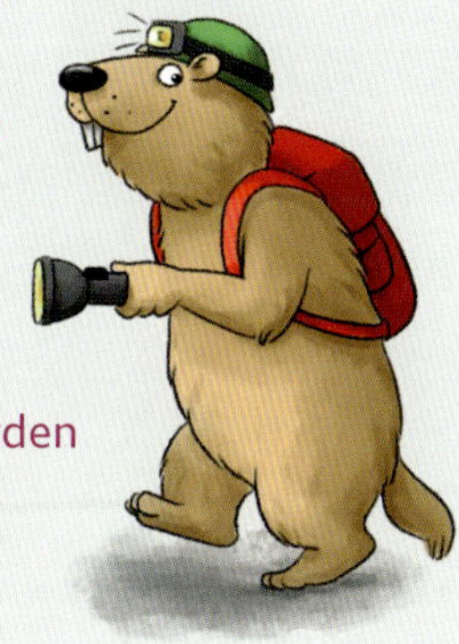

weg hinab, bis uns ein Schild nach halb rechts zur **Schertelshöhle ❸** weist, die wir nach rund 200 m erreichen. Hier können wir die Tropfsteinhöhle besichtigen, im Rasthaus einkehren und uns über Höhlen informieren. Auch einen kleinen Spielplatz sowie eine Grillstelle mit Rastbänken gibt es oberhalb neben dem Höhlentrichter.
Dann nehmen wir am digitalen Informationszentrum die Treppenstufen hinab und folgen dem anschließenden Pfad, der uns zurück zum

★Highlights

Auf dieser Tour kommen kleine Höhlenforscher und -forscherinnen auf ihre Kosten. Gleich drei Höhlen gilt es zu entdecken, darunter mit der Schertelshöhle eine echte Tropfsteinhöhle.

Schöne Wanderung durch abwechslungsreiche Wälder und Kulturlandschaft.

Im Sommerhalbjahr Spaß im Familienpark Westerheim mit Safari-Bobbahn durch den Tierpark (s. Freizeittipp C1).

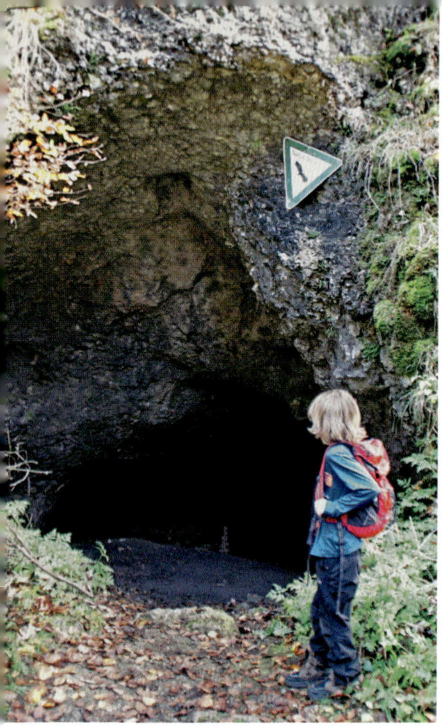

Blick ins Steinerne Haus. Im Winterhalbjahr wohnen hier Fledermäuse, weswegen es zwischen 1.10. und 31.3. nicht betreten werden darf.

auf dem Forstweg verlaufenden Wanderweg bringt. Bevor wir ihm jedoch weiter folgen, machen wir geradeaus einen kurzen Abstecher an der Infotafel vorbei auf dem Naturpfad zum **Steinernen Haus ❹**.

Wieder zurück, geht es nach links weiter und wir treffen sogleich auf die nächste Infotafel, die uns über die oberhalb am Hang gelegene **Burkhardtshöhle** aufklärt. Erst geradeaus, halten wir uns dann an der Forstwegegabelung rechts. Wir folgen dem breiten, schönen Waldweg und passieren einen Aussichtspunkt ins Obere Filstal. Am **Forstwegedreieck ❺** wandern wir nach halb rechts hinauf. Später wendet sich der Forstweg vom Steilhang ab und führt nun sanfter aufwärts. So erreichen wir eine Waldhütte in der Waldabteilung namens **Nasenloch ❻**. Die Wildruhezone, in der auch Wildschweine leben, lassen wir rechts liegen und folgen dem Forstweg weiter. Noch ein Stück hinauf, dann geht es flach weiter und später wieder abwärts. So gelangen wir zur **Zieleiche ❼** an einer Wegkreuzung. Abermals halb rechts weiter, geht es an einer Lichtung mit Wiese vorbei zum **Maus-Kreuz ❽** mit Infotafel. Vor diesem biegen wir links ab, folgen dem Asphaltweg bald aus dem Wald hinaus und durch ein Tälchen im Bereich einer Hochspannungsleitung an Streuobstwiesen, Gärten und einem Ziegengehege vorbei hinauf. Die Landesstraße queren wir in einem Rechts-Links-Schlenker (Vorsicht!) und nehmen dann den an der Hecke nach rechts abzweigenden Asphaltweg. Diesem folgen wir in einer Linkskurve und biegen an einem Feldgehölz nach rechts ab. Mündet unser neuer Feldweg ein, wandern wir nach rechts auf der asphaltierten Todsburger Steige hinab an einem Feldkreuz mit Ahorn und Bank vorbei. So gelangen wir zum **Skilift Halde ❾**, wo wir den links abzweigenden Kiesweg nehmen. Dieser bringt uns an den Liftanlagen und Skihängen vorbei zur Kreisstraße. Diese überquert, gehen wir nach rechts über den Wanderparkplatz Ried und folgen der Kreisstraße, wenn möglich, im Seitenstreifen (Vorsicht!) an Pferdekoppeln vorbei nach Westerheim hinein. Auf der Hohenstadter Straße erreichen wir wieder die Wiesensteiger Straße bei der **Apotheke ❷**. Auf bekanntem Weg zurück, wobei wir uns an der Kirche noch die Zeittafel zur Geschichte von Westerheim anschauen und dann an der Einmündung nach links zum **Parkplatz am Schopf ❶** zurückgelangen.

Wiesensteiger Geopfad

5

VON DER PAPIERMÜHLE AUF DEN SOMMERBERG

2.45 STUNDEN

8,4 KILOMETER

↗ 150 HÖHENMETER

↘ 150 HÖHENMETER

ab 10 Jahren SCHWER

Geo-Erlebnis im Oberen Filstal: Diese Tour ist etwas für richtig Mutige! Am Hang des Sommerbergs führt nur ein ganz schmaler Pfad entlang, an einer Felswand mutet er sogar alpin an, denn hier ist er etwas ausgesetzt und ein Geländer hilft, diese schwierigste Stelle zu passieren. Schwindelfrei und trittsicher sollte man für die Hauptroute auf jeden Fall sein. Aber die Tour ist nicht nur vom Verlauf her spannend, sondern es wird auch viel Geowissen vermittelt. Auf Infotafeln, in alten Steinbrüchen und an Felswänden lernen wir die verschiedenen Gesteine des Weißjuras kennen, aber auch die Sinterterrassen im Bachbett der Fils, der Steppenheidewald oder Rutschungen und Bergstürze werden behandelt. Dazu gibt es einen Rätselcache zu lösen. Nach der Aussicht von der Kreuzkapelle bringt uns der Kreuzweg hinab nach Wiesensteig mit seinem Schloss und seinen historischen Häusern. Wer zum Schluss der Wanderung eine Ganzkörper-Erfrischung braucht, macht einen Stopp im idyllisch gelegenen Tälesbad.

Ausgangspunkt: Gebührenpflichtiger Parkplatz Papiermühle bei Wiesensteig, 608 m. Navi: N48.56166, E09.59969. Anfahrt von der A8 (Ausfahrt 59, Mühlhausen) auf der L1200 nach Wiesensteig. Hier der Beschilderung Richtung Neidlingen folgen, dann links Richtung Restaurant Zum Filsursprung und weiter auf dem Sträßchen bis zur Papiermühle.
Mit Bahn/Bus: Vom Bahnhof Geislingen an der Steige oder Göppingen mit der VVS-Buslinie Nr. 966 bzw. 981 bis zur Haltestelle Wiesensteig, Rathaus. Hier direkt in die Tour einsteigen. Von Anfang Mai bis Mitte Oktober fährt der RadWanderBus Göppingen – Reußenstein zur Bushaltestelle Wiesensteig, Brunnengarten. Von hier aus der Hauptstraße stadteinwärts rund 200 m folgen und am Schloss in die Tour einsteigen.
Ausrüstung: Gut profilierte Trekking- oder Wanderschuhe, genügend Proviant und Getränke, Sonnenkappe und Sonnenschutz. Ein GPS-Gerät kann in der Tourist-Info Wiesensteig ausgeliehen werden.
Anforderungen: Die schwierigste Tour in diesem Buch enthält einen Abschnitt mit schmalem, kurz sogar etwas ausgesetztem Pfad, für den Trittsicherheit und Schwindelfreiheit erforderlich sind. Wegen der Rutschgefahr in steilem Gelände ist er nur bei trockenem Untergrund zu empfehlen, bei Nässe und mangelnder Schwindelfreiheit kann er umgangen werden. Die Tour verläuft überwiegend auf Pfaden, Wald- und Naturwegen, anfangs auch ein Stück auf der Straße (Vorsicht!).
Markierung: Durchgehend beschildert als Wiesensteiger Geopfad bzw. Albtraufgänger, Wegweiser mit Ziel- und Entfernungsangaben.

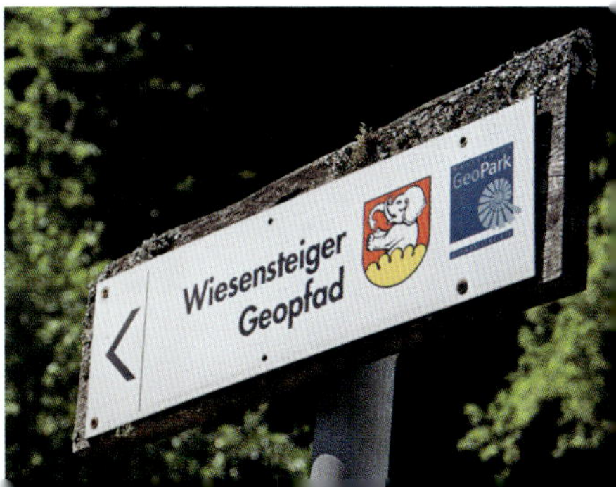

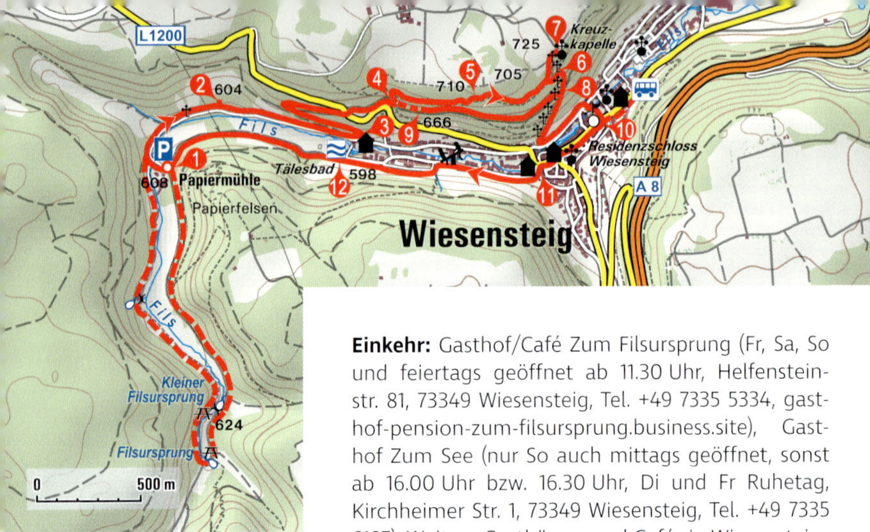

Einkehr: Gasthof/Café Zum Filsursprung (Fr, Sa, So und feiertags geöffnet ab 11.30 Uhr, Helfensteinstr. 81, 73349 Wiesensteig, Tel. +49 7335 5334, gasthof-pension-zum-filsursprung.business.site), Gasthof Zum See (nur So auch mittags geöffnet, sonst ab 16.00 Uhr bzw. 16.30 Uhr, Di und Fr Ruhetag, Kirchheimer Str. 1, 73349 Wiesensteig, Tel. +49 7335 6187). Weitere Gasthäuser und Cafés in Wiesensteig.

Varianten: Wenn wir den schwierigen Abschnitt umgehen möchten, wandern wir beim Abzweig ❹ geradeaus weiter. Auf dem breiten Forstweg passieren wir die Infotafel Rutschungen und Bergstürze ❾ und treffen beim Kreuzweg ❽ wieder auf die Hauptroute (6,3 km, 2.30 Std., 100 m im Anstieg, 100 m im Abstieg, ab 6 Jahren, mittelschwer). Wer nur den Geopfad mit Abstecher zur Kreuzkapelle gehen möchte, wandert ab ❾ bis ❹ weiter und dann auf schon bekanntem Weg zurück (2.45 Std., 7,1 km). Als Erweiterung oder Alternativtour bietet sich der Filsursprung an (ab 3 Jahren, 1.15 Std., 3,3 km ab Papiermühle, mit Grillmöglichkeit und Spielen am Wasser).

Tipp: Beeindruckender Drackensteiner Wasserfall in Unterdrackenstein mit Mariengrotte (zu erreichen über Mühlhausen im Täle und Gosbach).

Hinweis: Für den Parkplatz 5 € in Münzen (ganzer Tag) mitbringen.

LOS GEHT'S

Von der Starttafel des Geopfades am **Parkplatz Papiermühle** ❶ folgen wir dem Sträßchen und erreichen an der Brücke über die Fils sogleich die erste Infotafel, die uns über Verkarstung, Kalktuff und die Bildung der im Bach sichtbaren Sinterterrassen aufklärt. Wir folgen dem Sträßchen an der Fils entlang wei-

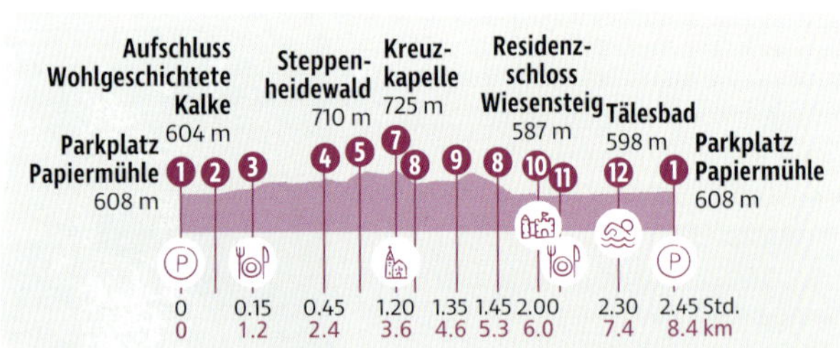

ter. Von links mündet das Trockental Autal ein. Nach einem Feldkreuz gelangen wir zu einem Aufschluss in **Wohlgeschichteten Kalken ❷**. Hier können wir mit Glück Fossilien entdecken. Auch eine Grillstelle ist vorhanden. Weiter am plätschernden Bach entlang, weist uns kurz nach dem Freibad beim **Restaurant/Café Zum Filsursprung ❸** und einer als Naturdenkmal ausgewiesenen Linde die Beschilderung scharf nach links. Nun geht es die alte Steige nach Neidlingen durch den Wald hinauf. An der Infotafel zu den Lacunosamergeln biegen wir scharf nach rechts ab. Nach dem Hochbehälter Galgen queren wir in einem Links-Rechts-Schlenker die Straße (Vorsicht!). Der Flurname ist Galgenberg – hier stand einstmals der Galgen. Schon folgt die nächste Infotafel, diesmal zu den Unteren Felsenkalken, aus denen auch die Felswand oberhalb besteht. Bald kommen wir zu einem **Abzweig ❹**, wo der schwierige Abschnitt der Wanderung beginnt. Wem es an Schwindelfreiheit mangelt, der wandert geradeaus weiter. Wir aber biegen scharf nach links ab und gelangen an einem Felsen vorbei einige Stufen hinauf. Nach rechts führt ein teils recht schmaler Pfad weiter. Nach links bringt ein Seil mutige Kletterer und Kletterinnen zum Katzenfels hinauf. Geradeaus durch den Wald wandern wir am Steilhang entlang weiter an Felsen vorbei. Es geht ein Stück hinauf, dann werden wir über den hier vorkommenden **Steppenheidewald ❺** informiert. Ein kurzes Stück ist der Pfad nun etwas ausgesetzt – ein Geländer hilft uns aber an dem Felsen vorbei. Kurz hinauf und weiter auf schmalem Pfad durch den Wald, wo schon mal umgestürzte Bäume den Weg versperren können. Hier können zudem aus den Kalkbrocken Steinmännchen gebaut werden. An der **9. Station ❻** erreichen wir den **Kreuzweg**. Von hier aus machen wir nach links einen Abstecher an weiteren Kreuzwegstationen vorbei steil hinauf zur **Kreuzkapelle ❼**, von wo aus sich ein herrlicher Blick auf Wiesensteig sowie den Albaufstieg bietet.

LINKS

Ein sehr schmaler Pfad führt am Steilhang entlang. Ein kurzes Stück an der Felswand ist mit einem Geländer gesichert.

RECHTS

In den Wohlgeschichteten Kalken lassen sich Fossilien entdecken wie dieser Ammonit.

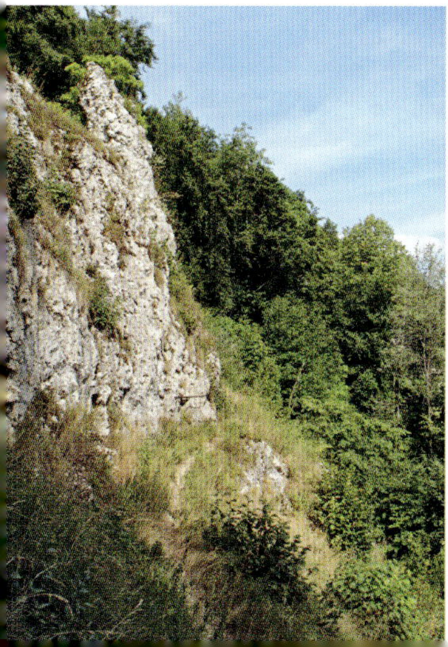

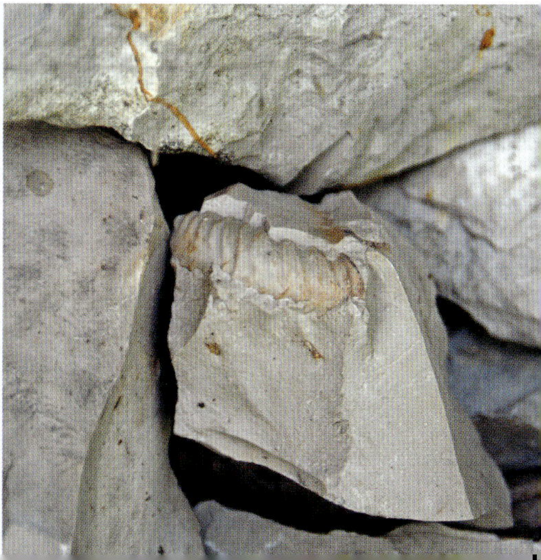

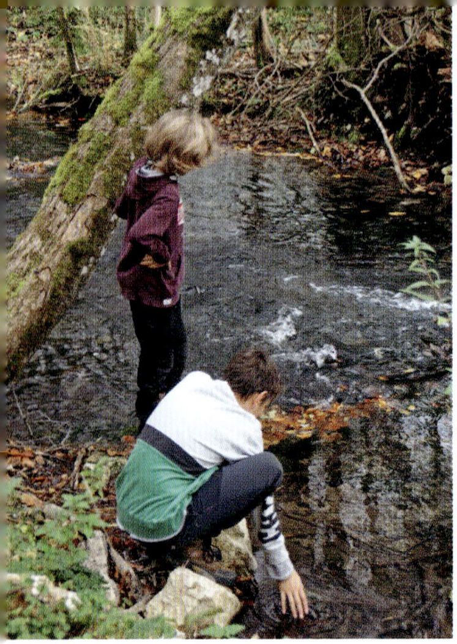

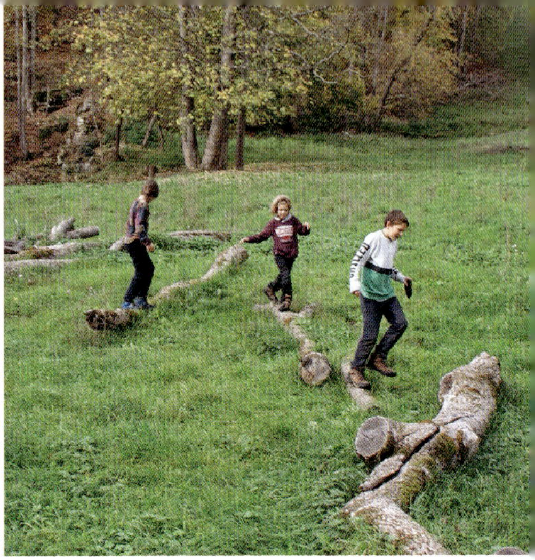

LINKS
Spielen am Wasser ist am Ufer der Fils möglich.

RECHTS
Balancierstämme schulen das Gleichgewicht und machen Spaß.

Wieder zurück an der **9. Station** ❻, folgen wir dem Kreuzweg weiter hinab und sind nun wieder auf dem Wiesensteiger Geopfad. Dann weist uns ein Schild nach rechts auf einen breiten **Forstweg** ❽. Diesen nehmen wir für unseren nächsten Abstecher. Es geht an einer auf einem dicken Baumstamm installierten Bank vorbei. Rund 100 m weiter versteckt sich rechts des Weges die Infotafel zum Hangschutt. Ein Stück weiter erfahren wir schließlich auf der **10. Infotafel** ❾ noch Wissenswertes über Rutschungen und Bergstürze. Hier kann ein »Bergrutsch« im Kleinen nachvollzogen werden. Nun können wir entweder dem Weg weiterfolgen, bis wir in Kürze zu ❹ gelangen, und von dort aus auf schon bekanntem Weg zurückgehen. Ansonsten wandern wir zurück bis zum Wegpunkt ❽ und folgen dem Kreuzweg und von nun an stets auch dem **Albtraufgänger** weiter hinab. Nach einem schönen Aussichtspunkt auf Wiesensteig bei 200-jährigen Linden können wir uns bei den ersten Häusern über Schäferei und Landwirtschaft informieren. Dann queren wir die Sommerbergstraße und folgen ihr nach links an der Fils entlang. Hier ist gleich eine ehemalige Mühle mit Hühnern und hübschem Fachwerk. Nach einem kleinen Heiligenhäuschen weist uns die Beschilderung nach rechts. Im Zickzack geht es romantisch über die Fils und wir erreichen den Schlosshof mit einer Infotafel zum Albtraufgänger. Durch das Tor des **Residenzschlosses** ❿ hindurch geht es nun nach rechts durch die historische Altstadt von Wiesensteig mit diversen Einkehrmöglichkeiten und an zahlreichen hübschen Häusern mit Wappen, Inschriften, Infotafeln und Fachwerk vorbei. Hier gibt es viel zu entdecken und zu erfahren. Am **Gasthof Zum See** ⓫ nehmen wir nach links die Seestraße, deren Verlauf wir durch das Wohn- und Gewerbegebiet folgen, und erreichen einen Spielplatz direkt an der Fils. Hier bietet sich die Möglichkeit, am Wasser zu spielen. Dann verlassen wir mit dem Albtraufgänger kurz die Seestraße und wandern an Gärten

★Highlights

Informative Wanderung durch das Obere Filstal, am Hang des Sommerberges und durch Wiesensteig.

Infotafeln erklären die geologischen Besonderheiten am Wegesrand. Dazu gibt es einen Rätselcache.

Mehrere Aussichtspunkte liegen am Weg.

Malerische Altstadt von Wiesensteig mit Schloss und Fachwerkhäusern.

Im Sommer Bademöglichkeit im Tälesbad mit Sport- und Nichtschwimmerbecken, Babybecken, Sprungbrett, kleiner Rutsche und großer Liegewiese entlang der Fils. Daneben gibt es eine Tischtennisplatte, ein Beachvolleyballfeld, einen Sandkasten sowie Spielgeräte für Kleinkinder. Geöffnet ist es von Mitte Mai bis Mitte September täglich 9.00–20.00 Uhr (Seestr. 100, 73349 Wiesensteig, Tel. +49 7335 9235444, wiesensteig.de/freizeit-tourismus/freibad).

entlang und an einer Bank mit Holzpilzen, Insektenhotel und Vogelfutterhäuschen vorbei, bevor wir in spitzem Winkel wieder auf die Seestraße treffen. Weiter geht es am Wiesensteiger **Tälesbad ⑫** vorbei. Der anschließende Kiesweg bringt uns an Wiesen und Waldrändern entlang idyllisch zurück zum Ausgangspunkt am **Parkplatz Papiermühle ❶**.

Hallo Kinder!

Unsere Wanderung startet an der **Papiermühle**. Hier wurde etwa ab dem Jahr 1700 mithilfe der **Wasserkraft der Fils** ein Stampfwerk angetrieben, mit dem alte Stofflumpen aus Leinen zerkleinert wurden. Diese wurden dann mit Wasser vermengt und mit einem Sieb geschöpft. In weiteren Arbeitsschritten wie Pressen, Trocknen, Leimen und Glätten entstand daraus wertvolles Papier. An der Fils gab es früher viele Mühlen, denn die Wasserkraft wurde für den **Antrieb verschiedener Maschinen** genutzt. Auch in Wiesensteig kommen wir an einer alten Mühle vorbei. Am östlichen Ortseingang befindet sich zudem noch die einstige Söll-Mühle, in der das Getreide für die Bevölkerung gemahlen wurde. Heute ist hier das Café Mühlwerk samt Mühlenladen untergebracht.

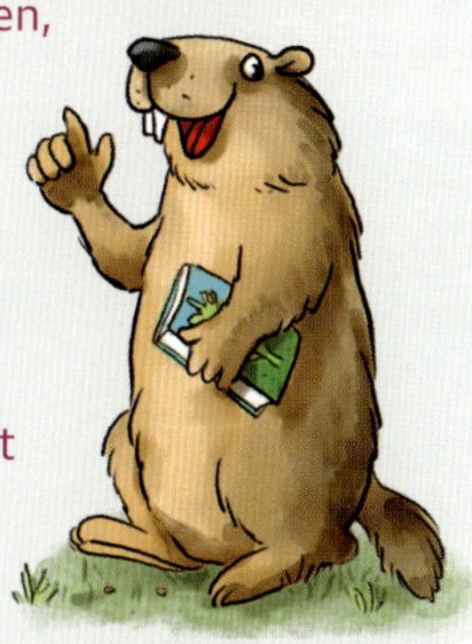

6 Naturpfad SinnesWandel

NATURERLEBNISWANDERUNG AB BAD BOLL

1.45 STUNDEN
3,7 KILOMETER
↗ 100 HÖHENMETER
↘ 100 HÖHENMETER
MITTEL ab 4 Jahren

Durchs Badwäldle und zum Tempele: Auf diesem besonderen Wanderweg können wir natürliche Bachläufe hautnah erleben. Auf und ab geht es durch die Klingen (s. »Hallo Kinder«), es ist matschig und rutschig. Heikle Stellen sind mit einem Geländer gesichert. Dieser Weg spricht alle Sinne an. Im Frühling empfängt uns der Duft nach Knoblauch, der von einem Meer an Bärlauchpflanzen verströmt wird. Ein Wasserspielplatz lädt zum Experimentieren mit Matsch, Wasser, Holz und Steinen ein. Nach einem Labyrinth können wir auf der Baumwipfelmatte entspannen und den Wald aus einer anderen Perspektive erleben. Der Klangwald spricht das Gehör an. Mutige können an einem Hangelseil in die Schlucht hinuntergelangen – für alle anderen gibt es einen Fußweg mit Treppe. Bachdurchquerungen auf Stämmen und Balancierstämme fördern das Gleichgewicht. Am Ende des Rundweges gibt es eine Schuhwasch-Anlage – und die braucht es auch, bevor wir noch eine Runde durch die Mostbirnenallee zum Tempele mit naher Einkehrmöglichkeit anschließen.

Ausgangspunkt: Parkplatz P3 im Pappelweg bei der Evangelischen Akademie in Bad Boll, 415 m. Navi: Pappelweg 12, 73087 Bad Boll. Anfahrt von der A8 (Ausfahrt 58, Aichelberg) auf der L1214 Richtung Göppingen. In Bad Boll erst Beschilderung zur Evangelischen Akademie und dann den Wegweisern Schützenhaus bzw. P3 folgen.
Mit Bahn/Bus: Vom Bahnhof Göppingen mit der VVS-Buslinie Nr. 920 bis zur Haltestelle Bad Boll, Ev. Akademie/Reha-Klinik. Über Badallee und Badstraße nach rechts sowie nach rechts in den Pappelweg, in knapp 400 m zum Ausgangspunkt der Tour (gesamt 2.00 Std., 4,5 km).
Ausrüstung: Gut profilierte Trekking- oder Wanderschuhe, Wechselkleidung, Proviant.
Anforderungen: Wurzelige Pfade, immer wieder kurze Steilstücke rauf und runter, die an den heiklen Stellen mit Holzgeländer gesichert sind. Trittsicherheit und keine Angst vor Matsch.

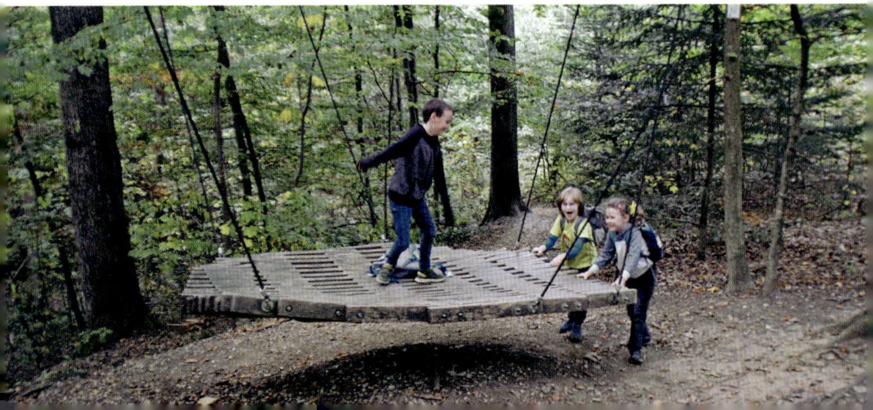

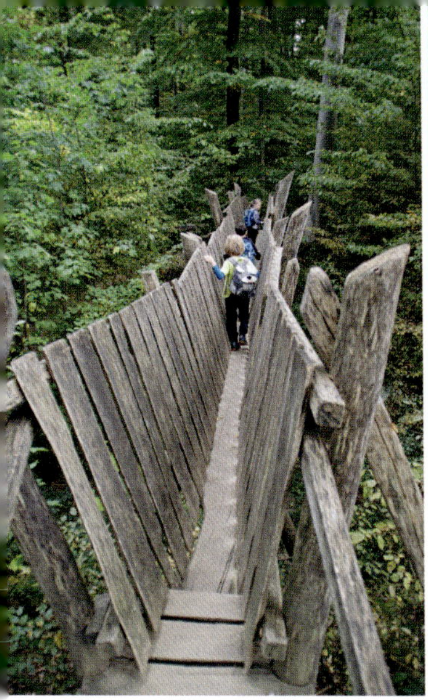

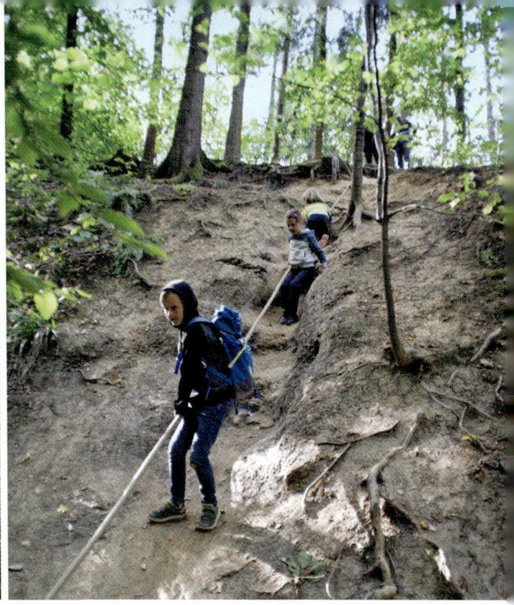

Markierung: Größtenteils beschildert mit SinnesWandel-Wegweisern.
Einkehr: Brenders Restaurant mit Biergarten (Öffnungszeiten s. Website, Pappelweg 21, 73087 Bad Boll, Tel. + 49 7164 2115, brenders.de). Gaststätten und Cafés in Bad Boll.
Kurzvariante: Zweite Runde über Mostbirnenallee, Tempele und Brenders weglassen (2,5 km, 1.15 Std., leicht, ab 3 Jahren).

OBEN LINKS

Eine schmale Baumbrücke führt über eine Klinge – für Kinder kein Problem.

OBEN RECHTS

Per Hangelseil geht es hinab zum Badbächle.

LINKS UNTEN

Auf der Baumwipfelmatte sollen wir eigentlich langsam in die Entspannung schaukeln.

LOS GEHT'S Vom **Parkplatz P3 ❶** folgen wir an den Infotafeln vorbei dem Pappelweg weiter. Wir gelangen mit schönem Blick an einer Schafweide vorbei. Bald können wir auf einen Pfad wechseln. Idyllisch gelangen wir in Kürze nach einer Eichen-Baumscheibe sowie dem **Spielplatz Badwäldle** zur **Schuhwasch-Anlage ❷**, an welcher unsere eigentliche Rundwanderung beginnt. Nach rechts erreichen wir sogleich den **Wasserspielplatz**. Ein Stück am Bach entlang und diesen gequert, geht es hinauf zum **Huteeiche-Labyrinth ❸**. Bald bringt uns eine Baumbrücke abermals über den Bach. Kurz darauf können wir auf einer Baumwipfelmatte entspannen und den Wald mal aus einer anderen Perspektive erleben. Wandern wir weiter, so

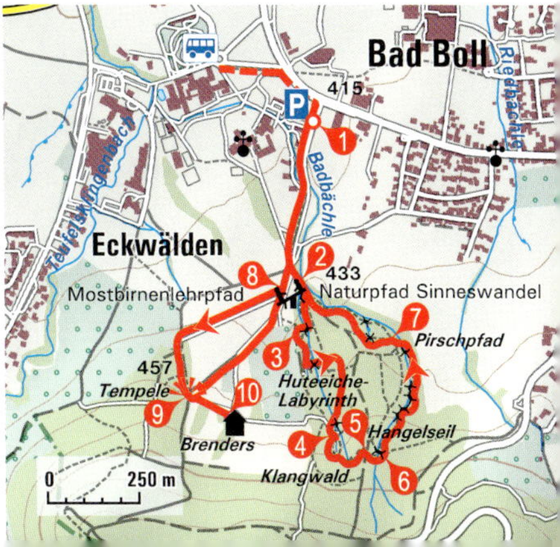

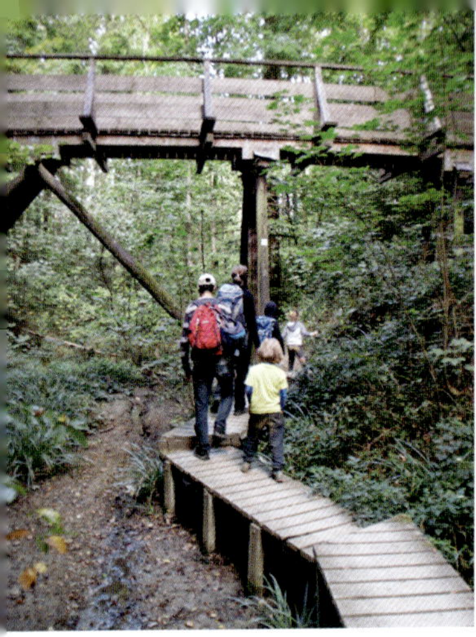

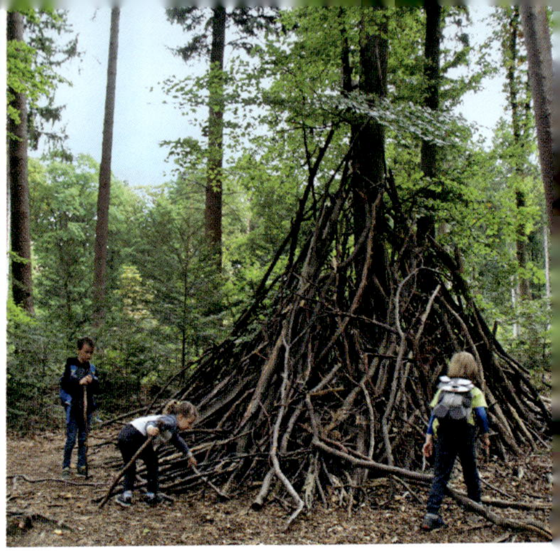

LINKS
Durch die Klinge des Badbächles geht es anfangs auf einem Steg.

RECHTS
Weiterbauen an einem Tipi aus Ästen im Badwäldle.

gelangen wir zum schon sichtbaren **Kunstraum Rotes Feld**, wo es scharf nach rechts weitergeht. Nach einem Steg über einen Bachlauf können wir uns im **Klangwald ❹** musikalisch betätigen. Weiter aufwärts und zwischendurch immer wieder den Bach gequert, erreichen wir die sogenannte Maserknollen-Eiche. Wandern wir weiter, müssen wir uns bald zwischen **Hangelseil ❺** und Fußweg entscheiden. Unten am **Badbächle ❻** treffen wir uns wieder. Hier wandern wir anfangs auf einem Steg, dann auf einem Pfad in Fließrichtung an diesem entlang. Nach einer Bachdurchquerung auf Holzstämmen und beidseitigem Holzgeländer können wir bald auf Balancierstämmen am Bach entlang weiterwandern. Dann hilft uns ein Baumstamm über den Bach und wir wandern etwas hinauf. Sogleich biegen wir nach links auf den **Pirschpfad ❼** ein, wo wir einheimische Tiere aus Holz entdecken können. Auch ein Spechtbaum mit Höhle zum Öffnen lädt zum Entdecken ein. Bald gelangen wir wieder auf den Hauptweg, auf dem wir nach links weiterwandern. So erreichen wir die **Schuhwasch-Anlage ❷** – eventuell davor noch ein Abstecher zum Wasserspielplatz – und gehen auf schon bekanntem Weg ein Stück hinab. Nach der Eichen-Baumscheibe biegen wir links ab und starten nach rechts über den **Mostbirnenlehrpfad ❽** zu unserer zweiten Rundwanderung. Dieser führt uns als Grasweg durch eine Birnenallee. Wir erfahren viel Wissenswertes über die leckeren Sorten mit den interessanten Namen. An deren Ende nach links hinauf durch den Wald zum schon länger sichtbaren **Tempele ❾**. Neben einer Infotafel zu Geologie und Thermalwasser bietet sich uns hier ein herrlicher Ausblick auf die Landschaft mit den drei Kaiser-

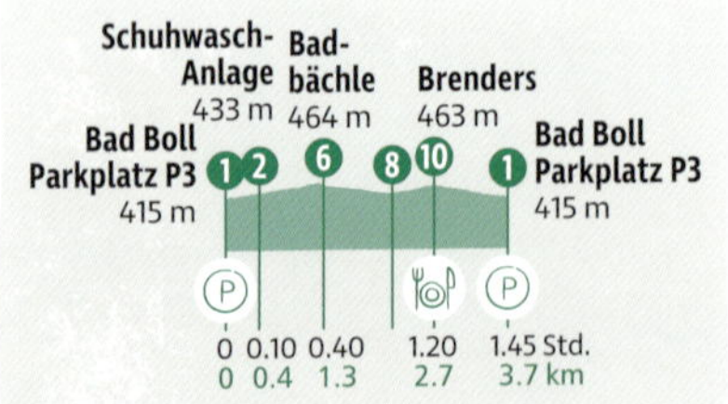

Hallo Kinder!

Auf dem **Erlebnisweg SinnesWandel** ist es richtig schön matschig! Könnt ihr euch vorstellen, woran das liegt? Vor rund 170 bis 180 Millionen Jahren gab es hier ein ruhiges Flachmeer, in dem **toniges Gestein** abgelagert wurde. Und auf solch einem Gestein entsteht für gewöhnlich auch ein toniger Boden. Dieser Ton kann sehr viel Wasser aufnehmen und speichern. Allerdings hat das auch zur Folge, dass die einzelnen Tonteilchen nicht mehr so gut miteinander verbunden sind, wenn viel Wasser dazwischen ist, weswegen es rutschig wird. Auch von fließendem Wasser kann der Ton leicht abgetragen werden. Am steilen Hang hat sich das Badbächle mit seinen Nebenbächen eingetieft, wodurch die beeindruckenden **Klingen** entstanden sind. Auch wird durch den Wald verhindert, dass viel Wasser verdunstet, weswegen hier die Böden feuchter sind als auf Äckern und Wiesen. Da unbewaldete tonige Böden am Hang leicht abrutschen können, werden sie oft als Streuobstwiesen und Obstplantagen genutzt, wie das auch hier bei Bad Boll der Fall ist.

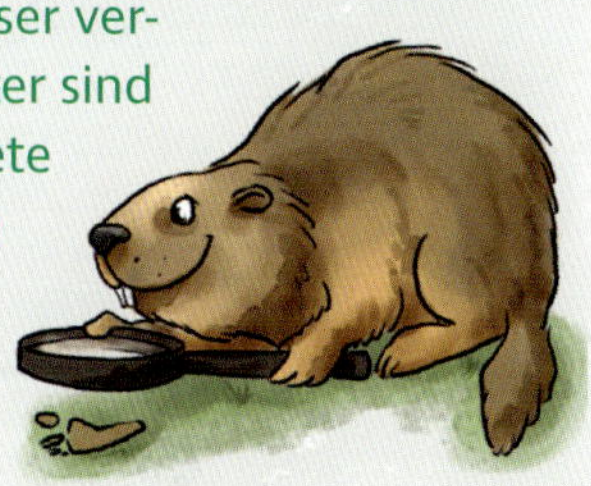

bergen. Wir folgen dem Weg an einer uralten, mächtigen Huteeiche vorbei zum **Brenders** ⑩ mit Restaurant und Biergarten. Zurück am **Tempele** ⑨, nehmen wir dann den Kiesweg mit herrlicher Aussicht hinab. Es geht an Apfelplantagen vorbei und wir passieren nochmals den **Spielplatz Badwäldle** sowie den **Mostbirnenlehrpfad** ⑧. Ab hier geht es auf bekanntem Weg wieder zum **Parkplatz P3** ① zurück.

★Highlights

Echter Erlebnisweg, der alle Sinne anspricht.

Wasser und Matsch – genau das Richtige für Kinder!

Großer Spielplatz Badwäldle mit Grillmöglichkeit.

Nach der Tour: Bademöglichkeit im Freibad Bad Boll mit Schwimmer- und Nichtschwimmerbecken, Planschbecken, großer Liegewiese, Basketballkorb und Beachvolleyballfeld. Im Sommerhalbjahr ist es täglich 9.00–19.00 Uhr geöffnet (Freibadweg 38, 73087 Bad Boll, Tel. +49 7164 5294, bad-boll.de/verzeichnis/visitenkarte.php?mandat=242390).

7 Landschaftspark Schloss Filseck

DIE WALDVARIANTE MIT ABSTECHER ZUM CHARLOTTENSEE

3.15 STUNDEN

10,1 KILOMETER

↗ 90 HÖHENMETER

↘ 90 HÖHENMETER

MITTEL ab 8 Jahren

Schwebender Pfad, Sparwieser Seniorenschaukel und Kugelnest: Diese Wanderung durch den Landschaftspark Schloss Filseck hält ganz besondere Attraktionen bereit. Auf dem Schwebenden Pfad geht es geschwungen durch birkenreichen Wald. Nach dem Abstecher zum verträumten Charlottensee können wir auf der Sparwieser Seniorenschaukel entspannen – sie ist nämlich nicht nur der älteren Generation vorbehalten, sondern darf von allen genutzt werden. Die Sparwieser Hochzeitsallee ist eine weitere Besonderheit. Wer ins Kugelnest hinaufsteigt, kann dort entspannen und die Landschaft aus einer anderen Perspektive betrachten. Unter den Eschen versteckt sich eine Quelle. Später geht es am naturnahen Pfuhlbach entlang, wo an einer Stelle auch am Wasser gespielt werden kann. Nach einem aussichtsreichen Abschnitt gilt es, noch das versteckte Pumpenhaus des Schlosses Filseck zu entdecken, bevor der Biergarten mit Spielplatz zur Einkehr und zum Austoben lädt.

Ausgangspunkt: Schloss Filseck bei Uhingen, 361 m. Navi: Filseck 1, 73066 Uhingen. Anfahrt von der A8 (Ausfahrt 57, Kirchheim (Teck)-Ost) auf der B297 Richtung Göppingen bzw. von der B10 (Ausfahrt Uhingen) auf der B297 Richtung Kirchheim (Teck). In Albershausen Richtung Sparwiesen abbiegen und der Beschilderung zum Schloss Filseck folgen.
Mit Bahn/Bus: Vom Bahnhof Göppingen mit der VVS-Buslinie Nr. 913 bis zur Haltestelle Faurndau, Schloss Filseck. Der Beschilderung zum Schloss Filseck entlang der Straße bis zum Ausgangspunkt gut 600 m folgen (gesamt 3.15 Std., 11,3 km, ab 10 Jahren).
Ausrüstung: Gut profilierte Trekking- oder Wanderschuhe, genügend Proviant und Getränke, Sonnenkappe und Sonnenschutz.
Anforderungen: Lange Wanderung überwiegend auf Kies-, Feld- und Waldwegen, zwischendurch Abschnitte auf Asphalt und ein schöner Holzweg. Problemlos, nur der Erdpfad zur Quelle führt kurz steiler hinab. Aufgrund der Länge ist ausreichend Kondition erforderlich.
Markierung: Großteils beschildert mit Wald-Variante und orangenen Pfeilen. Selten fehlen Wegweiser – daher etwas Orientierungsvermögen von Vorteil.

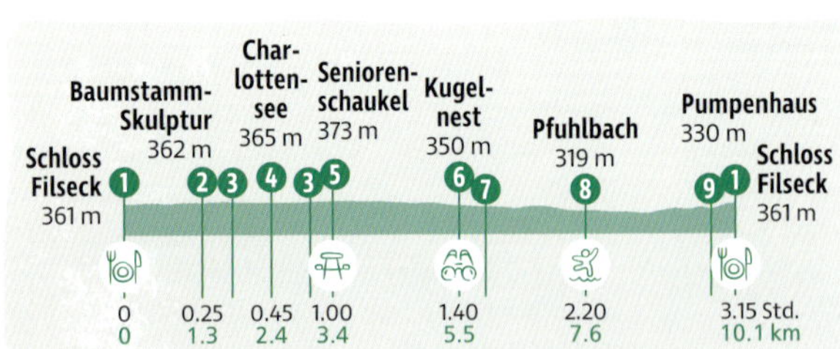

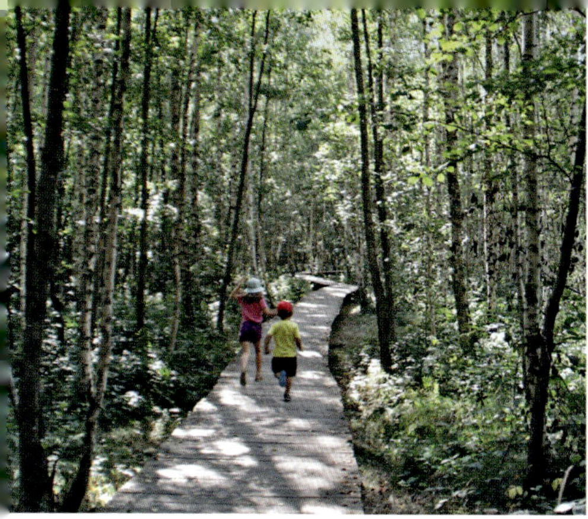

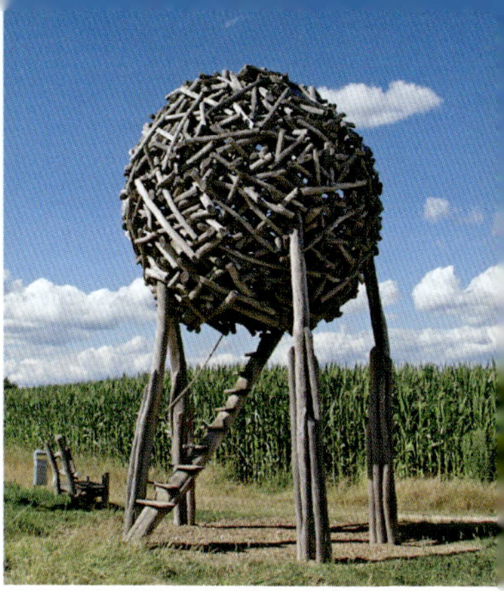

Einkehr: Schänke Schloss Filseck mit Biergarten (spezielle Kindergerichte, serviert auf einem Räuberteller mit Werkzeug, täglich geöffnet ab 12.00 Uhr, Mo Ruhetag, Filseck 1, 73066 Uhingen, Tel. +49 7161 28380, biergarten-auf-schloss-filseck.de).
Kurzvarianten: Vom Wegpunkt ❼ über den Willkommenspunkt zu Schloss Filseck zurück (2.30 Std., 7,5 km, ab 7 Jahren). Alternativ bereits ab dem Charlottensee über den Asphaltweg an ein paar Infotafeln vorbei durch den Wald zurück zu Schloss Filseck (2.00 Std., 3,9 km, leicht, ab 3 Jahren).
Tipp: Märklineum Göppingen (s. Freizeittipp F2).

LINKS
Unterwegs auf dem Schwebenden Pfad.

RECHTS
Im Kugelnest können wir die Landschaft von erhöhter Warte aus betrachten.

LOS GEHT'S Wir starten gegenüber den Parkplätzen direkt vor **Schloss Filseck ❶**. An der Starttafel der Schloss-Filseck-Runde vorbei folgen wir den orangen Pfeilen westwärts. Gleich nach den Infotafeln zur Landwirtschaft verlassen wir am Waldrandeck die anderen Wanderwege und biegen links ab. Es geht ein Stück am Waldrand entlang, wobei wir mit Blick auf die drei Kaiserberge einen Blühstreifen passieren. Vor der Biogasanlage Filsecker Hof biegen wir an der Infotafel rechts ab und wandern bald in den artenreichen Wald hinein über den **Schwebenden Pfad**. An der Infotafel an dessen Ende biegen wir links ab. Der Waldweg führt uns zur **Baumstamm-Skulptur ❷**, die zum Balancieren sowie zu einer ersten Rast einlädt. Nach rechts geht es weiter durch den Wald, gleich an einem Baumstuhl vorbei. Erst links, dann passieren wir in einer Rechtskurve einen Tümpel, an dem wir u. a. Libellen, Wasserläufer und Rückenschwimmer

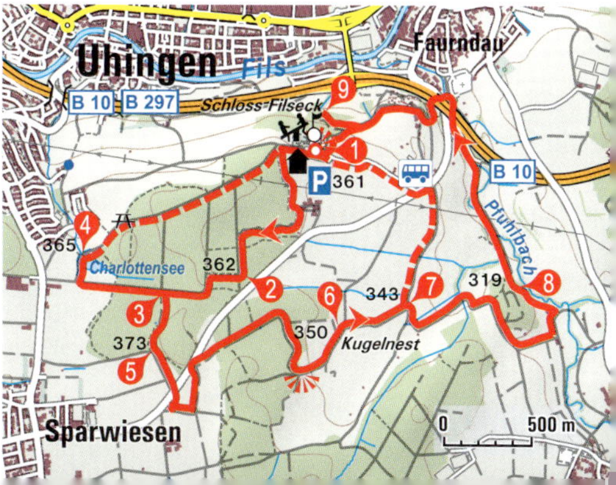

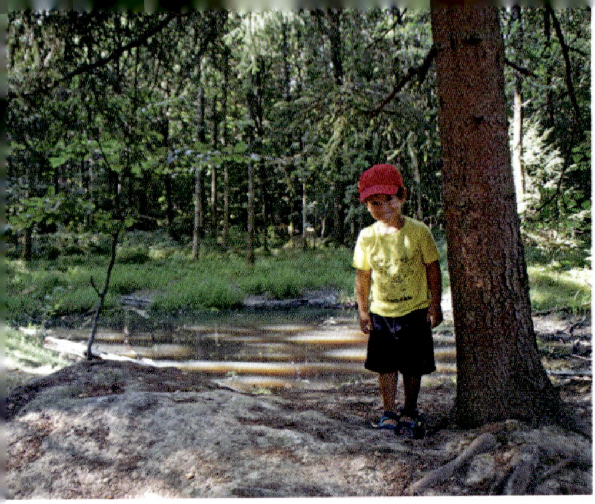

Wieder einen Waldtümpel entdeckt!

beobachten können. Bald erreichen wir eine **Wegkreuzung ❸** mit Wegweisern, wo wir für einen Abstecher geradeaus weiterwandern. An einem weiteren Tümpel vorbei, geht es aus dem Wald hinaus und mit Blick auf das Gestüt Sonnenschein mit seinen Pferdekoppeln weiter. Bald weisen uns Schilder nach rechts zum **Charlottensee ❹**. Wieder zurück an der **Wegkreuzung ❸**, geht es nun nach rechts weiter und an einem weiteren Tümpel vorbei zum Waldrand, wo wir auf der **Sparwieser Seniorenschaukel ❺** die Landschaft genießen können. Nach links erreichen wir auf dem Asphaltweg die Faurndauer Straße, die wir überqueren und auf dem parallelen Asphaltweg weitergehen. Bereits hier sind einige Bäume mit Tafeln versehen, an der Bank biegen wir nach links in die **Sparwieser Hochzeitsallee** ab. Dann passieren wir nach links die Infotafel zur Hochzeitsallee und nähern uns abermals der Straße. Doch zuvor geht es an der Einmündung nach rechts weiter und wir wandern an einem Schild Vogelschutzgebiet sowie einer Streuobstwiese vorbei in den nächsten Wald hinein. Wir passieren einen großen Ameisenhügel und weiter geradeaus mehrere, möglicherweise ausgetrocknete Tümpel, bevor unser Wanderweg eine Rechtskurve macht. Wir folgen ihm weiter und werden an einer mächtigen Eiche nach links zum Waldrand gewiesen. Dort können wir die Aussicht auf das Albvorland mit den drei Kaiserbergen genießen. Wir wandern sanft hinab und halten uns am Göppinger Blühstreifen von 2021 links. So erreichen wir das **Kugelnest ❻**. Nun halten wir uns rechts und folgen dem Asphaltweg bis zur Einmündung, wo wir mehr über **Pflanzenschutz ❼** erfahren. Hier geht es erst nach rechts weiter, an der Weggabelung mit der Infotafel zum Mais halten wir uns links und folgen dem Asphaltweg in einem Linksknick weiter. Er führt uns an einer kleinen Quelle vorbei, die »Unter den Eschen« entspringt. Wir erreichen sie über einen kurzen Abstecher auf einem steilen Pfad hinab. Weiter zum Waldrandeck und zum nächsten Waldrand, an dem wir nach rechts entlangwandern und sogleich auf einen Balancierstamm treffen. Mit schönem Blick auf die Alb sowie Göppingen passieren wir Pferdekoppeln, in deren Bereich wir links abbiegen. Etwas hinab, dann treffen wir auf den Radweg (Vorsicht!), dem wir fortan nach links folgen. Er bringt uns zum naturnahen **Pfuhlbach**, an dem wir nach links entlangwandern. Kurz vor den Infotafeln besteht die Möglichkeit, am Bachlauf ❽ zu spielen – Steinstufen führen hinab. Des Weiteren queren wir den Pfuhlbach mehrmals. Direkt nach der Infotafel »Miteinander in der Natur« mündet unser Asphaltweg ein und wir biegen links ab. Es geht zwischen nur hörbarer B10 und Pfuhlbach weiter.

Hallo Kinder!

In Deutschland gibt es kaum mehr unberührte Natur. Doch auch die vom Menschen genutzte Landschaft, die sogenannte **Kulturlandschaft, ist Lebensraum vieler Pflanzen- und Tierarten** und sogar auch von seltenen. Entscheidend ist, wie und wie stark die Nutzung durch den Menschen ist. Die Kulturlandschaft um Schloss Filseck mit Streuobstwiesen und Wäldern ist Lebensraum einiger seltener Vogelarten und deswegen auch ein Vogelschutzgebiet. So kommen etwa im Baronenwald zwischen Schwebendem Pfad und Charlottensee gefährdete Höhlenbrüter vor. In den Wäldern mit viel Totholz leben auch häufigere Arten wie der Mittelspecht, der seine Nisthöhlen gerne in abgestorbene Bäume zimmert.

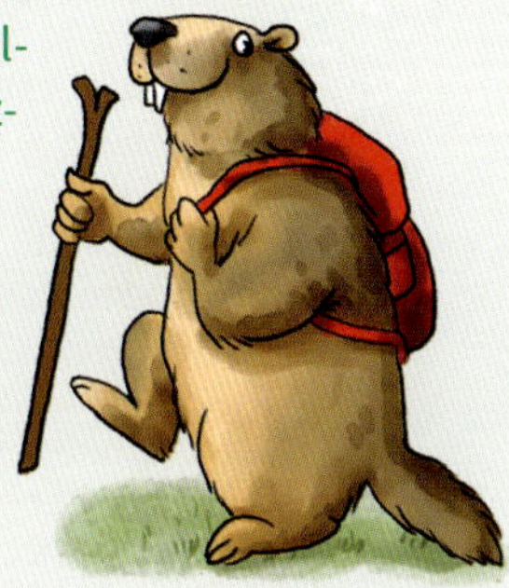

Unter der Brücke der B10 hindurch halten wir uns am Grünsammelplatz links und queren die Straße an der Fußgängerampel. Die Beschilderung führt uns im Zickzack hinauf, wobei wir einen Mountainbike-Parcours passieren. Die Dauergartenanlage Kühberg schließt mit hübschen Schrebergärten und schöner Aussicht auf das Filstal an. Wir halten uns links und erreichen nach der Brücke den Schloss-Filseck-Blick. Der Wanderweg führt uns weiter zum Naturdenkmal Streuobsthang Buckelwiesen, durch das wir einen lohnenswerten Abstecher auf einem Grasweg zum **Pumpenhaus** ❾ machen können. Hier gibt es viel Schachtelhalm sowie zwei Infotafeln. Auch ein Blick ins Innere ist zu empfehlen. Zurück bei der Infotafel geht es weiter hinauf, am Spielplatz vorbei, der direkt an den Biergarten angrenzt, zurück zu **Schloss Filseck** ❶.

★Highlights

Der Schwebende Pfad führt romantisch durch den Birkenwald.

Am idyllischen Charlottensee beobachten wir Wasservögel.

Sparwieser Seniorenschaukel und Kugelnest laden zur Rast und zum Betrachten der Landschaft aus einer anderen Perspektive ein.

Großer Spielplatz auf Schloss Filseck – gleich neben dem Biergarten.

Nach der Tour: Im Sommer Bademöglichkeit im Freibad Göppingen (s. Freizeittipp B2) sowie ganzjährig in den Barbarossa-Thermen Göppingen (s. Freizeittipp B1).

8 Geo-Tour Schwäbisch Gmünd

AUF DEN RECHBERG UND ZURÜCK ÜBER STRASSDORF

4.15 STUNDEN

13,1 KILOMETER

↗ 440 HÖHENMETER

↘ 440 HÖHENMETER

SCHWER ab 10 Jahren

Aufschlussreicher Zeugenberg und Römer am Limes: Auf dem Geologischen Pfad geht es um weit mehr als nur Geologie. Auch wer sich nicht für Steine und Fossilien im Speziellen interessiert, ist hier richtig und sollte sich nicht von kompliziert klingenden Fachbegriffen abschrecken lassen. Auf den Tafeln finden sich verschiedenste Aufgaben und Fragestellungen, die Groß und Klein zum Nachdenken und Entdecken anregen. Anschauungsobjekte in Glasvitrinen ergänzen die spannenden Infotafeln. Der Geologische Pfad führt uns auf den Rechberg, welcher zwei Gipfel aufweist: den Schlossberg mit der Burg und den höheren Kirchberg mit der Wallfahrtskirche. Herrliche Panoramablicke auf die Alb sowie das Albvorland belohnen für die Höhenmeter. Beim Abstieg können wir wiederholen, was wir beim Aufstieg gelernt haben. Der Rückweg führt uns weiter durch Straßdorf mit gleich zwei St.-Cyriakus-Kirchen und an den Resten eines ehemaligen römischen Kastellbades vorbei.

Ausgangspunkt: Parkplatz Hölltal westlich von Schwäbisch Gmünd, 323 m. Navi: Neidling 8, 73529 Schwäbisch Gmünd. Anfahrt auf der B29 bis Ausfahrt Schwäbisch Gmünd-West. Erst weiter in Richtung Schwäbisch Gmünd-West fahren, dann links der Beschilderung zum Hölltal folgen.
Mit Bahn/Bus: Vom Bahnhof Schwäbisch Gmünd mit dem Stadtbus Linie 5 bis Haltestelle Jakob-Bleyer-Straße. Der Straße Im Fuggerle aufwärts und dann nach links Richtung Waldsiedlung folgen (rund 200 m bis zum Einstieg in die Tour). Des Weiteren liegen die Haltestellen Metlangen Ort und Straßdorf Adler/Apotheke der VVS-Linie Nr. 932 direkt an der Route und können genutzt werden, um die Tour abzukürzen.
Ausrüstung: Gut profilierte Trekking- oder Wanderschuhe, genügend Proviant und Getränke, Sonnenkappe und Sonnenschutz.
Anforderungen: Anspruchsvolle, sehr lange Wanderung mit beträchtlichem Höhenunterschied. Ausdauer und Wandererfahrung erforderlich. Unterhalb der Wallfahrtskirche Hohenrechberg ist neben Trittsicherheit auch etwas Schwindelfreiheit nötig, da der Pfad hier teils sehr schmal ist und der bewaldete Hang steil abfällt. Auf Bodentrockenheit am Tourentag achten. Im Bereich von Schwäbisch Gmünd geht es einen Steilhang hinauf. Ansonsten überwiegend asphaltiert, doch sind immer wieder längere Naturpfade und Kieswege eingeschaltet.
Markierung: Anfangs als Geologischer Pfad markiert (zwischen Rechberg und Ruine Hohenrechberg fehlen teilweise Wegweiser). Für den Abstieg folgen wir dem blauen Balken, später dem roten Kreuz und dem RemstalWeg. Zwischendurch ist ein Abschnitt auch unmarkiert, im Bereich der Infotafeln zu den Römern leitet uns ein römischer Helm.
Einkehr: Gasthof Stern Metlangen (mit Biergarten, Öffnungszeiten s. Website, Reitprechtser Str. 15, 73529 Metlangen, Tel. +49 7171 9994010,

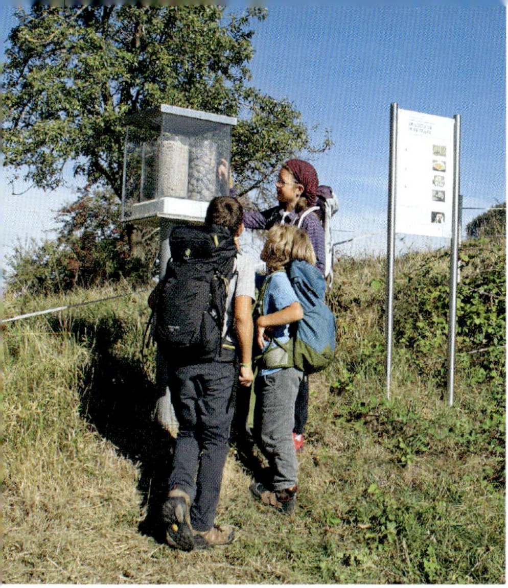

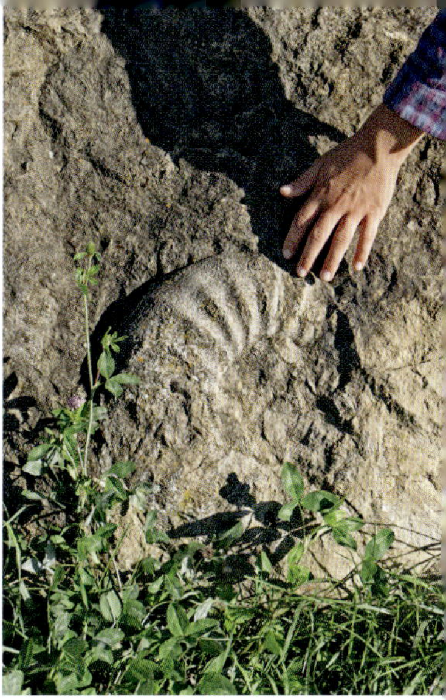

mack-christian.de), Burgschänke Hohenrechberg (mit Biergarten, überwiegend regionale Zutaten, Fr – So und feiertags ab 11.30 Uhr, Schlossberg 1, 73529 Rechberg, Tel. +49 7171 9993820, burg-rechberg.de), Haus Rechberg (mit Terrasse, Fr Ruhetag, Hohenrechberg 3, 73529 Rechberg, Tel. +49 7171 495286, ausflugslokal-hohenrechberg.de), Gasthäuser in Rechberg und Straßdorf, Schützenhaus Hölltal (mit Biergarten und kleinem Spielplatz, Grillspezialitäten, Fr – So ab 12.00 Uhr, Neidling 8, 73529 Schwäbisch Gmünd, Tel. +49 7171 9059119, sv1906.de/gaststaette-hoelltal).

LINKS

Sehr anschaulich präsentiert sich der Geologische Pfad.

RECHTS

Fossilien wie dieser große Ammonit können im Arietenkalk entdeckt werden.

Wenn ihr euch für Fossilien und Gesteine interessiert, seid ihr auf dieser Tour genau richtig!

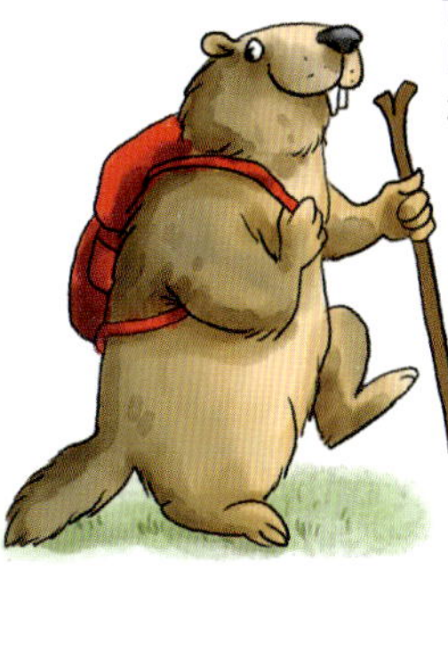

Kurzvarianten: Wem die Tour zu lang ist, der geht nur den Geologischen Pfad oder eine Teilstrecke davon und fährt mit dem Bus nach Schwäbisch Gmünd zurück oder wandert auf demselben Weg aussichtsreich zurück.

Tipps: In Schwäbisch Gmünd: Museum im Prediger (mit Römerabteilung, Öffnungszeiten s. Website, Johannisplatz 3, Tel. +49 7171 6034130, schwaebisch-gmuend.de/museum-im-prediger.html), Schattentheatermuseum »Schattenreich« (geöffnet So 14.00–17.00 Uhr, Mohrengässle 6, Tel. +49 7171 6034109, schattentheater.de), Schulmuseum im Klösterle (geöffnet jeweils am letzten Wochenende im Monat, 13.00–17.00 Uhr, Münsterplatz 15, Tel. +49 7171 73675, schulmuseumgd.de).

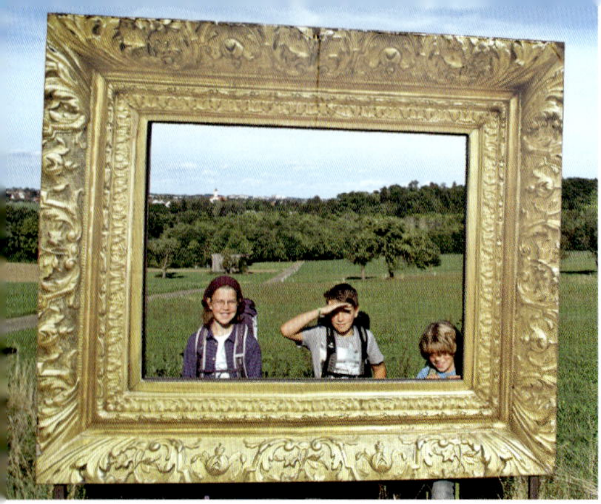

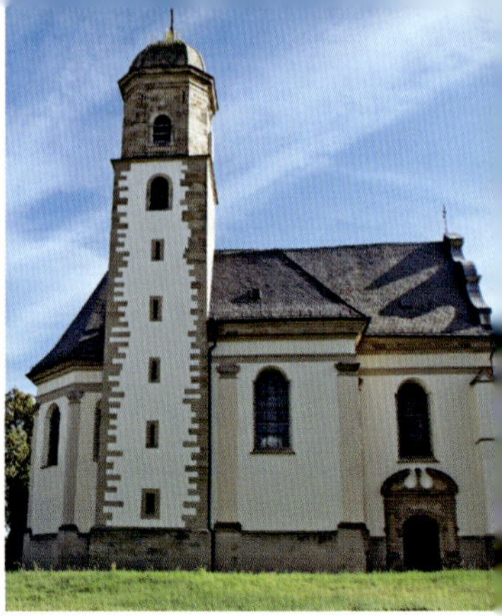

LINKS
Landschaftsbilderrahmen mit Straßdorf im Hintergrund.

RECHTS
Die Wallfahrtskirche Hohenrechberg und die Burgruine (Foto S. 59).

LOS GEHT'S Vom **Parkplatz Hölltal ①** und der ersten Tafel des Geologischen Pfades, die sich ein Stück weiter befindet, wandern wir durch die Aue des Hölltales bachaufwärts. Es geht an Felsen aus Stubensandstein (Tafel 2) sowie nach der Fischzucht an einem **Prallhang ②** des Tiefenbaches (Tafel 3) vorbei. Das Gewässer können wir entweder über eine Brücke oder durch eine Furt queren. Bald müssen wir uns noch einmal entscheiden, um zur Tafel 4 zu gelangen, wo wir uns auf die Suche nach Gewässerorganismen machen können. Wir wandern nun steiler bergauf. Dann verlassen wir den Wald und es folgt die Steilstufe des harten Angulatensandsteins (Tafel 6). Gelangen wir auf die Verebnungsfläche des Arietenkalkes, können wir den Ausblick auf den Hohenstaufen genießen sowie beeindruckende Fossilien betrachten (Tafel 7). Haben wir die Landesstraße überquert, nehmen wir den Pfad und folgen ihr ein Stück nach links auf dem Geh- und Radweg. Am Biolandhof biegen wir rechts ab und erreichen Metlangen und an der Bushaltestelle Dorfgasse nach rechts das **Gasthaus Stern ③**. Ein paar Meter weiter bringt uns die Straße »Unter der Ruine« nach links aus dem Ort hinaus. Der Weg steigt weiter an durch Streuobstwiesen und Weiden. Beim gelegentlichen Umdrehen können wir die herrliche Aussicht genießen.

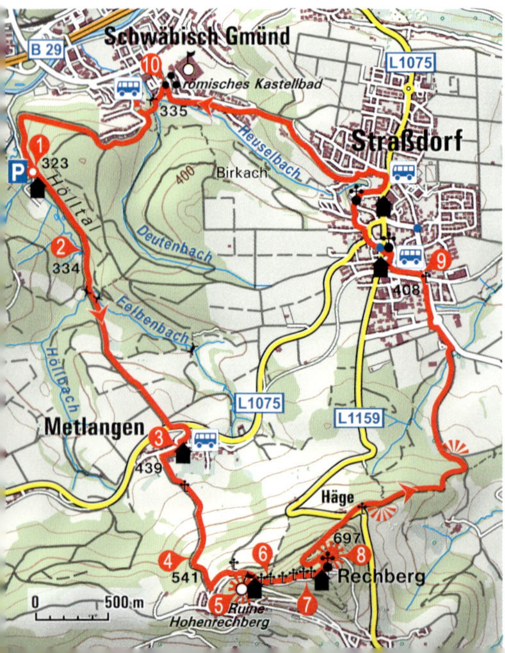

Hallo Kinder!

Habt ihr schon mal von den **drei Kaiserbergen** gehört? Auf einen führt unsere Wanderung, nämlich auf den **Rechberg**. Auf die anderen beiden, nämlich **Hohenstaufen** und **Stuifen** können wir zwischendurch nur mal einen Blick erhaschen. Alle drei sind sogenannte **Zeugenberge**. Sie zeugen davon, dass sie einmal mit der Schwäbischen Alb verbunden waren. Flüsse haben sich jedoch dazwischen eingetieft und sie von dieser abgetrennt. Nun stehen sie als einzelne Hügel vor dem nun weiter im Süden verlaufenden Albtrauf, der Steilstufe der Schwäbischen Alb. Da sie genauso aufgebaut sind wie diese, lassen sich hier die verschiedenen Gesteinsschichten wunderbar erwandern. Aufgrund seiner herausgehobenen Lage entstanden auf den beiden Gipfeln des Rechbergs eine Burg, die heute nur noch als Ruine vorhanden ist, sowie eine Wallfahrtskirche.

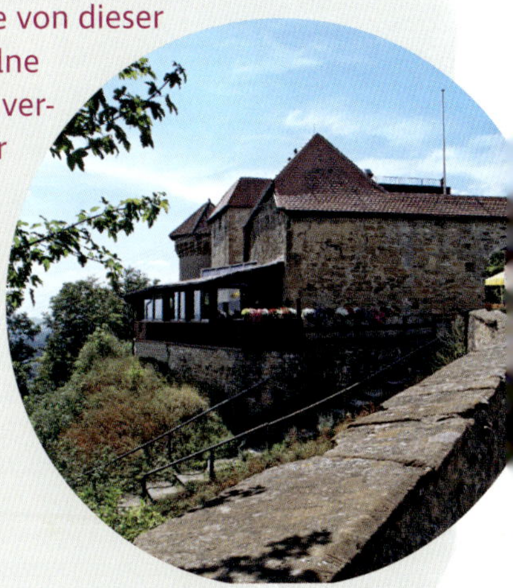

Nach Tafel 13, wo die Aufgabe gestellt wird, in Gräben nach typischen Pflanzen zu suchen, gelangen wir steil hinauf zum Waldrand mit Bank, wo sich ein kleiner **Aufschluss** ❹ in Eisensandstein befindet (Tafel 14). Im Bereich des Ortes Rechberg biegen wir an einem Wegkreuz links ab und erreichen einen kleinen Spielplatz. Bald folgen wir dem Wegweiser Richtung Ruine und an der Bogenbrücke dem Weg nach rechts hinauf zur **Ruine Hohenrechberg** ❺, wo wir in der Burgschänke einkehren

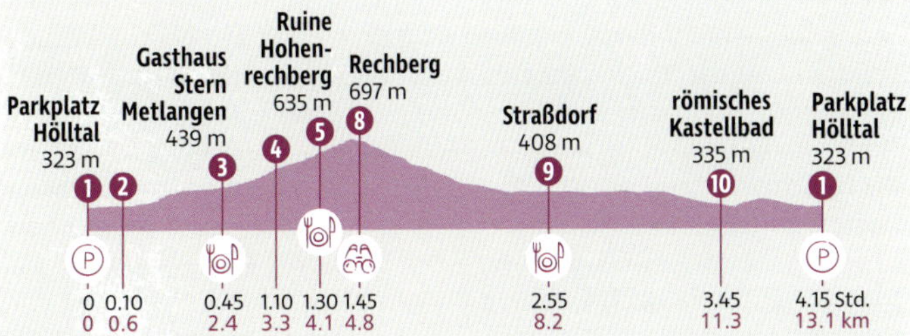

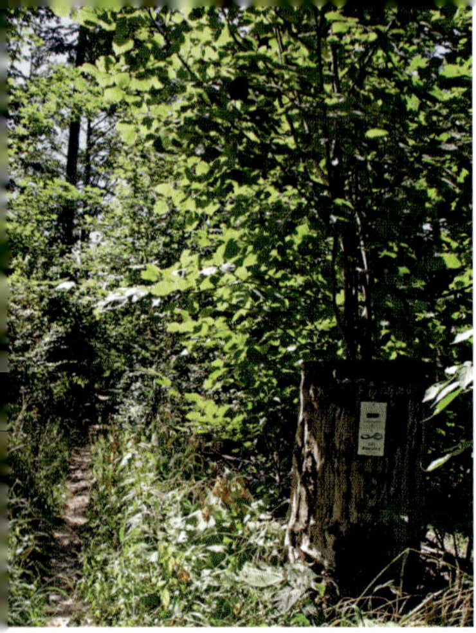

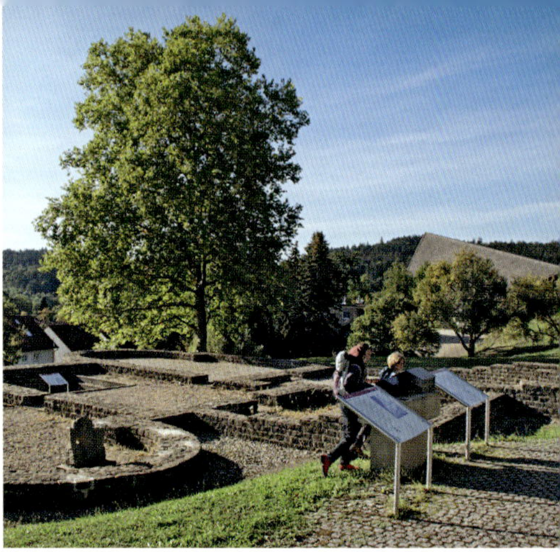

LINKS
Auf einem schmalen Pfad, dem Rittersteig, geht es den Rechberg hinab.

RECHTS
Diese Mauern sind Zeugen des einstigen römischen Kastellbades. Infotafeln und ein Modell erklären und machen es greifbar.

können. Über die Bogenbrücke gelangen wir auf den Kreuzweg, dem wir auf dem Sträßchen hinauf folgen. Die **Wohlgeschichteten Kalke ❻** (Tafel 20) erreichen wir ab Kreuzwegstation 3 über einen Pfad. Wenig später wird die Schichtstufenlandschaft auf Tafel 21 erklärt. Daneben steht eine Panoramatafel – die Aussicht ist durch Bäume leider etwas eingeschränkt. Bald darauf, am Aufschluss in **Lacunosamergeln ❼** (Tafel 22), ist die Aussicht besser. Schließlich passieren wir die Unteren Felsenkalke (Tafel 23), bevor wir am Haus Rechberg (mit Biergarten und kleinem Spielplatz) vorbei zur **Wallfahrtskirche St. Maria** und weiter zur Tafel 24 gelangen. Hier endet der Geologische Pfad mit herrlicher Aussicht vom **Rechberg ❽**.

Dann gehen wir zur Wandertafel hinüber und folgen dem Asphaltweg in den Wald hinein. Kurz im Zickzack hinab, wechseln wir auf den nach links abzweigenden Naturpfad (blauer Balken). Er führt uns teils schmal an Felsen sowie am bewaldeten Steilhang entlang. Nach Querung eines Forstweges erreichen wir eine Landesstraße, die wir in einer Kehre ebenfalls queren (Vorsicht!). Geradeaus führt der Wanderweg uns überwiegend durch den Wald nun sanfter abwärts. Die Abzweigung ignorierend, wandern wir stets geradeaus weiter. Im Bereich von ein paar Spechtbäumen bietet sich kurz ein Ausblick Richtung Straßdorf. Es geht weiter sanft hinab über den Bergrücken, bis unser Weg bei einem Sendemast einmündet. Nun folgen wir dem Asphaltweg nach links zum Waldrand. Aussichtsreich geht es weiter hinab, an Gräben und Wiesen entlang sowie an einer buckeligen Streuobstwiese vorbei.

Nach Querung des unscheinbaren Tobelbaches erreichen wir in einem Rechtsschwenk eine Kreisstraße, der wir nun auf dem Geh- und Radweg nach links folgen. Am Reitstall am Tobel vorbei wandern wir auf den Kreisverkehr mit Hermes-Skulptur zu. In **Straßdorf ❾** verlassen wir die Alemannenstraße nach Querung der ehemaligen Bahnlinie sowie der Bushaltestelle Am Bahndamm über die Grünewaldstraße nach links. An der Einmündung nach rechts bringt uns die Marienstraße zur neuen St.-Cyriakus-Kirche. Zwischen dieser bzw. der Bücherei und dem Kindergarten hindurch gehen wir über den Pfarrer-Hieber-Platz. Uns dann rechts haltend, gelangen wir mittels einer Drückampel zum Rathaus hinüber, wo sich ein Brunnen sowie ein kleiner Spielplatz befinden. Zurück von dem kleinen Abstecher dorthin gehen wir am Rathaus nach links »Am Burren« weiter. Wir queren die Göppinger Straße an der Ampel und folgen ihr nach rechts. Weiter in der Graf-von-Rechberg-Straße, die wir nach dem Fachwerkhaus mit dem imposanten Dach bald nach rechts über einen Fußweg (Kirchbergle) verlassen. Er bringt uns hinauf zur alten St.-Cyriakus-Kirche, die wir durch den Friedhof erreichen. Auf deren Höhe geht es in einem Rechts-Links-Rechts-Schwenk weiter und über die Straße »Am Milchhäusle« erreichen wir die Einhornstraße, der wir an zwei Bushaltestellen vorbei folgen, bis links die Kastellstraße abzweigt. Die verlassen wir abermals bei der nächsten Gelegenheit nach links über die Max-Beck-Straße. Erblicken wir rechts an einer Mauer eingefasste Ammonitenbruchstücke, zweigt sogleich der Heckenweg nach links ab. Diesen verlassen wir direkt vor der Treppenanlage sofort wieder und wandern nach rechts auf dem Naturpfad an den Gärten entlang. Stets geradeaus geht es weiter, an einem Totholz vorbei und am Waldrand entlang. Kurz nach einem umzäunten Grundstück mit Bienenhaus und Holzstapeln mündet unser Weg ein. Nach links folgen wir dem RemstalWeg hinab. Am Siedlungsrand von Schwäbisch Gmünd erreichen wir den Standort eines römischen Gräberfeldes. Nun geleitet uns ein römischer Helm die Straße »Am Schirenhof« hinab an der Infotafel zum römischen Lagerdorf vorbei. Weiter geht es zum rechts der Straße gelegenen **römischen Kastellbad ⑩**. Wieder zurück, folgen wir der Straße noch kurz weiter, bevor wir mit den Wanderwegweisern nach links abbiegen. Nach Querung des Deutenbaches geht es ganz kurz an diesem entlang, bevor wir nach rechts den Steilhang hinaufsteigen. Haben wir die Straße erreicht, folgen wir ihr nach links am Rand der Waldsiedlung entlang, bald auf einem halb links abzweigenden Kiesweg. Stets geradeaus geht es erst hinauf und nach einem Wegedreieck durch den Wald ins Hölltal hinab, wo wir in Kürze den **Parkplatz Hölltal ①** erreichen.

★Highlights

Auf fast 400 Höhenmetern über 50 Millionen Jahre Erdgeschichte erwandern – anschaulich präsentiert mit zahlreichen Vitrinen, Gesteinen und Fossilien.

Ruine Hohenrechberg und gleichnamige Wallfahrtskirche auf dem Rechberg.

Großartige Aussicht vom Rechberg.

Römisches Kastellbad mit Infotafeln.

Nach der Tour: Im Sommer Bademöglichkeit im Bud Spencer Freizeit- und Erlebnisbad (s. Freizeittipp B3), zu den anderen Jahreszeiten Gmünder Hallenbad (s. Freizeittipp B4).

9 ErlebnisWaldpfad NATURATUM

WALDWANDERUNG BEI SCHWÄBISCH GMÜND

2.00 STUNDEN

4,2 KILOMETER

↗ 110 HÖHENMETER

↘ 110 HÖHENMETER

LEICHT ab 4 Jahren

Waldkugelbahn und Waldentdeckersteg: Keine hochwissenschaftlichen und mit Texten vollgestopften Infotafeln bietet diese Waldwanderung. Nein, hier lässt sich der Wald so richtig erleben und ganz nebenbei wird auch noch spannendes Wissen vermittelt. Zu den Stationen des ErlebnisWaldpfades gehören nämlich ein Geschicklichkeitspfad, Wald-Percussion und ein Rennpfad. Die Waldburg Hohenstaufen mit Hangelseil lädt zum Spielen ein. Der absolute Höhepunkt ist die 350 m lange Waldkugelbahn, an der Groß und Klein den Lauf der Holzkugeln beobachten und ihnen im Sauseschritt folgen können. Thema des Waldentdeckersteges ist der Weg vom Wald zum Baustoff Holz. Viele spannende Stationen bieten nicht nur zahlreiche Informationen, sondern vor allem viele Möglichkeiten zum Aktivwerden und Mitmachen. In der Waldschlucht können wir einen kleinen Wasserfall und Waldtiere entdecken sowie am Wasser spielen.

Ausgangspunkt: Parkplatz Taubental am Ende der Taubentalstraße in Schwäbisch Gmünd, 335 m. Navi: Taubentalstraße 46, 73527 Schwäbisch Gmünd. Anfahrt auf der B29 bis Schwäbisch Gmünd-Mitte. Hier in die Lorcher Straße Richtung ZSL abbiegen und sogleich nach rechts auf der Vogelhofstraße unter der Bahnlinie hindurch. Deren Verlauf sowie dem der anschließenden Nepperbergstraße folgen, bis im Bereich des Bahnhofs links die Taubentalstraße abzweigt.
Mit Bahn/Bus: Mit der Bahn bis Schwäbisch Gmünd. Vom Bahnhof durch die Unterführung und sodann die Straße queren. Nach einem Rechts-Links-Schlenker auf der Taubentalstraße geradeaus zum Parkplatz Taubental – zuletzt auf einem geschwungenen Fußweg an Infotafeln zum Limes vorbei –, den wir nach 700 m erreichen (gesamte Gehdauer: 2.30 Std., 5,6 km, ab 5 Jahren).
Ausrüstung: Feste Freizeitschuhe, genügend Proviant und Getränke, 20- und 50-Cent-Münzen für die Automaten.
Anforderungen: Leichte Rundwanderung auf Wald- und Forstwegen.
Markierung: Sehr gut beschildert.
Einkehr: Direkt an der Route keine. Gasthäuser, Restaurants und Cafés in Schwäbisch Gmünd (schwaebisch-gmuend.de/kinder-und-familienfreundliche-gastronomie.html).
Im Himmelsgarten gibt es den Spielgolf-Biergarten (Öffnungszeiten s. Website, Lüderitzweg 4, 73527 Wetzgau, Tel. +49 157 70414371, spielgolf-wetzgau.de).
Kurzvarianten: Um schnell zur Waldkugelbahn zu gelangen, können wir die Abkürzung wählen (gesamte Gehdauer: 1.15 Std., 2,9 km, ab 3 Jahren). Im Winterhalbjahr ist anstelle der be-

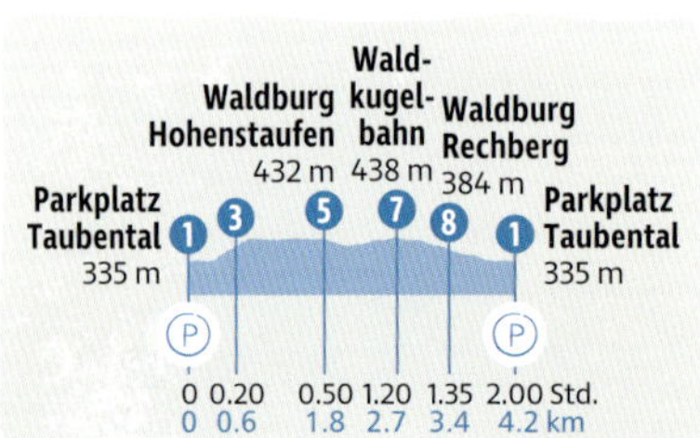

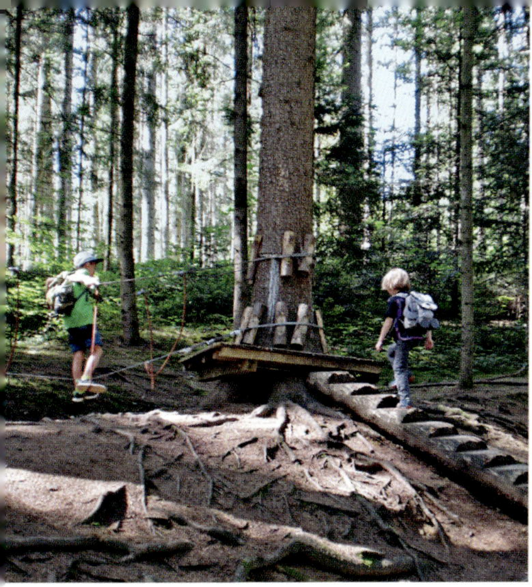

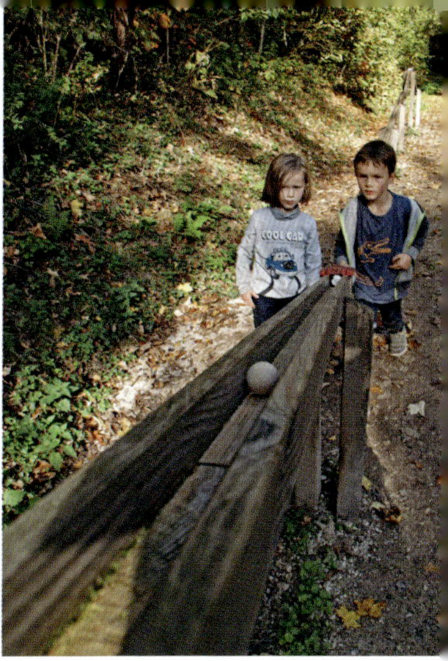

schriebenen Großen Runde nur die Kleine Runde geöffnet. Für diese am Tierweitsprung geradeaus weiter, an den bunten Türen vorbei. Auf dem Rückweg die Waldkugelbahn am Holzweg **6** verlassen, nach der Rutschbahn die Abkürzung nach links nehmen und bald auf bekanntem Weg zum Ausgangspunkt zurück (gesamte Gehdauer: 1.30 Std., 3,4 km, ab 3 Jahren).

Tipps: Faltblatt zum ErlebnisWaldpfad unter schwaebisch-gmuend.de/naturatum.html, Schwäbisch Gmünder Schulmuseum im Klösterle (geöffnet jeweils am letzten Wochenende im Monat, 13.00–17.00 Uhr, Münsterplatz 15, 73525 Schwäbisch Gmünd, Tel. +49 7171 73675, schulmuseumgd.de). Weitere Kugelbahnen gibt es in Böbingen an der Rems (200 m lange Kugelbahn, Waldflipper und Drehpuzzle im Walderlebnisbereich des Bürgerparks, Parkplatz an der L1162 Richtung Heubach, Navi: N48.81672, E9.92194) sowie in Essingen (400 m lange Doppelkugelbahn entlang der Rems am Remsursprung, Parkplatz an der L1165 zwischen Essingen und Lauterburg, Navi: N48.79308, E10.00108).

LINKS

Auf dem Geschicklichkeitspfad steht das Training des Gleichgewichts im Vordergrund.

RECHTS

Das Flippern der Kugel ist gar nicht so einfach. Da braucht es die richtige Technik.

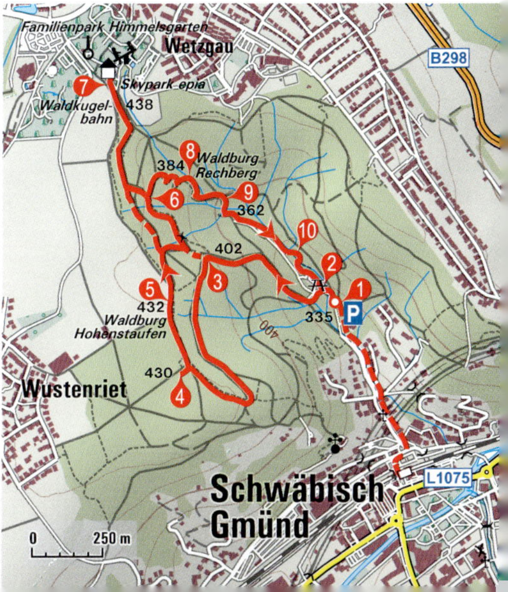

LOS GEHT'S Vom **Parkplatz Taubental** ❶ folgen wir der Beschilderung zum ErlebnisWaldpfad NATURATUM. Bald nach links, erreichen wir in Kürze den **Grillplatz** ❷, wo unsere eigentliche Rundwanderung beginnt. Hier erst halb links gehalten, wandern wir dann nach rechts auf dem Wasserfallweg aufwärts. Die Beschilderung führt uns zur Station Alles im Gleichgewicht, wo uns ein Geschicklichkeitspfad erwartet. Wer es eilig hat, zur Kugelbahn zu kommen, kann an der nächsten Abzweigung geradeaus eine **Abkürzung** ❸ wählen und nach ca. 60 m rechts weitergehen. Wir aber biegen links ab und folgen der Beschilderung am Amselbrunnen, den Waldgestalten und dem Jägerwald vorbei. Dann weist uns ein Schild auf einen Waldweg hinauf. Die Station Wald-Percussion und Gedichte schließen an. Beim nächsten Wegweiser machen wir nach links einen Abstecher zu den **Stationen Labyrinth** und **Sonnenhunger** ❹. Wieder zurück, wandern wir auf dem Waldweg weiter. Nach dem Rennpfad gelangen wir zur **Waldburg Hohenstaufen** ❺, die nicht jeder erreichen kann.

Danach berühren wir kurz den Waldrand, bleiben jedoch im Wald und nehmen den rechten Weg, der uns hinab zum Tierweitsprung bringt. Hier wandern wir nach rechts weiter und biegen bald links ab. So erreichen wir an den Stationen Geologie/Rutschbahn und Fuchsbau vorbei den **Holzweg** ❻ mit der Waldkugelbahn. Um zu ihrem Start zu kommen, folgen wir ihrem Verlauf in einem Abstecher bergan. Am **Familienpark Himmelsgarten** markieren Infotafel und Kugelautomat den Beginn der **Waldkugelbahn** ❼. Wir folgen ihr und gelangen an verschiedenen Erlebnisstationen vorbei. Einige haben wir gerade schon passiert, dann geht es weiter auf dem **Holzweg** ❻ mit den Stationen Eichelhäher, Förster, Waldarbeiter, Holzrücker, LKW-Fahrer und Säger. Eine Holzbrücke führt uns hinüber zur **Waldburg Rechberg** ❽. Weiter auf dem Holzweg (Waldentdeckersteg) schließen die Stationen Holzenergie mit Quiz und Baum- und Holzarten mit Drehpuzzle an. Am Pavillon (Unterstellmöglichkeit) mit Informationen zum Thema Bauholz endet die Waldkugelbahn. Doch schon bei der nächsten Station Frische Waldluft können wir wieder aktiv werden. Spannend wird es nun in der **Waldschlucht** ❾ mit Drehpuzzle – sogar ein kleiner Wasserfall ist über einen kurzen Abstecher nach links zu erreichen. Mit Baumkonstruktion und Bionik schließen kompliziert klingende Stationen an – doch die Erklärungen auf Drehwürfeln und Drehpuzzle sind einfach gehalten. Bald können wir mithilfe

Das Drehpuzzle verrät, wer hier in der feuchten und kühlen Waldschlucht lebt.

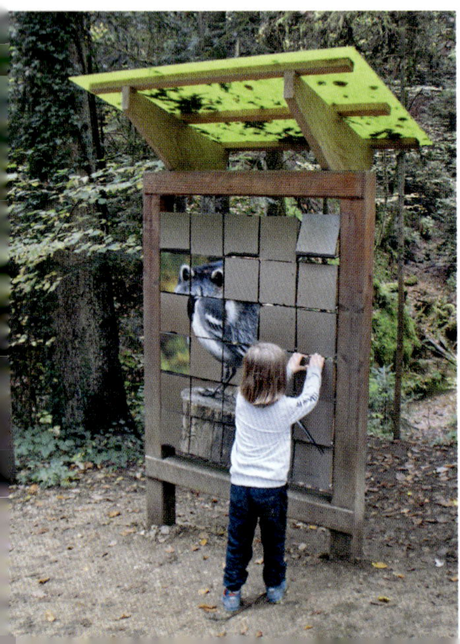

Hallo Kinder!

Der **Wetzgauer Bach** hat sich mit seinen Nebenbächen in den Untergrund eingegraben und das **Taubental** geschaffen, das teils als Schlucht ausgebildet ist. Hier gibt es sogar einen kleinen Wasserfall zu bestaunen, bei dem das Wasser über eine Gesteinsstufe rund vier Meter tief hinunterstürzt. Diese Stufe besteht aus **hartem Sandstein**, der langsamer verwittert als die umgebenden weicheren Sand- und Tonsteine. Werden die darunterliegenden weicheren Gesteine mit der Zeit ausgewaschen, wird die harte Sandsteinbank nach und nach unterhöhlt und bricht irgendwann herunter. Der Wasserfall verlagert sich so Stück für Stück zurück, wandert also bachaufwärts, bis er irgendwann verschwunden sein wird. Nahe dem Grillplatz ist das Gefälle des Baches geringer und somit auch seine Fließgeschwindigkeit, weswegen sich hier die verschiedensten Gesteine ablagern und ihr wunderbar am Wasser spielen könnt.

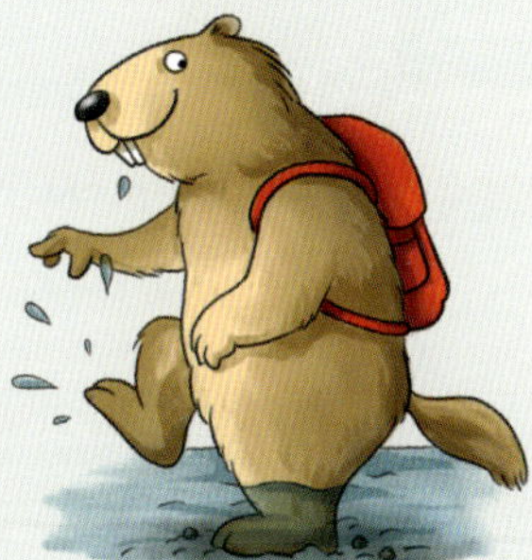

von mehreren Fernrohren verschiedene Waldtiere entdecken, bevor uns eine Holztreppe an den **Waldbach ⑩** hinabführt, wo wir am Wasser spielen können. Eine zweite Treppe befindet sich an der Lichtung mit **Grillplatz ②**, wo wir rasten können und von dem aus es nach links auf bekanntem Weg zum **Parkplatz Taubental ①** zurückgeht.

★Highlights

Spannender Walderlebnispfad, der nicht nur Wissen vermittelt, sondern zum Aktivwerden einlädt.

XXL-Waldkugelbahn, an deren Startpunkt sich außerdem der Skypark epia Kletterwald (s. Freizeittipp D1) befindet.

Familienpark Himmelsgarten mit Wasserspielplatz und Aussichtsturm »Himmelsstürmer« (s. Freizeittipp C2).

Im Sommer Bademöglichkeit im Bud Spencer Freizeit- und Erlebnisbad (s. Freizeittipp B3), zu den anderen Jahreszeiten Gmünder Hallenbad (s. Freizeittipp B4).

10 Löwenpfad »Orchideenpfad«

RUNDWANDERUNG AB DEM HEXENSATTEL

3.15 STUNDEN

9,5 KILOMETER

↗ 200 HÖHENMETER

↘ 200 HÖHENMETER

MITTEL ab 8 Jahren

Durch das Naturschutzgebiet Haarberg-Wasserberg: Wer diese Tour über Haarberg und Wasserberg im Frühsommer unternimmt, kann über zehn verschiedene Orchideenarten entdecken, die alle selten und daher geschützt sind. Doch auch zu anderen Jahreszeiten ist diese abwechslungsreiche und aussichtsreiche Wanderung durch eine reiche Kulturlandschaft ein Erlebnis. Sie führt größtenteils durch das Naturschutzgebiet Haarberg-Wasserberg, weite Strecken verlaufen auf Pfaden und Naturwegen. Unterwegs können einem auch mal Weidetiere begegnen. Abseits des Straßenverkehrs lassen sich hier die Ruhe genießen sowie fantastische Aussichten – vom Haarberg aus ins Obere Filstal und vom Panoramaweg am Haldenberg aus ins Albvorland mit den drei Kaiserbergen und ins Untere Filstal. Zwischendurch können wir im Wasserberghaus einkehren.

Ausgangspunkt: Wanderparkplatz Hexensattel auf der Höhe zwischen Reichenbach im Täle und Unterböhringen, 585 m. Navi: N48.62264, E09.74598. Anfahrt von der A8 (Ausfahrt 59, Mühlhausen) auf der B466 Richtung Geislingen an der Steige, nach Reichenbach im Täle abbiegen und in der Ortsmitte rechts Richtung Unterböhringen fahren.
Mit Bahn/Bus: Vom Bahnhof Geislingen an der Steige mit dem VVS-Bus Linie Nr. 966 nach Reichenbach im Täle, Haltestelle Rathaus. Die Feuerwehr links liegen lassend über die Straße und bald der Schlater Straße nach halb rechts folgen. Nach rund 160 m nach rechts in die Riegelstraße. Auf dieser sowie dem anschließenden Kühtrieb aufwärts erreichen wir die Infotafel kurz nach dem Brunnen 9, wo wir in die Tour einsteigen können (gesamte Gehdauer: 3.30 Std., 11,0 km, ab 10 Jahren).
Ausrüstung: Gut profilierte Trekking- oder Wanderschuhe, genügend Proviant und Getränke, Sonnenkappe und Sonnenschutz.
Anforderungen: Mittelschwere Rundtour, bei der anfangs ein längerer, steilerer Anstieg zu bewältigen ist. Wegen der teils steilen Pfade sind trockene Bodenverhältnisse von Vorteil. Aufgrund der Länge ist eine ausreichende Kondition nötig.

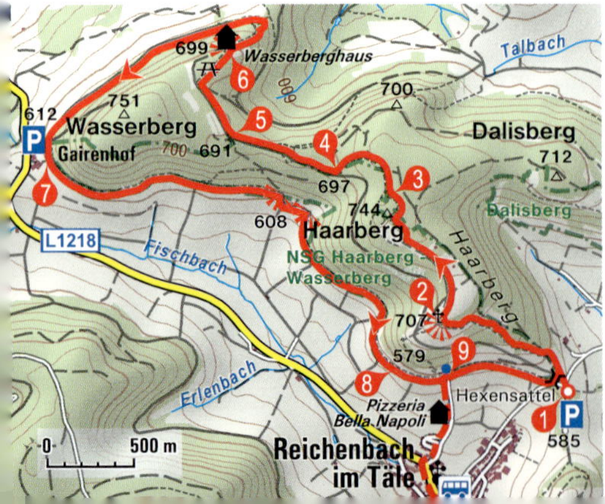

Markierung: Durchgehend sehr gut beschildert.
Einkehr: Wasserberghaus (Öffnungszeiten s. Website, Wasserberg, 73337 Bad Überkingen, Tel. +49 7161 811562, wasserberghaus.de), Pizzeria/Ristorante Bella Napoli (täglich 11.30–14.00 Uhr und ab 17.00 Uhr, Mo Ruhetag, Am Kühtrieb 1, 73326 Deggingen, Tel. +49 7334 3717).

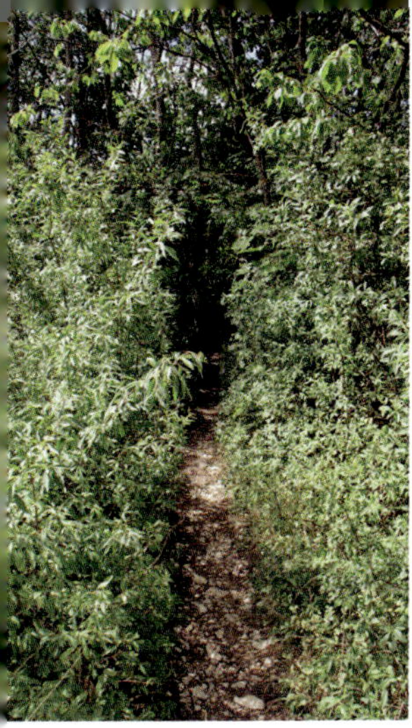

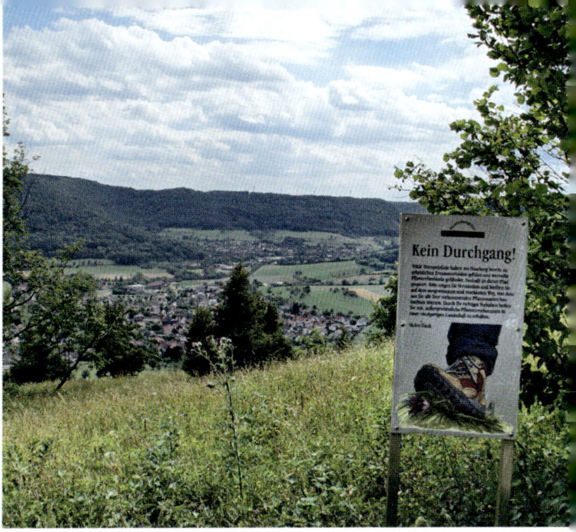

LINKS
Zwischendurch führt der Orchideenpfad als Pfad durch ein Gebüsch.

RECHTS
In Naturschutzgebieten mit seltenen Pflanzen- und Tierarten wie hier am Haarberg bleiben wir auf dem Weg.

Variante: Vom Wasserberghaus auf dem Albsteig nach links und an einem Bergahorn vorbei auf dem Georg-Köpf-Weg hinab. Hier können im Kalkgestein Fossilien entdeckt werden. Oberhalb des Parkplatzes Gairen an der Infotafel links auf die Hauptroute abbiegen (Gehzeit insgesamt: 3.00 Std., 8,9 km, 190 m im Anstieg, 190 m im Abstieg).
Kurzvariante: Vom Parkplatz Gairen in umgekehrter Richtung auf dem Orchideenpfad über den Panoramaweg und hinauf zum Wasserberghaus. Zurück über den Albsteig sowie den Georg-Köpf-Weg (Gehzeit: 1.15 Std., 3,0 km, 100 m im Anstieg, 100 m im Abstieg, ab 4 Jahren).
Tipp: Für Handyfreaks gibt es mit der Smartphone-App »Unterwegs im Naturschutzgebiet« drei interaktive Touren, nämlich eine Audioguide-Tour, eine Quiztour mit Schatzsuche sowie die Fauna-Flora-Tour. Alle Touren sind über die App-Stores herunterladbar.

LOS GEHT'S Am **Wanderparkplatz Hexensattel ①** mit mehreren Infotafeln überqueren wir sogleich die Straße. Kurz an einem Wegkreuz hinauf, beginnt an weiteren Infotafeln unsere eigentliche Rundwanderung. Geradewegs bergauf folgen wir der Beschilderung durch das Naturschutzgebiet Haarberg-Wasserberg. Ein Schotterweg führt an Heiden entlang, auf denen im Frühsommer Orchideen blühen. Bald wechseln wir auf einen halb links abzweigenden Pfad, der teils wurzelig, teils steinig ist. Aussichtsreich wandern wir weiter. Es geht an einem abgebrochenen Baumstamm mit Steinmännchen und einer Bank vorbei. Bald führt uns ein schmaler Pfad durch Gebüsch, bevor es wieder an Heideflächen entlang geht und weiter hinauf zum **Wegkreuz ②** mit Bank und herrlicher Aussicht auf das Filstal. Hier wandern wir nach rechts weiter. Mündet unser Weg ein, folgen wir dem

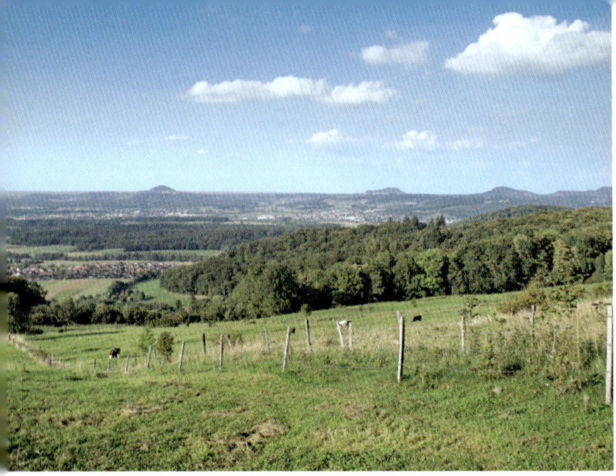

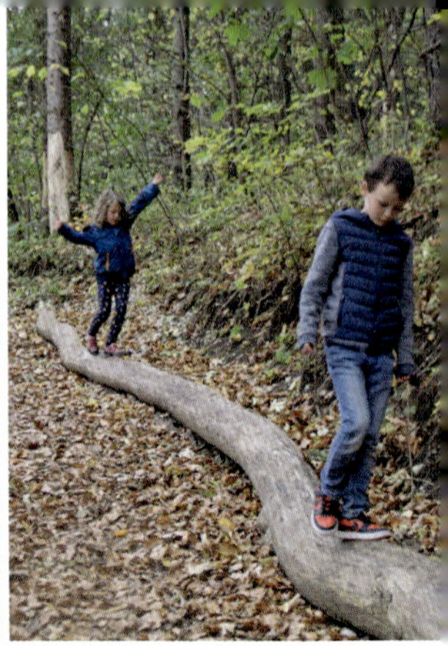

LINKS

Vom Panoramaweg am Haldenberg bietet sich ein herrlicher Blick auf die drei Kaiserberge Hohenstaufen, Rechberg und Stuifen (von links nach rechts).

RECHTS

Das Balancieren auf Baumstämmen erfordert Konzentration.

Hauptweg nach rechts am Waldrand entlang. Auf einem Grasweg geradeaus passieren wir eine Futterkrippe und folgen weiter der Beschilderung. Im Bereich der höchsten Stelle führt der Weg an einem Baum mit Herz in den **Wald ❸**. Dort halten wir uns erst links, bevor uns ein Pfad steil die **Heide ❹** hinabbringt. An der Einmündung folgen wir nach einem Links-Rechts-Schlenker dem breiten Kiesweg durch den Wald an einem Balancierstamm vorbei und später am blütenreichen **Magerrasen Hohental ❺** entlang. Dann wendet sich der Hauptweg nach rechts und wir wandern durch den Wald weiter, bevor wir an einer Lichtung rechts abbiegen. An einer Grillstelle vorbei gelangen wir zum **Wasserberghaus ❻**, wo wir einkehren und die Aussicht auf die drei Kaiserberge genießen können.

Dann folgen wir den Wegweisern nach rechts, bald auf wurzeligem Pfad hinab durch den Laubwald. Nach links erreichen wir schließlich den Waldrand, an dem es auf dem Panoramaweg am Hang des Haldenberges entlanggeht. An der Einmündung oberhalb des Parkplatzes Gairen wandern wir in einem Links-Rechts-Schlenker weiter. An Weiden mit Kühen entlang blicken wir auf den **Gairenhof ❼**. Hier gibt es ein Verkaufshäusle mit hofeigenen Bio-Produkten. Dann geht es aussichtsreich weiter. Wir folgen stets dem beschilderten Pfad, mal durch den von Schafen und Ziegen beweideten Wald, mal am Waldrand und mal über Heideflächen. So geht es nach einer Bank mit Aussicht ins Fisch-

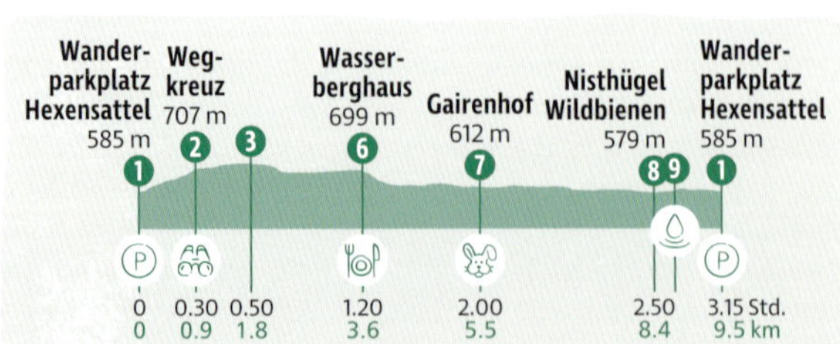

★Highlights

Herrliche Wanderung über die steilen Hänge des aussichtsreichen Haarbergs und des bewaldeten Wasserbergs.

Blütenreiche Heiden mit zahlreichen seltenen Tier- und Pflanzenarten, darunter auch Orchideenarten – ideal für Naturliebhaber.

Steinmännchen bauen und auf Balancierstämmen die Geschicklichkeit testen.

Tiere auf der Weide und vielleicht Fossilien entdecken.

Im Wasserberghaus gemütlich einkehren.

bachtal erst rechts und dann sogleich wieder links weiter. Nach einer weiteren Bank mit Aussicht weist uns die Beschilderung nach rechts und nach einem kurzen Stück halb links durch den Wald geht es wieder über die Heide. Nochmals durch den Wald, wandern wir abermals über die Heide – an zahlreichen Silberdisteln und Orchideen vorbei. Dann fällt unterhalb einer Bank mit Aussicht auf Reichenbach im Täle unser Blick auf einen kleinen Hügel. In einem kurzen Abstecher erreichen wir den **Nisthügel für Wildbienen** ❽ sowie eine Wildbienenweide. Weiter auf dem Pfad gelangen wir nach einem Marterl und einem Bach zu einem alten **Brunnen** ❾. Kurz danach ist bei einer Infotafel ein Abstecher zum nahen Schützenhaus mit der Pizzeria Bella Napoli möglich. Schließlich geht es nach kurzem Anstieg geradewegs über die Heide und durch Gebüsch zum **Wanderparkplatz Hexensattel** ❶ zurück.

Hallo Kinder!

Wusstet ihr schon, dass es nicht nur verboten, sondern auch sinnlos ist, **Orchideen** auszugraben und im eigenen Garten wieder einzupflanzen? Viele Orchideenarten benötigen nämlich einen **Pilz**, der im Boden vorkommt, um sich ausreichend ernähren zu können. Beim Ausgraben jedoch stirbt dieser Pilz ab und auch die umgepflanzte Orchidee geht ein. Aufgrund ihrer Seltenheit stehen alle in Deutschland vorkommenden Orchideenarten unter **Naturschutz**, denn ihre Lebensräume wie magere, sonnige Heiden und lichte Wälder werden immer seltener. Hier an den sonnigen Südhängen des Naturschutzgebietes Haarberg-Wasserberg kommen sogar mehr als zehn solcher seltenen Orchideenarten vor.

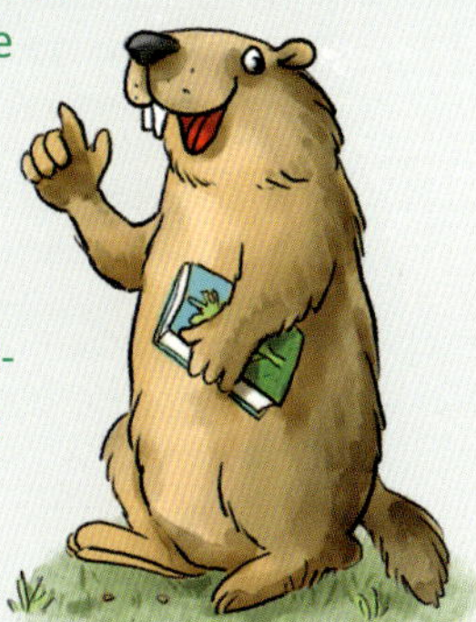

11 Karst-Lehrpfad Laichingen

INFORMATIVE WANDERUNG ZUR TIEFENHÖHLE

3.15 STUNDEN

10,1 KILOMETER

↗ 140 HÖHENMETER

↘ 140 HÖHENMETER

MITTEL ab 8 Jahren

Einzige begehbare Schachthöhle Deutschlands: Auf dem Weg zur Tiefenhöhle lassen sich auf dem Karstkundlichen Lehrpfad Laichingen weitere für den Karst typische Phänomene entdecken. Dolinen, die durch Einbruch oder Lösung entstehen können, und Hülen, die früher wichtig für die Wasserversorgung waren, begegnen uns unterwegs. Höhepunkt ist natürlich die Tiefenhöhle, die als einzige Schachthöhle Deutschlands begehbar ist. Für Groß und Klein ist es ein Abenteuer, mit einem Führer oder per Audioguide – hier können auch Informationen speziell für Kinder abgerufen werden – bis in eine Tiefe von 55 m hinabzusteigen. Das anschließende kleine Museum im Eingangsgebäude ist didaktisch sehr gut aufbereitet und auch für Kinder sehr ansprechend gestaltet. Das Rasthaus lädt im Sommerhalbjahr zur Einkehr, der anschließende große Spielplatz bietet genügend Platz und Möglichkeiten für Kinder, um sich auszutoben.

Ausgangspunkt: Parkplatz Skilift westlich von Laichingen, 735 m. Navi: N48.48156, E9.65901. Anfahrt von der A8 (Ausfahrt 61, Merklingen) Richtung Laichingen. Hier die L1230/L230 verlassen und nach Laichingen hineinfahren. In der Stadtmitte links Richtung Feldstetten bis zum Parkplatz direkt an der K7423.

Mit Bahn/Bus: Von den Bahnhöfen Blaubeuren, Münsingen oder Schelklingen mit der DB-Bus-Linie Nr. 365, 335 bzw. 334 bis zur Haltestelle Laichingen, Suppinger Straße. Dieser auf der anderen Straßenseite südwärts folgen, am Stadtrand nach halb links Richtung Tiefenhöhle. Einstieg in die Tour am Wegpunkt 8 (gut 500 m einfache Strecke, gesamte Gehzeit: 3.15 Std., 11,2 km, ab 10 Jahren). Zur Haltestelle Tiefenhöhle von Anfang Mai bis Mitte Oktober sonn- und feiertags mit dem RadWanderBus Schwäbische Alb Linie Nr. 369 ab Blaubeuren.

Ausrüstung: Gut profilierte Trekking- oder Wanderschuhe, genügend Proviant und Getränke, Sonnenkappe und Sonnenschutz, warme Jacke für die Höhle.

Anforderungen: Längere Rundwanderung, überwiegend auf Waldwegen, Feldwegen und Pfaden, zwischendurch und am Schluss längere Abschnitte auf Asphalt. Ausreichend Kondition erforderlich.

Markierung: Größtenteils beschildert mit K. Gelegentlich fehlen diese, dann den gelben Ringen folgen.

Einkehr: Gaststätte Skilift Laichingen (nur bei Liftbetrieb, Snacks und Getränke, skilift-laichingen.de), Rasthaus Tiefenhöhle (nur im Sommerhalbjahr, kleine Vesper und Getränke, Höhleweg 220, 89150 Laichingen, Tel. +49 7333 5586, tiefenhoehle.de). Gasthäuser, Restaurants und Cafés in Laichingen.

Kurzvariante: Ab dem Einzelbaum 5 können wir geradeaus in rund 800 m zur Feldhüle 9 gelangen (Gehdauer: 2.00 Std., 5,1 km, 80 m im An- und Abstieg, ab 5 Jahren).

Hallo Kinder!

Kennt ihr die Redewendung **»Steter Tropfen höhlt den Stein«**? So wie man im übertragenen Sinne etwas mit Ausdauer und Geduld erreichen kann, so ist es auch im wörtlichen Sinne. Verantwortlich sind insbesondere die im Wasser gelösten Säuren, wobei am wichtigsten die **Kohlensäure** ist, die im Mineralwasser für das Sprudeln sorgt. Diese **Säuren können Kalk lösen**, woraus das Gestein hier hauptsächlich besteht. Dieser wird weggespült und übrig bleibt ein kleiner Rest Ton. Kommt nun wieder frisches Wasser nach, kann dieses wiederum Kalk lösen. Indem das immer und immer wieder passiert, können **unterirdische Spalten und Klüfte** nach und nach größer werden. Wo diese sich kreuzen, wird besonders viel Kalk gelöst und wegtransportiert. An diesen Stellen können **Höhlen** entstehen. Brechen diese ein oder findet die Lösung oberirdisch statt, bilden sich **Dolinen**.

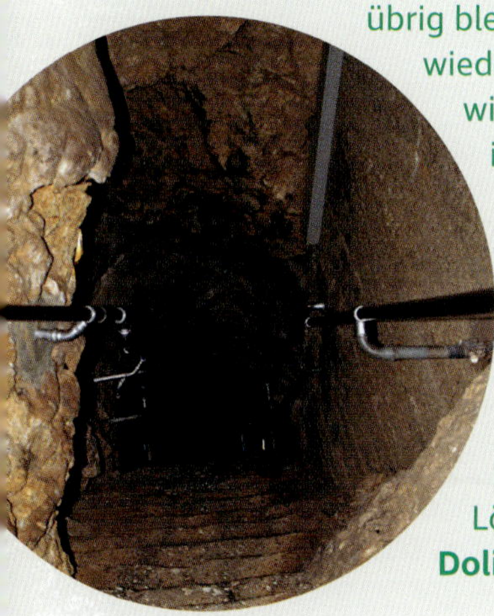

Tipps: Kletterwald Laichingen (s. Freizeittipp D2), Wildgehege Westerlau (mit Rotwild und Wildschweinen, Futterautomat, Lehrpfad für heimische Bäume und Sträucher sowie einem Waldspielplatz, Start ist der Waldparkplatz Wildgehege nahe Silcherweg 22, 89150 Laichingen, laichingen.de/de/Laichingen-besuchen/Sehen-und-Erleben/Erholungswald-Westerlau), Ponyhof und Märchenpark Zwergental (geöffnet Ostern bis Anfang November, Beim Ponyhof 1, 89150 Laichingen-Machtolsheim, Tel. +49 7333 5600, ponymaerchenpark.de).

Hinweis: Da die Laichinger Tiefenhöhle von Fledermäusen als Überwinterungsquartier genutzt wird, ist diese samt Museum und Rasthaus zwischen Ende der Herbstferien Anfang November und Beginn der Osterferien geschlossen.

Höhlenforscher und -forscherinnen aufgepasst, in der Tiefenhöhle geht es über Leitern und Treppen steil hinunter!

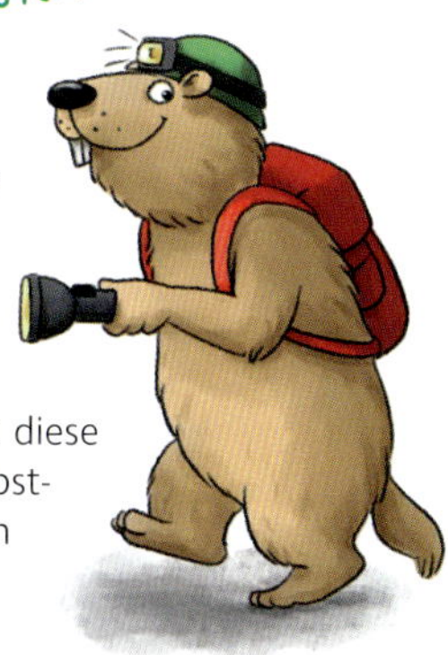

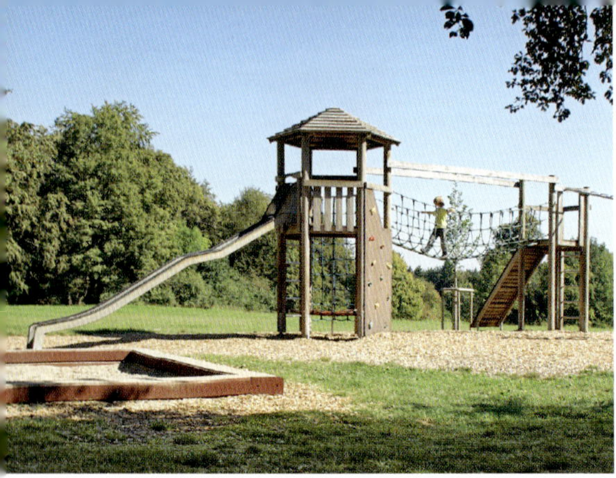

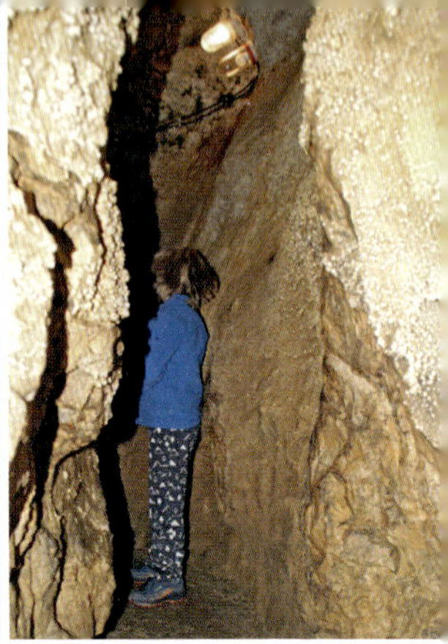

LINKS

Bei der Tiefenhöhle gibt es einen großen Spielplatz, der vom Biergarten des Rasthauses gut einsehbar ist.

RECHTS

Bisweilen wird es in der Tiefenhöhle eng – für Kinder kein Problem.

LOS GEHT'S Am **Parkplatz Skilift ❶** folgen wir der Beschilderung westwärts anfangs über einen Wiesenweg zum Anfängerskilift. Hier nach links zum Waldrand hinauf und dann nach rechts an diesem entlang. An der Einmündung im Wald geht es nach links hinauf. Schon bald darauf weist uns ein Schild nach links zu einem kurzen Abstecher zum **Hohlen Stein ❷**, einer Höhle, die wegen Steinschlags nicht betreten werden sollte. Wieder zurück folgen wir dem Pfad weiter hinauf, stets geradewegs, bis wir eine Infotafel zur Bepflanzung Hagsbuch erreichen. Auf dem beschilderten Wanderweg weiter, gelangen wir zur **Hagsbuch-Hüle ❸**. Nach rechts erreichen wir den Waldrand und wandern, dem Hauptweg folgend, an ihm entlang. Nach einem Balancierstamm weist uns kurz vor Ende des Waldrandes die Beschilderung nach links in den Wald hinein. Wir folgen dem Forstweg in einem Bogen, bis uns die Beschilderung an einem Gebäude nach rechts weist. Sogleich folgen wir nach rechts dem Grasweg am Waldrand entlang. An einer Infotafel bei einer Doline, die zum **Dolinenfeld in den Maierwiesen ❹** gehört, mündet er ein. Hier folgen wir dem Feldweg nach links. An einem **Einzelbaum ❺** weist uns die Markierung nach rechts – für die kurze Variante ginge es hier geradeaus weiter – und wir erreichen über einen Grasweg die Landesstraße im Bereich des Parkplatzes Marteren. Dieser folgen wir nach links – an der Böschung können wir bei geeigneter Witterung Schmetterlinge

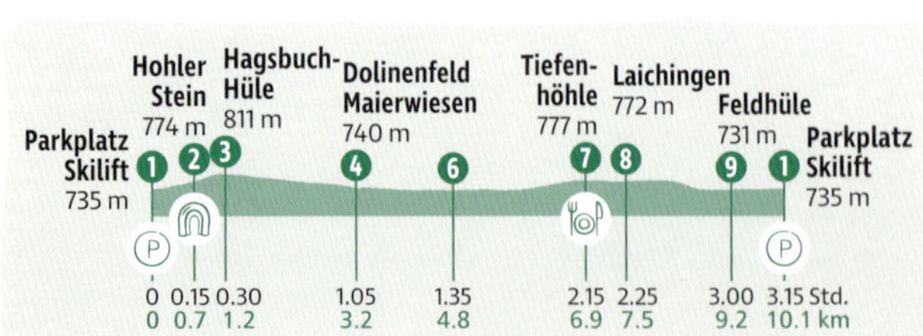

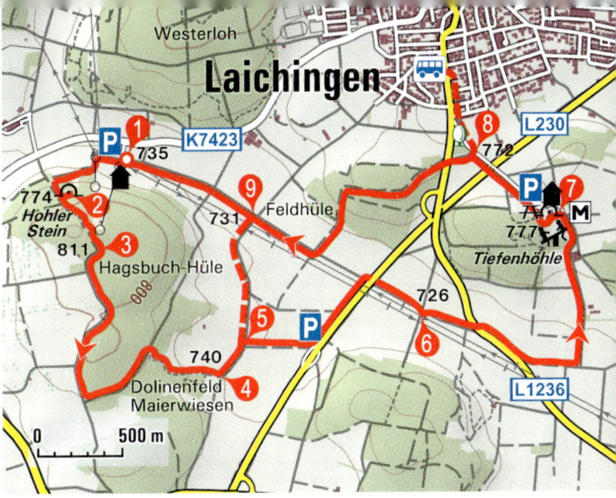

und andere Insekten beobachten –, bis wir sie mittels einer Unterführung unterqueren können. Auf dem Feldweg wandern wir weiter geradeaus an der Stromtrasse entlang mit Blick auf Suppingen sowie die Windkraftanlagen. An einer Infotafel zum Wild können wir nach rechts einen kurzen Abstecher zu einer weiteren **Doline 6** machen. Weiter auf dem Feldweg erreichen wir die Landesstraße, überqueren sie (Vorsicht!) und folgen ihr auf dem parallelen Grasweg ein Stück nach rechts. An dem einzelnen Feldahorn verlassen wir sie nach links. Mündet unser Feldweg in einen Asphaltweg, folgen wir diesem nach links. Es geht hinauf an Hecken vorbei, bevor wir die Kleintierzüchter Laichingen passieren. Nach Reitanlage und Gemeinschafts-Obstanlage kommen wir zu einem Gebäude, an dem wir nach links gewiesen werden. So gelangen wir hinter das Gebäude und erreichen sogleich nach rechts die **Tiefenhöhle 7**, deren Zugang sich in dem Gebäude mit Museum und Rasthaus befindet.

Zurück von dem Abstecher wandern wir an einer Infotafel zur Höhle sowie einem großen Spielplatz mit Grillmöglichkeiten vorbei. Nach rechts kommen wir zum Parkplatz, von dem aus der Kletterwald ausgeschildert ist. An der Infotafel zum Thema Radfahren geradeaus, bringt der Gehweg uns am Treffpunkt der Waldameisen sowie an zwei Baumstühlen vorbei. Sodann überqueren wir mittels einer Brücke eine Straße und gelangen an den Stadtrand von **Laichingen 8**. Hier am Naturdenkmal Zuckerbuche folgen wir dem Feldweg nach links. Nach Querung der nächsten Straße wandern wir in den Buchenmischwald Eichhalden hinein. Wir bleiben stets auf dem beschilderten Hauptweg, der uns schließlich hinabführt. Haben wir den Wald verlassen, gelangen wir ins Erbsental, wo wir an der einzelnen Linde dem Asphaltweg nach rechts folgen. Er bringt uns an einer **Feldhüle 9** vorbei. Hier trifft auch die kurze Variante auf den Rundwanderweg. Nun stets geradeaus gelangen wir zum schon länger sichtbaren **Parkplatz Skilift 1** zurück.

★Highlights

Informative Rundwanderung zu typischen Karstphänomenen wie Dolinen, Hülen und

Höhlen, die alle als Naturdenkmal geschützt sind.

Besuch der einzigen begehbaren Schachthöhle Deutschlands.

Großer Spielplatz mit Rastbänken und Grillmöglichkeiten bei der Tiefenhöhle.

12

Ruckenberg und Blautopf

ABWECHSLUNGSREICHE RUNDE AB BLAUBEUREN

3.00 STUNDEN

8,5 KILOMETER

↗ 250 HÖHENMETER

↘ 250 HÖHENMETER

MITTEL ab 8 Jahren

Umlaufberg, Quelltopf und Ruine: Der Ruckenberg ist als einstiger Fast-Umlaufberg von der Urdonau geschaffen worden und beeindruckt mit seinen Felsen sowie seiner schönen Aussicht. Im Stadtpark gelangen wir an einem tollen Spielplatz vorbei. Ein weiterer Höhepunkt der Tour ist der idyllische Blautopf, bevor uns schöne Pfade steil durch den Wald zum Blaufels bringen. Auch hier bietet sich eine herrliche Aussicht über die Stadt. Die Wälder, durch die wir wandern, sind teils totholzreich und naturnah. Auf der Hochfläche geht es in Waldrandnähe weiter und am Grillplatz Landsitzle mit kleinem Spielplatz vorbei. Kurz nach Sonderbuch passieren wir den Knoblauchfelsen mit seltenen Pflanzen- und Tierarten. Pfade führen uns weiter zum nächsten Highlight, dem Rusenschloss. Beim Entdecken der Ruine lassen wir aber Vorsicht walten, da das Gelände hier steil abfällt. Schöne Pfade führen hinab zu einem weiteren Spielplatz. Außerdem bietet sich an der Blau noch die Möglichkeit zum Spielen am Wasser. Auf der Wanderung begegnen wir immer wieder Stelen des Nationenweges mit Informationen zu verschiedenen Ländern der Erde.

Ausgangspunkt: Bahnhof Blaubeuren, 517 m. Navi: Bahnhofstr. 8, 89143 Blaubeuren. Anfahrt auf der B28 Ulm – Bad Urach bzw. der B492 aus Richtung Ehingen/Donau bis Blaubeuren. Der Bahnhof mit Parkplatz (P+R) befindet sich direkt an der Bundesstraße.
Mit Bahn/Bus: Bahnhof Blaubeuren an der Strecke Ulm – Sigmaringen.
Ausrüstung: Gut profilierte Trekking- oder Wanderschuhe, genügend Proviant und Getränke, Sonnenkappe und -schutz, evtl. Badesachen.
Anforderungen: Anspruchsvollere Wanderung mit mehreren Anstiegen, darunter ein längerer und steilerer Anstieg vom Blautopf hinauf auf den Blaufels und weiter auf die Hochfläche. Vom Rusenschloss führt ein Pfad den Hang hinab. Größtenteils verläuft die Tour auf Pfaden sowie Waldwegen, kürzere Abschnitte auch auf Asphalt.
Markierung: Teils markiert mit einem gelben Ring, teils als Blaubeurer Felsenstieg mit einem gelben Ring sowie Haupt-Wegweisern.
Einkehr: In Blaubeuren: Café am Blautopf (geöffnet April – Oktober, täglich 11.00–17.00 Uhr, Kuchen, Eis und kleine Snacks, Blautopfstr. 9, Tel. +49 7344 921027, blautopf.de), Gasthof Blautopf (Öffnungszeiten s. Website, Blautopfstr. 4, Tel. +49 7344 1790554, gasthof-blautopf-steakhaus.de), Blautopf Pizzeria (geöffnet Mo – Fr, 11.00–14.00 Uhr sowie ab 17.00 Uhr, Sa+So ab 11.00 Uhr durchgehend, Blautopfstr. 2, Tel. +49 7344 1790669). Flugplatzstüble (Kuchen und Getränke, April – Oktober, nur am Wochenende, Beim Landsitzle 3, 89143 Blaubeuren-Sonderbuch, Tel. +49 7344 919293, flgblaubeuren.de).
Kurzvarianten: Am Freibad Blaubeuren nach rechts abbiegen – oder den Blautopf noch als Abstecher mitnehmen – und zur Kneippanlage. Ab hier geradeaus weiter durch das Blautal oder auf den beschilder-

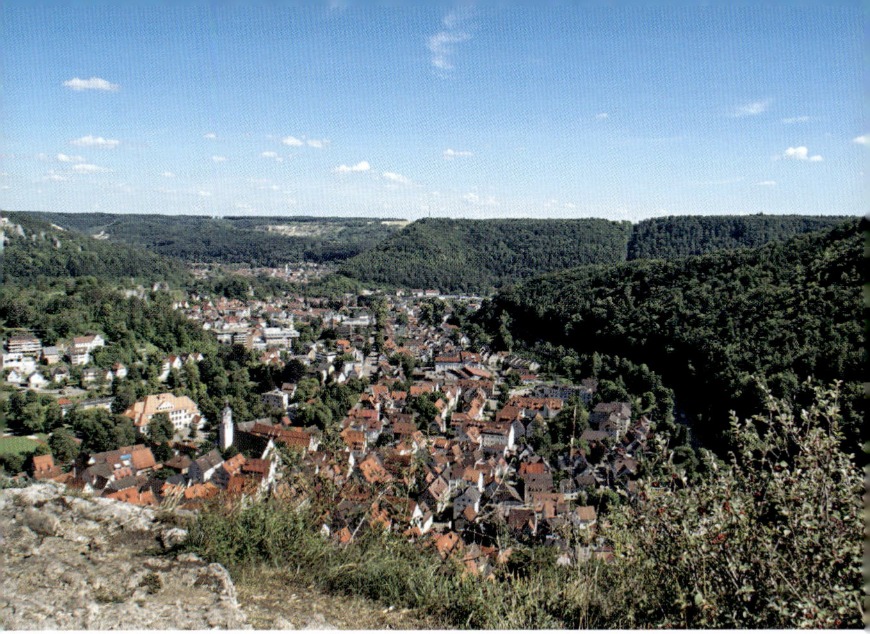

ten Waldweg oberhalb wechseln. Letzterer führt sanft aufwärts durch den Wald an weiteren Stelen des Nationenweges sowie an Infotafeln des Waldlehrpfades vorbei. Stets auf dem beschilderten Waldweg wieder hinab und zurück auf die Hauptroute, mit der wir vor der Brücke über die Bahnlinie rechts abbiegen (Gesamtstrecke mit Blautopf: 6,3 km, 2.30 Std., ab 5 Jahren, Gesamtstrecke ohne Blautopf: 5,1 km, 2.00 Std.). Wer an der Kneippanlage im Tal bleibt, spart sich rund 200 m.

Tipps: Urgeschichtliches Museum Blaubeuren (s. Freizeittipp F4), Wasserspielplatz in Blaustein (Arnegger Str. 9, 89134 Blaustein), historische Altstadt von Blaubeuren.

OBEN

Blick vom Blaufels auf Blaubeuren.

UNTEN LINKS

Ausruhen und Entdecken an der Panoramaliege nahe dem Metzgerfelsen.

UNTEN RECHTS

Auf einem spannenden Pfad geht es vom Ruckenberg hinab.

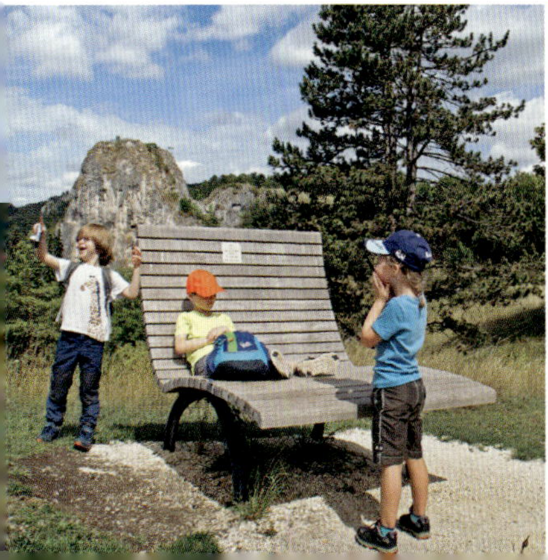

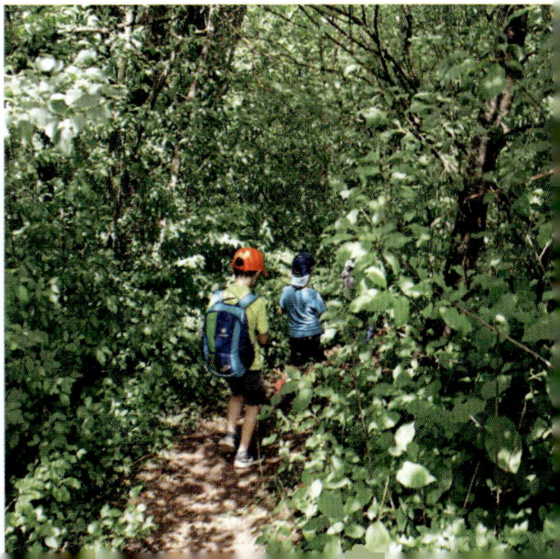

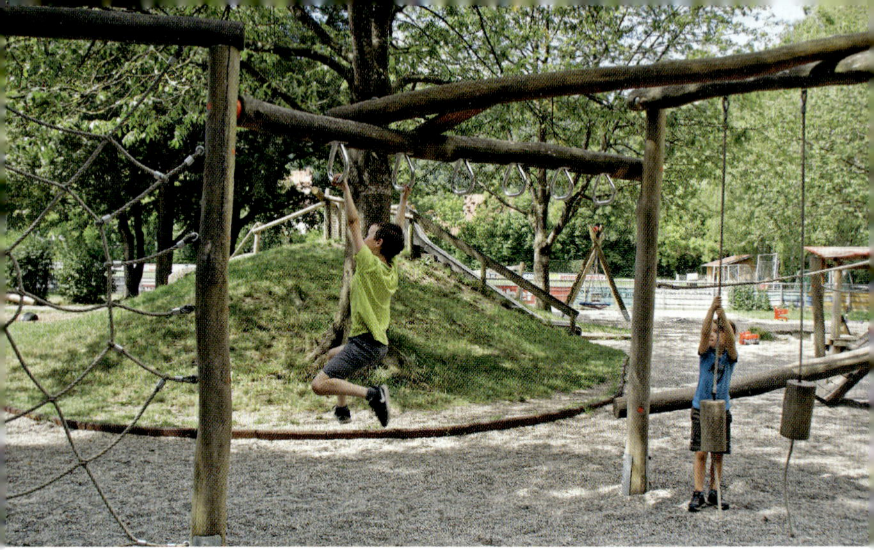

Auf dem Spielplatz bei der Stadthalle in Blaubeuren gibt es zahlreiche Kletter- und Spielmöglichkeiten für jedes Alter.

LOS GEHT'S Vom **Bahnhof Blaubeuren ❶** aus gehen wir ein Stück nach rechts ostwärts an Bushaltestelle und P+R-Platz vorbei. Der anschließende Geh- und Radweg führt uns an der Bundesstraße entlang, bis wir sie an der Fußgängerampel queren können. Dabei gelangen wir an ersten Stelen des Nationenweges vorbei. Nach einem kurzen Stück auf dem gekiesten Fußweg gelangen wir zu einer **Weggabelung ❷**. Hier beginnen wir unsere eigentliche Rundwanderung, indem wir auf dem oberen Weg bleiben. Sämtliche Abzweigungen ignorierend wandern wir stets geradeaus hinauf. Zwischendurch queren wir einen Kiesweg und nehmen den Graspfad geradeaus an Gärten entlang. Bald erblicken wir den Klötzle Blei, der auch Metzgerfelsen genannt wird. Eine Panoramaliege lädt zum Genießen der ersten Aussicht ein. Wir folgen an der Linde dem mittleren Weg (Hauptweg), der bald zu einem Graspfad wird. Dieser führt uns zum **Ruckenkreuz ❸**, einem Kriegerdenkmal, von wo aus sich eine herrliche Aussicht auf den Talkessel mit Blaubeuren bietet. Als ehemaliger Umlaufberg des Urdonautales weist der Ruckenberg einen steilen Prallhang sowie einen flacheren Gleithang auf. Weite Bereiche sind als Trockenbiotop geschützt.

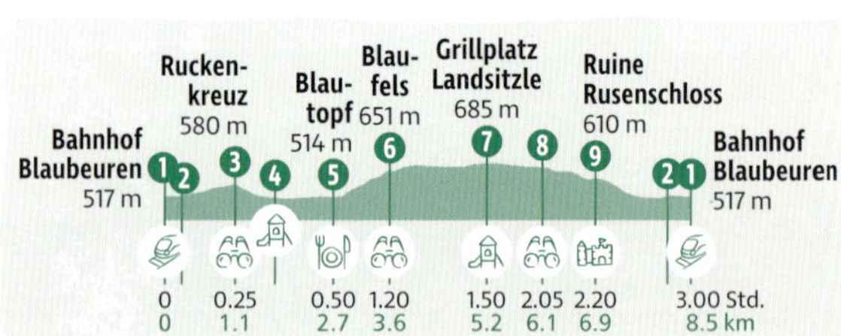

★Highlights

Herrliche Wanderung durch die idyllische Landschaft um Blaubeuren mit Felsen und teils naturnahen Wäldern.

Unterwegs werden immer wieder schöne Aussichtspunkte erreicht.

Der idyllische Blautopf fasziniert mit seinem bläulich schimmernden Wasser.

Mehrere Spielplätze liegen am Weg.

Nach der Tour: Im Sommer Blautopfbäder Freibad (s. Freizeittipp B6) bzw. im Winter Hallenbad (Öffnungszeiten s. Website, Dodelweg 16, 89143 Blaubeuren, Tel. +49 7344 9248090, tw-blaubeuren.de/blautopfbaeder/hallenbad), außerdem ganzjährig das Freizeitbad Bad Blau (s. Freizeittipp B7).

Wir folgen dem Pfad stets geradeaus bzw. links haltend weiter. Hier ist etwas Orientierungsvermögen gefragt, da die Markierungen rar sind. Kurz durch den Wald hinab, dann erreichen wir über Treppenstufen eine Wohnstraße, die wir sogleich queren. Weitere Treppen sowie ein anschließendes Sträßchen führen weiter hinab. An der Einmündung queren wir die Straße und folgen ihr auf dem Gehsteig nach rechts. Bei der nächsten Gelegenheit verlassen wir sie wieder nach links. Treppen und Pflasterwege führen uns zur Eduard-von-Lang-Straße, der wir nach rechts an der Stadthalle vorbei folgen. Direkt anschließend erreichen wir am Beginn des Geh- und Radweges einen **Spielplatz** ❹. Geradeaus wandern wir durch den Stadtpark, passieren das Gymnasium und halten uns an der Blautopfschule links. Wir halten geradeaus auf den Parkplatz und das **Hallenbad** zu. Hier kurz rechts, gelangen wir dann nach links mittels eines Steges über die Blau und folgen ihr am **Freibad Blaubeuren** nach links. Immer wieder sind Abstecher zum Ufer möglich. Nach weiteren Stelen des Nationenweges passieren wir die Alte Mühle sowie das Mühlenlädle der Schimmelmühle. Direkt nach der Brücke nehmen wir vor dem Pumpwerk der Albwasserversorgung den Fußweg nach rechts, der uns über Treppen, Stege und Wanderwege um den idyllischen **Blautopf** ❺ herumführt. Bei der schönen Lau können wir auf einer Anzeigetafel aktuelle Daten zu Pegelstand und Abfluss erfahren und uns die Historische Hammerschmiede ansehen. Das Café am Blautopf lädt zur Einkehr.

Dann folgen wir der Straße nach rechts am Gasthaus Blautopf sowie am ehemaligen Benediktinerkloster vorbei, bis uns direkt nach der

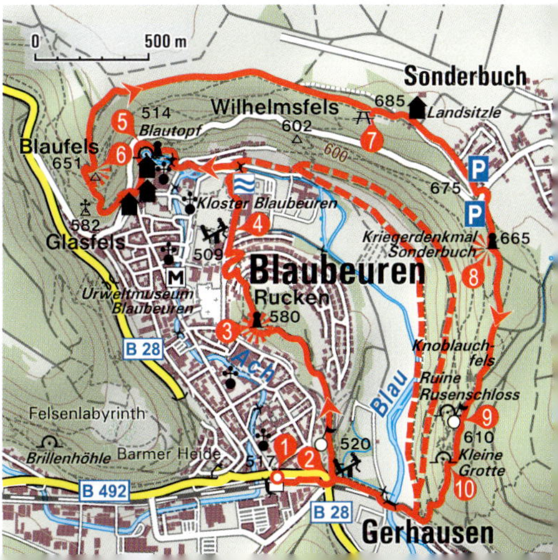

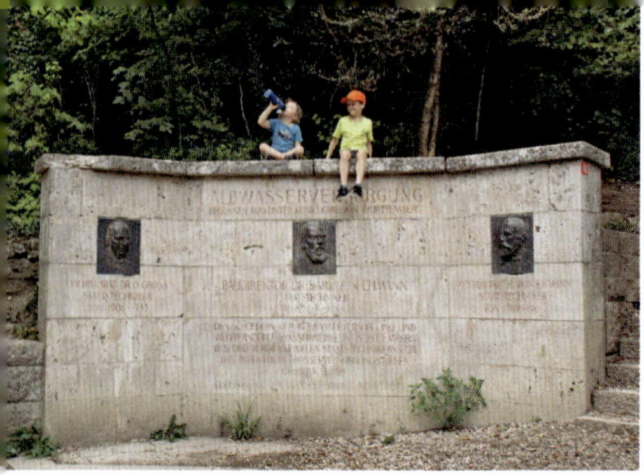

Pause am Denkmal der Albwasserversorgung beim Blautopf.

Blautopf Pizzeria ein Wegweiser nach rechts hinaufschickt. Nun folgen wir stets dem gelben Ring, queren nach den Treppen die Sonderbucher Steige und steigen auf dem Pfad teils in Serpentinen steil hinauf. Dann passieren wir den Drachenfels. Der nächste große Felsen ist schon der **Blaufels 6**, zu dem wir nach rechts hinaufgelangen und dessen Gipfel wir über einen kurzen Abstecher erreichen. Von hier aus können wir die Aussicht ins Tal genießen. Wegen der Absturzgefahr Kinder gegebenenfalls an die Hand nehmen.

Wieder zurück am Haupt-Wegweiser führt uns nun ein breiterer Waldweg noch ein Stück hinauf. Nach einem Grenzstein erreichen wir den Waldrand. Nach rechts wandern wir nun knapp im Wald in dessen Nähe weiter. Nach einem Stück direkt am Waldrand entlang geht es beim Ascher Steig in den Wald hinein. Hier treffen wir bald auf den **Grillplatz Landsitzle 7** mit kleinem Spielplatz. Am Flugplatzstüble und einem Parkplatz vorbei folgen wir dem Sträßchen am Ortsrand von **Sonderbuch** entlang. Nach der Schießstätte sowie dem Parkplatz Schützenheim gelangen wir kurz nach Sonderbuch hinein, wo es scharf nach rechts und dann sogleich nach links weitergeht. Nach dem Parkplatz am Waldrand zweigt bald ein Wanderpfad rechts ab, dem wir zum **Kriegerdenkmal Sonderbuch 8** folgen. Über einen kurzen Abstecher erreichen wir hier einen Aussichtspunkt. Wir folgen dem Kiesweg an der Hecke entlang weiter, die Beschilderung leitet uns durch den Wald zum **Knoblauchfelsen**, auf dessen Besteigung wir aus Gründen

Auf einem Felsen hoch über der Blau thront die Ruine Rusenschloss. Im 11. Jahrhundert erbaut, saßen hier einst unter anderen die Grafen von Helfenstein.

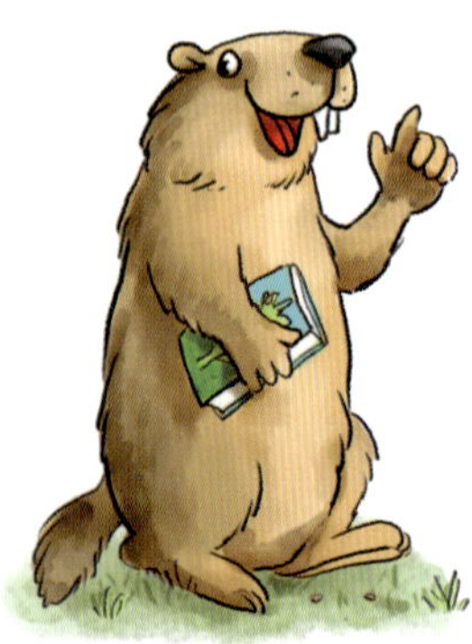

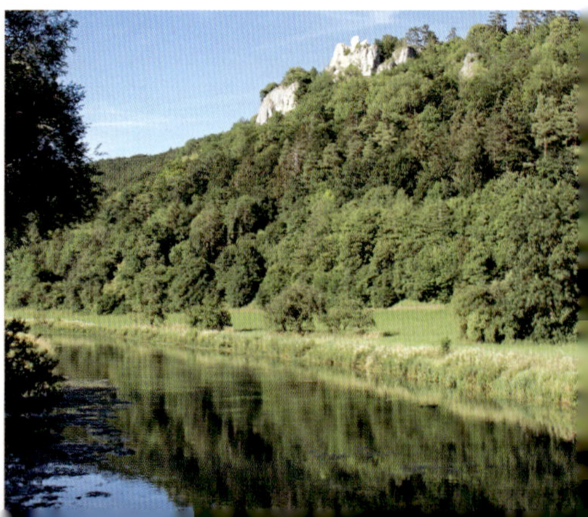

Hallo Kinder!

Habt ihr gewusst, dass der **Blautopf** die **zweitgrößte Karstquelle Deutschlands** ist? Typisch für eine Karstquelle ist ihr stark **schwankender Abfluss**. Durchschnittlich fließt am Blautopf in einer Sekunde die Menge ab, die in ein Tanklöschfahrzeug der Feuerwehr passt. Im Extremfall kann es aber auch mal die Füllung eines Tanklastzuges pro Sekunde sein oder gar nur eine Badewanne voll. Entscheidend für die Abflussmenge sind Witterung und Jahreszeit. Nach Regenfällen und Schneeschmelze sickert viel Wasser sehr schnell in den spalten- und kluftreichen Untergrund der Albhochfläche ein. Durch ein großes, verzweigtes Höhlensystem mit Höhlenflüssen gelangt das Wasser innerhalb von wenigen Tagen zum Blautopf. Seinen Namen hat er von seiner topfartigen Form – Sonnenlicht, das an winzigen Kalkteilchen gestreut wird, sorgt für die blaue Farbe des Wassers.

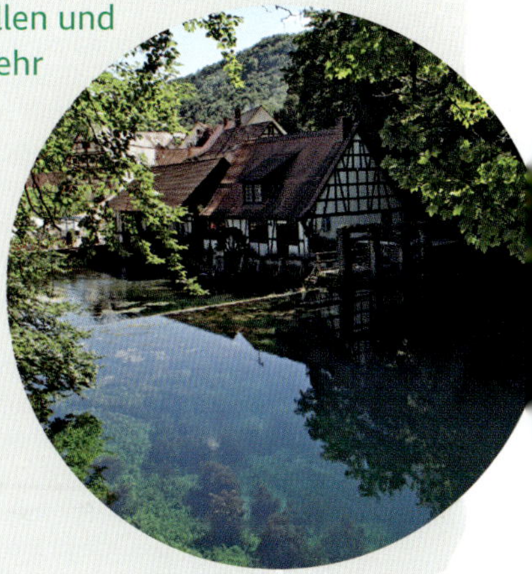

des Biotopschutzes (Infotafel) verzichten. Die Markierungen weisen uns auf den Hauptweg hinab, dem wir nach rechts folgen. An Mauerresten vorbei erreichen wir Infotafeln über das Rusenschloss und können über Treppen herrliche Aussichtspunkte von der **Ruine Rusenschloss** ❾ erreichen. Von hier aus können wir den gesamten Talkessel von Blaubeuren mit dem Umlaufberg überblicken.

Von diesem Abstecher zurück folgen wir der Markierung hinab. Ein Wegweiser macht uns auf die **Kleine Grotte** ❿ aufmerksam. Weiter abwärts queren wir einen breiteren Kiesweg und erreichen dann die ersten Häuser von Blaubeuren. Rechts-links-rechts führt uns die Beschilderung zum Ufer der Blau, die hier einen naturnahen Verlauf aufweist. Neben der Eisenbahnbrücke bringt uns ein Fußgängersteg über den Fluss. Ein Rechts-Links-Schlenker und wir wandern auf dem Fußweg an einem kleinen Bachlauf mit Auwald entlang weiter, bis wir, uns links haltend, wieder die **Weggabelung** ❷ erreichen. Auf bekanntem Weg geht es zum **Bahnhof Blaubeuren** ❶ zurück, wobei wir an der Ampel noch einen kurzen Abstecher geradeaus zum schönen **Spielplatz Bismarckfels** machen können.

13 Eiszeitpfad Lonequellrunde

RUNDWANDERUNG VOM BAHNHALT URSPRING

3.00 STUNDEN

8,6 KILOMETER

↗ 170 HÖHENMETER

↘ 170 HÖHENMETER

MITTEL ab 8 Jahren

Quelltopf, Wassererlebnis und römisches Kastell: Vom Lonetopf wandern wir auf den Hägelesberg, welcher als Umlaufberg der Urlone entstanden ist und auf dem eine vorgeschichtliche Wallanlage nachgewiesen ist. Die Tour führt weiter am Rande des Naturschutzgebietes mit Wacholderheiden, Felsen, Feldgehölzen und Hecken entlang. Idyllisch und mit gelegentlicher Aussicht bringt uns der Weg an der Lonseer Heide sowie Streuobstwiesen mit Insektenhotels vorbei. Dann gelangen wir hinab ins Lonetal, wo sich am Lonesee ein großer Spielplatz mit Wassererlebnisbereich inklusive Beobachtungsturm befindet. Ein Stück an der Lone entlang, bietet der Sportpark Lonsee mit zahlreichen Fitnessgeräten eine weitere Möglichkeit zum Austoben. Auf schönen Wegen wandern wir kurz durch den Wald hinauf, können die Aussicht genießen und einiges über das einstige Römerkastell erfahren.

Ausgangspunkt: Bahnhalt Urspring, 571 m. Navi: N48.54980, E09.89471, 89173 Lonsee-Urspring. Anfahrt auf der B10 Stuttgart – Ulm nach Urspring. Hier in die Kirchstraße und von dieser nach links in die Straße »Am Bahnhof«. Parken in den an den Bahnhalt angrenzenden Straßen.
Mit Bahn/Bus: Bahnhalt Urspring an der Strecke Stuttgart – Ulm (Filstalbahn).
Ausrüstung: Gut profilierte Trekking- oder Wanderschuhe, evt. Wechselkleidung, genügend Proviant und Getränke, Sonnenkappe und -schutz.
Anforderungen: Rundwanderung, die auf Asphalt-, Wiesen- und Erdwegen verläuft. Kurze steile Anstiege sind am Hägelesberg sowie zum römischen Kastell zu bewältigen.
Markierung: Durchgehend beschildert mit gelben Ringen und Hauptwegweisern als Eiszeitpfad Lonequellrunde.
Einkehr: Pizzeria Dolce Vita (nur sonn- und feiertags auch mittags, Di Ruhetag, An der Lone 2/3, 89173 Lonsee, Tel. +49 7336 952601, dolcevita-lonsee.de), weitere Gasthäuser und Restaurants in Lonsee.
Kurzvariante: Abbruch der Tour in Lonsee 9 möglich und Rückfahrt mit dem Zug (2.30 Std., 6,1 km, ab 6 Jahren).
Tipp: Solarlehrpfad Lonsee (s. Freizeittipp 13).

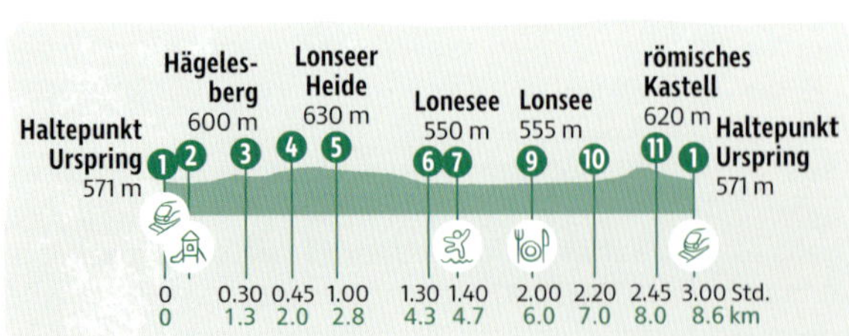

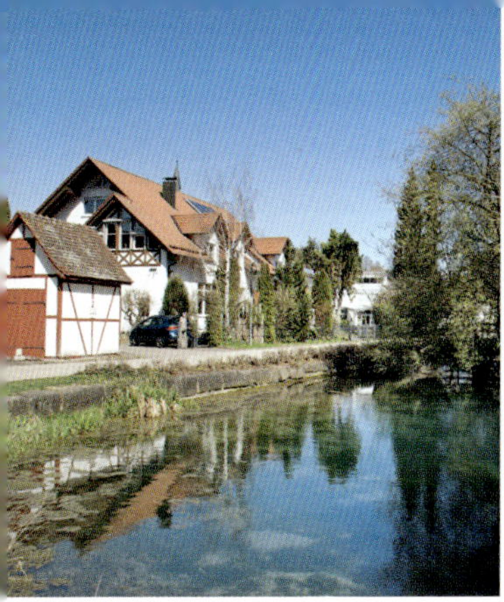

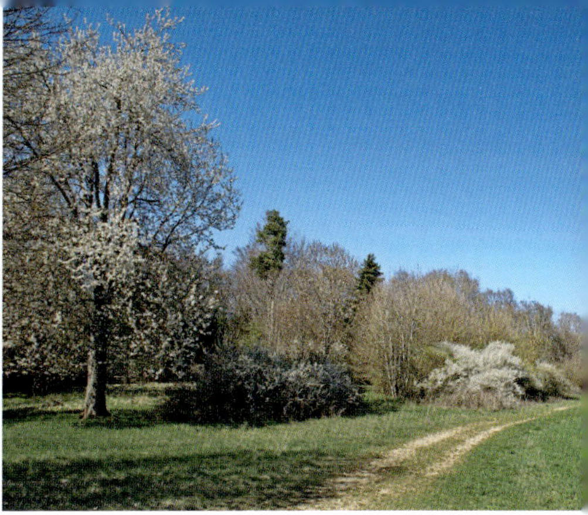

LINKS
Der idyllische Lonetopf.

RECHTS
Ein schöner Wanderweg führt am Rand des Naturschutzgebietes entlang.

LOS GEHT'S Vom **Bahnhalt Urspring ❶** aus gehen wir erst an den Gleisen entlang und nehmen dann gegebenenfalls die Unterführung, die uns zur Straße »Am Bahnhof« bringt. Wir überqueren die Kirchstraße und gehen in der Straße »Am Lonetopf« weiter. Hier queren wir die Lone und wandern auf dem Fußweg nach rechts an ihr entlang. Es geht an einem Spielplatz (hier Kneippmöglichkeit in der Lone) vorbei. Dann erreichen wir den **Lonetopf ❷**. An den Infotafeln halten wir uns links. Nun geht es ein Stück an der vielbefahrenen Albstraße (B10) entlang, die wir aber bei der nächsten Gelegenheit sogleich nach halb links verlassen. Der Lonseer Straße folgen wir geradeaus bis zum Waldrand. Am Wegweiser biegen wir scharf rechts ab in das ansteigende Sträßchen. Wir folgen ihm sowie dem angrenzenden Grasweg. Nach einem kurzen Stück durch den Wald geht es weiter am Waldrand entlang und an der Infotafel zum Umlaufberg **Hägelesberg ❸** nach links. Am Waldrandeck erfahren wir von der römischen Siedlung, die sich unterhalb des Kastells befand. Kurz hinab, dann folgen wir dem Asphaltsträßchen nach rechts hinauf. Am nächsten Waldrand nahe der B10 wenden wir uns nach links. Bevor wir in den Wald eintauchen, genießen wir den Blick auf das Lonetal mit dem Hägelesberg, dessen Charakter als Umlaufberg sich von hier aus gut nachvollziehen lässt. Dann durch den Wald weiter hinauf, wenden wir uns am Waldrand von der nahen B10

★Highlights

Aussichtsreiche Runde durch idyllische Kulturlandschaft im Lonetal und auf den Höhen.

Für Zugfans bietet sich immer wieder ein freier Blick auf die Bahnstrecke der Filstalbahn Stuttgart – Ulm.

Beim Lonetopf Spielplatz und Kneippmöglichkeit in der Lone.

Lonesee mit Wassererlebnisbereich, Spielgeräten und Beobachtungsturm.

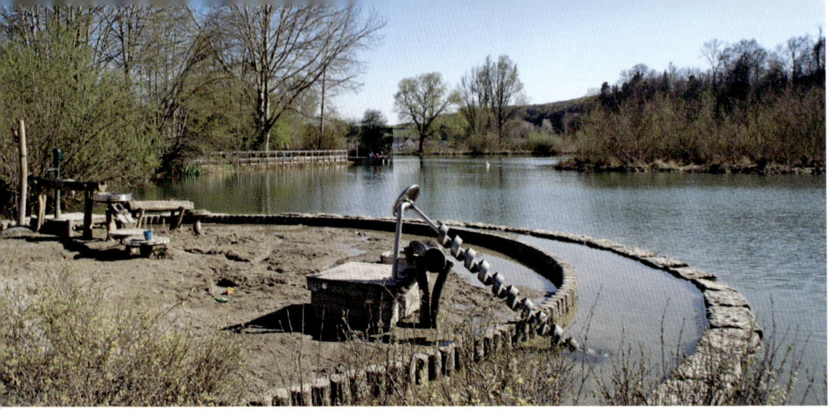

Am Lonesee gibt es mehrere Stationen, an denen mit Wasser gespielt und gebaut werden kann.

ab und wandern nach links am Rand des **Naturschutzgebietes** ❹ entlang. Der Wanderweg verläuft hier meist auf einem Grasweg, später auf einem gekiesten Spurweg und führt uns in einem Bogen über die Hochfläche zur **Lonseer Heide** ❺. An einem Schluchtanfang geht es links weiter. Wir kommen an einem Insektenhotel am Rande einer Streuobstwiese vorbei und haben dann einen schönen Ausblick auf Lonsee. Weiter sanft hinab, queren wir geradeaus einen Asphaltweg. Nach einem kurzen Stück auf dem Grasweg geht es im Bereich einer Feldscheune in einem Rechts-Links-Schwenk weiter. Idyllisch gelangen wir nun an Hecken entlang hinab. Zuletzt gelangen wir auf dem Asphaltweg durch den Wald hinunter und erreichen das **Lonetal** ❻. Hier folgen wir dem Kiesweg nach links am Rand des Gehölzes entlang. Bald zweigt nach rechts ein Naturweg ab, der uns zum **Lonesee** mit **Wassererlebnisbereich** ❼ bringt. Am Brücklein machen wir einen Abstecher an zahlreichen Spielgeräten und Infotafeln vorbei zum **Beobachtungsturm** ❽.
Wieder zurück am **Wassererlebnisbereich** ❼, wandern wir nach rechts an der plätschernden Lone entlang. Wer noch überschüssige Energie hat, kann sich bald am **Sportpark Lonsee** mit zahlreichen Fitnessgeräten austoben. Stets geradeaus folgen wir dem Flüsschen, bis kurz nach der Pizzeria Dolce Vita der Weg endet und wir in einem Rechts-Links-Schlenker das Rathaus von **Lonsee** ❾ erreichen. Gegenüber dem Eingang folgen wir der Beschilderung weiter an einem Gewässer entlang. So gelangen wir zur Hauptstraße, die wir überqueren und der wir nach links auf dem Geh- und Radweg aus dem Ort hinausfolgen. Nach der Oberen Mühle mit Hofladen queren wir die Lone und gehen weiter an der Straße entlang. Vor einem landwirtschaftlichen Gebäude biegen wir nach rechts ab, verlassen auch

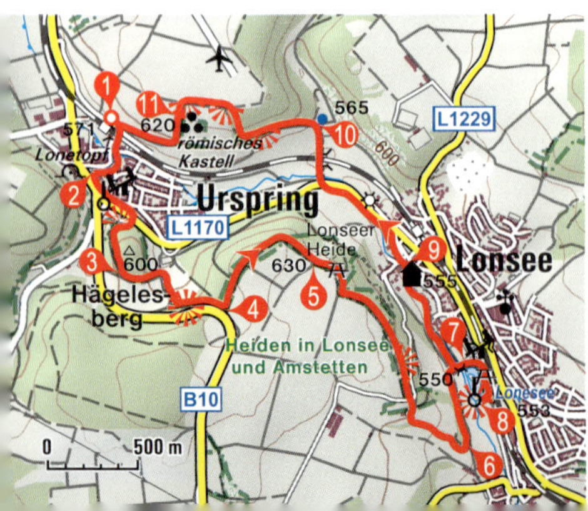

Hallo Kinder!

Der Vorläufer der **Lone**, die sogenannte **Urlone**, hatte ein viel größeres Einzugsgebiet. Es reichte bis zum heutigen Neckar. Über das heutige Filstal sowie das Rohrachtal floss die Urlone nach Süden und mündete ins sogenannte **Molassemeer**. Die Mündung lag möglicherweise eine Zeit lang sogar bei Lonsee. Als sich das Meer zurückzog und sich die Alb hob, konnten sich die Gewässer tiefer einschneiden. So ist vor rund 5 Millionen Jahren die Urlone um den **Hägelesberg** herumgeflossen und hat diesen Umlaufberg geschaffen. Die Schlinge liegt 40 m über dem heutigen Lonetal. Zu dieser Zeit war das Einzugsgebiet der Urlone bereits kleiner und reichte nicht mehr bis zum heutigen Neckar. Denn nach und nach vergrößerte der Rhein sein Einzugsgebiet – Fluss um Fluss wurde angezapft und umgelenkt. Deshalb entspringt die Lone heute im Lonetopf in Urspring.

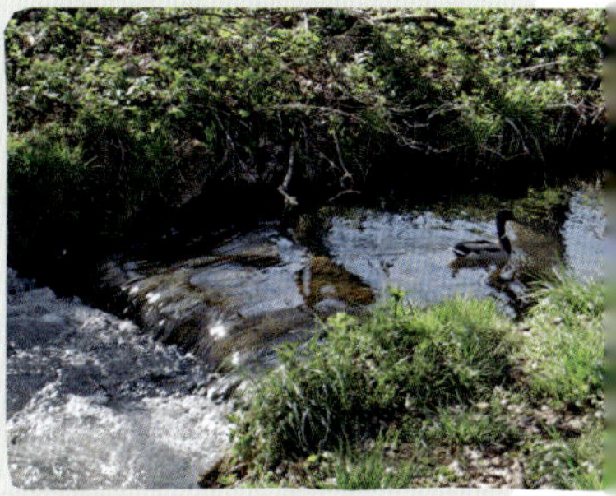

Könnt ihr euch vorstellen, dass das kleine Flüsschen Lone einst einer der größten Flüsse Süddeutschlands war?

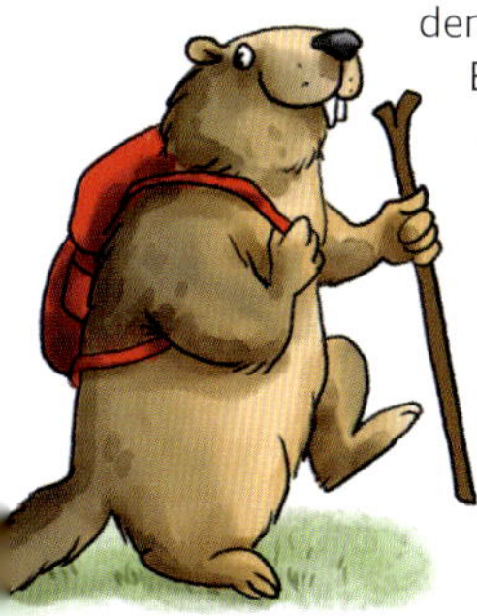

den Radweg und unterqueren auf dem Kiespfad die Bahnlinie. Wir halten geradewegs auf das **Trinkwasser-Pumpenhäuschen ⑩** zu, wo wir dem Asphaltweg nach links folgen. Nach einem Stück am Waldrand entlang hinauf, führt der Wanderweg scharf nach rechts und sogleich nach links teils steil durch den Wald hinauf. Haben wir den Waldrand erreicht, können wir einen schönen Blick auf Urspring genießen. Am nächsten Wegweiser geht es nach links hinab und wir erreichen am Pferdestall mit Koppeln den einstigen Standort des **römischen Kastells ⑪**, das den Alblimes sicherte. Die Hecken zeichnen die Gebäudeumrisse nach, sie sind als Biotop geschützt. Ein paar Meter unterhalb steht die Infotafel. Wir folgen dem Asphaltweg weiter, der sich schließlich nach Westen wendet und uns über die Straße »An der Herberge« zurück zum **Bahnhalt Urspring ①** führt.

14 Helfenstein und Felsental

RUNDWANDERUNG AB GEISLINGEN AN DER STEIGE

3.30 STUNDEN

9,5 KILOMETER

↗ 250 HÖHENMETER

↘ 250 HÖHENMETER

MITTEL ab 8 Jahren

Burgruine, Aussichtsturm und Schlucht: Von Geislingen an der Steige führt uns diese Tour auf dem Geologischen Pfad hinauf zur weitläufigen Burgruine Helfenstein mit herrlicher Aussicht auf die Fünftälerstadt, den Albtrauf sowie den Ödenturm, zu dem wir anschließend hinüberwandern. Neben dem Aussichtsturm gibt es eine Aussichtsplattform mit Panoramatafel. Zahlreiche Infotafeln des Waldlehrpfades Helfenstein begleiten uns auf diesem Abstecher und zurück nach Weiler ob Helfenstein, von wo aus wir Richtung Felsental weiterwandern. Im Naturschutzgebiet führt uns ein Pfad durch die abenteuerliche und wilde Schlucht hinab – an der steilsten Stelle helfen zwei Treppen über die Felsen. Schöne Wege und Pfade bringen uns idyllisch durch den Wald und später mit Ausblick von Eybach nach Geislingen an der Steige zurück. Zwischendurch haben wir auch freie Sicht auf die Bahnstrecke der Filstalbahn – ideal für alle Zugfans. Auf der gesamten Wanderung gibt es immer wieder Einkehr- und idyllische Rastmöglichkeiten.

Ausgangspunkt: Bahnhof Geislingen an der Steige, 467 m. Navi: Bahnhofstr. 1, 73312 Geislingen an der Steige. Anfahrt auf der B10 Stuttgart – Ulm bis Geislingen an der Steige. Hier Beschilderung zum Bahnhof. Kostenpflichtiger Parkplatz! (4 € in Münzen mitnehmen).
Mit Bahn/Bus: Der Bahnhof Geislingen an der Steige liegt auf der Strecke Stuttgart – Ulm (Filstalbahn).
Ausrüstung: Gut profilierte Trekking- oder Wanderschuhe, genügend Proviant und Getränke, Sonnenkappe und Sonnenschutz.
Anforderungen: Mittelschwere Rundwanderung, meist auf abschnittsweise steilen Naturpfaden und Waldwegen. Trittsicherheit erforderlich. Anfangs, zwischendurch und am Ende auch längere Strecken auf Asphalt. Ab Weiler ob Helfenstein und am Wanderparkplatz Öschle vorbei sind bis 6 rund 700 m auf der Straße inklusive Querung zurückzulegen – hier bitte Vorsicht walten lassen!
Markierung: Anfangs »Steigen-Tour«, rotes liegendes Y zwischen Weiler ob Helfenstein und Felsental. Ab Eybach u. a. Eybacher Felsensteig, kurzes Zwischenstück unbeschildert.

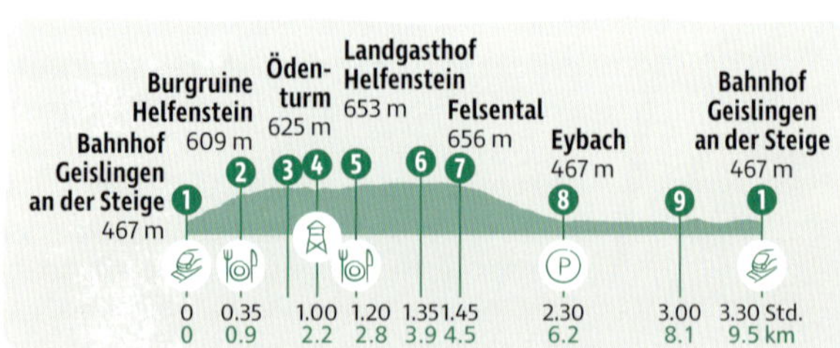

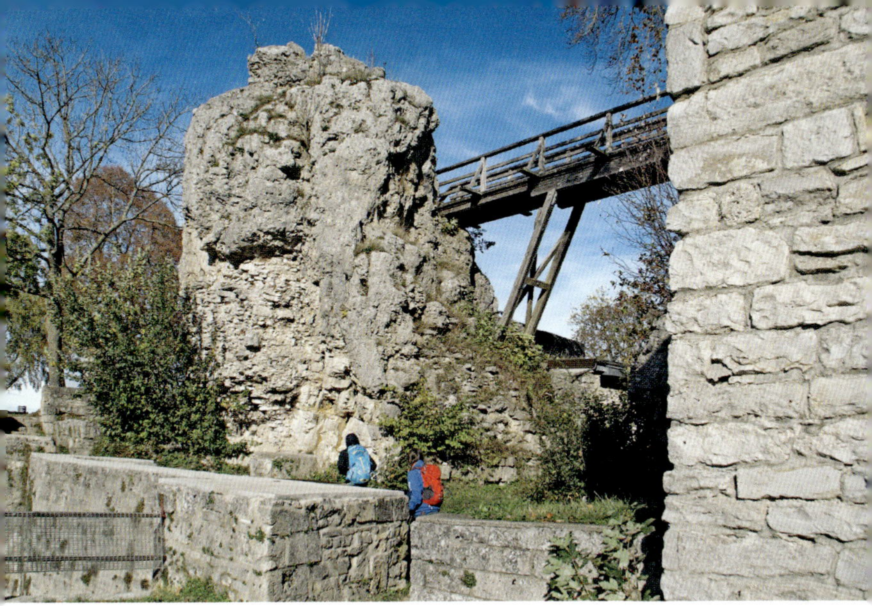

Hoch über Geislingen an der Steige sind die weitläufigen Reste der einstigen Burg Helfenstein erhalten und laden zu einer Erkundungstour ein.

Einkehr: Burgschenke Helfenstein (Vesper, Kuchen, geöffnet von April bis Oktober So und feiertags, bei schönem Wetter auch Sa (Fahne gehisst), Weilerstraße, 73312 Geislingen an der Steige, Tel. +49 7331 63312), Landgasthof Helfenstein (spezielle Kindergerichte, Öffnungszeiten s. Website, Ödenturmweg 1, 73312 Weiler ob Helfenstein, Tel. +49 7331 931944, landgasthaus-helfenstein.jimdofree.com), Sängerheim Eybach (selbstgemachte Kuchen, Öffnungszeiten s. Website, Felsentalstr. 24, 73312 Eybach, Tel. +49 176 22125733, saengerheim-eybach.de), Gasthäuser, Restaurants und Cafés in Geislingen an der Steige.
Tipps: Obere Roggenmühle bei Eybach (mit Biergarten, Alpakas, Kneippanlage und Spielplatz, Forellen aus eigener Zucht und Wild aus heimischen Wäldern, geöffnet Mi – So ab 9.00 Uhr, Mo und Di Ruhetag, Obere Roggenmühle 1, 73312 Eybach, Tel. +49 7331 61945, obereroggenmuehle.de).
Hinweis: Die Mauern der Burgruine dürfen nicht bestiegen werden.

LOS GEHT'S Am **Bahnhof Geislingen an der Steige** ❶ halten wir uns links und nehmen den Fußgängersteg über die Gleise. An der Einmündung starten wir zu unserer eigentlichen Rundwanderung, indem wir nach rechts weitergehen und der Beschilderung des Löwenpfades »Steigen-Tour« folgen. Anfangs geht es Treppenstufen hinauf. Die Alte Weiler Steige bringt uns am Waldrand entlang, an einem Aussichtspunkt mit Infotafel des Erlebnispfades Geislinger Steige zur Weiler Steige vorbei, wo es Aufgaben für Kinder zu lösen gibt, und dann durch den Wald aufwärts. Bald begleiten uns In-

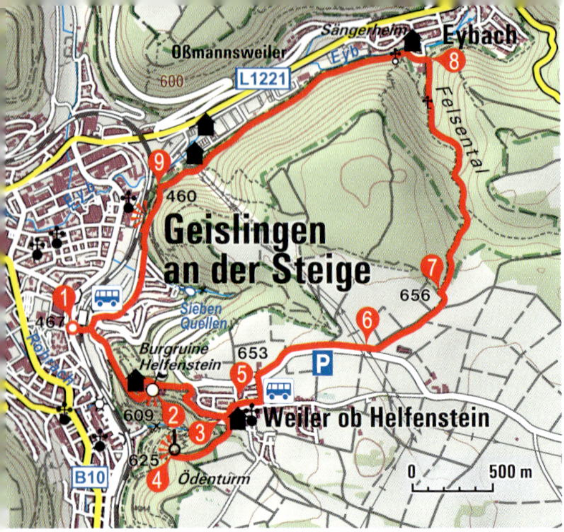

fotafeln des Geologischen Pfades. Stellenweise ist Gestein sichtbar. Wir erfahren von Schichten und Schichtgrenzen, Kalken und Mergeln und kommen sogar an einem alten Bergsturz vorbei. Dann passieren wir einen Aussichtspunkt mit Rundbank sowie zwei Infotafeln (Geologischer Lehrpfad und Waldlehrpfad Helfenstein). Nach wenigen Metern führt uns ein links abzweigender Pfad in Serpentinen steil hinauf an ein paar Felsen vorbei zur **Burgruine Helfenstein ❷**, wo wir der Wegweisung nach links hinauf zur Infotafel folgen. Auf dem Weg können wir die Burgruine entdecken sowie die Aussicht genießen. Wer schon eine Rast braucht, kann in der Burgschenke Helfenstein einkehren.

Nach der Brücke folgen wir der Beschilderung weiter sanfter hinauf. Am Parkplatz mit Infotafeln weist uns die Beschilderung nach rechts. Anschließend halten wir uns links und erreichen **Weiler ob Helfenstein ❸**, wo wir, kurz nach links, sogleich zu einer Straßengabelung gelangen. Von hier aus starten wir unseren Abstecher zum Ödenturm, indem wir geradeaus weitergehen und dann den Pfad nach rechts steil hinab nehmen. Durch einen Schluchtwald mit Infotafel hindurch, geht es bald wieder aufwärts. Auf einem Kiesweg gelangen wir an einigen Infotafeln des Waldlehrpfades vorbei und können uns u. a. über die Rotbuche sowie Greifvögel und Eulen informieren. Dann erreichen wir bei einer großen Rastbank mit Kletterfelsen und einigen Infotafeln den schon sichtbaren **Ödenturm ❹**. Der 33 m hohe Turm ist heute eines der Wahrzeichen von Geislingen und dient als Aussichtsturm mit Ausstellung zur Geschichte der Gra-

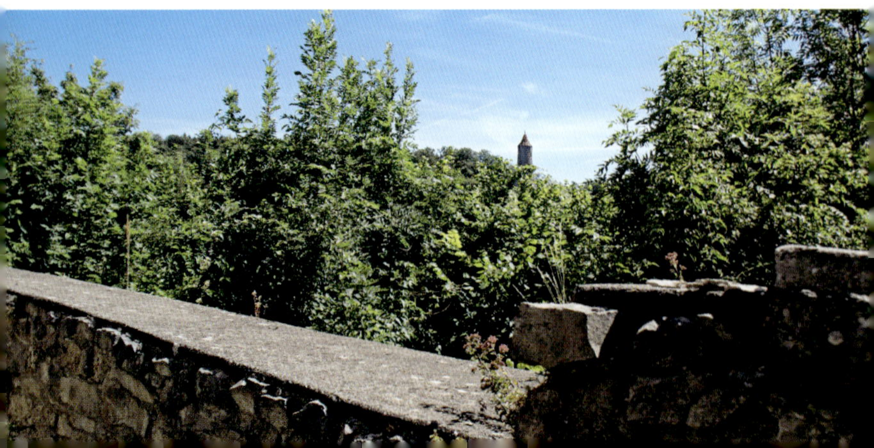

Blick von der Burgruine Helfenstein hinüber zum Ödenturm.

Hallo Kinder!

Auf einem Bergsporn hoch über dem Rohrachtal erbauten um das Jahr 1100 die späteren Grafen von Helfenstein die **Burg Helfenstein**, um von hier aus den wichtigen Handelsweg im Rohrachtal zu überwachen. Im Tal gründeten sie die **Stadt Geislingen als Zollstelle**. Doch als sie rund 300 Jahre später Schulden hatten, mussten sie die Burg an die Reichsstadt Ulm verkaufen. Die neuen Herren bauten die Anlage aus und befestigten sie. Zudem errichteten sie auf einem höheren Bergvorsprung den **Ödenturm** als Ausguck zum Schutz der Burg.
Heute ist die Burg Helfenstein nur noch als Ruine vorhanden, denn sie wurde 1552 während des Markgrafenkriegs teilweise abgerissen. Der Ödenturm diente später als Wachturm für die Stadt Geislingen und sollte insbesondere Feuersbrünste verhindern. Im Laufe der Jahrhunderte wurde er **fünfmal vom Blitz getroffen** und stand dabei jedes Mal selbst in Flammen.

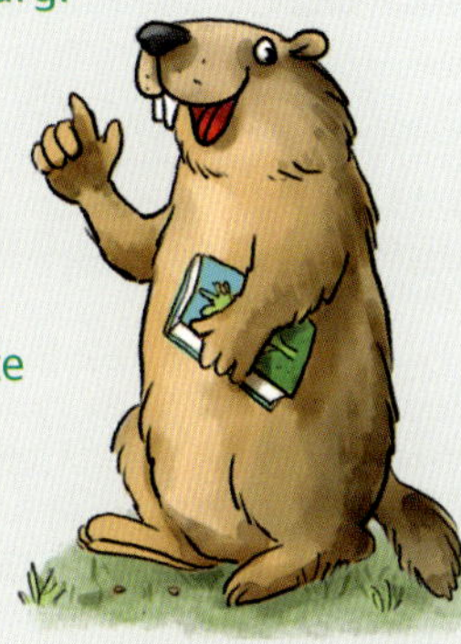

fen von Helfenstein (So 10.00–17.00 Uhr). Auch knapp unterhalb bietet sich ein herrlicher Panoramablick (mit Panoramatafel).
Auf demselben Weg geht es zurück nach **Weiler ob Helfenstein ❸**, wo wir an der Straßengabelung scharf nach rechts abbiegen. Nach links erreichen wir an der Einmündung des Ödenturmwegs den **Landgasthof Helfenstein ❺** mit Biergarten. Hier wandern wir nach rechts weiter, bald in der Dorfstraße. Diese führt uns zu einer Verkehrsinsel mit Linde, wo uns die Beschilderung nach links weist. Nach der Bushaltestelle

★Highlights

Schöne Tour auf idyllischen Pfaden zu herrlichen Aussichtspunkten und durch eine abenteuerliche Schlucht.

Weitläufige Burgruine Helfenstein, die zum Entdecken und die Aussicht-Genießen einlädt.

Freier Blick auf die Bahnstrecke der Filstalbahn für Zugfans und alle, die es werden wollen.

Nach der Tour ganzjährig Bademöglichkeit im 5-Täler-Bad (s. Freizeittipp B8).

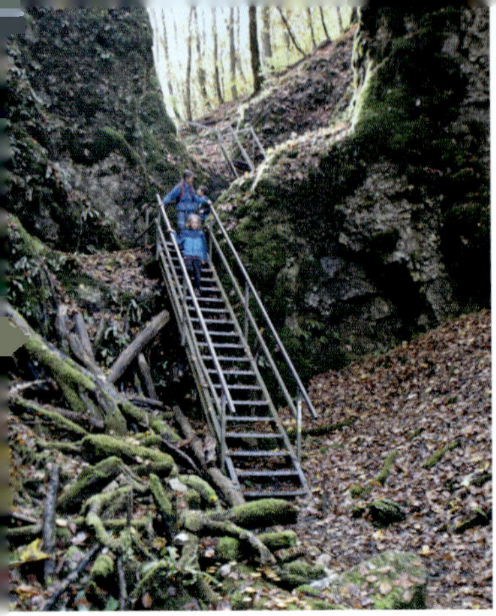

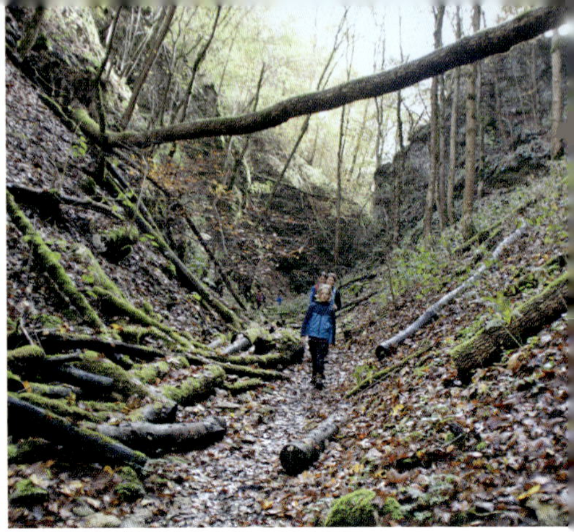

LINKS

Durch den steilsten Abschnitt des Felsentales führen zwei Treppen.

RECHTS

Mit seinen Felsen und seiner wilden Ursprünglichkeit beeindruckt das Felsental.

Oberdorf biegen wir nach rechts auf die wenig befahrene Kreisstraße ab, gehen bis zum Wanderparkplatz an ihr entlang und verlassen sie im Bereich der **Hochspannungsleitung 6** nach halb links. Wir folgen dem Kiesweg, bis uns ein Schild nach links auf einen Grasweg zum Waldrandeck weist. Ab hier folgen wir der Beschilderung hinab durch das **Felsental 7**. Anfangs geht es sanft abwärts, später wird die Schlucht tiefer und der Pfad schmäler und steiler. Wir gelangen an einem ersten Felsen vorbei. Bald steigen wir über zwei Treppen hinab. Der Schluchtwald ist totholzreich, umgestürzte Bäume liegen teils quer in der Schlucht. Abenteuerlich geht es nun an weiteren Felsen vorbei. Später wird die Schlucht wieder breiter, wir passieren ein Marterl und eine Wiese und erreichen den Wanderparkplatz am Ortsrand von **Eybach 8**. Hier biegen wir links ab und gelangen am Sängerheim Eybach sowie an der Abzweigung des Kreuzwegs hinauf zur Waldkapelle vorbei. Idyllisch wandern wir auf dem oberen Weg am Waldrand entlang. Entlang des unteren Weges fließt die Eyb. Stets geradeaus folgen wir dem Fußweg und verlassen ihn auch nicht, wenn ein Wegweiser nach rechts hinabweist. Nach der Albwerk-Arena sowie der Tennisanlage passieren wir wieder die Hochspannungsleitung. Wer einkehren möchte, kann nach rechts einen Abstecher zur SC-Gaststätte oder zum Latino machen. Ansonsten erreichen wir nach dem Pumpwerk eine beschilderte Weggabelung nahe der **Bahnlinie 9**. Ab hier folgen wir stets den Wegweisern zum Bahnhof und damit dem Pfad ein Stück hinauf. Uns sodann rechts haltend, passieren wir einen Aussichtspunkt und erreichen bald die ersten Häuser von Geislingen, wo wir stets geradeaus weitergehen. Ein »naturnaher« Gehsteig führt uns zur Bushaltestelle Katzenloch, wo wir die Straße überqueren und geradeaus in der Bühlwiesenstraße weitergehen. Nach der Kurve nehmen wir zwischen Litfaßsäule und großem Bild einen beschilderten Pfad nach rechts. Er führt uns zum Fußgängersteg, über den wir auf bekanntem Weg zum **Bahnhof 1** zurückgelangen.

Felsenmeer Wental

RUNDWANDERUNG VOM LANDHOTEL WENTAL

15

3.15 STUNDEN

10,7 KILOMETER

↗ 110 HÖHENMETER

↘ 110 HÖHENMETER

ab 9 Jahren

MITTEL

Unterwegs im Naturschutzgebiet: Spannend und abwechslungsreich schlängelt sich der Kiesweg durch das Felsenmeer. Es geht vorbei an eindrucksvoll geformten Felsen, die die Fantasie anregen. Manche haben sogar Namen wie das Wentalweible. Infotafeln erklären uns die Bäume und wir erfahren viel Wissenswertes über das Wental – von seiner Entstehung über seine Pflanzen bis hin zu seinem Schutz. Zwischendurch laden etliche Rastbänke zu einer Pause und ein Spielplatz zum Toben. Mutige können kurz nach dem Staudamm eine Schlucht durchqueren. Übermooste Felsen und Baumstümpfe säumen den Weg. Der auf den ersten Blick langweilig erscheinende Wald auf dem Rückweg ist Lebensraum für Vögel, die es zu entdecken und zu belauschen gilt. Zwischendurch wartet so manche Überraschung. Die stille Lichtung Klösterle und die einsamen Gebäude von Bibersohl regen zum Nachdenken an, welch Leben hier einmal geherrscht haben könnte.

Ausgangspunkt: Wanderparkplatz Landhotel Wental zwischen Steinheim am Albuch und Bartholomä, 612 m. Navi: Wental 1, 73566 Bartholomä. Anfahrt: Von der B466 Heidenheim – Göppingen auf die L1165 Richtung Steinheim am Albuch abbiegen. Den Ort passieren und weiter Richtung Bartholomä fahren. Direkt nach dem Wald befindet sich der Wanderparkplatz Landhotel Wental. Südlich der L1165 parken.
Mit Bahn/Bus: An Schultagen mit dem Bus (HTV-Linie 95 und OWA-Linie 295) vom Bahnhof Heidenheim zur Haltestelle Steinheim, Wental. Bitte Fahrtzeiten beachten.
Ausrüstung: Feste Freizeitschuhe, genügend Proviant und Getränke, Sonnenkappe und -schutz. Fernglas und Vogelbestimmungsbuch.
Anforderungen: Überwiegend Kieswege, abschnittweise auch Heidewege und Graswege. Zwischendurch ein kürzeres Stück auf einem Asphaltweg.
Markierung: Beschildert mit gelbem Ring sowie Haupt-Wegweisern.

Markante Felsgebilde im Wental regen die Fantasie an.

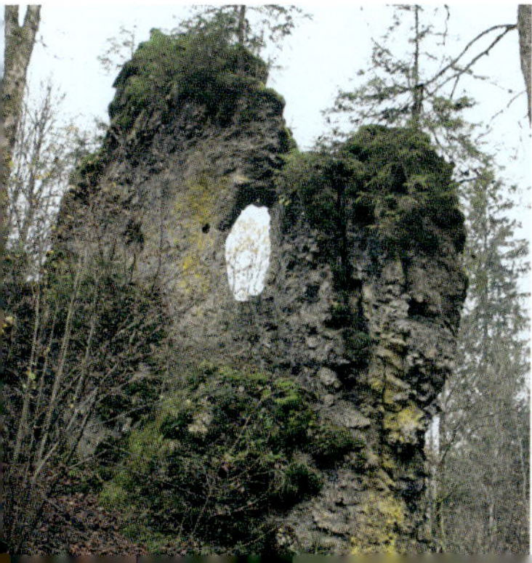

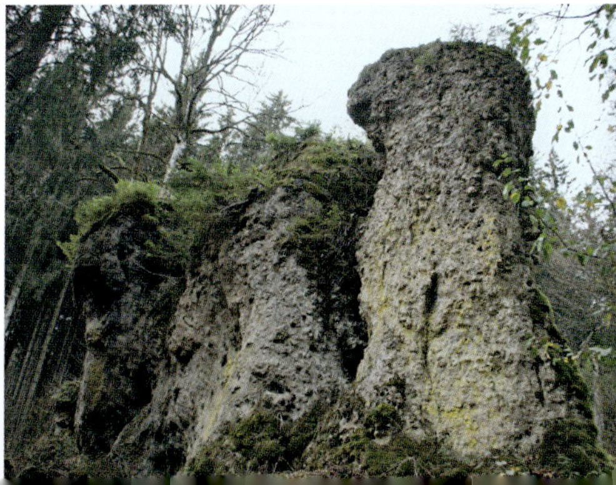

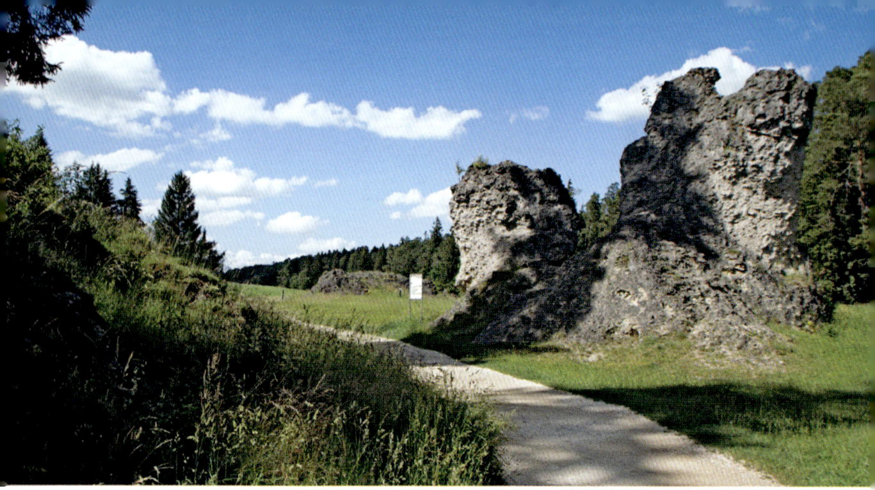

Im Nordteil des Felsenmeeres gibt es Flächen, die als Spiel- und Liegewiesen genutzt werden dürfen.

Einkehr: Landhotel Wental (Bauernhofeis, regionale Zutaten, auch Bioprodukte, warme Küche täglich ab 11.45 Uhr, Mo Ruhetag, Wental 1, 73566 Bartholomä, Tel. +49 7173 978190, wental.de).
Varianten: Ab Staudamm denselben Weg durch das Felsenmeer zurückgehen. Abkürzung ab Mühlgrund ❸ nach rechts über Bibersohl ❽ (1.30 Std., 4,0 km, leicht, ab 4 Jahren).
Erweiterung über Felsenmeer nördlich der Landesstraße 1165 oder als eigene Tour möglich (1.15 Std., 2,7 km, ab 3 Jahren, Vorsicht bei Straßenquerung!). Hierfür der Beschilderung durch das Felsenmeer folgen. Linker Hand wird das Hexenloch passiert, eine Doline mit Höhle, die als Naturdenkmal ausgewiesen ist. An einem markanten Totholz nach rechts durch den Wald hinauf. Beim nächsten Waldschutzgebiet-Schild an der Kreuzung rechts ab, stets geradeaus durch den Wald und schließlich auf dem Schulweg rechts hinab zum Ausgangspunkt.
Mit Kinderwagen oder Laufrad bleibt man auf dem Kiesweg im Felsental (südlich oder nördlich des Parkplatzes) und kehrt auf demselben Weg zurück.
Hinweis: Die markierten Wege dürfen nicht verlassen werden. Auch Klettern oder Bouldern an den Felsen ist verboten.

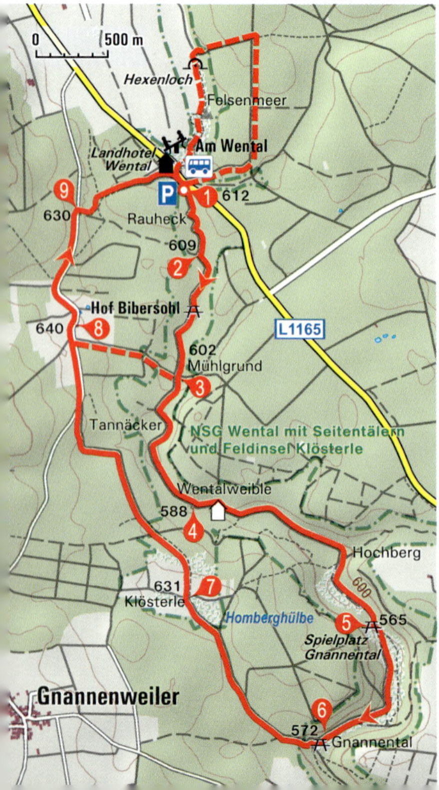

LOS GEHT'S Vom **Wanderparkplatz Landhotel Wental** ❶ südlich der Landesstraße aus beginnen wir unsere Wanderung in südliche Richtung, indem wir dem interaktiven **Wental-Lehrpfad** durch das Wental folgen. Es geht durch den Wald an Infotafeln des Wental-Lehrpfades sowie des Baumlehrpfades vorbei. Immer wieder säumen Felsen den Weg, welche die Fantasie anregen. Überzogen sind sie mit Moosen und Flechten in unterschiedlichen Farben. Manche beherbergen auch Höhlen oder weisen Hohlräume auf. Am **Fels mit Loch** ❷ bietet sich eine Abkürzung zurück zum Parkplatz an. Wir wandern jedoch geradeaus weiter. Nach einem Grillplatz mit Rastbänken erreichen wir eine Kreuzung im **Mühlgrund** ❸, an der wir etwas über die Geschichte des Waldes im Wental erfahren. Auch hier können wir wieder abkürzen und direkt nach Bibersohl gelangen. Ansonsten stets dem beschilderten Wanderweg folgend, erreichen wir nach einem weiteren guten Kilometer das **Wentalweible** ❹. Wir gehen weiter auf dem Wanderweg durch den Schluchtwald, über dessen Pflanzen wir an der Rasthütte aufgeklärt werden. Nach einer weiteren Rastbank sowie den letzten Infotafeln des Baumlehrpfades weitet sich das Tal und wir erreichen den Standort »Drei Täler« mit Informationen zum Schutz des Wentals. Ab hier wandern wir auf einem Heideweg ge-

Hallo Kinder!

Könnt ihr euch vorstellen, dass das **Wental** mit seinen beeindruckenden Felsen einst **von einem Fluss geschaffen** worden ist? Am besten nachvollziehen lässt sich das an dem geschwungenen Verlauf des heutigen **Trockentales**, der dem eines natürlichen Flusslaufs entspricht. Wollen wir die Entstehung der zahlreichen bizarren Felsen verstehen, müssen wir in die **Jurazeit vor rund 150 Millionen Jahren** zurückblicken. Damals gab es hier ein warmes, flaches Meer, in dem sich Schicht für Schicht Kalk ablagerte. Dazwischen wuchsen zahlreiche Riffe auf, die vor allem von Schwämmen gebildet wurden. Da diese Riffkalke widerständiger sind als die umgebenden geschichteten Kalkgesteine, wurden sie vom oberirdisch abfließenden Wasser herauspräpariert. Hin und her bewegte sich der Fluss, tiefte sich ein und wurde von den harten Kalkfelsen abgelenkt. So schuf er nach und nach das Wental mit seinem **Felsenmeer**.

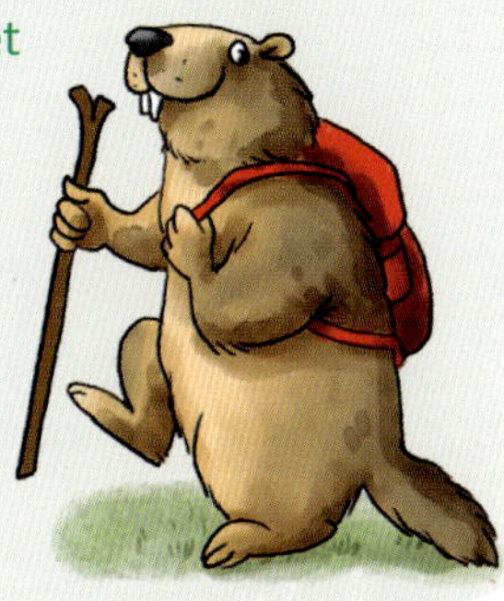

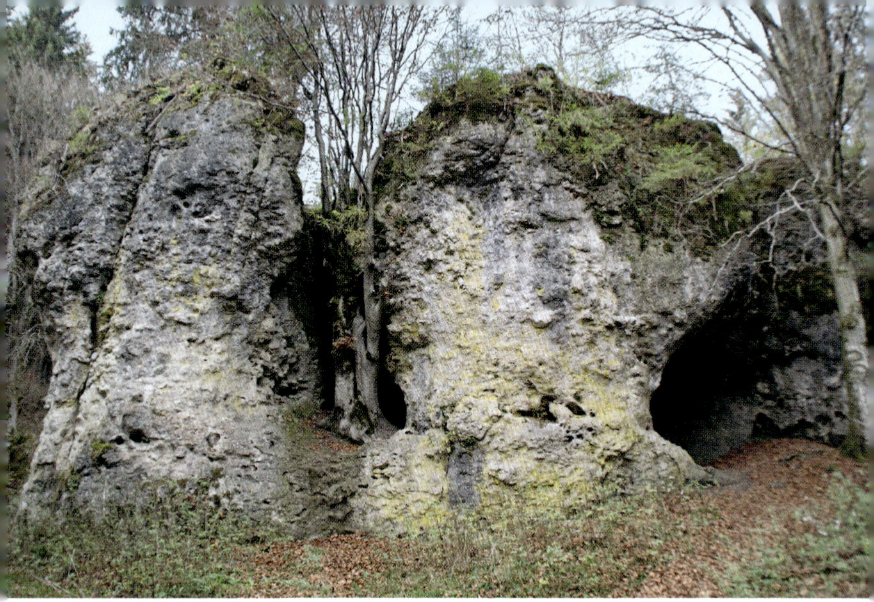

Beeindruckende Felsen mit der Höhle namens Spitzbubenstadel im Wental.

radeaus weiter. Am Gnannentalstein, einem historischen Gedenkstein, vorbei führt er uns zum **Spielplatz im Gnannental ❺**. Neben einem Niederseilparcours und Holztieren am Waldrand gibt es eine Grillstelle sowie mehrere Tische, Bänke und Sitzmöglichkeiten – ein idealer Rastplatz. Basketballkörbe sind ebenfalls vorhanden.

Dann wandern wir weiter durch das Gnannental – zwischendurch eine weitere Rastbank – mit Blick auf die Heide mit zahlreichen Ameisenhügeln in der Größe von Maulwurfhügeln bis zum **Staudamm ❻**. Kurz danach biegen wir an der Station Schluchtdurchquerung rechts ab, die Rauhe Steige führt uns durch den Wald aufwärts zur **Lichtung Klösterle ❼**, wo es einst ein Kloster und auch einen Kalkofen gab. Heute herrscht auf dem Gelände Heide mit Felsen und einzelnen Bäumen durchsetzt vor, die als Naturschutzgebiet ausgewiesen ist. Auch hier sind zahlreiche Ameisenhügel in der Größe von Maulwurfhügeln zu finden. Hier geht es geradeaus weiter und dann wieder durch den Wald – anfangs auf grasigem Weg, bald auf dem Tannäckerweg. Auch dieser

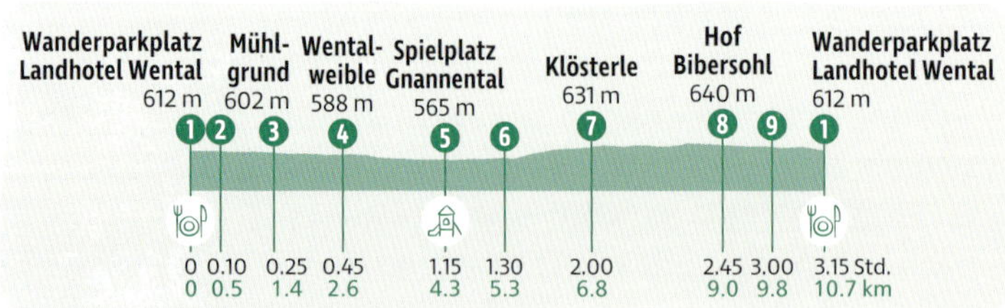

★ Highlights

Spannendes Felsenmeer mit eindrucksvollen Felsen zur freien Deutung.

Infotafeln zu Bäumen und zum Wental.

Spielplatz mit Pirschpfad, Niederseilparcours und Rastbänken.

Schluchtdurchquerung für Mutige.

Landhotel Wental mit Spielplatz und Bauernhofeis – auch mit 24-Stunden-Selbstbedienung.

Wald besteht überwiegend aus Fichten sowie jungen Laubbäumen und lässt uns an den Waldumbau denken. Außerdem ist hier so manche Entdeckung wie Moose, Flechten und Baumpilze wie Zunderschwämme an Totholz möglich. Auch Vögeln können wir lauschen und diese entdecken.
Am Waldrand treffen wir auf einen Radweg und wandern mit ihm geradeaus weiter. Nach den Gebäuden des **Hofes Bibersohl** ❽ sehen wir rechts und links des Weges drei Hülben, die als Biotop und zusammen mit Linden als Naturdenkmal geschützt sind. Ein Stück weiter stehen zwei Holzapfelbäume links des Weges, welche ein schützenswertes Flechtenvorkommen aufweisen und die daher ebenfalls Naturdenkmal sind. Wieder im Wald passieren wir bald linker Hand eine schüsselförmige Vertiefung (Doline). Schließlich erreichen wir eine **Abzweigung** ❾, an der uns die Beschilderung nach rechts in einen Waldweg weist. Wir nehmen diesen und werden an einem Biotopbaum mit Zunderschwämmen gleich wieder nach links gewiesen. Bald wieder links, folgen wir dem beschilderten Hauptweg schließlich auf einem gekiesten Spurweg hinab. Direkt vor dem Landhotel Wental weist ein Schild nach links zum Kinderspielplatz hinauf. Halten wir uns rechts, gelangen wir zum **Wanderparkplatz Landhotel Wental** ❶ zurück.

Im Gnannental gibt es einen tollen Spielplatz, sogar mit Niederseilparcours.

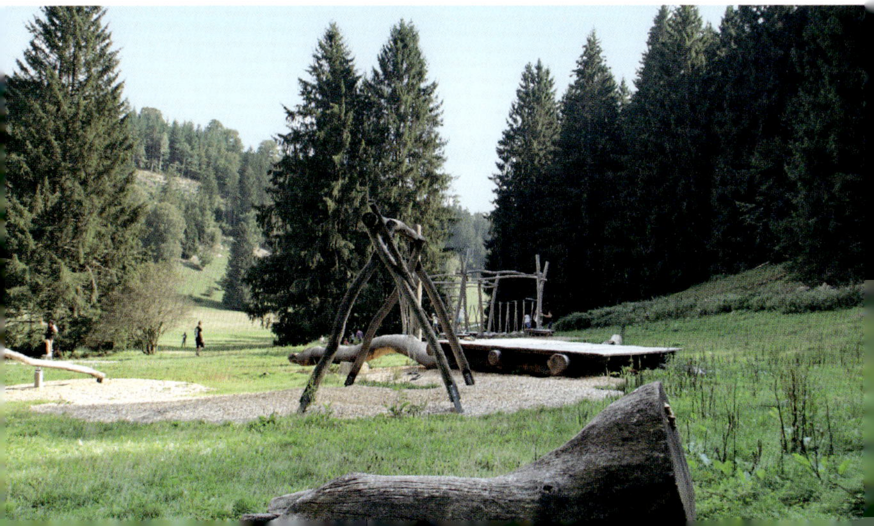

16 Geo-Pfad Steinheimer Becken

RUNDWANDERUNG VOM METEORKRATER-MUSEUM

2.30 STUNDEN

6,5 KILOMETER

↗ 120 HÖHENMETER

↘ 120 HÖHENMETER

MITTEL – ab 6 Jahren

Durch den Zwillingskrater des Nördlinger Rieses: Sehr wahrscheinlich zeitgleich mit dem rund 40 km entfernten, bereits größtenteils in Bayern gelegenen Ries ist das Steinheimer Becken vor etwa 15 Millionen Jahren auf der Schwäbischen Alb bei Heidenheim durch den Einschlag eines Himmelskörpers entstanden. Eindrucksvoll werden dieses Ereignis und seine Folgen im Meteorkrater-Museum in Sontheim im Stubental präsentiert. Von dort führen uns blaue Wegweiser mit gelbem Meteoriten zum Burgstall, wo wir uns das zerrüttete Gestein näher anschauen können. Aussichtsreich geht es über die Hohe Beet zum Knill hinüber, wo am Südhang Gestein des südlichen Kraterrandes zu sehen ist. Nach dem Knillwald, der sich herrlich als Rastplatz eignet, geht es an Resten eines Niedermoores vorbei zum Zentralberg. Hier gibt es bei schöner Aussicht unter anderem den Wäldlesfelsen und die Lettenhülbe zu entdecken. Besonderes Highlight ist die Sammelstelle oberhalb der Pharion'schen Sandgrube, wo nach Schnecken gesucht werden kann. Zwischendurch bieten sich Einkehrmöglichkeiten, etwa die Berghütte Kraterblick, wo es auch einen Spielplatz gibt.

Ausgangspunkt: Meteorkrater-Museum Sontheim, 522 m. Navi: Hochfeldweg 5, 89555 Steinheim am Albuch – Sontheim im Stubental. Anfahrt auf der B466 bis zum Sontheimer Wirtshäusle und von dort Richtung Steinheim am Albuch abbiegen. In Sontheim der Beschilderung zum Museum folgen. Parken in den angrenzenden Straßen.

Mit Bahn/Bus: Vom Bahnhof Heidenheim mit der SVL-Buslinie Nr. 75 bis zur Haltestelle Sontheimer Wirtshäusle. Knapp 300 m nördlich können wir am Burgstall in die Tour einsteigen.

Ausrüstung: Gut profilierte Trekking- oder Wanderschuhe, genügend Proviant und Getränke, Sonnenkappe und Sonnenschutz.

Anforderungen: Die Rundwanderung verläuft meist auf Feldwegen, Kieswegen und Pfaden. Teilabschnitte sind asphaltiert. Am Burgstall gibt es steilere Pfade, an denen auch mal über einen Felsen geklettert werden muss. Hier wie auch im Bereich des Knill-Südhangs Trittsicherheit erforderlich. Kleinere Kinder an die Hand nehmen.

Markierung: Sehr gut beschildert als Geologischer Lehrpfad (blaue Schilder mit gelbem Meteorit).

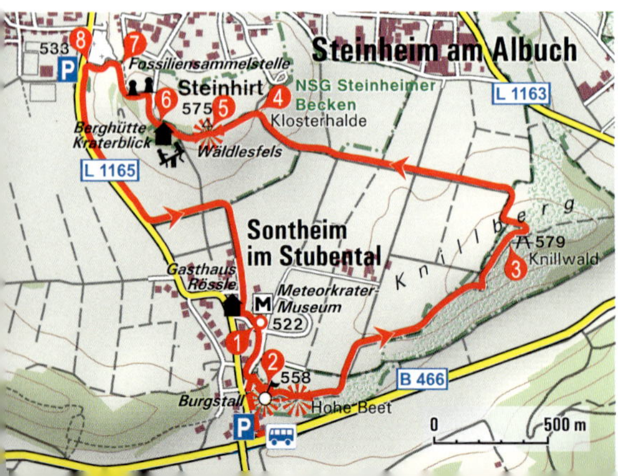

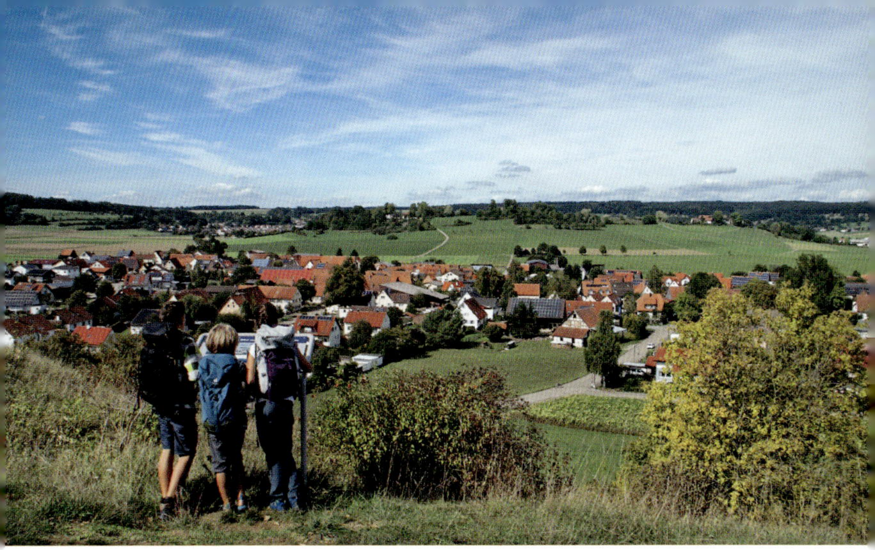

Vom Burgstall aus bietet sich ein schöner Blick ins Steinheimer Becken mit dem Zentralberg in der Mitte.

Einkehr: Berghütte Kraterblick (Sonnenterrasse, Abenteuerspielplatz, geöffnet im Sommerhalbjahr, nur So und feiertags auch mittags, Tel. +49 7329 96150, skreuz.de/genuss/berghuette-kraterblick), Gasthaus Rössle Sontheim (regionale Zutaten, geöffnet Do – Sa ab 17.00 Uhr, So ab 11.00 Uhr, Mo – Mi Ruhetag, Hochfeldweg 2, 89555 Sontheim im Stubental, Tel. +49 7329 2059546, roessle-steinheim.de).

LOS GEHT'S Am **Meteorkrater-Museum Sontheim** ❶ mit Geopark-Infostelle und Infotafeln biegen wir nach einem kurzen Linksschwenk sogleich nach rechts in den Burgstallweg ab. Mit Blick auf den Burgstall führt er uns zum Ortsrand. Wir passieren den Fledermauskeller, der einst zur Lagerung von Bier erbaut wurde. Danach nehmen wir den beschilderten Graspfad an einem Aufschluss mit Infotafel vorbei. Auf dem Pfad passieren wir eine Schaftränke sowie eine Rastbank und gelangen auf einer Treppe hinauf zum **Burgstall** ❷ mit Aussicht auf Sontheim und das Steinheimer Becken. An Felsen vorbei bringt uns der Pfad mit Blick auf das Stubental ostwärts. Kurz nach der anschließenden Hohen Beet (Infotafel) mit Blick auf den Knillberg biegen wir links ab. Am nächsten Gesteinsbrocken nehmen wir den Grasweg nach rechts. Sanft ansteigend bringt er uns bald über die Heide hinauf – am Hang vie-

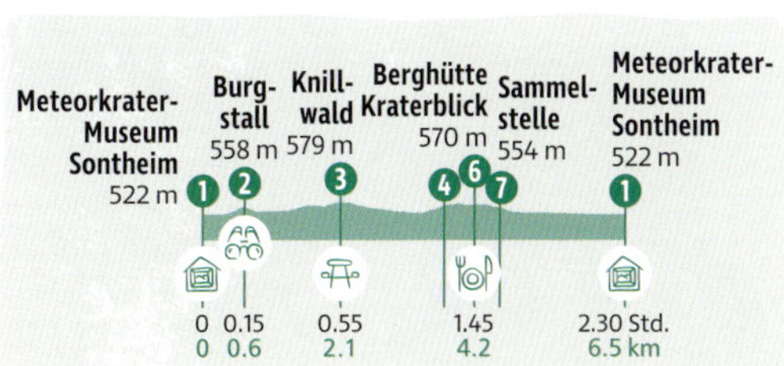

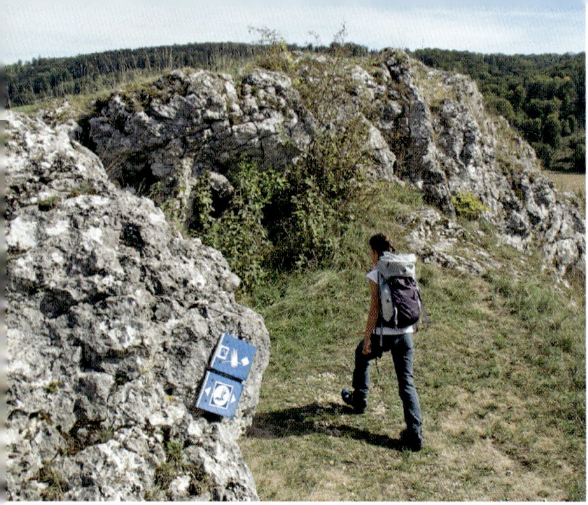

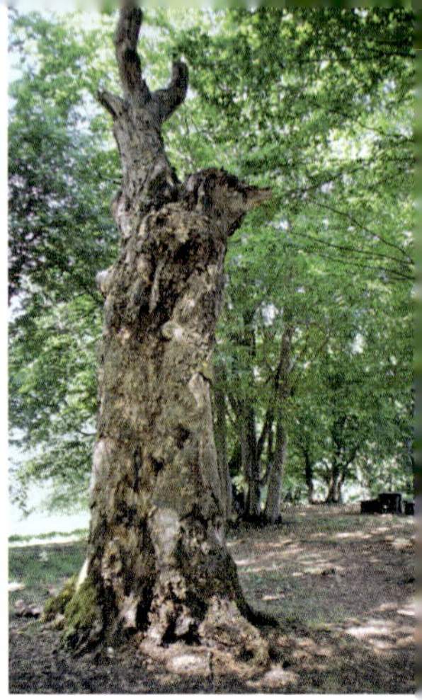

LINKS

An Felsen vorbei führt der Weg über den Burgstall.

RECHTS

Das mystisch-idyllisch anmutende Knill-Wäldchen.

le alte Eichen. Hier weist uns ein Schild nach rechts hinab über Stufen zum Aufschluss am Knill-Südhang. Die Stufen hinauf, wandern wir dann auf dem Heideweg weiter aufwärts in den **Knillwald ③**, wo ein Tisch mit Bänken zur Rast einlädt. Nun verlassen wir gleich am Waldrand den Meteorkrater-Rundwanderweg und folgen nach links dem Geologischen Lehrpfad hinunter. Nach einem Rechts-Links-Schlenker geht es stets geradeaus. Auf dem langen Asphaltweg bietet sich für die Kinder ein Wettrennen an. Nach der Infotafel Im Ried steigt der Weg wieder an und führt uns die **Klosterhalde ④** hinauf. Die Gebäude rechts stehen auf dem zum Zentralberg gehörigen Klosterberg. An der Infotafel geht es nach links auf dem Grasweg weiter, ein Stück an der Koppel mit Islandpferden entlang. Der Wanderweg bringt uns zum **Steinhirt** mit dem **Wäldlesfels ⑤**, wo Algenriffe aus dem Kratersee betrachtet werden können. Wir erreichen den ca. 8 m hohen Felsen nach der Infotafel. Mit Blick auf Steinheim rechts und Sontheim links sowie den Kraterrand geht es, am Dieter-Eisele-Apfel vorbei, weiter zur umzäunten **Lettenhülbe** mit Infotafel und weiter nach rechts hinauf. Dann folgen wir dem Weg nach links und gelangen zur **Berghütte Kraterblick ⑥**, wo wir einkehren und den zugehörigen Spielplatz nutzen können. Bald darauf weist uns am Wachsenden Denkmal die Beschilderung nach links und führt uns am Kriegerdenkmal vorbei. In Kürze erreichen wir die **Sammelstelle ⑦**, die sich oberhalb der umzäunten Pharion'schen Sandgrube befindet, die wir danach passieren, wenn wir uns links halten. Am Parkplatz am **Friedhof Steinheim ⑧** wandern wir nach links auf dem Gehweg an der Landesstraße entlang. An der Infotafel

Die winzigen versteinerten Schnecken haben das Steinheimer Becken weltberühmt gemacht.

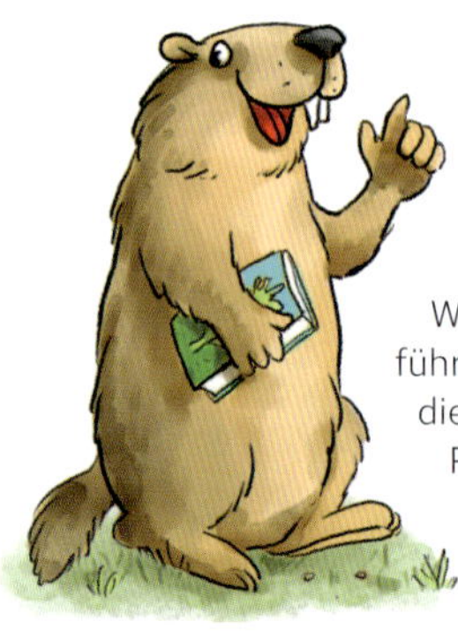

★Highlights

Die Infotafeln des Geologischen Lehrpfades erschließen verständlich für Groß und Klein den Meteoritenkrater und seine besonderen Gesteine.

Aussichtsreiche Wanderung durch das teils als Naturschutzgebiet ausgewiesene Steinheimer Becken.

An der Sammelstelle können sich Hobby-Paläontologen und -Paläontologinnen selbst auf die Suche nach verschiedenen Schneckenarten aus der Zeit des Kratersees machen.

Unterwegs Rastmöglichkeiten am Burgstall und im idyllischen Knillwald.

zur Bohrung im Ried verlassen wir sie nach links auf einem Asphaltweg. Hier können wir unser Orientierungsvermögen testen und versuchen, die bisher gewanderte Route nachzuvollziehen. Dann biegen wir an einer Feldscheune, an der wir den Namen des Besitzers erfahren, rechts ab. Durch die Wiesen gelangen wir am Bolzplatz vorbei nach Sontheim, wo wir an einer Schäferei vorbeikommen, dann am Gasthaus Rössle links abbiegen und am Brunnen gleich halb rechts weiterwandern. So erreichen wir in Kürze das **Meteorkrater-Museum ❶**.

Hallo Kinder!

Im Unterschied zum Ries gibt es im **Steinheimer Becken** einen **Zentralberg**. Das liegt daran, dass es sich um einen kleineren Krater handelt. Von einem Kraterrand zum anderen sind es nur rund 3,5 km, und der Meteorit, der hier einschlug, hatte einen Durchmesser von lediglich 120 bis 150 Metern. Er drang auch weniger tief in den Untergrund ein. Trotzdem ist der Meteoritenkrater noch gut in der Landschaft zu erkennen. Auch im Steinheimer Becken bildete sich nach dem Einschlag ein See. In diesem lebten **Schnecken**, die sich ohne Austausch mit in anderen Gewässern lebenden Schnecken weiterentwickelten. So entstanden neue Arten mit unterschiedlich geformten Gehäusen. Mit ihrer Hilfe konnten die Seeablagerungen nach dem Alter untergliedert werden. Außerdem waren sie einer der ersten Beweise für die **Evolutionstheorie von Charles Darwin**. Nach diesen weltberühmten Schnecken dürft ihr an der Sammelstelle suchen.

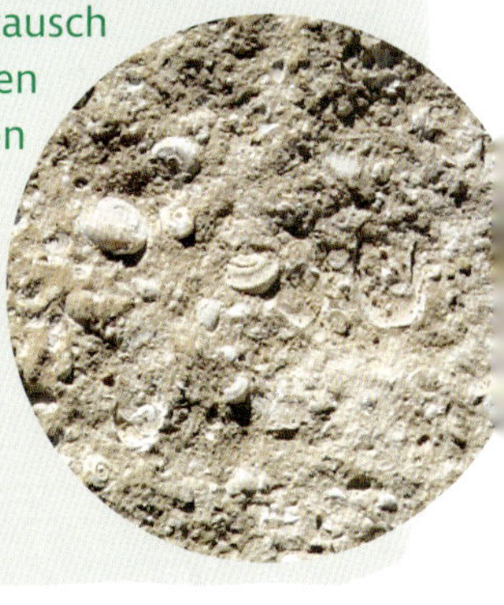

17 Brenzquellrunde

ÜBER DIE RUINE HERWARTSTEIN ZUM ITZELBERGER SEE

2.30 STUNDEN

6,0 KILOMETER

↗100 HÖHENMETER

↘100 HÖHENMETER

MITTEL ab 6 Jahren

Quelle, Wald und See: Auf dieser Wanderung können wir die Brenz in ganz unterschiedlichen Rollen erleben: als geheimnisvoller, blauschimmernder Quelltopf, als breiter, seichter Fluss sowie aufgestaut zum Itzelberger See. Wir können an mehreren Stellen im seichten Wasser von Brenz, Inselgraben und Itzelberger See Fische beobachten. An den Skisprungschanzen vorbei geht es hinauf zur Ruine Herwartstein mit Aussicht auf Brenztal, Königsbronn und Itzelberg. Schöne Wege führen uns durch den Wald und am Waldrand entlang. Immer wieder sind Entdeckungen am Wegesrand möglich, nicht nur im Frühling, wenn die zahlreichen Frühblüher mit bunten Blütenteppichen aufwarten. Der Itzelberger See begeistert mit einem großen Spielplatz, Minigolf und Bootsverleih. Mit zwei Imbissen, Panoramaliegen und Rastbänken bietet er sich ideal für eine Rast an. Am Biotop Vogelinsel vorbei und an Brenz und Bahnlinie entlang geht es zurück und so kommen auch Zugfans auf ihre Kosten.

Ausgangspunkt: Bahnhof Königsbronn, 500 m. Navi: Paul-Reusch-Str. 3, 89551 Königsbronn. Anfahrt auf der B19 nach Königsbronn. Hier beim Netto in die Brenzquellstraße abbiegen, dann sogleich wieder links. Mehrere Parkplätze nach dem Torhaus an der Paul-Reusch-Straße.
Mit Bahn/Bus: Bahnhof Königsbronn an der Strecke Aalen – Heidenheim.
Ausrüstung: Gut profilierte Trekking- oder Wanderschuhe, genügend Proviant und Getränke, Sonnenkappe und Sonnenschutz.
Anforderungen: Problemlose Rundwanderung auf Gras-, Wald- und Kieswegen, abschnittsweise Asphaltsträßchen. Nur im Bereich des Herwartsteins ist aufgrund des steil abfallenden Geländes Vorsicht geboten. Kleine Kinder an die Hand nehmen.
Markierung: Tour verläuft größtenteils auf der gut beschilderten Brenzquellrunde. Gelbe Ringe und Hauptwegweiser markieren den Weg.
Einkehr: Gasthäuser und Cafés in Königsbronn und Itzelberg.
Kurzvarianten: Umrundung des Itzelberger Sees (0.45 Std., 1,4 km, leicht, ab 3 Jahren, mit Kinderwagen möglich) bzw. Abkürzung der Tour über die Brücke 8 (2.00 Std., 4,6 km, ab 5 Jahren).
Tipp: »Quiztour«-App zur leicht abgewandelten Tour mit Hintergrundinformationen und kleinen Rätseln (herunterladbar in den App-Stores).

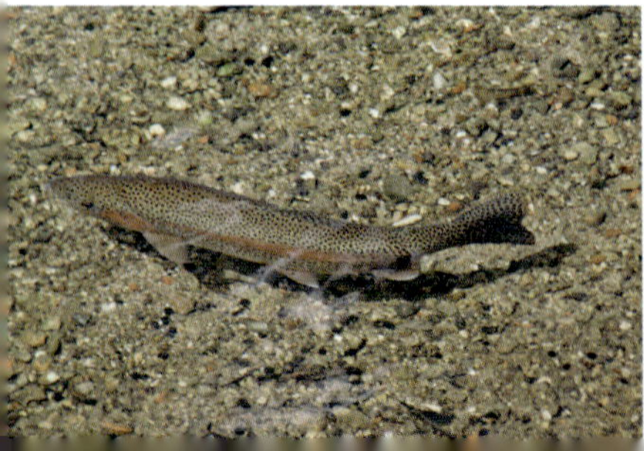

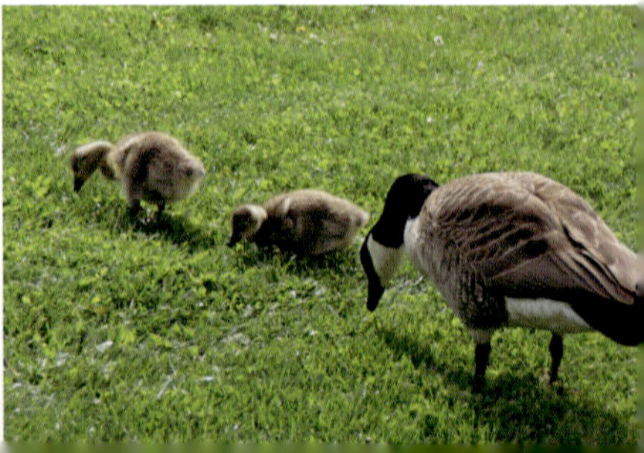

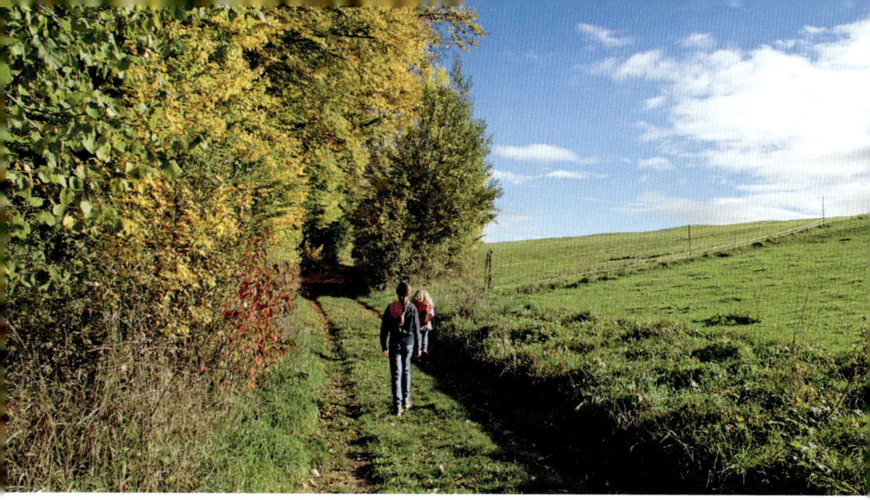

LOS GEHT'S Am **Bahnhof Königsbronn ❶** queren wir die Paul-Reusch-Straße zu einem Parkplatz mit Wandertafel hinüber und gehen dann »Im Klosterhof« weiter. Die Klosterkirche lassen wir rechts liegen. Im Bereich der Pfisterei machen wir einen Rechts-Links-Schlenker. Nach Querung des Ziegelbaches und der Brenz erreichen wir den Parkplatz an der Herwarthalle. Nach rechts treffen wir bald auf die nächste Brenzbrücke, an der wir Fische im seichten Wasser beobachten können. Links befinden sich die historische Hammerschmiede sowie das schmucke Rathaus. Dann gehen wir zum Spielplatz hinüber. Auch eine Kneippanlage passieren wir, bevor wir an zahlreichen Infotafeln vorbei den **Brenztopf ❷** erreichen. Hier weist uns die Beschilderung auf Stufen den Hang hinauf. An der Weggabelung halten wir uns links und gelangen an Schrebergärten vorbei. In einem Rechts-Links-Schlenker die Straße gequert, wandern wir nun mit Blick auf die Skisprungschanzen an Streuobstwiesen vorbei weiter hinauf. An der Einmündung folgen wir der Straße nach links und in einer Kehre der nächsten Straße aufwärts bis zum **Abzweig Herwartstein ❸**, wo unser Abstecher zur Burgruine beginnt. Ein Naturpfad bringt uns durch den Ahorn-Eschen-Wald, der ein wichtiger Lebensraum für Fledermäuse ist, an den Resten der Vorburg vorbei zur nächs-

OBEN

Zwischendurch geht's am farbenfroh herbstlichen Waldrand entlang.

LINKS UNTEN

Im seichten Wasser der Brenz lassen sich Fische gut beobachten – hier eine Regenbogenforelle. Am Itzelberger See fühlen sich Vögel wohl, wie diese Kanadagans mit ihren Küken.

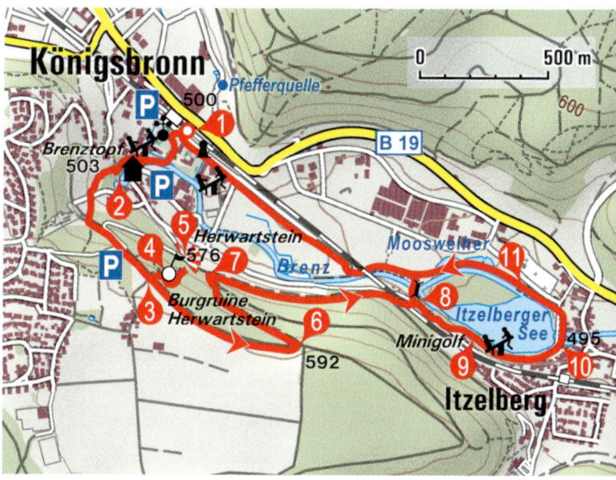

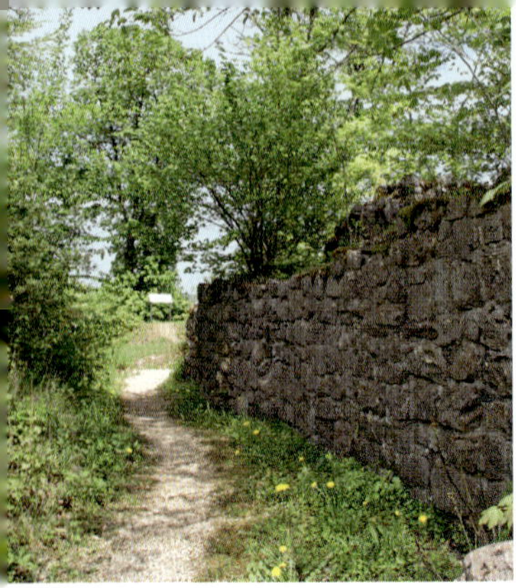

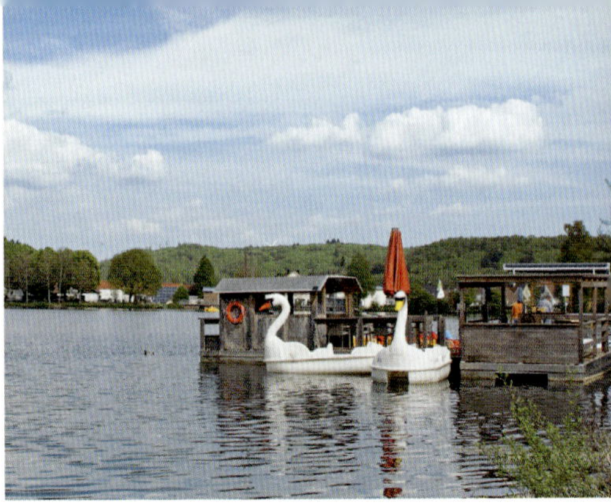

LINKS
Reste von Burg Herwartstein.

RECHTS
Bootsverleih am Itzelberger See.

ten Infotafel über die **Ruine Herwartstein ❹**. Hier rechts, geht es an der nächsten Kreuzung sogleich nach links. Nach Mauerresten erreichen wir eine Panoramatafel und kurz darauf den **Aussichtspunkt Herwartstein ❺**.

Auf demselben Weg zurück zum Wegpunkt ❸, folgen wir dann nach links dem Wanderweg anfangs am Waldrand entlang, bald durch totholzreichen Wald. Wir passieren ein paar Holzschilder eines alten Waldlehrpfads und erreichen eine **Wegkreuzung mit Bank ❻**, an der uns die Beschilderung scharf nach links weist. Wir folgen dem Waldweg hinab und gehen an der Einmündung kurz nach links. An der **Schranke ❼** biegen wir scharf nach rechts ab. Rechts der Waldrand, links Gärten, wandern wir mit schönem Blick ins Brenztal weiter, bis wir die Straße erreichen. Dieser folgen wir ins Wasserschutzgebiet und über den Bahnübergang – hier können wir rätseln, was die Zahl 14,8 wohl bedeuten könnte. An der **Brücke ❽** wechseln wir auf den Kiesweg, der uns an einer Panoramaliege und Infotafeln zu Fischen am **Itzelberger See ❾** entlangführt, wo wir einen Bootsverleih mit Imbiss sowie einen Minigolfplatz und einen großen Spielplatz passieren. Der See wird von der Brenz gespeist, Infotafeln in kindgerechter Höhe erklären die Fischwelt in Brenz und Itzelberger See. Nach einem abseitsstehenden Drehquiz zum Thema Wasservögel und einer Infotafel zum Wasserwerk erreichen wir kurz nach links das **Wasserwerk Itzelberg ❿** selbst. Der Kiesweg führt uns an einer Panoramaliege sowie Infotafeln vorbei. Nach einer Rastbank treffen wir nahe von zwei weiteren Panoramaliegen auf den Kiosk Saloon. Dann erreichen wir die **Vogelinsel ⓫**, welche durch den Inselgraben abgetrennt ist. An diesem Biotop wandern wir nun geradeaus entlang – wir können Fische, Amphibien, Vögel und Wasserinsekten beobachten.

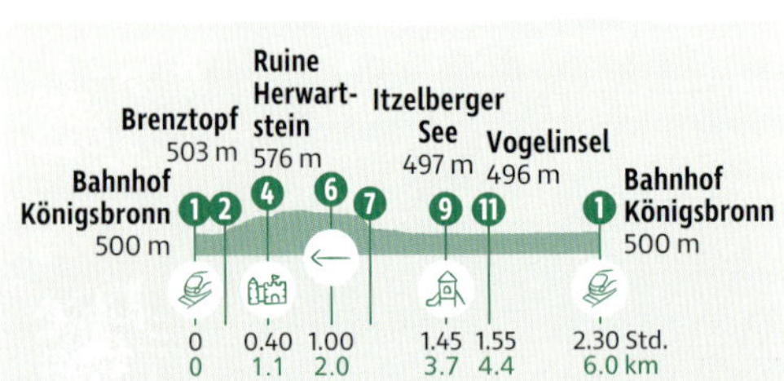

Hallo Kinder!

Könnt ihr euch vorstellen, dass dort, wo heute der **Itzelberger See ist**, vor 1.000 Jahren die Brenz noch gemütlich dahinplätscherte? Dieser ist nämlich nicht natürlich entstanden, sondern im 14. oder 15. Jahrhundert von den Mönchen des Klosters Königsbronn aufgestaut worden. Zum einen konnten sie so mit der Wasserkraft **Schmieden** betreiben, zum anderen konnten sie im See **Fische züchten**. Diese aßen sie an den Fastentagen, an denen kein Fleisch verspeist werden durfte. Und auch die Vogelinsel ist vom Menschen geschaffen worden, als in den 1950er-Jahren der See ausgebaggert worden ist. Der anfallende Schlamm wurde angehäuft und mit der Zeit entwickelte sich daraus ein Biotop für Vögel und Amphibien. Wie ihr seht, verändert der Mensch die Landschaft, um sie für seine Zwecke zu nutzen. Manchmal entstehen dabei wertvolle Lebensräume für Pflanzen und Tiere, manchmal zerstört er solche aber auch. Wie wichtig es doch ist, stets die Folgen zu bedenken.

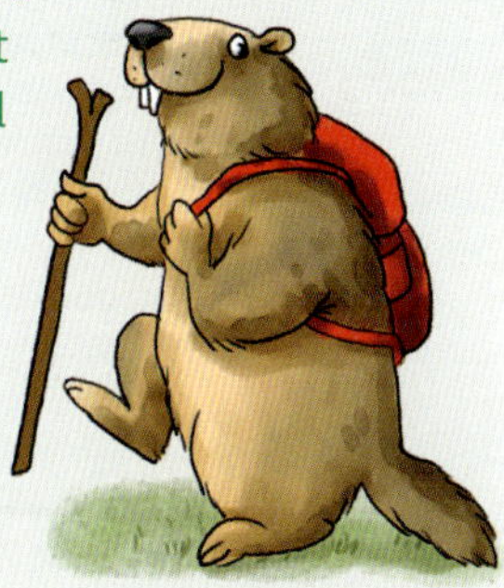

Dann passieren wir die uns schon bekannte Brücke und folgen dem Kiesweg weiter an der Brenz entlang – zwischendurch sind immer wieder Abstecher zum Ufer möglich. Nach der Eisenbahnbrücke (Kopf einziehen!) bringt uns die Paul-Reusch-Straße an der Bahnlinie entlang an der Georg-Elser-Schule mit Spielplatz vorbei zum **Bahnhof ❶** zurück.

★Highlights

Natur erleben, Tiere und Pflanzen entdecken – im Wald, am Itzelberger See und im Biotop Vogelinsel.

Brenztopf mit Kneippanlage und Spielplatz.

Die Reste der Burg Herwartstein entdecken und die Aussicht ins Brenztal genießen. Mehr Infos zur Ruine gibt es im Torbogenmuseum nahe dem Tourstart (nach Vereinbarung geöffnet, Paul-Reusch-Str. 2, 89551 Königsbronn, Tel. +49 7328 96250, kulturverein-koenigsbronn.de).

Itzelberger See mit Minigolf, Bootsverleih und großem Spielplatz.

Nach der Tour: Bademöglichkeit ganzjährig in Heidenheim im HellensteinBad aquarena (s. Freizeittipp B9). Im Sommer zusätzlich im Waldfreibad Heidenheim (s. Freizeittipp B10).

18 Schlossberg Heidenheim

VON SCHLOSS HELLENSTEIN ZUM WILDPARK EICHERT

2.00 STUNDEN

4,3 KILOMETER

↗ 70 HÖHENMETER

↘ 70 HÖHENMETER

LEICHT ab 4 Jahren

Für Tierfans und Sportfans: Wildschweine mit ihren Frischlingen beobachten, Hirsche mit Futter aus dem Automaten verwöhnen oder Kamerunschafe streicheln, das alles könnt ihr im Wildpark Eichert am Schlossberg in Heidenheim machen. Gleich zu Beginn gibt es beim Naturtheater einen großen Spielplatz mit Wasserspiel, Grillstelle und Rastbänken, der sich auch nach der Wanderung über einen kurzen Abstecher aufsuchen lässt. Entlang der Waldwege durch den Wildpark befinden sich zahlreiche Aktivstationen für Kinder und Infotafeln für Erwachsene und ältere Kinder. Wer Lust und Zeit hat, macht noch einen Abstecher zum Talhof, dem drittältesten Biobauernhof der Welt, den es bereits seit 1929 gibt. Dort gibt es neben einem Café einen 24-Stunden-Automaten. Wer Lust hat, kann eine Hofführung buchen. Der Rückweg führt dann am Ballpark Heideköpfe, dem Baseballstadion sowie der Voith-Arena vorbei und ist damit der Abschnitt für die Sportfans.

Ausgangspunkt: Parkplatz Schloss Hellenstein in Heidenheim, 551 m. Navi: N48.67489, E10.14872. Anfahrt auf der A7 (Ausfahrt 116) nach Heidenheim. Hier der Beschilderung zum Klinikum/Fußballstadion folgen. Von der Schloßhaustraße in der Rechtskurve vor dem Kreisverkehr nach links zum Schloss Hellenstein abbiegen.
Mit Bahn/Bus: Vom Bahnhof Heidenheim mit dem Stadtbus 6 bzw. 7 bis zur Haltestelle Hugo-Rupf-Platz.
Ausrüstung: Gut profilierte Trekking- oder Wanderschuhe, evt. Wechselkleidung, evt. Proviant, 50 Cent-Stücke für Wildfutterautomaten.
Anforderungen: Leichte Rundwanderung, meist auf Wald-, Kies- und Naturwegen, teils auf Asphalt. Teilstück zwischen Wildparksee und Ballpark Heideköpfe auf einem steiler ansteigenden Pfad.
Markierung: Im Bereich des Wildparks beschildert mit Holzschildern. Auch der Abstecher zum Talhof ist beschildert.

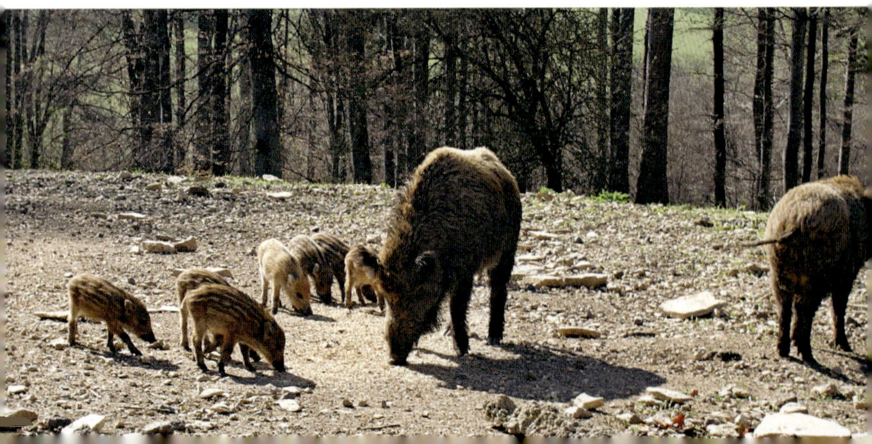

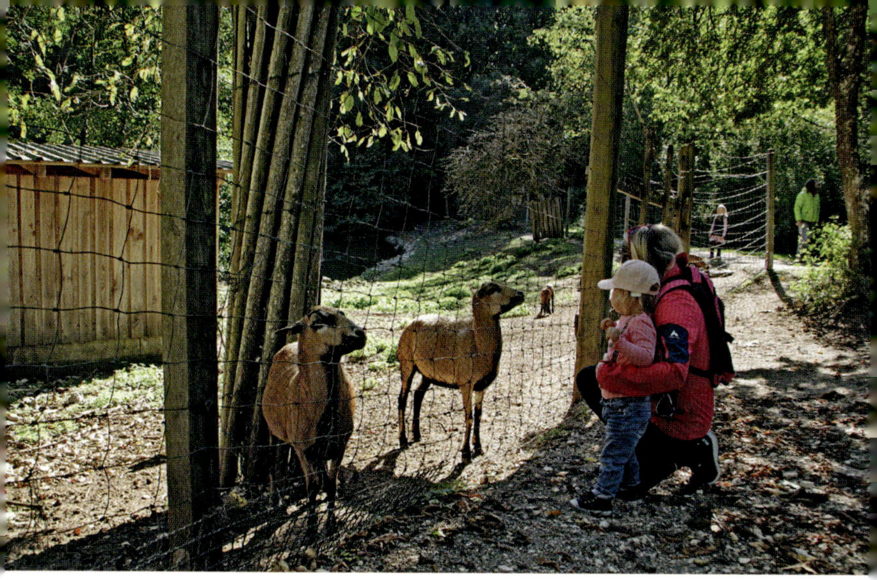

Einkehr: Café Talhof (biologische, überwiegend regionale Zutaten, Öffnungszeiten s. Website, Talhof 1, 89522 Heidenheim/Brenz, Tel. +49 7321 9107434, cafe-talhof.de), Schlossrestaurant Hellenstein (mit Biergarten, überwiegend regionale Zutaten, Kinderkarte, täglich ab 11.30 Uhr, Hugo-Rupf-Platz 2, 89522 Heidenheim/Brenz, Tel. +49 7321 30530, schlosshotel-hellenstein.de). Gasthäuser und Cafés in Heidenheim.

Varianten: Alternativ am Parkplatz Naturtheater starten und ab dem Sikawildgehege 6 den Abstecher zum Talhof mitnehmen. Auf demselben Weg zurück, dann an der Infotafel zur Douglasie links. Nach der Aussichtsplattform geht es in einem Rechtsbogen hinauf und ab 4 auf bekanntem Weg zurück (1.45 Std., 3,9 km, ab 4 Jahren, kinderwagengeeignet). Der Abstecher zum Talhof kann natürlich auch an die Hauptroute angeschlossen werden.

Tipps: Hofführungen auf dem Talhof buchbar unter talhof-erleben.de, Brenzpark mit großem Spielplatz und Spielen am Wasser (s. Freizeittipp C5).

Hinweis: 50-Cent-Münzen für die Futterautomaten sowie Münzen für die Parkautomaten mitbringen.

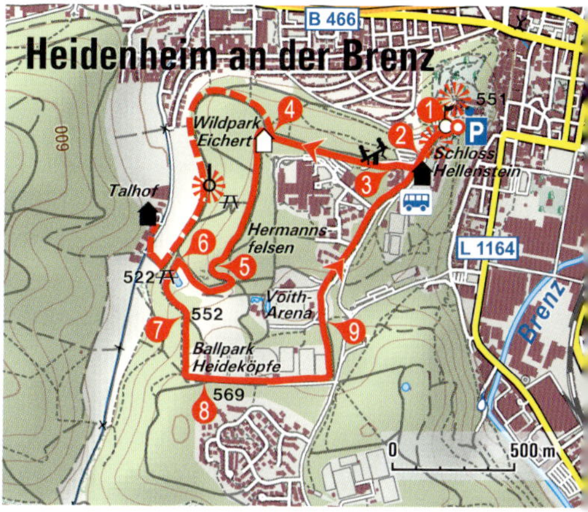

OBEN

Kamerunschafe stammen ursprünglich aus Afrika.

LINKS UNTEN

Wildschweine mit Frischlingen.

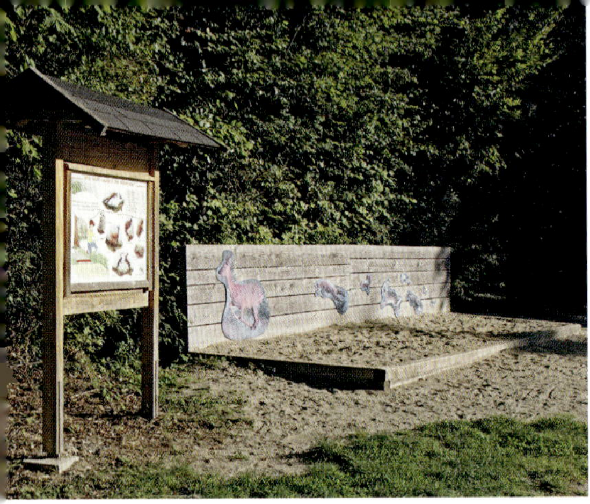

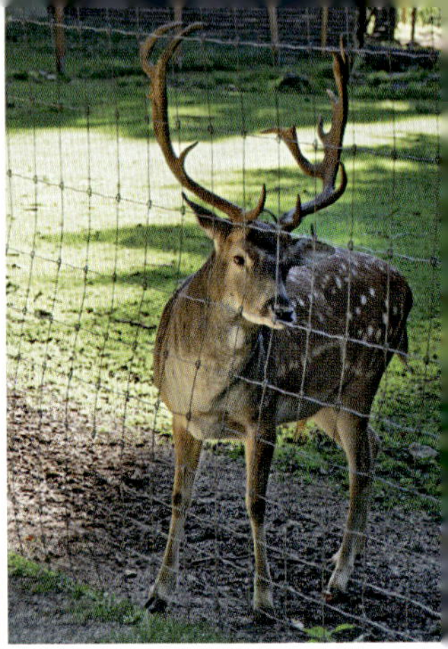

LINKS
Hier könnt ihr euch mit Wildtieren messen: tierischer Weitsprung im Wildpark Eichert.

RECHTS
Damhirsch mit mächtigem Geweih.

LOS GEHT'S Von der Infotafel am **Parkplatz Schloss Hellenstein** ❶ nehmen wir den Fußweg durch die Grünanlage, halten uns erst links und wechseln dann nach rechts auf den unteren Fußweg. Nach Aussicht auf die Schloßhaustraße sowie einen Teil von Heidenheim gelangen wir zum **Kreisverkehr** ❷, wo unser eigentlicher Rundweg beginnt. Hier geradeaus, den Parkplatz rechts liegen lassend, erreichen wir die Infotafel beim Naturtheater zum Thema Wandern. Ein großer **Waldspielplatz** ❸ mit einem Wasserspiel und einer Grillstelle schließt an. Dann folgen wir dem breiten Kiesweg durch den Wald. Nach der Infotafel zur Sauerstoffproduktion erreichen wir den **Wildpark Eichert** ❹ und das erste Gehege mit Mufflon und Europäischem Damhirsch sowie einen Wildfutterautomaten. Hier wenden wir uns nach links. Im Weitsprung können wir uns mit den Tieren des Waldes messen. Nach der Infotafel zu den Tag- und Nachtgreifvögeln erreichen wir das Wildschweingehege. Bei der nächsten Aktivstation geht es auf Spurensuche. Im weiteren Verlauf lernen wir den Bergahorn sowie Singvögel kennen. Beim Alpensteinbockgehege, wo wir uns rechts halten, können wir mit drehbaren Buchstabenwürfeln Wörter mit Waldbezug bilden. Nach den Infotafeln zum Fuchs und zur Anatomie eines Baumes folgt ein Puzzle in einer Rasthütte. Nachdem wir die Wuchsleistung der wichtigsten Waldbäume kennengelernt haben, erreichen wir am Gämsenwildgehege den sagenumwobenen **Hermannsfelsen** ❺. Ein Stück hinab, dann biegen wir am Rothirschgehege scharf nach rechts ab. Der Kiesweg führt uns weiter hinab zum **Sikawildgehege** ❻, wo wir nach links eine Rastbank erreichen – für einen Abstecher ins Ugental mit dem Café Talhof ginge es hier

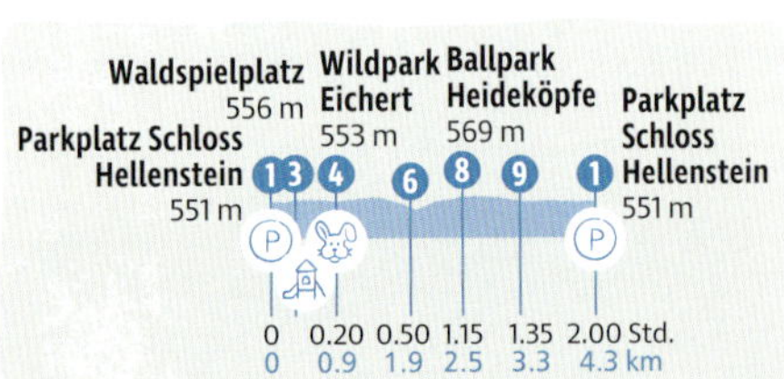

★Highlights

Großer Waldspielplatz mit Wasserpumpe und Grillstelle.

Wildpark mit verschiedenen Tierarten, die mit artgerechtem Futter aus Automaten gefüttert werden können.

Abstecher zum Talhof mit Café möglich.

Voith-Arena und angrenzender Ballpark Heideköpfe.

Bademöglichkeit im HellensteinBad aquarena (s. Freizeittipp B9) und im Waldfreibad Heidenheim (s. Freizeittipp B10).

geradeaus weiter. Rund 100 m weiter stehen am Wildparksee im Brunnental Infotafeln zu Amphibien und Reptilien sowie zur Erdgeschichte der Schwäbischen Alb. Der weitere Weg ist nun nicht mehr für Kinderwagen geeignet, denn er führt uns als Pfad an Felsen und Totholz vorbei steil hinauf. An einem **Kieswegedreieck** ❼ verlassen wir den Wildpark, denn es geht für uns nach rechts weiter. So gelangen wir in einem Linksknick zum **Ballpark Heideköpfe** ❽, wo der Kiesweg in ein asphaltiertes Sträßchen übergeht. Stets geradeaus gehen wir unter anderem am Baseballstadion vorbei. Nach dem letzten Sportfeld biegen wir links in einen Wanderweg ein, der uns zur **Voith-Arena** ❾ bringt. Hier stets geradeaus über den Parkplatz sowie auf dem anschließenden Gehsteig gelangen wir zur Schloßhaustraße, der wir zurück bis zum **Kreisverkehr** ❷ folgen. Auf bekanntem Weg erreichen wir von hier wieder den **Parkplatz Schloss Hellenstein** ❶.

Hallo Kinder!

Wisst ihr eigentlich, warum ihr die **Tiere im Wildpark** nur mit dem **Futter aus den Automaten** füttern dürft? Das liegt daran, dass Wildtiere andere Nahrung brauchen als wir Menschen. Wenn Menschen Lebensmittel von zu Hause mitbringen und diese im Wildpark verfüttern, kann es passieren, dass die Tiere davon krank werden oder gar sterben. Selbst Gemüsesorten, die die Wildtiere vertragen, können beispielsweise dazu führen, dass sie dick und schließlich krank werden, wenn sie zuviel davon bekommen. Echte Tierfreunde und -freundinnen füttern daher ausschließlich das Futter aus den Automaten, weil sie möchten, dass es den Tieren gut geht und sie gesund bleiben.

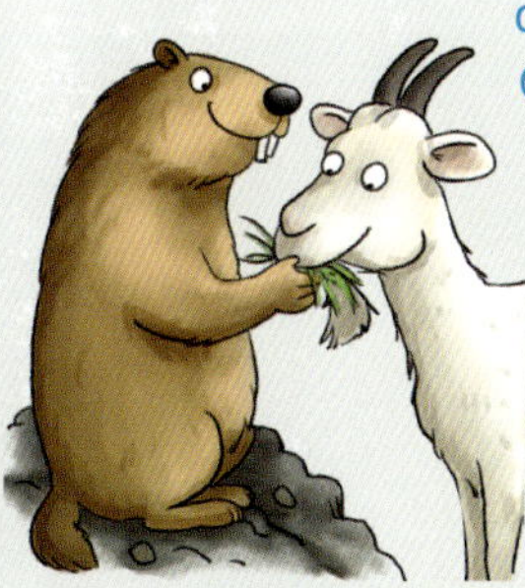

19 Urweltpfad Bolheim

INFORMATIVE RUNDE VOM PARKPLATZ BRUNNENHAU

3.30 STUNDEN

8,4 KILOMETER

↗ 130 HÖHENMETER

↘ 130 HÖHENMETER

MITTEL – ab 7 Jahren

Eine Reise durch Zeit und Raum: Auf dem Geoerlebnisareal Bolheim tauchen wir ein in 160 Millionen Jahre Erdgeschichte. Die Texte auf den Tafeln beschreiben anschaulich, wie die Landschaft hier zu jeweils einer bestimmten Zeit ausgesehen hat und was heute davon anhand von Gesteinen, Fossilien und Oberflächenformen noch übrig ist. Ein Barfußpfad lädt dazu ein, die verschiedenen Materialien intensiv wahrzunehmen. Immer wieder liegen in den Wäldern und auf Äckern lose Steine herum, die nach Fossilien abgesucht werden können. Über einen Abstecher erreichen wir die ehemalige Kliffküste, wo wir Bohrlöcher von Bohrmuscheln und Bohrschwämmen entdecken können. Nach dem Wangenhof geht es über Heiden und naturnahe Wälder zum Bolheimer Gipfel mit etwas Aussicht. Nach dem Steinbruch, in dem wir Klüfte, Spalten und Höhlen entdecken können, führt uns eine Allee an einem herrlichen Kletterplatz, nämlich einem Teil eines abgebrochenen mächtigen Baumes, vorbei zum Parkplatz zurück, wo eine Bank mit Aussicht zur abschließenden Rast einlädt.

Ausgangspunkt: Wanderparkplatz Brunnenhau an der Ugenhofer Straße bei Bolheim, 598 m. Navi: N48.63604, E10.11920. Anfahrt von der A7 (Ausfahrt 117, Giengen/Herbrechtingen) Richtung Herbrechtingen. Nach Durchfahrt der Stadt links nach Bolheim abbiegen und der Beschilderung folgen. Im Ortszentrum links abbiegen und dann nach rechts der Beschilderung Richtung Ugenhof bis zum Wanderparkplatz am Waldrand folgen.

Mit Bahn/Bus: Von den Bahnhöfen Giengen oder Heidenheim mit der HVG-Buslinie 61 oder 60 bzw. der SVL-Linie 70 bis zur Haltestelle Bolheim, Rathaus. Von hier kurz auf der Albstraße nordwärts, dann sogleich links ab, um auf der Steigstraße sowie der anschließenden Ugenhofer Straße nach 600 m bei ❼ den Einstieg in die Tour zu erreichen (gesamte Gehdauer: 3.30 Std., 9,6 km, ab 8 Jahren).

Anhand spannender Infotafeln können wir in die Erdgeschichte eintauchen.

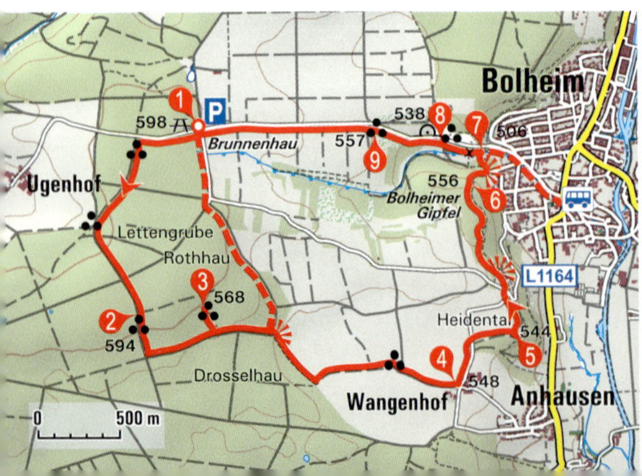

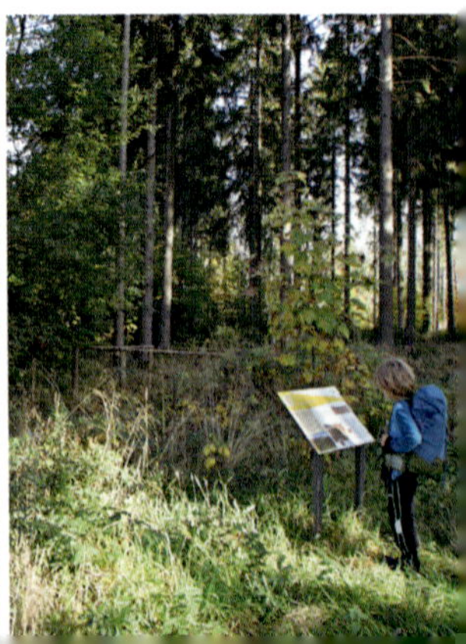

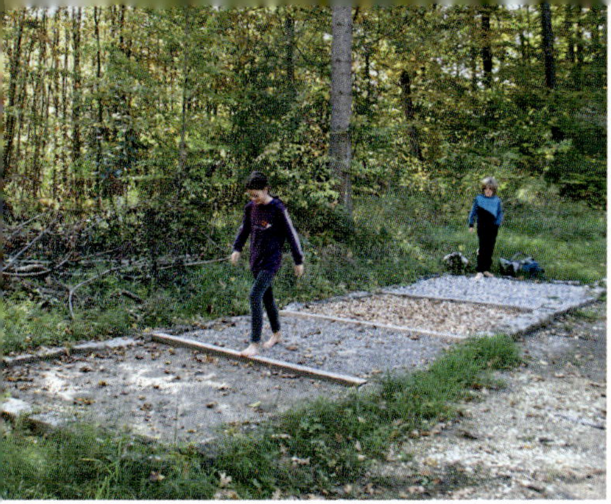

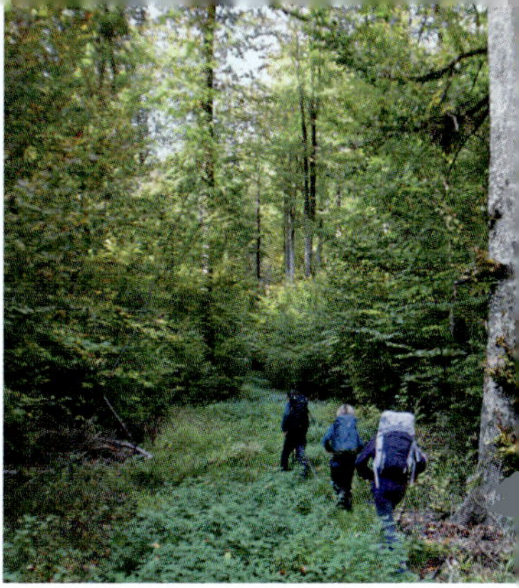

Ausrüstung: Gut profilierte Trekking- oder Wanderschuhe, genügend Proviant und Getränke, Sonnenkappe und -schutz.
Anforderungen: Mittelschwere Rundwanderung meist auf Wald-, Gras- und Erdwegen. Insbesondere der teils steile Pfad vom Bolheimer Gipfel hinab ist bei Nässe rutschig, daher trockenes Wetter wählen. Unerfahrene und jüngere Kinder hier an die Hand nehmen. Rückweg zum Parkplatz ab 7 an einem befahrenen Sträßchen entlang. Hier Vorsicht und am linken gekiesten Fahrbahnrand gehen.
Markierung: Durchgehend beschildert als Urweltpfad Bolheim, gelegentlich grüne Hauptwegweiser.
Einkehr: Gasthäuser und Cafés in Herbrechtingen und Bolheim.
Kurzvariante: Beim Aussichtspunkt am Waldrand links abbiegen und auf Wanderwegen geradeaus am Rastplatz Kliffhütte mit Grill- und Balanciermöglichkeit vorbei zum Wanderparkplatz Brunnenhau zurück (2.00 Std., 4,4 km, leicht, ab 4 Jahren).

LINKS
Am Barfußpfad.

RECHTS
Etwas durch die Wildnis führt der Abstecher zur einstigen Kliffküste.

LOS GEHT'S Vom direkt am Waldrand gelegenen **Wanderparkplatz Brunnenhau 1** mit ersten Infotafeln folgen wir der Straße weiter Richtung Ugenhof durch den Wald. Nach knapp 400 m zweigen wir nach links auf einen beschilderten Waldweg ab. In Kürze gelangen wir zur Infotafel über die Savannen Schwabens. Hier ist in einem inzwischen wassergefüllten Profil ein Feuchtbiotop entstanden, in dem Amphibien beobachtet werden können. An der nächsten Waldwegekreuzung gehen wir geradeaus weiter und erreichen das Biotop »Tümpel im Rothau östlich Ugenhof«. An der Kreuzung, wo es für uns ebenfalls geradeaus weitergeht, befindet sich linker Hand ein Barfußpfad. Des Weiteren folgen wir stets dem Waldweg, uns zwischendurch rechts haltend, und erreichen den Waldrand. Hier biegen wir links ab und passieren sogleich die Station »Der Boden – Spiegel der Landschaft«. Der Forstweg steigt nun an. Die Wegkreuzung auf der Höhe geradeaus passiert, erreichen wir bald eine **Fossilienfundstelle 2**, wo etliche Handstücke für Fossiliensucher herumliegen. Mitneh-

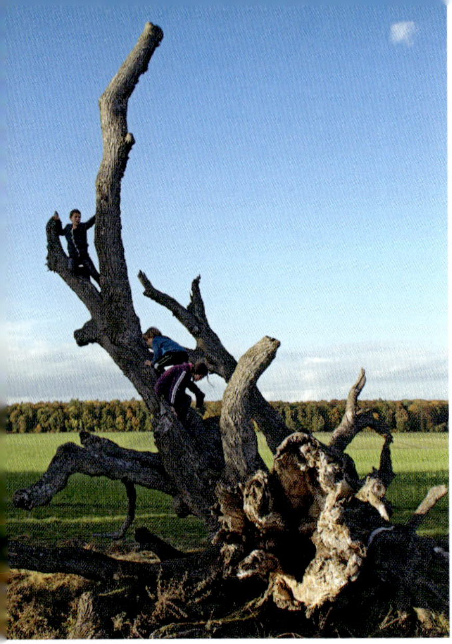

men ist wegen des UNESCO-Global-Geopark-Labels aber nicht erlaubt. Ein Stück weiter steht die Infotafel »Jurameer – Schwäbische Karibik«, kurz darauf können wir uns an der Fototafel »Willkommen an der Riviera« ein Bild davon machen, wie es vor etwa 20 Millionen Jahren hier ausgesehen haben könnte. Bis zur nächsten Kreuzung, an der uns die Beschilderung nach links weist, sind immer wieder Steine zu finden. Am nächsten Schilderstandort machen wir auf einem Grasweg einen 150-m-Abstecher nach links zur **Station Löcher im Kliff ❸**, wo wir nach Fossilien suchen können, die sich in Form von Bohrmuschellöchern und den kleineren Löchern der Bohrschwämme zeigen.

Ein Ungeheuer aus der Urzeit oder doch die abgebrochenen Teile eines mächtigen Baumes? Jedenfalls ein herrlicher Kletterplatz für Kinder.

Wieder zurück folgen wir dem Hauptweg weiter bis zum Waldrand, an dem wir nun nach rechts auf einem Wiesenweg entlangwandern. Dann führt uns nach links ein Feldweg zur Infotafel über die Mündung der Urbrenz bei einer Doline. Schließlich gelangen wir nach **Wangenhof ❹**, wo es für uns nach links weitergeht. Direkt nach dem Mischwald des Heidentäle wandern wir nach rechts am Waldrand entlang – eine etwas abseits stehende Tafel informiert uns bald über die **Heiden ❺**. Zurück auf dem Spurweg wandern wir weiter bis zur Rottsteige, die wir in einem Links-Rechts-Schlenker überqueren und dann dem Pfad über die Heide folgen. Nach einer neuen Bank führt uns der Zoeppritz-Weg bald mit Aussicht ins Brenztal auf den Wald zu. Auf dem Pfad durch den buchenreichen Wald erreichen wir den **Bolheimer Gipfel ❻** mit eingeschränkter Aussicht. Dann führt uns der Pfad teils steil hinab – Vorsicht! Jüngere und unerfahre-

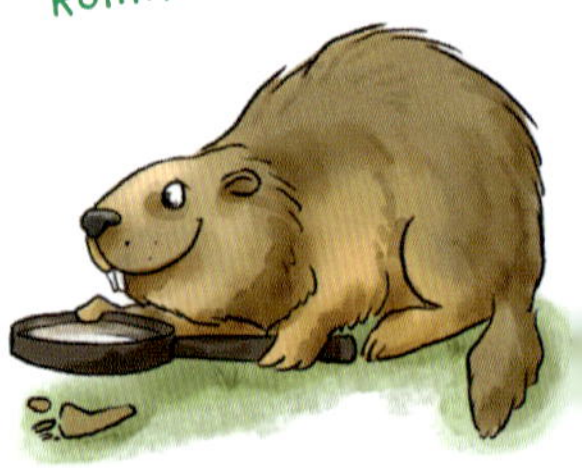

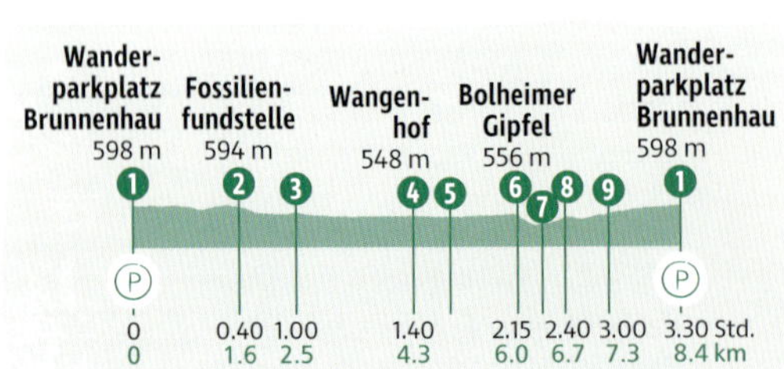

Hallo Kinder!

Fragt ihr euch auch, wie die Löcher ins feste Gestein der Kliffküste kommen? Sie stammen von **Bohrmuscheln und Bohrschwämmen**, also Meerestieren. Die Bohrmuscheln besitzen **Raspelwerkzeuge**, mit denen sie sich in festes Gestein bohren können. Zusätzlich geben sie **ein Sekret ab, welches das Gestein zersetzt**. So können sie ihre »Wohnhöhle« immer weiter vertiefen. Ähnlich verfahren die Bohrschwämme, die sogenannte **Ätzzellen** besitzen. Mit diesen können sie Kalkstückchen absprengen und ebenfalls mittels eines Sekrets Gestein zersetzen. So haben sie einen besseren Halt an der sehr steilen und starken Brandungswellen ausgesetzten Kliffküste.

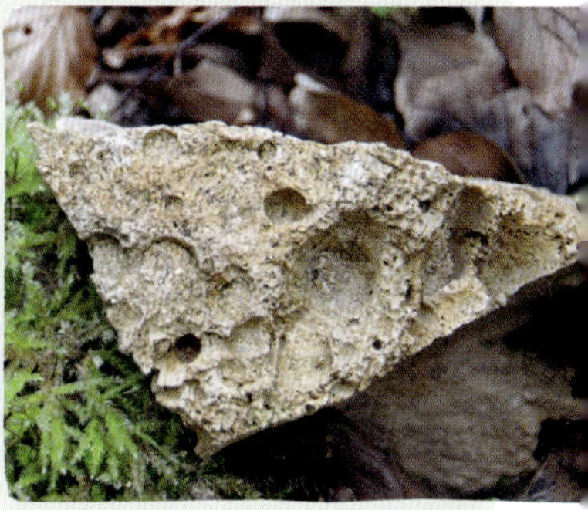

ne Kinder an die Hand nehmen. Im Bereich des Hasenlochweges halten wir uns zweimal links und gelangen ins Wiesental hinab, das wir sogleich nach rechts queren – links ein Staudamm zum Hochwasserschutz. Auf der anderen Seite kurz steil hinauf zur **Ugenhofer Straße ❼**. Dieser folgen wir nach links, wobei wir auf gelegentlichen Verkehr achten. Nach einem geschlossenen Steinbruch weist uns die Beschilderung am »Achtung, Steinschlag«-Schild nach rechts. Nach links erreichen wir die Infotafel im **Steinbruch ❽**, durch den wir eine Runde drehen können. Dann führt uns das Sträßchen weiter hinauf. Direkt am Beginn der Allee machen wir einen kurzen Abstecher nach **Schwäbisch Sibirien ❾**, bevor wir im gekiesten Seitenstreifen an Streuobstbäumen vorbei zu einem **»Ungeheuer aus der Urzeit«** gelangen. Die Allee begleitet uns zurück zum **Wanderparkplatz Brunnenhau ❶**.

★Highlights

Mithilfe der Infotafeln eine Reise durch die Erdgeschichte unternehmen.

An einem Tümpel Amphibien beobachten.

An mehreren Stellen kann nach Fossilien gesucht werden. Aufschlüsse geben Einblicke in den geologischen Untergrund.

Ein Baum-Ungeheuer lädt zum Kraxeln ein.

Nach der Tour: Bademöglichkeit im Freizeitbad Jurawell in Herbrechtingen (s. Freizeittipp B11).

20 Eselsburger Tal

VON HERBRECHTINGEN NACH ESELSBURG

2.30 STUNDEN

6,3 KILOMETER

↗ 60 HÖHENMETER

↘ 60 HÖHENMETER

LEICHT ab 5 Jahren

Fluss, Heiden und Felsen: Diese Wanderung führt uns durch das felsenreiche, mit Heiden und totholzreichen Wäldern gesäumte Eselsburger Tal. Immer wieder können wir Tiere auf der Weide, auf den Heiden und auf dem Wasser beobachten – Wasserbüffel auf den Feuchtwiesen an der Brenz, Kühe beim Biohof Biotal und mit Glück auch Schafe auf den Heiden. Am Ortsrand von Eselsburg gibt es am Brenz-Lernort einen Biberbau zu entdecken und viel Wissenswertes über den Biber zu erfahren. Daneben besteht die Möglichkeit, am Wasser zu spielen. Anschließend wandern wir durch Eselsburg mit Einkehrmöglichkeiten hinauf und an Heiden vorbei wieder ins Eselsburger Tal hinab, wo es an zahlreichen, teils sagenumwobenen Felsen wie den beiden Steinernen Jungfrauen vorbei geht. Mit ihren interessanten Formen regen sie die Fantasie an. Das von Infotafeln begleitete Sträßchen bringt uns an der romantischen Sägemühle, die heute Heimatmuseum ist, vorbei zurück nach Herbrechtingen. Im Anschluss an die Tour sorgen eine Kneippanlage oder das Freizeitbad Jurawell bei Bedarf für die nötige Erfrischung.

Ausgangspunkt: Parkplatz Schulzentrum/Sportzentrum, 467 m. Navi: Baumschulenweg, 89542 Herbrechtingen. Anfahrt von der A7 (Ausfahrt 117, Giengen/Herbrechtingen) Richtung Herbrechtingen. Beschilderung zum Schulzentrum/Sportzentrum bzw. zum Freizeitbad Jurawell folgen.
Mit Bahn/Bus: Von den Bahnhöfen Giengen oder Heidenheim mit der HVG-Buslinie 61 bzw. 63 oder 60 bzw. 61 bis zur Haltestelle Herbrechtingen, Hallenbad.
Ausrüstung: Feste Freizeitschuhe, genügend Proviant und Getränke, Sonnenkappe und Sonnenschutz, Fernglas und Bestimmungsbücher für Vögel und Pflanzen.
Anforderungen: Leichte Rundwanderung, meist auf Kies- und Naturwegen. Teilstücke auf sehr wenig befahrenen Asphaltsträßchen.
Markierung: Größtenteils beschildert mit gelbem Ring und gelegentlich Hauptwegweisern.
Einkehr: Biotal-Hofladen mit Café/Bistro (täglich geöffnet außer So, regionale und Bioprodukte, Talstr. 23, 89542 Herbrechtingen-Eselsburg, Tel. +49 7324 5805, milchmobil.de), Talschenke Eselsburg (täglich geöffnet außer Mo, ab 11.30 Uhr, So und feiertags bereits ab 10.00 Uhr, regionale Zutaten, hausgemachte Kuchen, Talstr. 15, 89542 Herbrechtingen-Eselsburg, Tel. +49 7324 7476, eselsburg-talschenke.de).

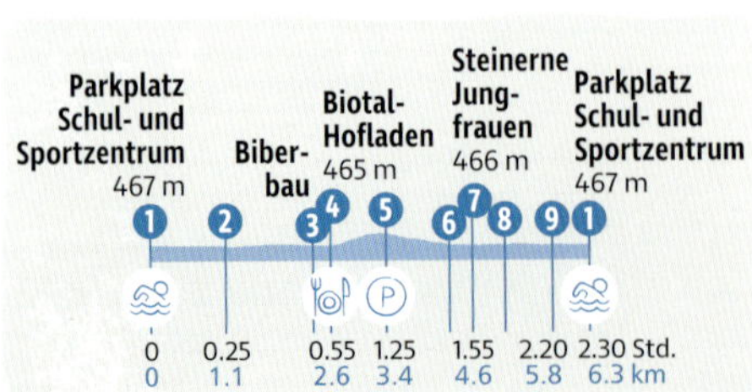

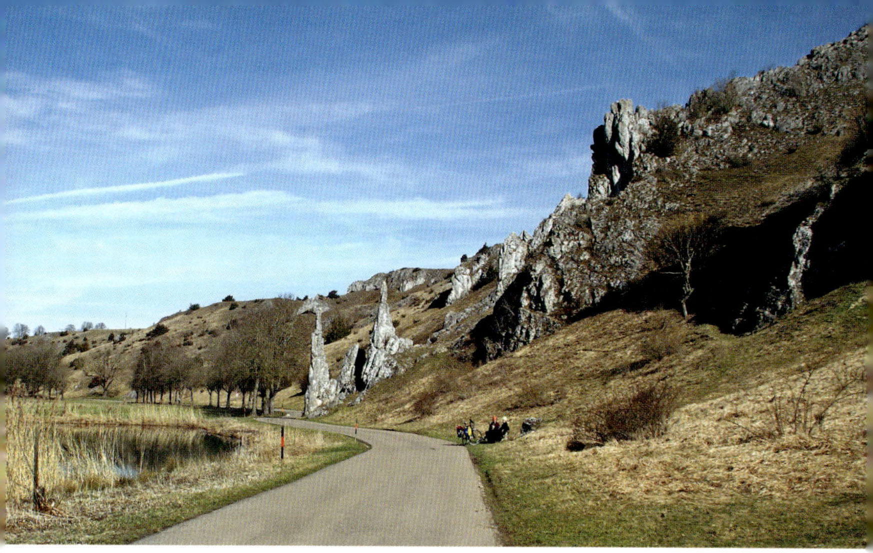

Eselsburger Tal Richtung Herbrechtingen mit dem ehemaligen Fischweiher und den Steinernen Jungfrauen.

Gasthäuser, Restaurants und Cafés in Herbrechtingen.
Variante: Ab Eselsburg ❹ auf dem Sträßchen zurück (gesamte Gehdauer: 2.15 Std., Länge: 5,5 km, ab 5 Jahren). Mit Kinderwagen und Laufrad verwenden wir für Hin- und Rückweg das Sträßchen (Gehdauer: 2.30 Std., Länge: 5,8 km, ab 4 Jahren).
Hinweis: Da wir uns meist im Naturschutzgebiet bewegen, dürfen die Wege nicht verlassen werden und es darf nur auf den hierfür freigegebenen Felsen geklettert werden (s. Infotafeln).

LOS GEHT'S Wir starten am **Parkplatz Schul- und Sportzentrum** ❶ direkt an der Infotafel zum Eselsburger Tal. Hier halten wir uns beim **Freizeitbad Jurawell** links und folgen dem Kiesweg. Er führt uns anfangs an einem steilen Hang mit Magerrasen entlang. Mit schönem Blick auf die naturnahe Brenz sowie die Felsen und Heiden auf der anderen Talseite wandern wir durch das Eselsburger Tal, das als Naturschutzgebiet ausgewiesen ist. Es geht am Waldrand entlang. Die nächste Infotafel klärt uns über ein bedeutendes **Feuchtgebiet** ❷ auf. Im Wald reizt ein kleiner Fels direkt am Wegesrand Kinder zum Klettern.

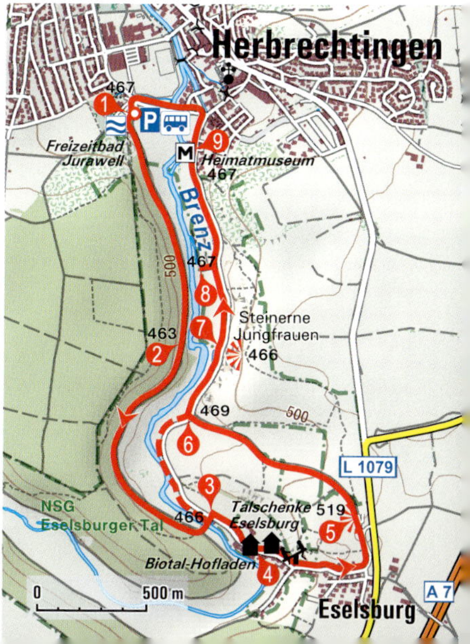

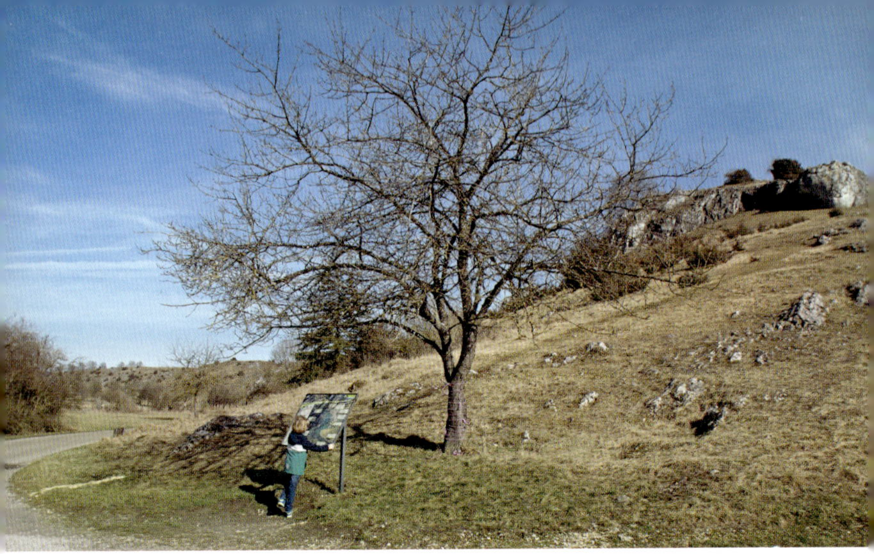

OBEN

Infotafeln klären über die Regeln im Eselsburger Tal auf und erläutern die seltenen Pflanzen und Tiere, die an den Felsen leben.

UNTEN

Kälbchen gibt es auf dem Hof Biotal zu sehen.

An allen anderen Felsen im Wald klettern wir nicht, da dies im Naturschutzgebiet verboten ist und auch zu gefährlich wäre. Später können wir im zeitigen Frühjahr am bewaldeten Hang einige Teppiche mit weiß blühenden Märzenbechern entdecken, welche wir jedoch nur aus der Ferne betrachten.

Nach einer Rastbank queren wir bald die Brenz und treffen sogleich auf den **Biberbau 3**, welcher neben Infotafeln einen Nachbau einer Biberburg sowie eine Station mit Knöpfen zum Drücken beherbergt. Er wird auch als Brenz-Lernort bezeichnet. Davor steht idyllisch eine weitere Rastbank. Wir folgen dem Sträßchen nun nach Eselsburg hinein und passieren gleich danach einen Bauernhof, wo ein Blick in den offenen Stall möglich ist. Gemäß den Schildern verzichten wir auf Streicheln und Füttern von Kälbchen und Pferden. Hier gibt es auch den **Biotal-Hofladen 4** mit Café und gleich anschließend mit der Talschenke Eselsburg, zu der ein Spielplatz gehört, eine weitere Einkehrmöglichkeit. Dann halten wir uns halb links und folgen der steil ansteigenden Burgstraße aufwärts. Direkt vor der Landesstraße nach links, passieren wir einen **Wanderparkplatz 5** mit Rastbank und Aussicht – nur der Verkehrslärm der Landesstraße sowie der nahen Autobahn trüben den herrlichen Blick. Sodann folgen wir dem Kiesweg an Heiden, Äckern und Wiesen sowie einer weiteren Rastbank vorbei wieder hinab ins ruhige Eselsburger Tal, wo es an der Einmündung im Be-

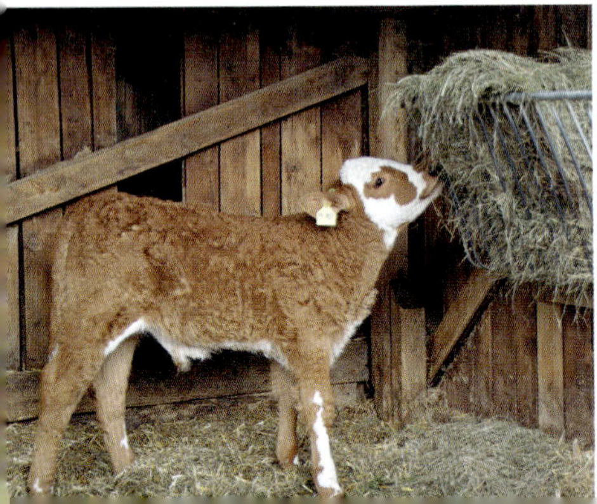

★Highlights

Wanderung durch das traumhaft schöne, von Felsen, Heiden und Wäldern gesäumte Eselsburger Tal.

Brenz-Lernort mit Infotafeln, Nachbau eines Biberbaus und Knöpfen zum Drücken.

Tiere auf der Weide, auf dem Biotal-Hof und auf der Heide beobachten.

Nach der Tour: Bademöglichkeit im Freizeitbad Jurawell in Herbrechtingen (s. Freizeittipp B11).

reich der **Infotafel zu Natura 2000** ❻ rechts weitergeht. Das wenig befahrene Sträßchen leitet uns an mit Felsen durchsetzten Heidehängen entlang an weiteren Infotafeln zu den Felsen und zum Klettern vorbei. Um die **Steinernen Jungfrauen** ❼ rankt sich eine Sage. Wir passieren einen künstlich angelegten See. Ein Stück weiter führt uns nach links ein Naturweg an einem Schild zur Renaturierung der Brenz vorbei zum **Brenzufer** ❽, wo sich Wasservögel beobachten lassen. Nach den in der Talaue gelegenen Krautgärten erreichen wir schließlich Herbrechtingen, wo wir das **Heimatmuseum** ❾ passieren. Dann geht es nach links. Wir überqueren Mühlkanal und Brenz in einem naturnahen Abschnitt und gelangen nach Bushaltestelle und Kneippanlage nach links zum **Ausgangspunkt** ❶ zurück.

Hallo Kinder!

Diese Wanderung ist wirklich rekordverdächtig, so viele **Superlative** beschreiben diese Tour. Als **schönster Flussabschnitt der Brenz** wird der Gewässerlauf im Bereich des Eselsburger Tales bezeichnet. Das Wasser der Brenz fließt hier besonders langsam – es weist im Eselsburger Tal die **geringste Fließgeschwindigkeit** des gesamten Flusslaufs auf. Insbesondere für Amphibien wie verschiedene Frösche, Erdkröte, Bergmolch und Gelbbauchunke sowie für Reptilien wie die schwimmende Ringelnatter ist **die Rosshalde das wertvollste Feuchtgebiet** im Landkreis Heidenheim an der Brenz. Auch Graureiher, Eisvögel und verschiedene Wasservögel wie Blässhuhn, Teichhuhn und Stockente sind hier zu Hause – ebenso **der Biber, Europas größtes Nagetier**.

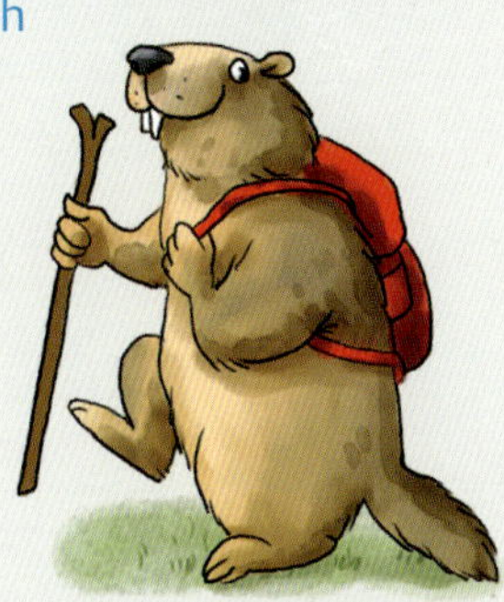

21 Neandertalerweg

VOM ARCHÄOPARK VOGELHERD ZUM HOHLENSTEIN

3.30 STUNDEN

9,1 KILOMETER

↗ 90 HÖHENMETER

↘ 90 HÖHENMETER

MITTEL ab 7 Jahren

Klettertiere, Höhlen und tolle Spielplätze: Seid ihr schon mal auf ein Mammut oder auf einen Riesenhirsch geklettert? Im Lonetal könnt ihr das mal ausprobieren und nebenbei noch viel Wissenswertes über diese Eiszeittiere sowie ihre Lebensräume erfahren. Die Wanderung vom ehemaligen Archäopark Vogelherd mit der Vogelherdhöhle durch das breite Trockental mit dem oft ausgetrockneten Flussbett der Lone führt uns außerdem zum Hohlenstein mit gleich drei Höhlen, die erkundet werden können. Durch ein schluchtartig eingetieftes Tälchen mit Felsen und Laubwald, das im Frühjahr mit bunten Blütenteppichen überzogen ist, geht es dann hinauf zu einem Rastplatz. Von hier aus machen wir einen Abstecher nach Lindenau mit Gaststätte und GeoPark-Infostelle. Der Weg nach Stetten ob Lontal führt an Waldrändern entlang und durch abwechslungsreiche Wälder und wartet mit weiteren Entdeckungen am Wegesrand auf wie römischen Mauerresten, Dolinen und einem weiteren Klettertier. Unterwegs kommen wir an mehreren tollen Spielplätzen vorbei.

Ausgangspunkt: Parkplatz am ehemaligen Archäopark Vogelherd, 480 m. Navi: Am Ziegelhau, 89168 Niederstotzingen – Stetten ob Lontal. Anfahrt von der A7 (Ausfahrt 118, Niederstotzingen) Richtung Niederstotzingen. Am nördlichen Ortsrand von Stetten ob Lontal befindet sich der kostenpflichtige Parkplatz.
Mit Bahn/Bus: Vom Bahnhof Niederstotzingen mit der DB-Buslinie Nr. 59 zur Haltestelle Stetten, Archäopark. Nach gut 150 m auf der Straße Richtung Archäopark erreichen wir die Infotafeln, wo die Tour beginnt.
Ausrüstung: Feste Freizeitschuhe, genügend Proviant und Getränke, Sonnenkappe und -schutz, Stirn- oder Taschenlampe für die Höhlen.
Anforderungen: Rundwanderung, die auf Asphalt-, feinen Kies- und Naturwegen verläuft. Steigungen sind im Wald oberhalb des Hohlensteins sowie in Stetten zu bewältigen.

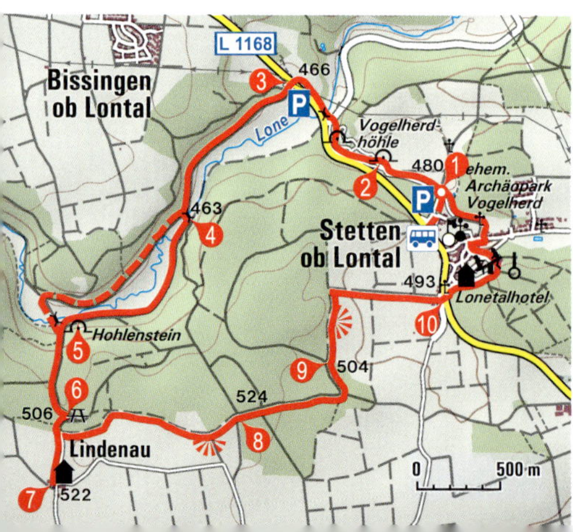

Markierung: Fast vollständig als Neandertalerweg ausgeschildert.
Einkehr: Das Parkcafé am Vogelherd ist derzeit geschlossen (Stand Frühjahr 2024). Ausflugsgaststätte Lindenau (mit Biergarten, Mo und Di Ruhetag, regionale Zutaten, Lindenau 1, 89192 Rammingen-Lindenau, Tel. +49 7345 5312, ausflug-lindenau.de), Lonetal-Hotel & Restaurant Zum Mohren (täglich geöffnet, Öff-

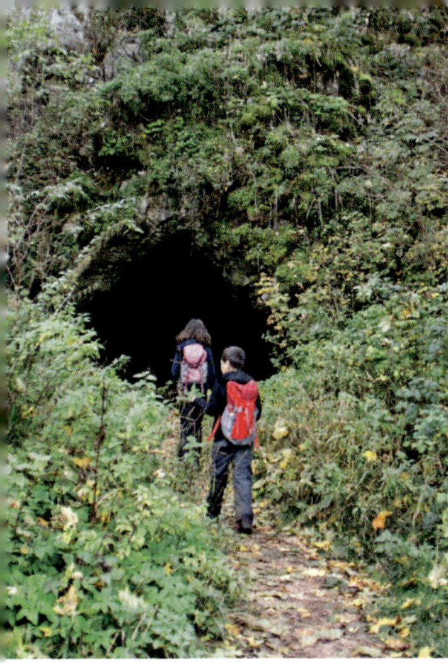

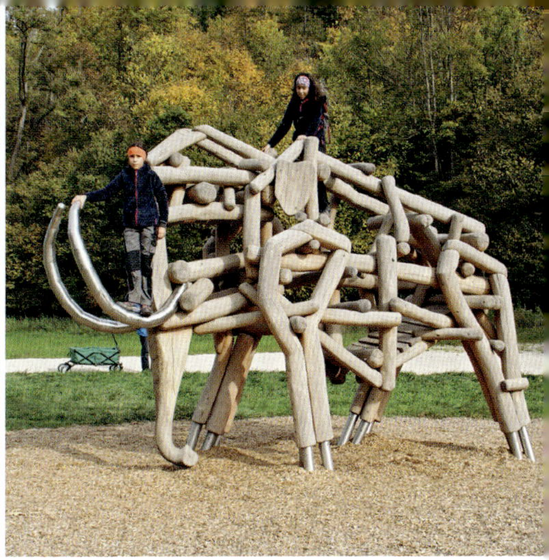

LINKS

In der Bärenhöhle am Hohlenstein wurden schon zahlreiche Knochen von Höhlenbären gefunden.

RECHTS

Holzkletter-Mammut im Lonetal.

nungszeiten s. Website, Oberdorfstr. 31, 89168 Niederstotzingen-Stetten, Tel. +49 7325 9224711, lonetalhotel.de).
Kurzvariante: Start am kostenlosen Wanderparkplatz Lonetal. Wer mit Kinderwagen/Laufrad unterwegs ist, bleibt im Lonetal und wandert in einer Schleife auf der anderen Talseite am Hutewald Stockert und an einem Felsen mit Jahreszahl vorbei wieder zurück (2.00 Std., 4,6 km, leicht, ab 3 Jahren).

LOS GEHT'S Vom **Parkplatz ❶** des einstigen Archäoparks Vogelherd, dessen Zukunft unklar ist (Stand Frühjahr 2024), wenden wir uns an den Infotafeln nach links und folgen dem Hanns-Voith-Weg durch den Mehrgenerationenpark Stetten. Es geht an verschiedenen Bewegungsstationen wie Murmeltisch, Gewichtesäule und Führungsstangen vorbei. So passieren wir den einstigen Archäopark mit der **Vogelherdhöhle ❷** und dem derzeit geschlossenen Parkcafé. Weiter auf dem Geh- und Radweg erfahren wir mehr über das Vogelherd-Pferd, Krafttiere der Steinzeit sowie Eiszeitkunst und können das Gelände des ehemaligen Archäoparks einsehen. Wir queren eine Straße, folgen noch ein Stück der Landesstraße auf dem Geh- und Radweg und gelangen über das meist trockene Bett der

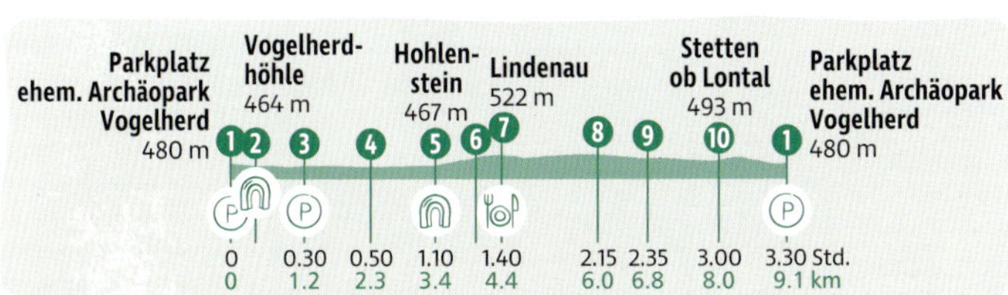

Lone sowie an einem Biotop vorbei. Dann überqueren wir die Landesstraße und erreichen den **Parkplatz Lonetal** ❸ mit einem lebensgroßen Mammut. Wir wandern nun am idyllischen Waldrand entlang durch das Lonetal. Hier begegnet uns mit dem Rentier das erste Holzklettertier. Am Kochstein queren wir die Lone und stoßen auf das nächste Klettertier, ein **Mammut** ❹. Direkt danach befindet sich ein Steinstapelplatz, später lädt ein Riesenhirsch zum Klettern ein. Nach einem Kletterpark erreichen wir den **Hohlenstein** ❺ mit drei Höhlen. Kurz danach weist uns die Beschilderung nach links und wir können uns auf eine Reise in die Vergangenheit begeben. Dann verlassen wir den Neandertalerweg und wandern geradeaus durch das schluchtartig eingetiefte Tälchen aufwärts. Der mit Felsen durchsetzte Laubwald weist im Frühjahr einen herrlich bunten Blütenteppich auf. Zwischendurch erfahren wir von der Erforschung des unteren Lonetales und erreichen einen **Rastplatz** ❻ mit Grillstelle. Nach rechts gelangen wir zum Waldrand mit Blick auf **Lindenau** ❼. Dort gibt es neben einem Gasthaus mit Biergarten Schafe sowie eine GeoPark-Infostelle, welche wir über einen Abstecher geradeaus erreichen.

Wieder zurück, geht es nach rechts weiter, wieder auf dem Neandertalerweg am Waldrand entlang. In einer Links-Rechts-Kurve gelangen wir an einer Quelle vorbei, an die eine Doline anschließt. Das Biotop heißt Doline beim Römerkastell – überwachsene römische Mauerreste sind sogleich am unebenen Gelände zu erkennen. Wir wandern stets geradeaus am Waldrand weiter, zwischendurch ein Stück durch den Wald. Mit Blick auf Asselfingen gelangen wir zu einem weiteren Klettertier, einem **Moschusochsen** ❽, und wieder in den Wald. Immer geradeaus erreichen wir eine Schneise, wo wir an einem auffälligen Stein links abbiegen. Bald darauf verlassen wir den Forstweg an einer **Doline** ❾, an der wir etwas über die Ressourcengewinnung erfahren. Ein Rechts-Links-Schlenker und wir wandern am Waldrand entlang mit schönem Bick auf Stetten ob Lontal mit Schloss und Kirche. Dann weist uns die Beschil-

LINKS

Unterwegs auf dem Neandertalerweg.

RECHTS

Pferdekoppel vor dem Schloss Stetten ob Lontal.

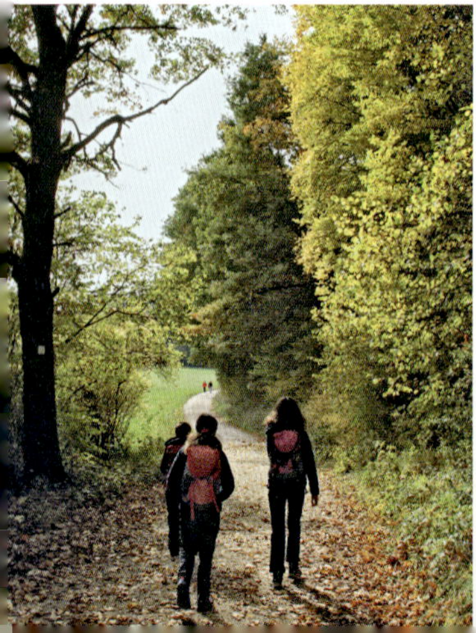

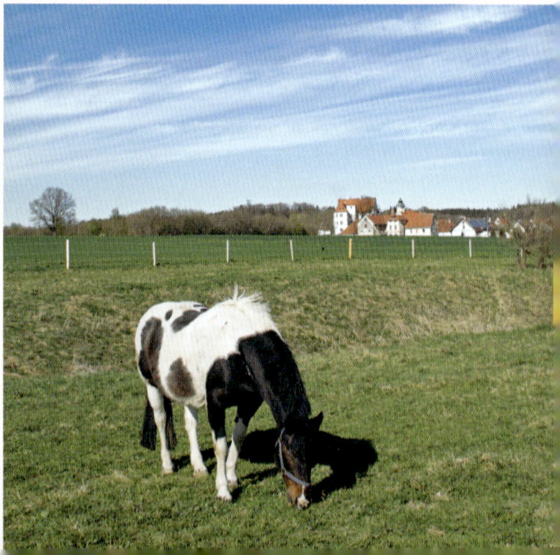

Hallo Kinder!

Im Bereich der Schwäbischen Alb gibt es Flüsse und Bäche, die mehrmals im Jahr **für mehr oder weniger lange Zeit trockenfallen**. Die **Lone** in ihrem Mittel- und Unterlauf gehört zu diesen. Regnet es für längere Zeit nicht, sinkt der Wasserspiegel im Untergrund unter das Niveau des Bachbettes und so fällt dieses trocken. Das gesamte Wasser der Lone fließt dann unterirdisch Richtung Donauried ab, da die Alb leicht nach Südosten gekippt ist, und tritt an den Quellen der Nau wieder zutage. Auffällig ist auch, dass die recht schmale Lone in einem im Vergleich dazu breiten Tal fließt. Geschaffen worden ist es einst von der **Ur-Lone**, die eine größere Menge an Wasser mit sich führte.

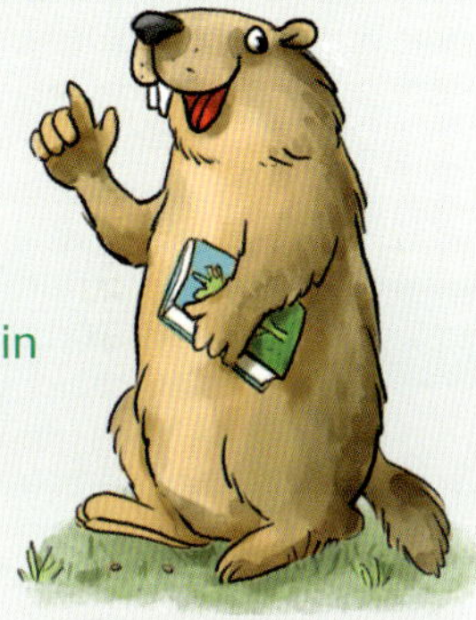

derung nach rechts auf einen Feldweg, der uns an einer Pferdekoppel sowie der Wanderreitstation vorbei nach **Stetten ob Lontal ⑩** hineinführt. Hier überqueren wir die Stotzinger Straße und wandern geradeaus weiter. Durch die Allee mit zahlreichen Kastanienbäumen gelangen wir am Lonetalhotel Zum Mohren vorbei. In einem Linksbogen passieren wir den etwas vom Weg abgesetzten örtlichen Wasserturm sowie das Rittergut Stetten. Wer noch fit ist, kann sich auf dem Spielplatz austoben. Geradeaus über die Oberdorfstraße und nach rechts auf der Mitteldorfstraße geht es hinab. An der Kirche mit Wetterfahne – wer einen Kompass dabei hat, kann die Windrichtung bestimmen – queren wir die Straße und biegen rechts ab, um die Kirchstraße bald nach links zu verlassen. Kurz hinab an einem Steinkreuz vorbei folgen wir dem Geh- und Radweg zum **Parkplatz ❶** zurück.

★Highlights

Entdeckungsreiche Tour durch abwechslungsreiche Wälder und an schönen Waldrändern entlang.

Mehrere Eiszeittiere aus Holz laden die Kinder zum Kraxeln ein.

Zahlreiche Infotafeln geben Auskunft über die Höhlen und die archäologischen Funde sowie die Eiszeittiere und ihre Lebensräume.

Mehrere Spielplätze entlang der Tour, darunter ein neuer Aktiv-Spielplatz nahe dem Hohlenstein im Lonetal.

22 Charlottenhöhle und Kaltenburg

RUNDWANDERUNG AB DER HÖHLENERLEBNISWELT

1.15 STUNDEN

3,0 KILOMETER

↗ 60 HÖHENMETER

↘ 60 HÖHENMETER

MITTEL ab 4 Jahren

Unterwegs auf dem Bärentrek: Von der HöhlenErlebnisWelt führt der Bärentrek auf dem Zeitreisepfad mit Infotafeln hinauf, bevor er kurz vor der Charlottenhöhle, die im Rahmen einer Führung besichtigt werden kann, abbiegt. Pfade und schöne Waldwege bringen uns durch naturnahen Wald bald in einem Abstecher zur Ruine Kaltenburg. Neben spannenden Mauerresten gibt es von hier aus eine schöne Aussicht in die Täler von Hürbe und Lone. Mit Glück können nahe der Schlosskapelle Zauneidechsen beobachtet werden. Der Bärentrek führt uns anschließend höhengleich weiter durch den abwechslungsreichen Wald, in dem es mehrere Grenzsteine zu entdecken gilt. Vom Sportplatz Hürben am sogenannten Katzenloch aus geht es durch eine kleine Schlucht hinab. An den Waldpfad schließt ein Grasweg an. Zum Abschluss der Wanderung bietet sich neben einer Einkehr der Besuch von HöhlenSchauLand, HöhlenHaus oder des Abenteuer- und Wasserspielplatzes an.

Ausgangspunkt: Parkplatz HöhlenErlebnisWelt, 453 m. Navi: Lonetalstr. 61, 89537 Giengen an der Brenz – Hürben. Von der A7 (Ausfahrt 117 Giengen/Herbrechtingen) der Beschilderung Charlottenhöhle folgen. Hierfür links nach Hürben abbiegen und den Ort passieren. Die HöhlenErlebnisWelt befindet sich südlich von Hürben an der K3020.
Mit Bahn/Bus: Vom Bahnhof Giengen (Brenz) mit der HVG-Buslinie Nr. 61 bis zur Haltestelle Hürben, Charlottenhöhle (nicht sonntags). Direkter Einstieg in Tour.
Ausrüstung: Gut profilierte Trekking- oder Wanderschuhe, evt. Proviant. Ggf. warme Jacke für die Höhlenbesichtigung und Wechselkleidung für den Wasserspielplatz.
Anforderungen: Rundtour, meist auf Wald-, Asphalt- und Naturwegen, steiles Gelände um die Charlottenhöhle und Ruine Kaltenburg. Kleine Kinder an die Hand nehmen. Im Bereich der Ruine wegen Einsturzgefahr unbedingt auf dem Hauptweg bleiben. Mäßig steiles Gefälle im Katzenloch.
Markierung: Größtenteils beschildert mit Hauptwegweisern und gelbem Ring.
Einkehr: Gaststätte an der Charlottenhöhle (Öffnungszeiten s. Website, Lonetalstr. 60, 89537 Giengen an der Brenz-Hürben, Tel. +49 7324 3008510, gaststaette-an-der-charlottenhoehle.eatbu.com), HöhlenErlebnisWelt (Lonetalstr. 61, 89537 Giengen an der Brenz-Hürben, Tel. +49 7324 987146, hoehlenerlebniswelt.de).
Hinweis: Wegen Fledermausschutz ist die Charlottenhöhle von Anfang November bis Ende März geschlossen.

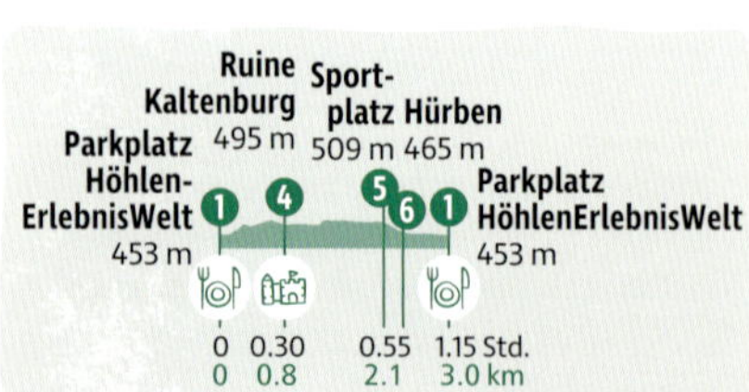

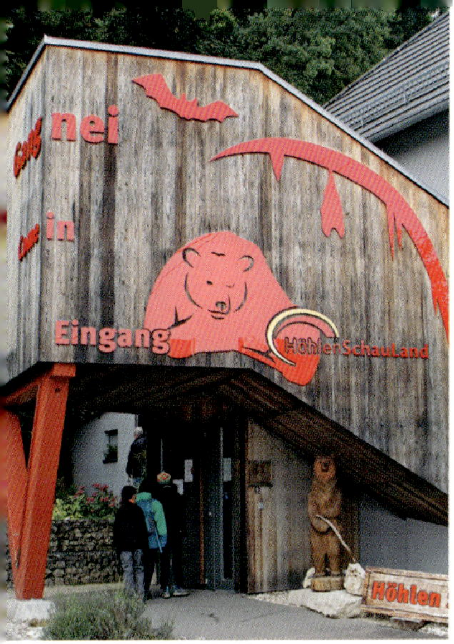

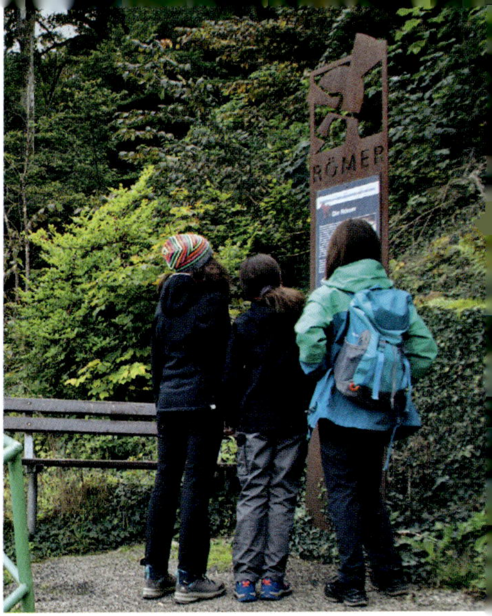

LINKS
Das HöhlenSchauLand lädt in drei Sprachen ein.

RECHTS
Auf dem Weg hinauf zur Charlottenhöhle lässt sich eine Zeitreise unternehmen – hier zu den Römern.

LOS GEHT'S Vom **Parkplatz der HöhlenErlebnis-Welt** ❶ mit einigen Infotafeln gehen wir über das Gelände mit Abenteuer- und Wasserspielplatz sowie Grillplätzen. Am Versammlungsplatz weist uns ein Schild nach links und wir gelangen über das Biergartengelände sowie durch den Durchgang des HöhlenHauses hindurch. Über den Zebrastreifen erreichen wir das **HöhlenSchauLand** ❷, wo wir nach links unsere eigentliche Rundwanderung beginnen. Gleich führt uns der Zeitreisepfad an den Gedenksteinen für die drei Höhlenentdecker aus Hürben sowie einigen Zeitreise-Infotafeln vorbei steil hinauf. Von den Staufern über die Alamannen gelangen wir zu den Römern – hier bietet sich ein schöner Ausblick ins Hürbetal Richtung Burgberg. Im Zickzack geht es weiter zu den Kelten und den Bandkeramikern, bevor wir kurz vor dem Eingang zur Charlottenhöhle, der sich bei den beiden Häuschen befindet, die Altsteinzeit erreichen. Hier wechseln wir nach einem Blick ins Hürbetal Richtung Hürben auf den Naturpfad, der uns felsig und wurzelig durch den totholzreichen, naturnahen Wald führt. Wir gelangen zu einer **Bank** ❸ mit

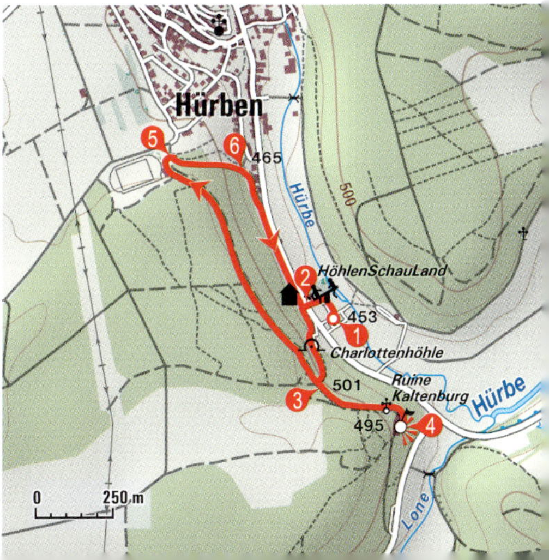

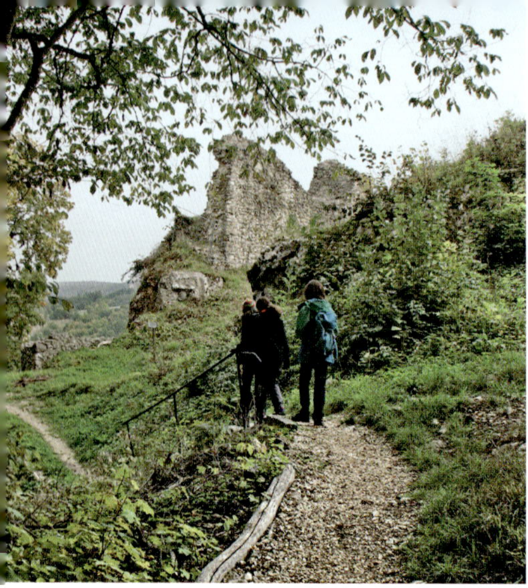

Wegweisern, wo unser Abstecher zur Burgruine Kaltenburg beginnt. Des Weiteren halten wir uns stets links und erreichen so nach der Infotafel der Interessengemeinschaft Kaltenburg die Reste der Schlosskapelle sowie die weiteren Mauer- und Gebäudereste der **Ruine Kaltenburg ❹**. Mehrere Infotafeln stehen im Bereich der großen geschotterten Fläche – so etwa zu den Besitzern der Kaltenburg. Wir können das Gelände erkunden, wobei wir jedoch auf die Absperrungen und Warnhinweise achten müssen. Außerdem genießen wir die schöne Aussicht ins Hürbe- und Lonetal.

Die Ruine Kaltenburg ist teils einsturzgefährdet, weswegen die offiziellen Wege nicht verlassen werden dürfen.

Auf demselben Weg gehen wir zurück zur **Bank ❸** und geradeaus weiter die Stufen hinauf. Oben steht gleich ein interessanter Grenzstein, den wir näher inspizieren können. Auf der Hangseite ist ein H zu erkennen, das Hürben als Waldbesitzer des Hangwaldes zu erkennen gibt. Auf der Rückseite sind drei liegende Hirschstangen zu sehen, die wohl für Württemberg als Waldbesitzer stehen. Auf einem schönen Waldweg geht es an einer Infotafel zur Charlottenhöhle vorbei – selbige befindet

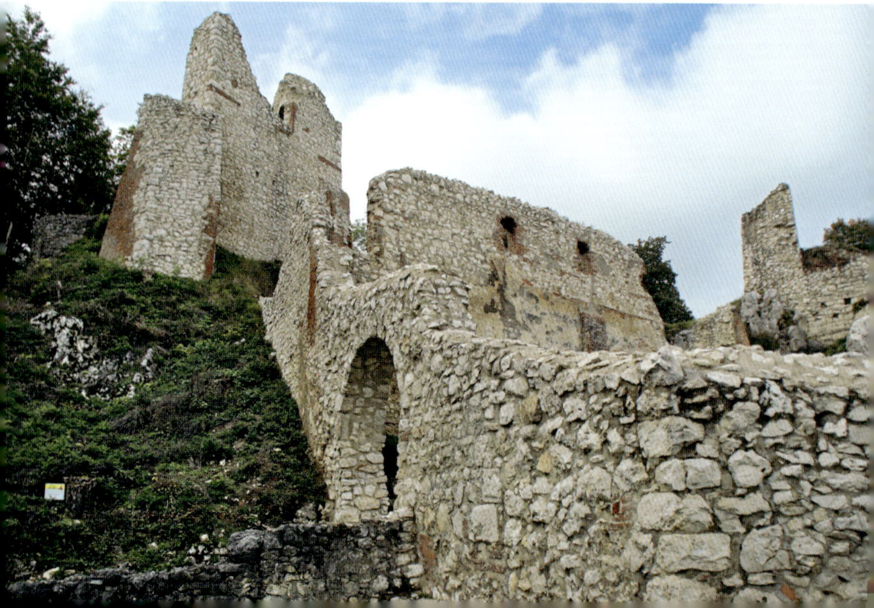

Hallo Kinder!

Die **Charlottenhöhle** zählt mit einer Länge von 587 Metern zu den längsten Schauhöhlen Süddeutschlands und ist sogar die **längste begehbare Tropfsteinhöhle der Schwäbischen Alb**. Doch woher hat sie eigentlich ihren Namen? Als die Höhle 1893 von drei mutigen Männern aus Hürben entdeckt worden war, die mithilfe einer Strickleiter erstmals durch das schon lange bekannte **Hundsloch** in die Tropfsteinhallen hinabgeklettert waren, wurde nach einem Namen gesucht. Dabei wurde die damals noch recht junge **Königin Charlotte von Württemberg**, die die letzte Königin sein sollte, ins Spiel gebracht. Diese gab ihre Zustimmung und besuchte die nach ihr benannte Höhle ein paar Tage nach ihrer Einweihung.

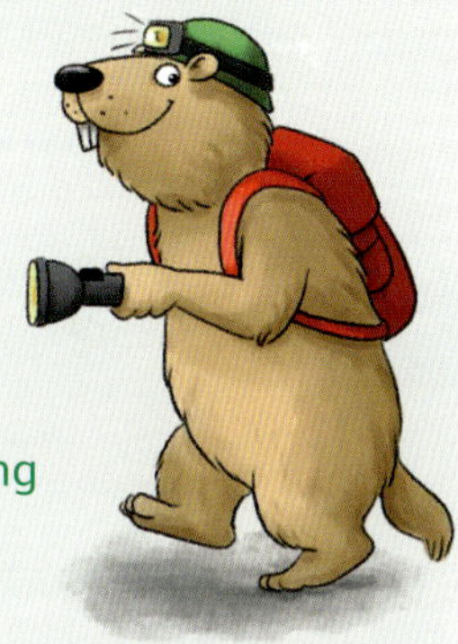

sich direkt unter uns. Wir passieren noch zwei weitere Grenzsteine, die die gleiche Grenze markieren. Nun ist auch schon der Waldrand sichtbar, wo eine Infotafel zum Thema Wandern steht. Hier am Parkplatz des **Sportplatzes Hürben ❺** auf dem sogenannten Katzenloch halten wir uns rechts und nehmen gleich den unbeschilderten Grasweg nach rechts. Ein erdiger Pfad führt uns durch eine kleine Schlucht mit kleinen Felsen hinab. Nach einer Heidefläche erreichen wir den Ortsrand von **Hürben ❻**. Hier halten wir uns rechts und wandern an den Gärten und schließlich auf dem Gehweg an der Kreisstraße entlang mit Blick ins Hürbetal, auf die Ruine Kaltenburg sowie den Kagberg linker Hand zur Gaststätte an der Charlottenhöhle und zum **HöhlenSchauLand ❷**. Auf bekanntem Weg geht es zum **Parkplatz ❶** zurück.

★Highlights

Kurze, abwechslungsreiche Tour auf Pfaden und schönen Wegen durch teils naturnahe Wälder.

Die Charlottenhöhle gilt mit ihren Tropfsteinen als eine der schönsten Schauhöhlen Deutschlands. Sie ist außerdem die längste begehbare Schauhöhle auf der Schwäbischen Alb.

Ruine Kaltenburg mit Mauerresten und herrlicher Aussicht.

Im Sommer Bademöglichkeit im Bergbad Giengen (s. Freizeittipp B12).

23 Wasser-/Klang-Pfad Auernheim

ERLEBNISWEG AB DER ZEHENTSCHEUER

1.45 STUNDEN

4,0 KILOMETER

↗ 80 HÖHENMETER

↘ 80 HÖHENMETER

LEICHT ab 4 Jahren

Unterwegs mit dem Wasserdippel: Die Wanderung führt uns durch das Dorf Auernheim und den angrenzenden Wald. An mehreren Infotafeln erfahren wir Interessantes und Wissenswertes. Auch gibt es immer wieder Quizfragen zu beantworten oder Aktivstationen wie ein Waldxylophon, ein Baumtelefon oder die Klingenden Steine. Der Wasserdippel, der uns fast durchgehend den Weg weist, führt uns außerdem an einer Kneippanlage sowie an einem kleinen Wasserspielplatz vorbei. Wer möchte, kann die Wanderung über den Waldsportpfad erweitern, der für Kinder ebenfalls interessante Stationen bereithält. Tierfans treffen unterwegs vielleicht die Härtsfeld-Lamas, können am Zaun des Wildgeheges Damhirsche beobachten und beeindruckende Ameisenhaufen entdecken. Besonders empfehlenswert ist diese Wanderung im Frühjahr, wenn in den Laub- und Laubmischwäldern die Frühblüher blühen und die noch unbelaubten Bäume mehr Aussicht erlauben.

Ausgangspunkt: Zehentscheuer in Auernheim, 583 m. Navi: Eichertstr. 1, 89564 Nattheim-Auernheim. Anfahrt von der A7 (Ausfahrt 116, Heidenheim) auf der B466 Richtung Nördlingen. In Steinweiler rechts abbiegen Richtung Auernheim. Die Zehentscheuer befindet sich in einer scharfen Linkskurve der Eichertstraße am westlichen Ortsrand von Auernheim. Parken in den angrenzenden Straßen.
Mit Bahn/Bus: Vom Bahnhof Heidenheim/Brenz von Mo bis Sa mit der SVL-Buslinie 51 bzw. 52 bis zur Haltestelle Auernheim, Dorfplatz.
Ausrüstung: Feste Freizeitschuhe, genügend Proviant und Getränke, Sonnenkappe und Sonnenschutz, evtl. Wechselkleidung.
Anforderungen: Leichte Rundwanderung, meist auf Waldwegen. Zwischendurch entlang von wenig befahrenen Asphaltsträßchen.
Markierung: Größtenteils weist uns der Wasserdippel den Weg.
Einkehr: Hofcafé Beste Zeit (Öffnungszeiten s. Website, Söldnerstr. 2, 89564 Nattheim-Auernheim, Tel. +49 7326 919591, cafe-beste-zeit.de). Weitere Gaststätten in Nattheim und Fleinheim.

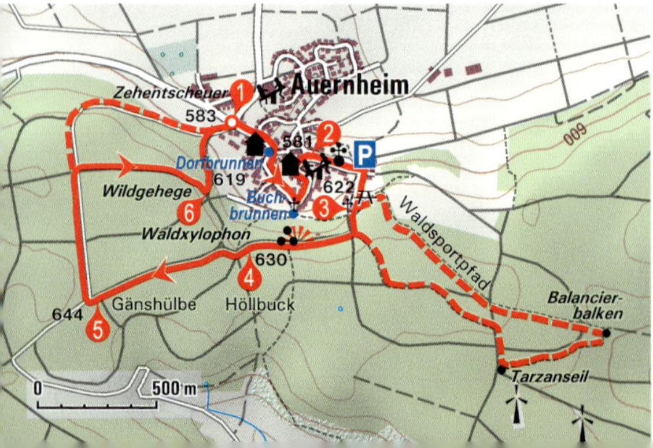

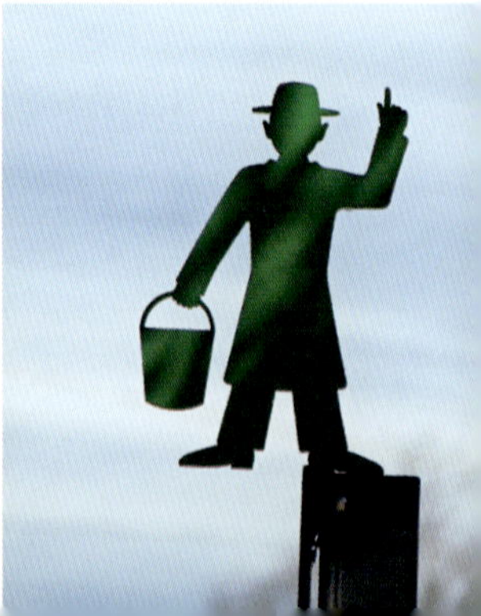

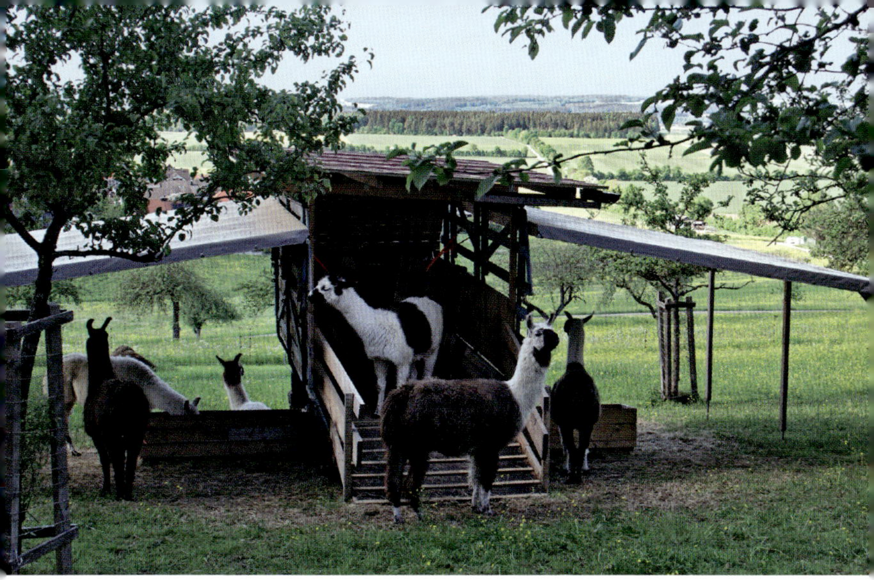

OBEN

Härtsfeld-Lamas auf der Weide am Ortsrand von Auernheim.

LINKS UNTEN

Der Wasserdippel weist uns den Weg.

Varianten: Wer mit dem Kinderwagen unterwegs ist, bleibt auch nach dem Wasserspeicher auf dem Sträßchen (Vorsicht!) und gelangt auf diesem zur Zehentscheuer zurück (1.45 Std., 4,1 km).
Erweiterung über den beschilderten Waldsportpfad (Gehzeit insgesamt: 3.00 Std., 7,0 km, ab 7 Jahren, mittelschwer wegen des zusätzlichen Höhenunterschieds und der Länge) oder als Extratour (1.30 Std., 2,9 km, 40 m im An- und Abstieg, ab 3 Jahren).
Tipps: Ein toller Spielplatz mit Bolzplatz und Tischtennisplatte befindet sich bei der Grundschule Auernheim (Leiteweg 8, von der Zehentscheuer der Eichertstraße nach Nordosten folgen und dann scharf nach rechts in den Leiteweg einbiegen). Lamawanderungen um Auernheim mit den Härtsfeld-Lamas (haertsfeld-lamas.de).

LOS GEHT'S Wir starten an der **Zehentscheuer ❶**, wo sich die ersten drei Infotafeln befinden. Schräg gegenüber steht eine weitere über Auernheim (Vorsicht beim Queren der Straße!). Von hier führt uns die Johann-Reiter-Straße am Hofcafé Beste Zeit vorbei zum Dorfbrunnen, wo sich auch die Bushaltestelle befindet. Die Söldnerstraße bringt uns hinauf zum Buchbrunnen beim ehemaligen Gasthaus Hirsch, weswegen er auch Hirschbrunnen genannt wird. Hier befindet sich zudem eine Wassertretanlage. Dann folgen wir der Bauernstraße hinab, bevor wir sie nach rechts auf der Auertalstraße verlassen. Am beeindruckenden Pfarrhaus vorbei gelangen wir zum **Wasserspielplatz ❷**. Ehemaliges Rathaus sowie altes Schulhaus schließen an. Die Auertalstraße führt uns weiter hinauf an der sehenswerten Barock-

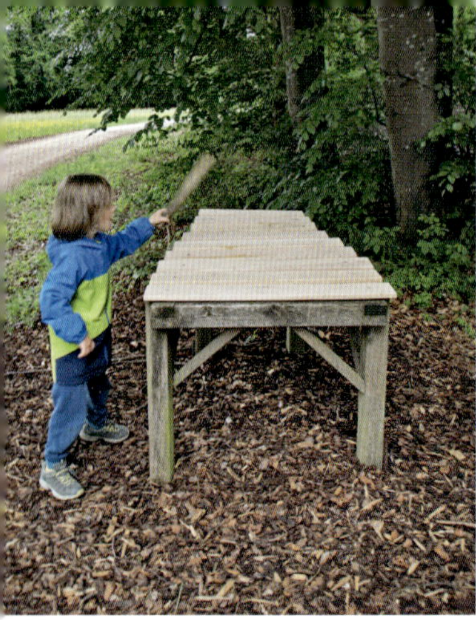

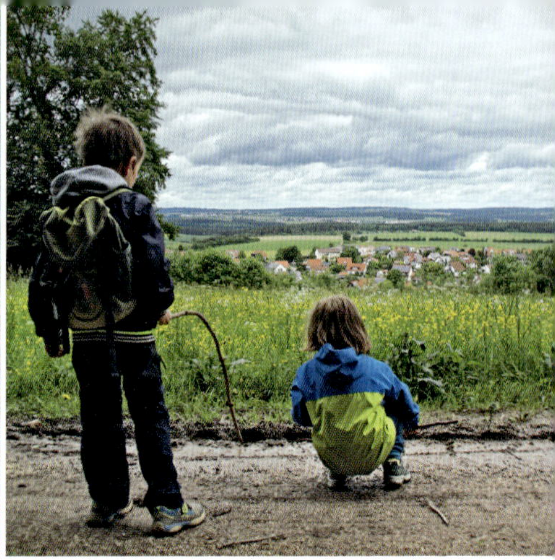

LINKS
Mehrere Klangstationen wie das Waldxylophon motivieren zum Aktivwerden.

RECHTS
Löcher in Matsch bohren mit herrlicher Aussicht auf Auernheim und das Härtsfeld.

kirche St. Georg mit Friedhof und mächtigen, als Naturdenkmäler geschützten Linden vorbei. Hier können wir schon mal die herrliche Aussicht über das Härtsfeld genießen, bevor wir nach links einen kurzen Abstecher zu den **Härtsfeld-Lamas** machen. Wieder zurück biegen wir nach den Infotafeln nach rechts in den Buchhaldeweg ein. An der Straßengabelung halten wir uns links. So gelangen wir zur Grillstelle am **Wasserhochbehälter** **3**, die sich zusammen mit einem Klettergerüst links der Infotafel am Wanderparkplatz befindet. Dann geht es nach einem Wegkreuz mit eingeschränkter Aussicht in den Wald. Nach der Starttafel des Waldsportpfades biegen wir rechts ab. Der Wanderweg führt uns am Rand des nachhaltig bewirtschafteten Waldes an einer mächtigen Eiche sowie einem Bildstock vorbei. Dann erreichen wir nach einer Aussicht auf Auernheim und das Härtsfeld eine ehemalige Burg, von der unterhalb des Weges noch Wall und Graben erhalten sind. Wir wandern weiter am Rand der langgezogenen Waldlichtung entlang, die im Winterhalbjahr weitere Aussicht bietet. Nach dem **Waldxylophon** **4** geht es kurz links weiter. Bei den Klingenden Steinen gelangen wir nach halb links wieder in den Wald hinein, wo wir die weiteren Klangstationen Baumtelefon und Dendrofon passieren. Dann gelangen wir zur letzten Station bei der **Gänshülbe** **5**, wo wir rechts abbiegen und auf dem Sträßchen (Radweg, Vorsicht, gelegentlicher Verkehr) zu einem Wasserspeicher gelangen. Hier verlassen wir das Sträßchen und nehmen den gekiesten Spurweg nach rechts. Er führt uns sanft hinab, erst kurz vor der Einmündung steiler – hier sind rechts und links des

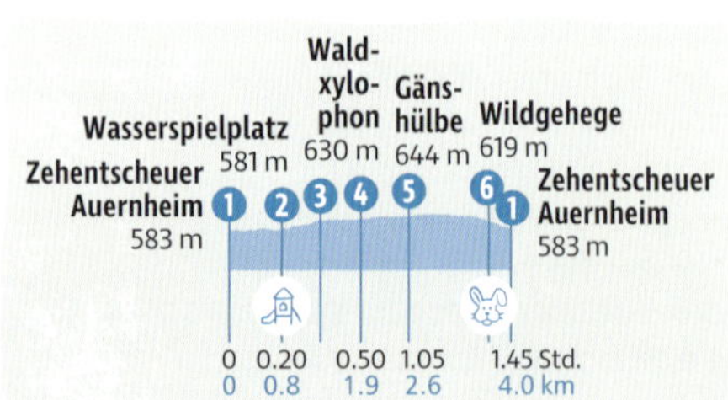

★Highlights

Entdeckungsreiche Wanderung mit amüsanten Infotafeln und Aktivstationen für Jung und Alt.

Schöne Aussichtspunkte auf Auernheim und das Härtsfeld.

Kleiner Wasserspielplatz und ein Wildgehege liegen am Weg.

Toller Spielplatz an der Grundschule Auernheim nach der Wanderung.

Weges alte Wegverläufe zu erkennen. Dann halten wir uns links und erreichen an einer Bank das **Wildgehege** ❻ mit Damwild und schönem Blick auf Auernheim und das Härtsfeld. Der Weg bringt uns weiter hinab und geradeaus führt uns die Straße zurück zum Ausgangspunkt an der **Zehentscheuer** ❶.

Hallo Kinder!

Auf dem **Wasser- und Klang-Pfad** weist uns der **Wasserdippel** den Weg. Doch wie sind die Auernheimer eigentlich zu diesem Spitznamen gekommen? Dafür gibt es zwei Erklärungen: Die eine besagt, **dass der Fürst die Auernheimer einmal austricksen wollte** und die Männer unter einem Vorwand aus dem Dorf beordert hat, um es anschließend ungestört plündern lassen zu können. Doch die Auernheimer waren vorsichtig, stellten die Feuerwehrspritze bereit und empfingen den Fürsten und seine Soldaten mit Wasserstrahlen. Dieser rief, halb verärgert, halb belustigt, aus: **»Ihr Wasserdippel!«** und versöhnte sich mit den Auernheimern. Die andere Deutung bezieht sich auf den **Wasserreichtum der Auernheimer.** Auf der ansonsten wasserarmen Alb hatten diese eine reich schüttende Quelle, den Buchbrunnen, und der befand sich am halben Hang, also am Kopf des Dorfes. Als Dippel wird im Schwäbischen ein dummer, ungeschickter Mensch bezeichnet, was zeigt, dass die Bewohner der Dörfer im Umkreis, die die Auernheimer als Wasserdippel bezeichneten, neidisch auf deren Wasserreichtum waren.

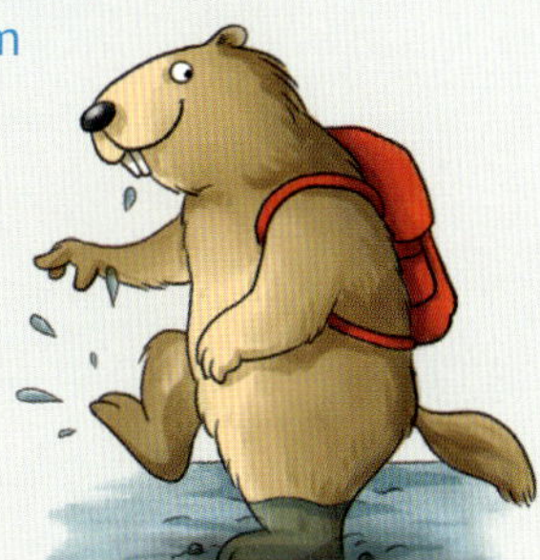

24 Bergbaupfad Aalen

RUNDWEG AB DEM TIEFEN STOLLEN

2.15 STUNDEN

5,6 KILOMETER

↗ 120 HÖHENMETER

↘ 120 HÖHENMETER

MITTEL ab 6 Jahren

Alte Stollen entdecken: Interessantes über das Leben der Bergleute erfahren – das können wir auf dem Bergbaupfad Aalen! Mit Start am Tiefen Stollen, der als Besucherbergwerk besichtigt werden kann (siehe Freizeittipp G6), machen wir uns auf die Suche nach Spuren des früheren Bergbaus und entdecken etliche Stollen, die manchmal etwas versteckt liegen. Auch die Grundmauern einer Winkelstation, die zu einer Materialseilbahn gehörte, können im Wald erkundet werden. Zwischendurch bieten sich immer wieder schöne Ausblicke auf Aalen und Umgebung. Ein Abstecher führt uns zum Woellwarthstein, den es zu entziffern gilt. Über Röthardt und die Erzgrube wandern wir auf schönen Pfaden zurück. Besonders zu empfehlen ist diese Wanderung im Frühjahr, wenn in den Wäldern die Frühblüher teils regelrechte Blütenteppiche bilden.

Ausgangspunkt: Parkplatz am Tiefen Stollen, 496 m. Navi: Erzhäusle 1, 73433 Aalen-Wasseralfingen. Anfahrt von der A7 (Ausfahrt 114, Aalen/ Westhausen) auf der B29 und dann auf der L1029 Richtung Aalen. In Wasseralfingen der Beschilderung zum Tiefen Stollen folgen.
Mit Bahn/Bus: Vom Hauptbahnhof Aalen mit der OVA-Buslinie 82 bzw. 83 bis zur Haltestelle Wasseralfingen, Erzgrube. Von November bis März nur montags bis Samstagmittag.
Ausrüstung: Gut profilierte Trekking- oder Wanderschuhe, Proviant und Getränke, Sonnenkappe und -schutz, Fernglas. Ggf. warme Jacke für Bergwerk. Taschen- oder Stirnlampe, um in die Stollen zu leuchten.
Anforderungen: Rundtour mit Abstechern, meist auf Waldwegen und -pfaden, teils auch länger auf asphaltierten Wegen und Straßen. Auf dem ersten Abschnitt ist dabei besondere Vorsicht geboten. Bei Nässe können die Waldpfade hinab etwas rutschig sein.
Markierung: Größtenteils beschildert als Bergbaupfad (Kombination aus mehreren Runden). Nur der Pfad am Schluss ist unmarkiert.

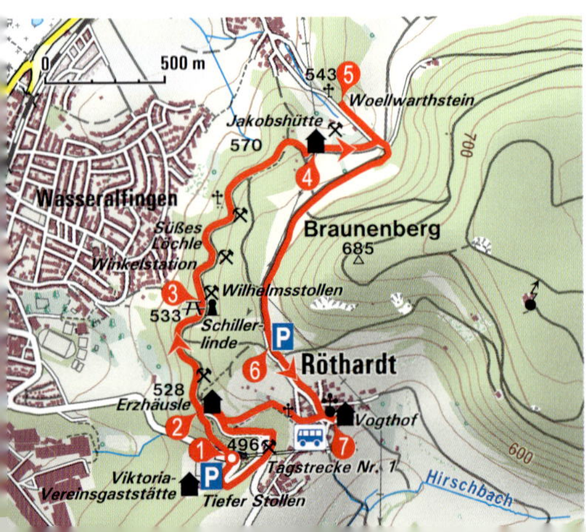

Einkehr: Waldgasthof Erzgrube (Mo und Di Ruhetag, Erzhäusle 10, 73433 Wasseralfingen, Tel. +49 7361 71524, waldgasthof-erzgrube.de), Jakobshütte (Mo und Mi Ruhetag, geöffnet ab 14.00 Uhr, So 10.00–20.00 Uhr, Tel. +49 7361 72533), Gasthaus Vogthof Röthardt mit Biergarten (Mo bis Do und So 11.30–14.00 Uhr, Bergbaustr. 28, 73433 Röthardt, Tel. +49 7361 73688, aalen-vogthof.de), Viktoria-

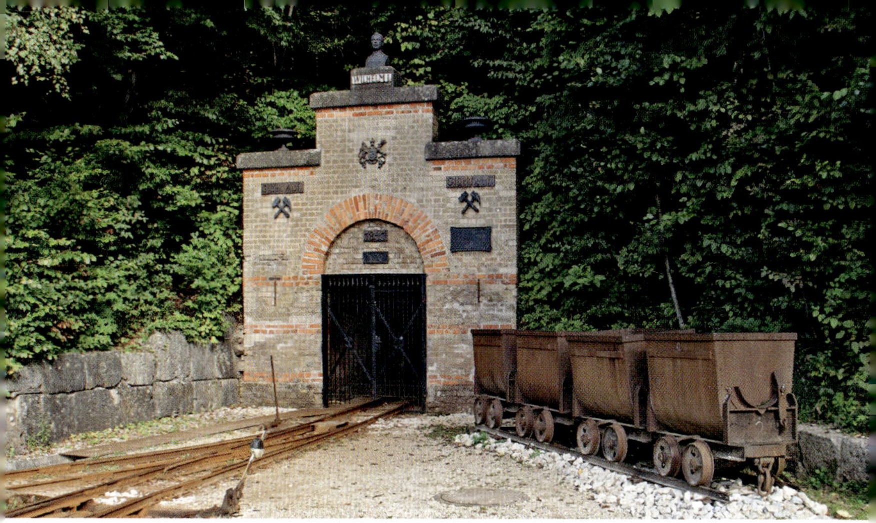

Vereinsgaststätte (Öffnungszeiten s. Website, Erzhäusle 19, 73433 Wasseralfingen, Tel. +49 7361 73226).
Kurzvariante: Die Wanderung kann auch an der Haltestelle Röthardt, Kapelle beendet werden (Buslinien 82 und 83). Abstecher weglassen (2.15 Std., 5,0 km, ab 5 Jahren).
Tipp: Urweltmuseum Aalen (s. Freizeittipp F12).

Mit solchen Loren wurde einst das Eisenerz aus dem Tiefen Stollen gefahren. Heute fährt hier die Grubenbahn Besucher in das ehemalige Bergwerk.

LOS GEHT'S Vom Parkplatz beim **Besucherbergwerk Tiefer Stollen 1** mit den ersten Infotafeln des Bergbaupfades und der Geopark-Infostelle folgen wir der Straße nach rechts. Nach der Kehre erreichen wir die Tagstrecke Nr. 1 sowie gegenüber das ehemalige Unterkunftshaus. Dieses lassen wir links liegen und queren das Sträßchen für einen Abstecher zum Tiefen Hilfs- und Wasserstollen sowie zum Pulvermagazin. Wieder zurück folgen wir nach rechts dem Wegweiser »Waldgasthof Erzgrube« und gelangen an einem hohlen Baumstamm mit Engelsfiguren vorbei zum **Erzhäusle 2**. Hier können wir jetzt oder auf dem Rückweg einkehren, denn nun beginnt unser eigentlicher Rundweg. Wir gehen um das Haus herum durch den Biergarten und wandern durch den Wald an weiteren Infotafeln vorbei, wobei wir aufpassen müssen, keine auszulassen. Nach »Wer's wild mag, bleibt ruhig« gelangen wir zum Stöcklesstollen. Im Bereich einer Wiese passieren wir den Wasserhochbehälter Wilhelmsstollen. Eine Schneise bietet kurz Aussicht. Nach der Infotafel »Woher kommt das Eisen?« führt ein Abstecher nach rechts zum Gedenkstein an der Schillerlinde. Mit größe-

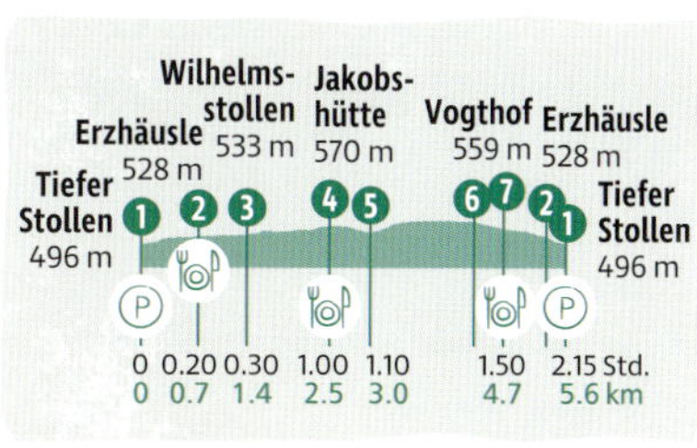

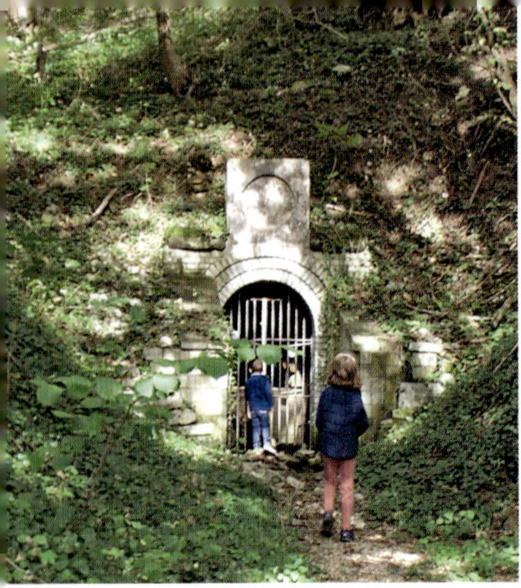

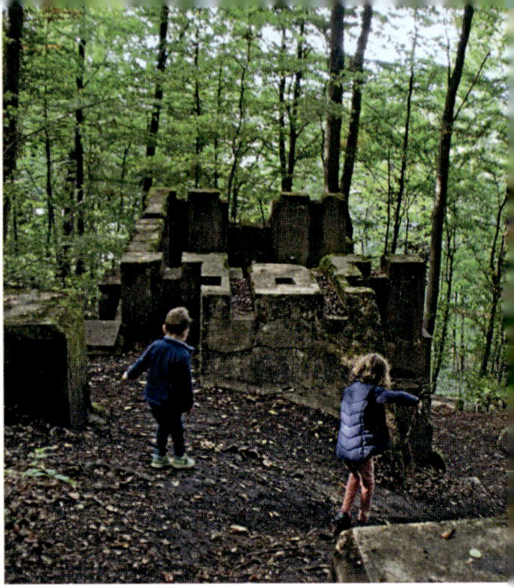

LINKS
Der Tiefe Hilfs- und Wasserstollen.

RECHTS
Im Wald unterhalb des Bergbaupfades befinden sich die Fundamente der Winkelstation.

ren Kindern kann altersgerecht über den Hintergrund, ein NS-Verbrechen, gesprochen werden.
Gegenüber der Grillstelle erreichen wir den **Wilhelmsstollen 3** ebenfalls über einen kurzen Abstecher. Als Nächstes schließt die Infotafel zur Winkelstation an, deren Fundamente wir unterhalb des Weges erkunden können. Ein Stück weiter machen wir nach rechts einen kurzen Abstecher zum »Süßen Löchle« mit Infotafel. Der Hauptweg führt uns weiter an Abraumhalden und Wetterstollen vorbei. In einer Rechtskurve verlassen wir die Bergbau-Runde und wandern nun auf der Aussichts-Runde nach links weiter. Nach Querung eines Seitentälchens passieren wir ein umzäuntes Grundstück – davor eine Gestalt mit Laterne. An der Einmündung verlassen wir den Lehrpfad und biegen rechts ab. Nun wieder aufwärts, gehen wir nach einem Wäldchen an der Einmündung nach links. Weiden und Streuobstwiesen begleiten uns. Auch die Aussicht auf das Albvorland können wir bereits genießen. Sogleich passieren wir die **Jakobshütte 4**, wo wir einkehren können. Treffen wir wieder auf den Lehrpfad, folgen wir für einen Abstecher dem Sträßchen nach links hinab. Nach der Infotafel zum Attenhofer Stollen gelangen wir zu der des **Woellwarthsteins 5**, den wir über einen kurzen Pfad durch den Wald hinauf erreichen.
Wieder zurück und weiter auf der Straße aufwärts, gelangen wir wieder beschildert zum Waldrand. Mit Aussicht auf das Albvorland – auch das Ellwanger Schloss ist bei guter Sicht zu erkennen – wandern wir auf dem Asphaltsträßchen stets geradeaus. Nach Wiesen und Weiden geht es erst an Waldrändern entlang, bevor wir nach der Infotafel Kalksteinbruch den **Wanderparkplatz Röt-**

Eine Fahrt mit der Grubenbahn ins Bergwerk Tiefer Stollen solltet ihr euch nicht entgehen lassen!

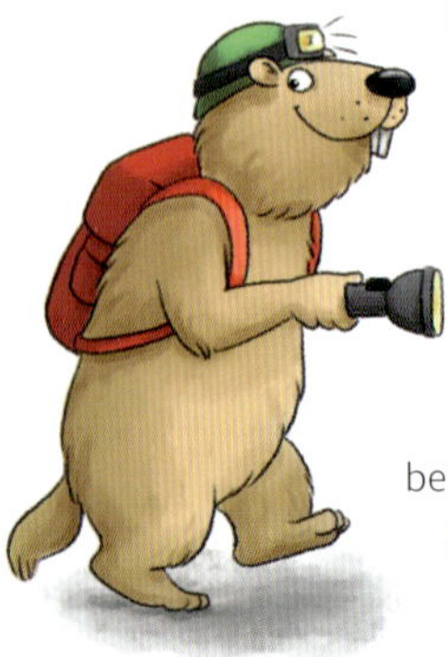

Hallo Kinder!

Die Spuren des früheren Bergbaus am Braunenberg bei Aalen sind nicht zu übersehen. Bereits vor über 400 Jahren wurde an diesem Berg erstmals Eisenerz gefunden – der **Woellwarthstein** markiert die Stelle. In Auftrag gegeben hatte die Suche Freiherr Hans Sigmund von Woellwarth. Damals im Jahr 1608 kündigte sich der bevorstehende Dreißigjährige Krieg, der zehn Jahre später beginnen sollte, bereits an. Da zur Herstellung von neuen Waffen Eisen gebraucht wurde, war dieser Fund von großer Bedeutung. Später wurde der in den Hüttenwerken aus Eisen hergestellte Stahl für **Eisenbahnschienen, Brücken, Maschinen und gusseiserne Öfen** verwendet. 1939 endete schließlich der Bergbau am Braunenberg mit der Stilllegung des Tiefen Stollens.

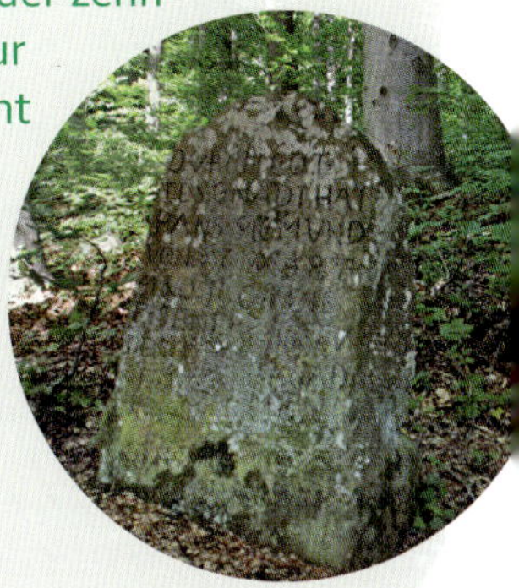

hardt ❻ passieren. Gleich danach bietet sich an einem Insektenhotel die Aussicht auf die Aalener Bucht, den Albtrauf sowie die drei Kaiserberge – von rechts nach links Hohenstaufen, Rechberg und Stuifen, welcher sich hinter dem Rosenstein versteckt. Sanft bergab wandern wir auf der Bergbaustraße weiter nach **Röthardt** hinein, wo wir in der Ortsmitte (Bushaltestelle) linker Hand im **Vogthof ❼** einkehren können. Danach nehmen wir gegenüber der Kapelle den etwas versteckten Fußweg nach rechts, der uns aus dem Ort hinaus- und an einem Wegkreuz vorbeiführt. Dann geht es hinab zur Einmündung beim **Erzhäusle ❷**, wo wir an den Infotafeln den Pfad durch den Wald hinab nehmen. Er führt uns zurück zum **Tiefen Stollen ❶**.

★Highlights

Geführte Besichtigung des Besucherbergwerks Tiefer Stollen inklusive Einfahrt mit der Grubenbahn (s. Freizeittipp G6).

Auf dem Bergbaupfad Stollen und weitere Spuren des früheren Bergbaus entdecken.

Nach der Tour: Bademöglichkeiten im Freibad Spiesel in Wasseralfingen (Spieselstr. 29, 73433 Wasseralfingen, Tel. +49 7361 9525770, sw-aalen.de/privatkunden/baeder-freizeit/freibaeder/freibad-spiesel) und chlorfrei im Naturerlebnisbad Niederalfingen (s. Freizeittipp B15) oder im Aalener Hallenbad (s. Freizeittipp B14).

25 Dellenhäule und Ebnater Tal

RUNDWANDERUNG ZUR AMEISENSTADT

3.00 STUNDEN

8,0 KILOMETER

↗ 70 HÖHENMETER

↘ 70 HÖHENMETER

MITTEL – ab 7 Jahren

Großstadt unter der Erde: Im Mittelpunkt dieser Wanderung durch das Naturschutzgebiet Dellenhäule stehen die Ameisen, deren unzählige Hügel die Heidelandschaft prägen. Doch diese Tour ist nicht nur etwas für Naturliebhaber, sondern auch für Flugzeugfans; denn bei schönem Wetter starten vom nahegelegenen Flugplatz Elchingen Kleinflugzeuge unterschiedlichster Art und fliegen direkt über das Naturschutzgebiet Dellenhäule. Geschichtsdetektive können das Geheimnis um einen Grenzstein lösen. Da die Wanderung durch ein empfindliches Naturschutzgebiet mit seltenen Tieren und Pflanzen führt, ist es wichtig, stets auf den Wegen zu bleiben und nur mit den Augen zu schauen. Die Wanderung verläuft größtenteils auf unbeschilderten Wegen und so können die Kinder sich als Pfadfinder betätigen.

Ausgangspunkt: Wanderparkplatz bei Beuren, 580 m. Navi: N48.81661, E10.24360. Anfahrt von der A7 (Ausfahrt 115, Aalen/Oberkochen) Richtung Aalen. An der Einmündung rechts auf der L1076 nach Waldhausen und hier abermals rechts auf der L1080 nach Beuren. Hier der Beschilderung »Naturschutzgebiet« auf dem Dellenhäuleweg sowie dem anschließenden Asphaltsträßchen Richtung Elchingen einen knappen Kilometer folgen.
Mit Bahn/Bus: Die Bushaltestelle in Beuren wird nur wochentags und nur ein- bis zweimal am Tag zu für Wanderer brauchbaren Zeiten bedient.
Ausrüstung: Gut profilierte Trekking- oder Wanderschuhe, genügend Proviant und Getränke, Sonnenkappe und Sonnenschutz.
Anforderungen: Mittellange Rundtour, meist auf Wald-, Gras-, Hei-

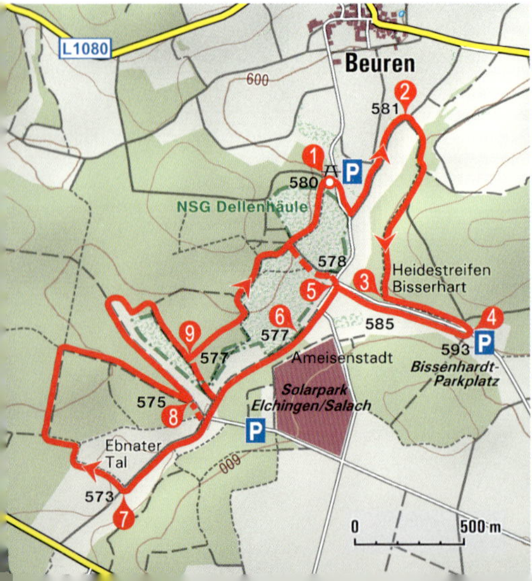

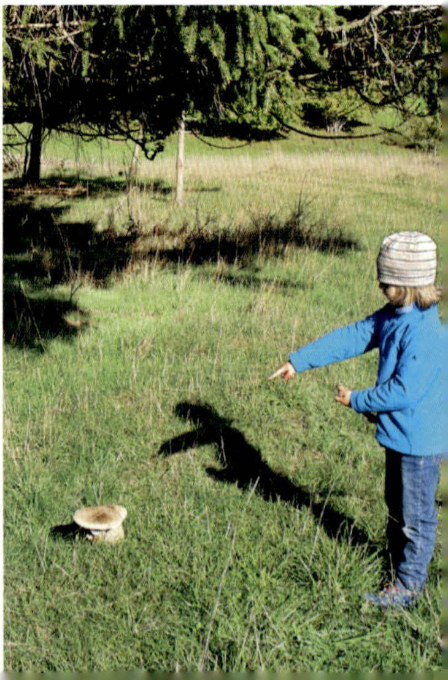

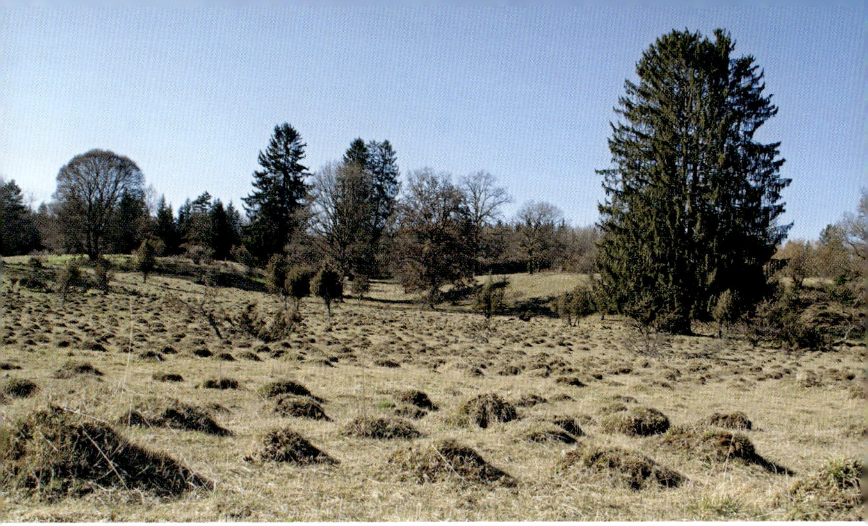

de- und Erdwegen. Anfangs und zwischendurch längere Abschnitte auf Asphalt bzw. Kies. Etwas Orientierungsvermögen erforderlich.
Markierung: Größtenteils unbeschildert.
Einkehr: Keine. Gasthäuser und Restaurants in den umliegenden Orten Waldhausen, Ebnat und Elchingen.
Kurzvarianten: Mehrere Abkürzungen sind möglich; beispielsweise ab Wegpunkt 5 nach rechts bis zum Fels mit Bank. Von hier nach links dem Weg hinauf zum toten Baumstamm an der Hauptroute folgen (1.30 Std., 3,3 km, ab 4 Jahren). Für eine andere Variante nach Wegpunkt 6 noch am Waldrand entlang und die reguläre Route, sobald sie asphaltiert wird, nach rechts verlassen. An der nächsten Heidefläche an einer mächtigen Fichte rechts in den Waldweg 9 einbiegen (2.00 Std., 4,8 km, ab 5 Jahren). Für die dritte Variante 75 m weiter geradeaus, dann nach rechts in den Waldrandweg einbiegen, der sogleich in den Wanderweg 8 mündet (2.15 Std., 5,9 km, ab 6 Jahren).

OBEN

Die Ameisenstadt im Naturschutzgebiet Dellenhäule.

LINKS UNTEN

Riesenschirmling entdeckt: Er wächst typischerweise in Wäldern, aber auch an Waldrändern und in offenem Grasland.

LOS GEHT'S Vom **Wanderparkplatz bei Beuren** 1 folgen wir dem Sträßchen weiter hinab und nehmen beim Radwegweiser den Kiesweg nach links, der uns an Wacholderheiden vorbei durch ein Trockental bringt. An einem weiteren **Radwegweiser** 2 geht der Kiesweg in einen Asphaltweg über. Hier nehmen wir den Spurweg nach rechts zum Wald hinüber, wo wir nach rechts in Waldrandnähe weiterwandern. Bald geht es in den Wald hinein. Hier dreiteilt sich der Weg, wir biegen rechts ab. An der nächsten Weggabelung abermals rechts. Dem neuen Waldweg folgen wir nun stets geradeaus durch den Wald bis zum Waldrand, wo wir den **Heidestreifen Bisserhart** 3 erreichen. Hier folgen wir dem Pfad nach links, der uns

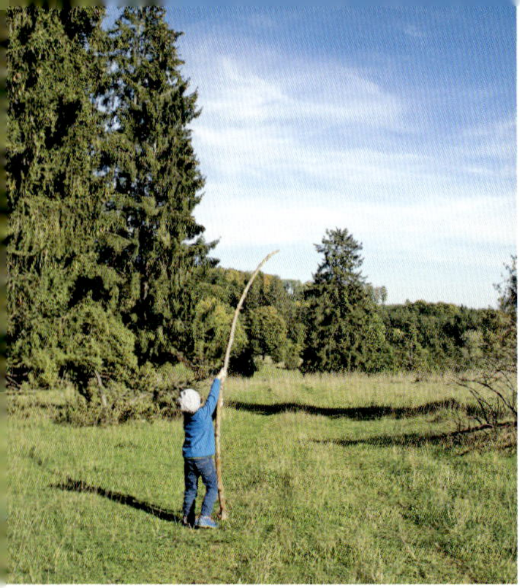

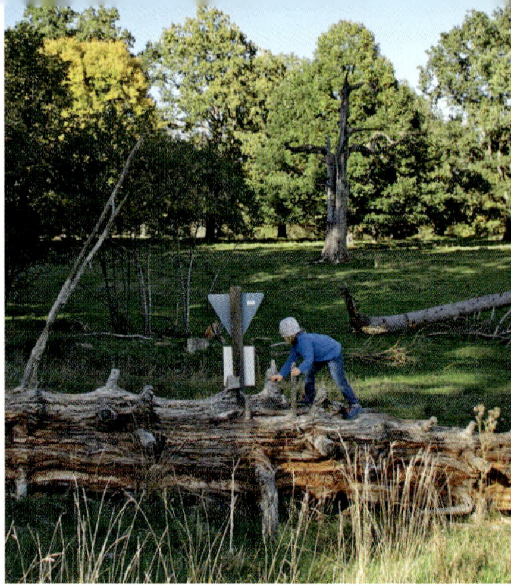

LINKS

Das Aufstellen von »Masten« ist im Naturschutzgebiet Dellenhäule nur auf den Wegen erlaubt.

RECHTS

Kraxelspaß: Dieser Kletterstamm liegt direkt am Weg.

am Waldrand entlang durch das Naturdenkmal und Biotop bringt. Am **Bissenhardt-Parkplatz** ❹ mündet er in den Beurener Weg, dem wir scharf nach rechts quasi wieder zurück folgen. Mit schönem Blick auf die Heideflächen wandern wir bis zur Einmündung in ein **Asphaltsträßchen** ❺ und halten uns links (für die Abkürzung ginge es nach rechts). Das Sträßchen geht bald in einen Grasweg über – links der Solarpark Elchingen/Salach –, der uns ein Stück weit an der **Ameisenstadt** ❻ und dann am Waldrand entlangführt. Wird der Weg wieder asphaltiert, bieten sich nach rechts zwei Abkürzungen an. Wir jedoch wandern geradeaus weiter. Hier im **Ebnater Tal** ❼ biegen wir bei einem Hochsitz an einer Hecke rechts ab und folgen dem Grasweg zum Waldrand und dann kurz nach rechts an ihm entlang. Sogleich nehmen wir den nach links in den Wald hinein abzweigenden Grasweg. Schon nach rund 150 m stoßen wir auf einen Forstweg, dem wir nach rechts folgen. Er bringt uns an einem bemoosten Baumstuhl (links) vorbei. Nun stets geradeaus gelangen wir zu einer Waldwegekreuzung, wo wir dem Hauptweg nach rechts folgen. Sanft abwärts führt er uns zum Waldrand, wo wir auf einen **Wanderweg** ❽ stoßen. Wir wandern hier nach links weiter, stets am Waldrand entlang mit schönem Blick auf die Heide. Direkt bevor es in den Wald hineingeht, nehmen wir den unscheinbaren Grasweg nach rechts, der uns kurz in den Wald hineinführt, wo wir jedoch sogleich rechts abbiegen und ihn wieder verlassen. So folgen wir dem Heideweg zwischen Waldrand und Heide bis zur letzten mächtigen Fichte. Hier zweigt nach links ein **grasi-**

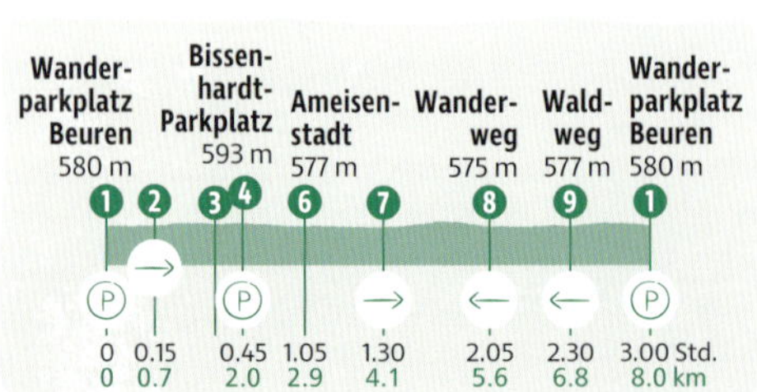

★Highlights

Schöne Wanderung durch eine beeindruckende, von unzähligen Ameisenhügeln geprägte Heidelandschaft und durch Wälder.

Flugzeugfans können verschiedene Kleinflugzeuge beobachten, die vom nahen Flugplatz Elchingen starten.

Nach der Tour: Bademöglichkeit im Aalener Hallenbad (s. Freizeittipp B14).

ger Waldweg 9 ab, dem wir folgen. Stets geradeaus führen uns Graswege durch den Wald, bis wir wieder auf die Heide treffen. Nach rechts blicken wir wieder auf den Solarpark. Wir folgen stets dem Heideweg, der uns am Waldrand entlangführt. Es geht an einem **Grenzstein** vorbei, dessen Bestimmung es zu enträtseln gilt. Der Buchstabe auf der einen Seite lässt als (einstigen) Besitzer der Fläche ein nahes Kloster erkennen, auf der anderen Seite ist ein Kreuz zu erkennen, das für ein nahes Schloss des Deutschen Ordens steht. In einem kleinen Seitentälchen liegt neben einem Naturschutzgebietsschild ein mächtiger toter Baumstamm. Unser Heideweg führt uns weiter geradeaus, nun zwischen mächtigen Eichen hindurch. Sogleich passieren wir eine alte Schaftränke sowie weiteres Totholz. Dann führt uns der Heideweg hinab und zurück zum **Wanderparkplatz bei Beuren 1**.

Hallo Kinder!

Besonders gut gefällt es im Naturschutzgebiet Dellenhäule offensichtlich der unterirdisch lebenden **Gelben Wiesenameise**, die hier ihr weltweit dichtestes Vorkommen hat. Warum dies so ist, ist ungeklärt, aber möglicherweise liegt es am sandigen Untergrund. In der **größten Ameisenstadt Mitteleuropas** leben in und unter rund 7.000 Ameisenhügeln 160 Millionen Arbeiterinnen jeweils pro Hektar, also auf einer Fläche von 100 m mal 100 m. Sie züchten Läuse und melken diese – der süße Honigtau ist ihre Hauptnahrung. Daneben kommen Fressfeinde der Gelben Wiesenameise wie **Grünspecht, Wendehals und Knotenameisen** vor. Pflanzen wie **Thymian** wachsen auf den sonnigen Ameisenhügeln und ziehen mit ihren Blüten wiederum bestimmte Schmetterlinge an.

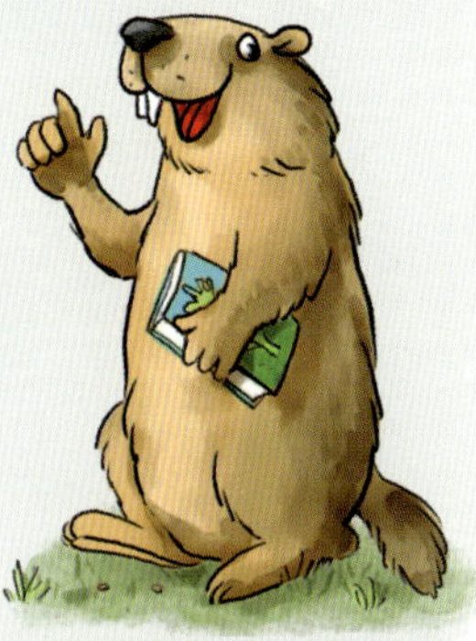

26 Naturlehrpfad Lauchheim

VOM FEUERWEHRWEIHER ZUM BEWEGUNGSPLATZ

2.00 STUNDEN

4,3 KILOMETER

↗ 80 HÖHENMETER

↘ 80 HÖHENMETER

LEICHT ab 4 Jahren

Entdeckungen am Wegesrand: Der Naturlehr- und Bewegungspfad Lauchheim ist mit etlichen Infotafeln zu den verschiedensten Naturthemen sowie zahlreichen Baumtafeln ausgestattet. Er führt uns an einem Spielplatz mit Barfußpfad sowie an der Fuchsmühle vorbei. Im Wald treffen wir auf typische Waldtiere und auf die Wildschützhütte, wo wir picknicken und die Aussicht genießen können. Der schöne Hackschnitzelweg führt weiter zum Bewegungsplatz. Bald geht es wieder durch die landwirtschaftlich genutzte Flur am Dormerlohweiher vorbei und mit Aussicht zum Naturklassenzimmer mit Fühlkästen und zahlreichen Quizfragen. An Streuobstwiesen vorbei wandern wir zum Feuerwehrweiher zurück – dort und auf dem Weg dorthin sind weitere spannende Entdeckungen möglich. Da wir zweimal in einem Tunnel die Riesbahn unterqueren und längere Zeit Blick auf die Bahnlinie haben, ist diese Wanderung auch für Eisenbahnfans geeignet – mit Glück sehen wir einen oder auch mehrere Züge.

Ausgangspunkt: Feuerwehrweiher Lauchheim, 495 m. Navi: Lindenstr. 11, 73466 Lauchheim. Anfahrt auf der B29 bis Lauchheim. Hier auf Hauptstraße bzw. Bopfinger Straße weiterfahren und nach Süden in die Lindenstraße abbiegen. So kommen wir direkt zum Feuerwehrweiher. Parken in den angrenzenden Straßen.
Mit Bahn/Bus: Vom Bahnhof Lauchheim (Strecke Aalen – Donauwörth) kurz nach rechts, dann an der Einmündung links abbiegen. Bei der nächsten Abzweigung rechts in die Sackgasse und auf dem anschließenden Geh- und Radweg über die Brücke. Stets geradeaus bis zur Kreuzung. Hier links auf der Kuhsteige bis zur Lindenstraße. Dieser nach rechts an einem Brunnen vorbei bis zum Feuerwehrweiher folgen (Gehzeit insgesamt: 2.30 Std., 6,6 km, ab 6 Jahren).
Ausrüstung: Feste Freizeitschuhe, genügend Proviant und Getränke, Sonnenkappe und Sonnenschutz.
Anforderungen: Leichte Rundwanderung, meist auf Asphalt-, Wald- und Kieswegen. Kurzer Anstieg im Wald. Vorsicht bei Straßenquerungen und im Tunnel. Etwas Orientierungsvermögen erforderlich.
Markierung: Größtenteils unbeschildert, kurzer Abschnitt als Trompetenweg ausgeschildert.

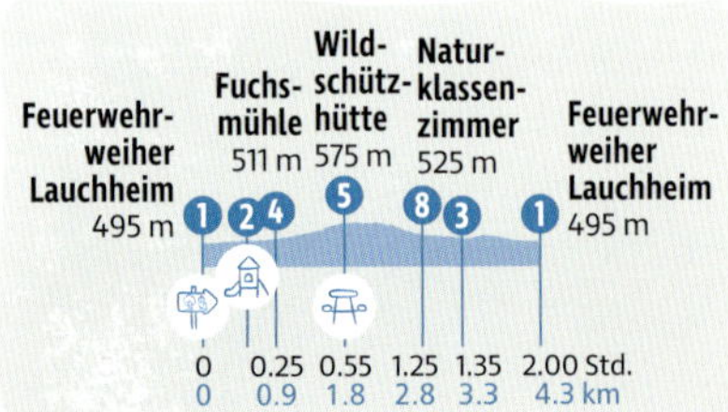

Einkehr: Landgasthaus Thamasett mit Biergarten (Öffnungszeiten s. Website, Lindenstr. 3, 73466 Lauchheim, Tel. +49 7363 954042, landgasthaus-thamasett.de). Weitere Gasthäuser und Cafés in Lauchheim.
Tipp: Besuch der Kapfenburg (s. Freizeittipp E3).

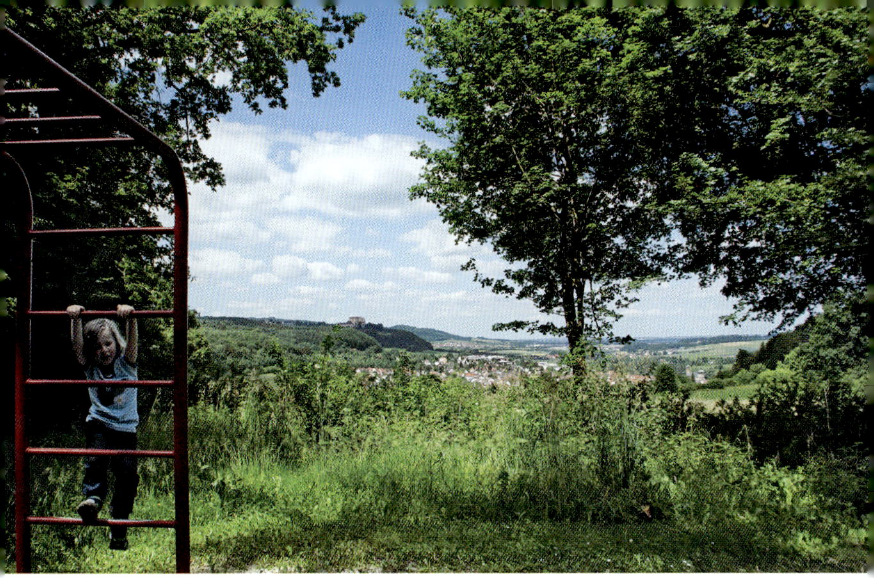

LOS GEHT'S An der Starttafel des Naturlehr- und Bewegungspfads am **Feuerwehrweiher ❶** queren wir die Lindenstraße und folgen ihr nach links. Beim Kindergarten St. Marien queren wir sie abermals und biegen links in den Fuchsmühlweg ein, wo sich sogleich die erste Baumtafel an einer Eberesche befindet. Stets geradeaus auf dem Gehsteig erreichen wir einen **Spielplatz ❷** mit Barfußpfad, Summstein und Bolzplatz. Bei den Altglas-Containern befindet sich an einem Walnussbaum die nächste Baumtafel. Es schließt ein Wanderparkplatz an. Dann erreichen wir direkt vor dem Bahndamm den **Rohrbach ❸**, wo nach links ein Fußweg abzweigt – hier werden wir später abbiegen. Jetzt unterqueren wir erst einmal in einem Tunnel die Bahnlinie und gehen geradeaus weiter. Nachdem wir etwas über Tiere vom Bauernhof und die Hainbuche erfahren haben, passieren wir die **Fuchsmühle ❹**. Das Sträßchen

OBEN

Klettern auf dem Geräteparcours mit herrlicher Aussicht. In der Bildmitte die Kapfenburg, davor Lauchheim.

UNTEN

Auf dem Spielplatz in Lauchheim gibt es auch einen Barfußpfad.

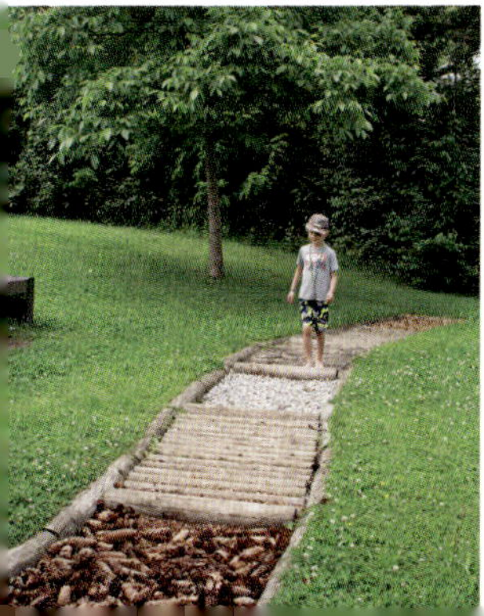

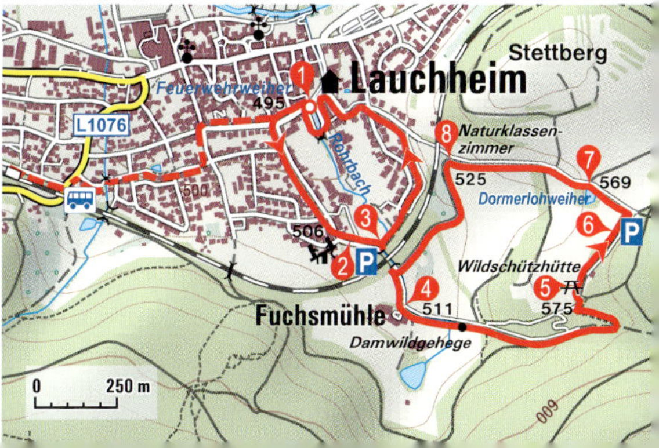

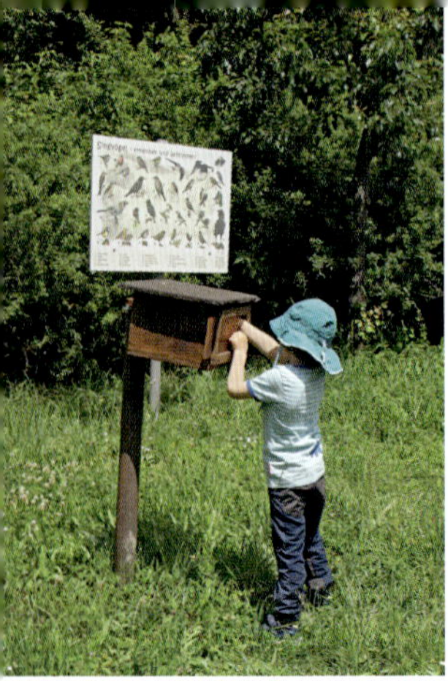

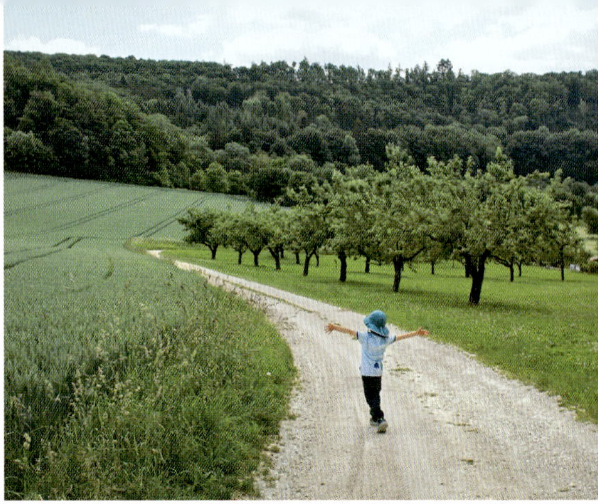

LINKS

Fühlkasten zum Aufschieben im Naturklassenzimmer.

RECHTS

Wandern ist einfach schön!

bringt uns weiter am Damwildgehege vorbei zum Kärcherwäldle und weiter ins Schießtal zum Schützenhaus, wo der Asphaltweg in einen Naturweg übergeht. Es folgen die Baumtafeln Fichte und Rotbuche, nach der wir sogleich links abbiegen. Hier steht auch die Schautafel »Wald, Wild und die Jagd«. Dem Waldweg folgen wir hinauf, biegen dann an der Einmündung nach der Schranke rechts und sogleich nach links auf einen Hackschnitzelweg ab. Hier lassen sich typische Waldtiere entdecken.

Bei den Baumtafeln Spitzahorn und Lärche erreichen wir die **Wildschützhütte 5**. Auf der Wiese befinden sich hier ein Grillplatz und mehrere Schautafeln. Nach der Baumtafel Sommerlinde folgen wir dem Hackschnitzelweg an der Schranke vorbei weiter. Er führt uns zum **Bewegungsplatz 6**, auch Platz »Zum Durchatmen« genannt, mit diversen Geräten, die zum Mitmachen einladen. Dann erreichen wir einen Wanderparkplatz und wandern links hinab weiter mit Blick auf den Stettberg. Das Sträßchen bringt uns zum **Dormerlohweiher 7**, wo wir vom Leben am und im Weiher erfahren. Uns links haltend erreichen wir ein Wegkreuz und die Schautafel »Biodiversität auf Grünland«. Das Sträßchen führt uns mit Aussicht auf Lauchheim und die Kapfenburg weiter hinab. Zweigt links ein anfangs asphaltierter Feldweg ab, folgen wir ihm zum **Naturklassenzimmer 8**, wo es zwei Tafeln mit Fragen an die Natur, eine Schautafel Singvögel, eine lange Holzbank sowie drei Fühlkästen zum Aufschieben gibt. Weiter geht es an Streuobstwiesen, einem Feldgehölz und einem Bienenstand vorbei. Dann treffen wir wieder auf das uns schon bekannte Sträßchen, dem wir unter der Bahnlinie hindurch folgen. Sogleich nehmen wir jedoch am **Rohrbach 3** den Fußweg nach rechts. Zwischen Bahndamm und Gärten führt er uns sanft hinauf, bis er in die Wohnstraße Am Stettberg einmündet. Auf der anderen Straßenseite folgen wir ihr nach links hinab, bis sie auf die Hardtsteige trifft. Diese queren wir in einem Rechts-Links-Schlenker und nehmen den Fußweg. Anschließend auf der Turmstraße nach rechts gelangen wir zur Lindenstraße. Hier befindet sich rechts das

★Highlights

Erlebnisweg mit zahlreichen Infotafeln und Baumtafeln sowie einem Naturklassenzimmer mit Fühlkästen und vielen Quizfragen.

Spielplatz mit Barfußpfad, Summstein und Bolzplatz sowie ein Bewegungsplatz mit zahlreichen Geräten und schöner Aussicht.

Im Sommer bietet das Freibad im nahen Westhausen Badespaß am Fuße der Kapfenburg. Hier gibt es eine große Badelandschaft mit 50 m langer Riesenwasserrutsche, Dreimeter-Sprungturm, Massagedüsen, separatem Kinderplanschbereich und Beachvolleyballfeld. Eine Skater-Anlage grenzt an das Freibad an (Badstraße, 73463 Westhausen, Tel. +49 7363 5440, westhausen.de/freizeit-tourismus/freibad).

Landgasthaus Thamasett, gegenüber ein Turm der ehemaligen Stadtbefestigung. Nach links geht es auf dem dortigen Gehweg an der Lindenstraße entlang bis zum **Feuerwehrweiher**, den wir zum Abschluss nach links im Uhrzeigersinn umrunden. Wir lernen von Brut- und Gastvögeln und können diese vielleicht auch beobachten. Über eine kleine Brücke durchwandern wir weiter die hübsche Anlage und gelangen nach rechts zurück zum **Ausgangspunkt ❶**.

Hallo Kinder!

Kennt ihr die Tiere, die auf einem Bauernhof leben? Klar, Pferd, Esel, Hauskatze und Hausschwein kennt jeder. Doch wisst ihr auch, dass es eine Schafrasse namens **Schwarznase** gibt oder wie **Thüringer Waldziegen** aussehen? Könnt ihr erklären, wie Käse oder Wolle hergestellt wird? Auf den anschaulichen Infotafeln des Naturlehr- und Bewegungspfades Lauchheim lernt ihr viel über verschiedene Lebensräume mit ihren Tieren und Pflanzen, die Natur und ihre Nutzung. Auch die typischen heimischen Baumarten lernt ihr kennen und zu unterscheiden. Wisst ihr eigentlich, warum ihr **niemals ganze Tannenzapfen auf dem Waldboden** finden könnt? Diese zerbröseln nämlich am Baum, während die hängenden Fichtenzapfen im Ganzen herunterfallen. Euer Wissen testen könnt ihr dann im Naturklassenzimmer anhand zahlreicher Quizfragen.

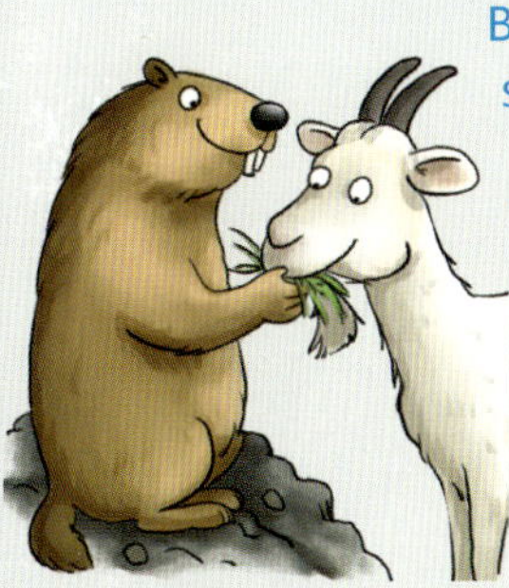

27 Auerochsenweg

IM TAL DER SCHNEIDHEIMER SECHTA

2.30 STUNDEN
5,9 KILOMETER
↗ 30 HÖHENMETER
↘ 30 HÖHENMETER
LEICHT ab 4 Jahren

Bachaue und Auerochsen: Die Wanderung startet am Ipfweiher, wo es neben einer keltischen Schutzhütte mit Rastbank eine Flachwasserzone gibt, in der am Wasser gespielt werden kann, sowie interessante Infotafeln, die im weiteren Verlauf noch mehrmals auftauchen werden. Reichlich bebildert und didaktisch gut aufgemacht, vermitteln sie viel Wissen über die Schneidheimer Sechta, ihre Renaturierung sowie die hier lebenden Tiere und Pflanzen. Auf der Wanderung durch das Tal können wir Auerochsen, die in der Aue weiden, beobachten sowie verschiedene Wasservögel. Besonders toll geht das mit Fernglas vom Beobachtungsturm aus, aber auch auf dem gesamten Weg mit einem mitgebrachten Fernglas. Die Weidenoase St. Wendelin lädt dazu ein, ihre besondere Atmosphäre zu erspüren, davor finden Kinder Balancier- und Klettermöglichkeiten. Immer wieder sind Ipf und Schloss Baldern zu sehen. Zum Schluss können wir am Ipfweiher noch die Bäume der Jahre des 21. Jahrhunderts kennenlernen, eine Rast machen oder am Wasser spielen.

Ausgangspunkt: Parkplatz an der keltischen Schutzhütte am Ipfweiher nördlich von Bopfingen-Oberdorf, 467 m. Navi: N48.88035, E10.35255. Anfahrt auf der B29 bis Bopfingen. Hier auf die L1070 Richtung Ellwangen abbiegen. Nach dem Ortsende von Oberdorf und nach der Abzweigung nach Baldern in einer Linkskurve einem unbeschilderten Asphaltweg nach rechts bis zum Parkplatz am Ipfweiher folgen.
Mit Bahn/Bus: Vom Bahnhof Bopfingen (Strecke Aalen – Donauwörth). Mo bis Fr mit dem OVA-Bus Linie Nr. 7865 bis zur Haltestelle Bopfingen, Edelmühle. Kurz der Landesstraße nach Süden folgen und dann auf dem Asphaltweg nach links bis zum Einstieg in die Tour beim Parkplatz am Edelbach kurz vor Wegpunkt 3 (Gehzeit insgesamt: 2.00 Std., 4,9 km).

Freunde, das Fernglas nicht vergessen! Auf dieser Tour könnt ihr Auerochsen und Vögel beobachten.

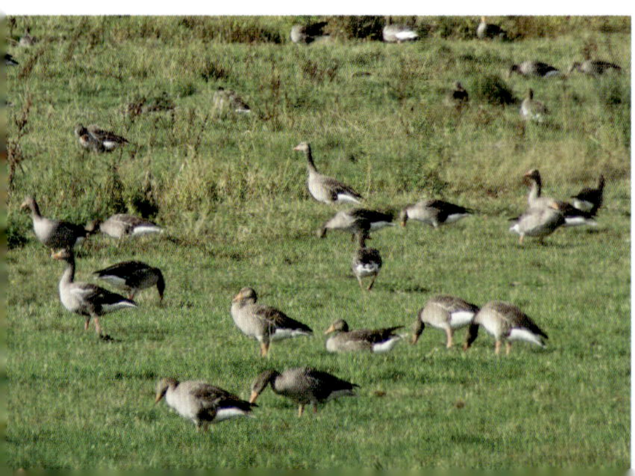

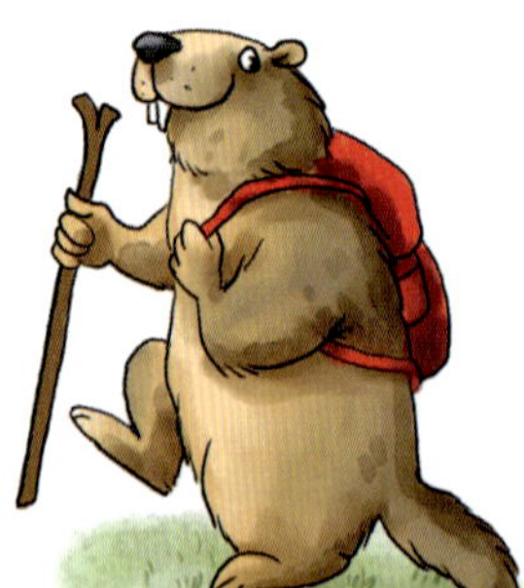

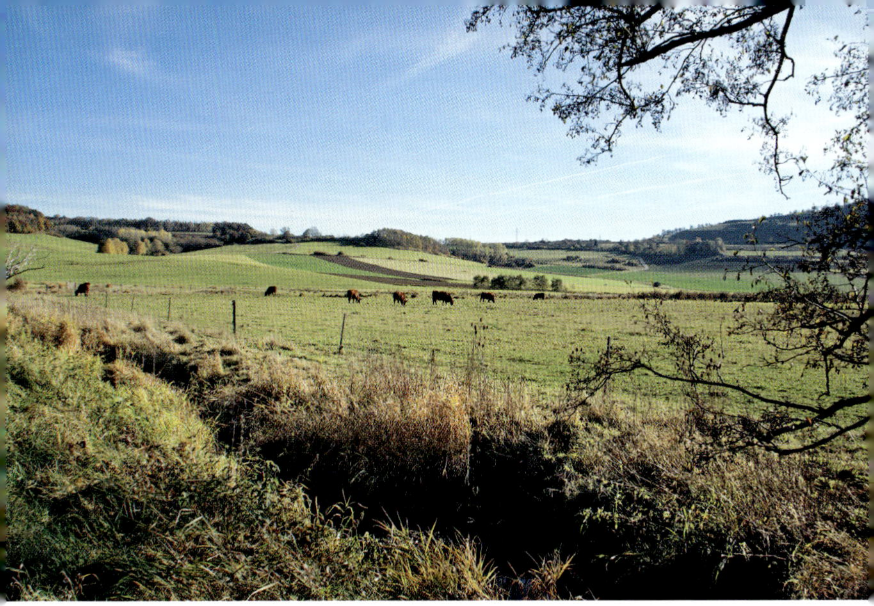

Ausrüstung: Feste Freizeitschuhe, genügend Proviant und Getränke, Sonnenkappe und Sonnenschutz. Vogelbestimmungsbuch und Fernglas mitnehmen.
Anforderungen: Leichte Rundwanderung, meist auf Feld-, Kies- und Asphaltwegen.
Markierung: Ausgeschildert als Auerochsenweg.
Einkehr: Keine. Gasthäuser, Restaurants und Cafés in den umliegenden Orten Bopfingen, Baldern, Dirgenheim, Kirchheim am Ries und Kerkingen.
Kurzvariante: Alternativer Start am Parkplatz am Edelbach kurz vor Wegpunkt 3. Zu erreichen über einen Asphaltweg, der von der L1070 zwischen Meisterstall und Edelmühle abzweigt (1.45 Std., 3,8 km, ab 3 Jahren).
Tipps: Schloss Baldern (s. Freizeittipp E4). Aussichtsberg Ipf mit keltischer Freilichtanlage (beschilderter Parkplatz zu erreichen von der L1078 zwischen Bopfingen und Kirchheim am Ries). Im Sommer Badestelle Unterschneidheim mit großer Liegewiese, Beachvolleyballfeld, Spielplatz und Kiosk (Navi: N48.94649, E10.35995).

OBEN

Besonders schön ist das Sechtatal im Herbst.

LINKS UNTEN

Graugänse auf den Weideflächen am Ufer der Sechta.

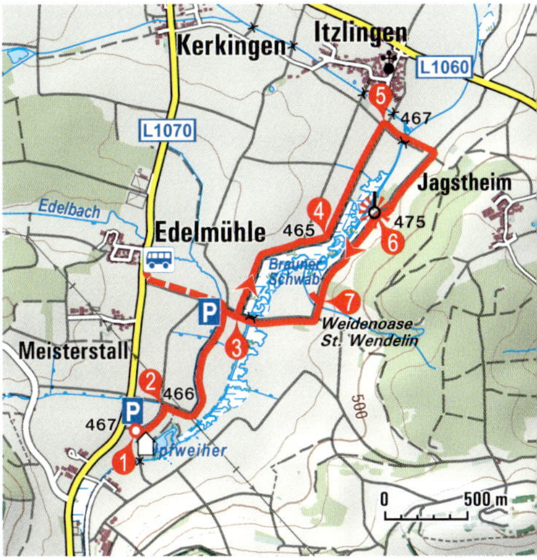

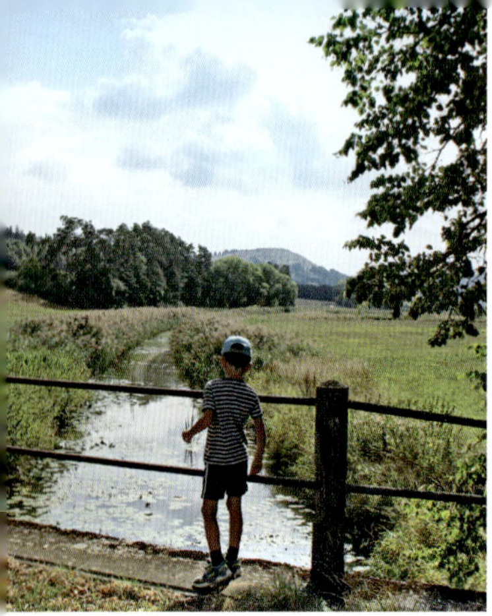

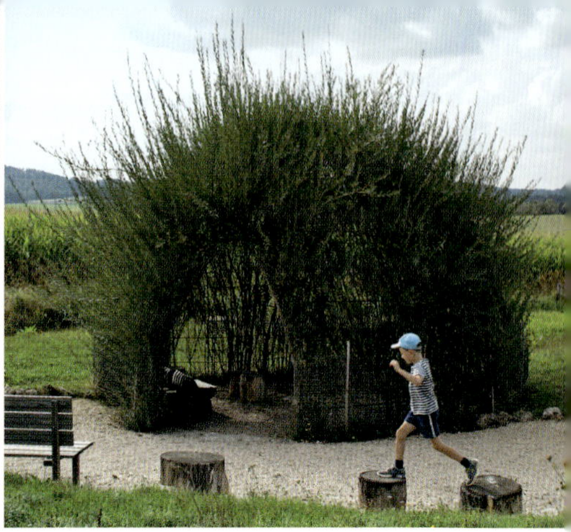

LINKS
Idyllisches Plätzchen auf der alten Sechtabrücke mit Blick auf den Ipf.

RECHTS
Wer genug entspannt hat, kann an der Weidenoase auch springen und balancieren.

LOS GEHT'S

Am **Parkplatz** 1 an der keltischen Schutzhütte am **Ipfweiher** finden sich bereits interessante Tafeln. Nach deren Lektüre wenden wir uns nach rechts und folgen dem Asphaltweg, bis wir direkt nach Querung des Goldäckergrabens an einem Pfosten mit Rad-Wegweisern zu einer **Abzweigung** 2 gelangen. Hier nehmen wir den Kiesweg nach rechts, der uns näher an die Schneidheimer Sechta heranbringt und an Rohrglanzröhrichten sowie Auerochsenweideflächen entlangführt. An einem Parkplatz folgen wir dem Asphaltweg nach rechts über den Edelbach bis zu großen **Radwegweisern** 3. Dort starten wir nach links unsere eigentliche Rundwanderung. An Infotafeln und einem schmucken Kreuz wandern wir nach rechts auf dem Kiesweg weiter. So gelangen wir im Bereich einer Linkskurve am Tümpel **Brauner Schwab** 4 vorbei. Der Kiesweg führt uns weiter über die Weiden und Wiesen mit Blick auf die Schneidheimer Sechta sowie weitere Weideflächen mit Auerochsen und Itzlingen. An der nächsten **Wegkreuzung** 5 kurz vor Itzlingen biegen wir rechts in den Asphaltweg ab und überqueren auf der neuen Brücke das Fließgewässer. Wer will, kann auch die alte, von Bäumen flankierte Sechtabrücke nutzen, die an einem Marterl vorbeiführt, wenn sie nicht gerade für die Auerochsen gesperrt ist. An der Einmündung biegen wir rechts ab und erreichen, unser Asphaltweg ist bereits in einen Kiesweg übergegangen, etwas ansteigend nach einem Feldgehölz den **Beobachtungsturm** 6 mit Fernglas.

Dem Kiesweg folgen wir mit schönem Blick auf die Aue weiter – im Bereich des Braunen Schwabs an einer Infotafel zur Sechtarenaturierung vorbei – und gelangen direkt vor dem Klingengraben zur **Weidenoase**

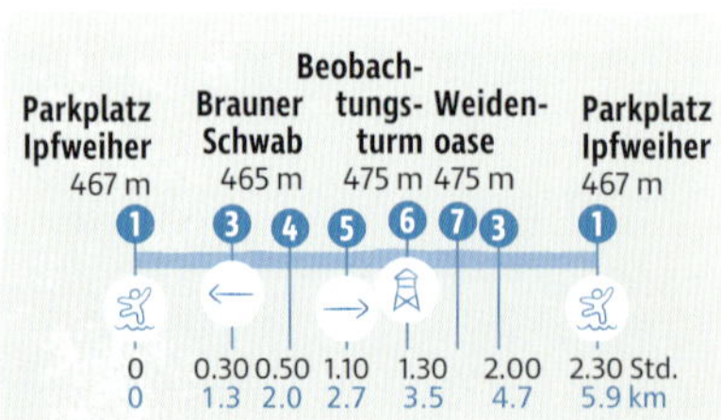

Hallo Kinder!

Habt ihr gewusst, dass es echte **Auerochsen** gar nicht mehr gibt? Das letzte Exemplar ist nämlich 1627 in Polen gestorben. Doch bereits seit mehr als 100 Jahren werden Auerochsen aus alten Rinderrassen rückgezüchtet. Daher gibt es heute die beeindruckenden Tiere mit den mächtigen Hörnern und dem hellen Aalstrich auf dem Rücken, die ganzjährig die Aue der Schneidheimer Sechta beweiden. Da sie für die Freihaltung der Landschaft zuständig sind und im Winter Altgras und Gehölze fressen, sollen sie nicht gefüttert werden. An der **Schneidheimer Sechta** haben auch andere Tiere ihren Lebensraum. Im Kiesbett kommt die **vom Aussterben bedrohte Bachmuschel** in recht großer Zahl vor, **Eisvögel** legen in steilen Uferabbrüchen ihre Brutröhren an und die scheuen **Biber** stauen durch die Anlage von Dämmen das Wasser auf.

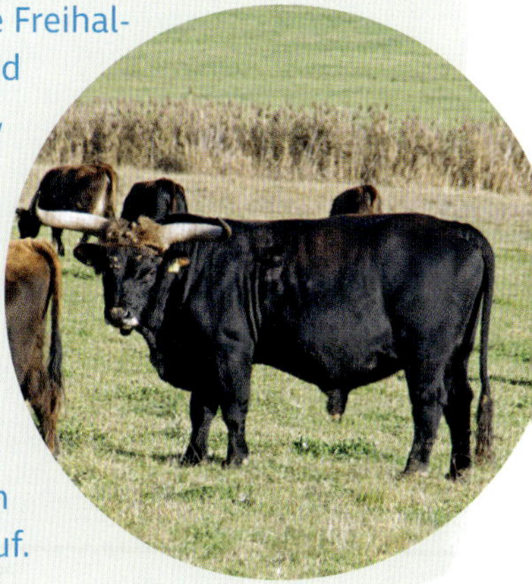

St. Wendelin ⑦. Dann erreichen wir an einem Feldgehölz eine Wegkreuzung – der Asphaltweg bringt uns nach rechts mit Blick auf Schloss Baldern hinab und abermals über die Schneidheimer Sechta. Ab Wegpunkt ③ wandern wir auf dem bekannten Weg mit Blick auf den Ipf zum **Parkplatz** ① zurück. Ab der Schutzhütte können wir auch noch einem Kiesweg zum Ipfweiher folgen, entlang dem die Bäume des Jahres, beginnend mit der Birke im Jahr 2000, gepflanzt sind. Im Bereich der Flachwasserzone besteht die Möglichkeit zum Spielen am Wasser.

★Highlights

Mächtige Auerochsen auf der Weide beobachten.

Einen renaturierten Bachlauf mit Aue erleben.

Vom Beobachtungsturm mit dem Fernglas in die Weite spähen.

Die besondere Atmosphäre der idyllischen Weidenoase St. Wendelin erspüren.

Wem es nach der Wanderung noch nicht reicht, kann den nahen Ipf besteigen oder im Infopavillon viel Wissenswertes über den Bopfinger Hausberg erfahren.

28 Biber- und Baumlehrpfad

NATURERLEBNISWANDERUNG BEI BENZENZIMMERN

1.00 STUNDEN

2,4 KILOMETER

↗ 20 HÖHENMETER

↘ 20 HÖHENMETER

LEICHT ab 3 Jahren

Dem Biber auf der Spur: Durch eine vom größten Nagetier Europas geschaffene Landschaft führt uns diese Kurzwanderung. Einst ausgerottet, dann unter Naturschutz gestellt, erobert er seit Jahren die Gewässer und gestaltet sie nach seinen Bedürfnissen um. Da er eine gewisse Wassertiefe zum Schwimmen benötigt, baut er Dämme aus Ästen, Zweigen, Blättern und Schlamm. Zum Schutz der Bäume wurden Drahtmäntel angebracht. Ob diese den schlauen Nager abhalten, wird sich zeigen. Neben diesem beeindruckenden, vom Biber geschaffenen naturnahen Bachabschnitt, der als Biotop geschützt ist, können wir heimische Baum- und Straucharten entdecken. Immer wieder laden Bänke zum Erholen und Beobachten ein. Wer ein Fernglas dabei hat, kann Vögel beobachten. Auch der seltene und scheue Eisvogel soll hier auf Jagd nach Fischen gehen. Leichter zu entdecken sind verschiedene Wasservögel wie Enten, Gänse, Bläss- und Teichhühner.

Ausgangspunkt: Starttafel am westlichen Ortsrand von Benzenzimmern, 448 m. Navi: Sonnenhalde 1, 73467 Kirchheim am Ries – Benzenzimmern. Anfahrt von der A7 (Ausfahrt 113, Ellwangen) auf der L1060 in Richtung Nördlingen bis Benzenzimmern. Am westlichen Ortsrand von der Hauptstraße in die Sonnenhalde abbiegen und dort parken. Die Starttafel erreicht man auf dem Geh- und Radweg, der gleich am Beginn der Sonnenhalde nach links abzweigt.
Mit Bahn/Bus: Vom Bahnhof Bopfingen (Strecke Aalen – Donauwörth). von Mo bis Sa mit den OVA-Linien Nr. 91, 95 und 99 nach Benzenzimmern. Fahrzeiten in Ferien und samstags stark eingeschränkt. Von der Bushaltestelle an der Hauptstraße entlang westwärts und an der Einmündung Sonnenhalde dem Radweg zur Starttafel folgen (ca. 300 m).
Ausrüstung: Feste Freizeitschuhe, bei Bedarf Proviant und Getränke, Sonnenkappe und -schutz, Fernglas und Vogelbestimmungsbuch.
Anforderungen: Leichte Rundwanderung, meist auf Asphalt-, Gras- und Erdwegen.
Markierung: Der Biber weist uns den Weg.
Einkehr: Keine. Gasthäuser, Restaurants und Cafés in den umliegenden Orten Dirgenheim, Kirchheim am Ries, Kerkingen und Wallerstein.
Tipps: Tolle Spielplätze in Benzenzimmern, Am Brühlgraben, neben Alter Schule, in Goldburghausen, Im Brühl, sowie in Munzingen, Dorfstr. 24. In Munzingen gibt es in der Dorfstraße direkt am Steinbach zudem eine Wasserkurbel.

Wer Biber in freier Natur beobachten will, muss viel Glück haben. Aber ihre Spuren sind nicht zu übersehen.

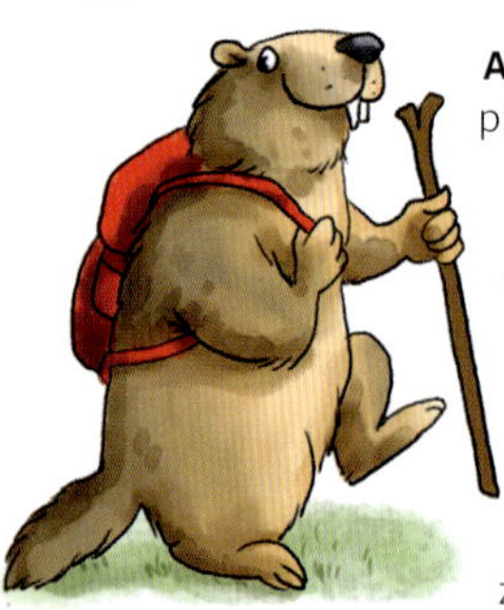

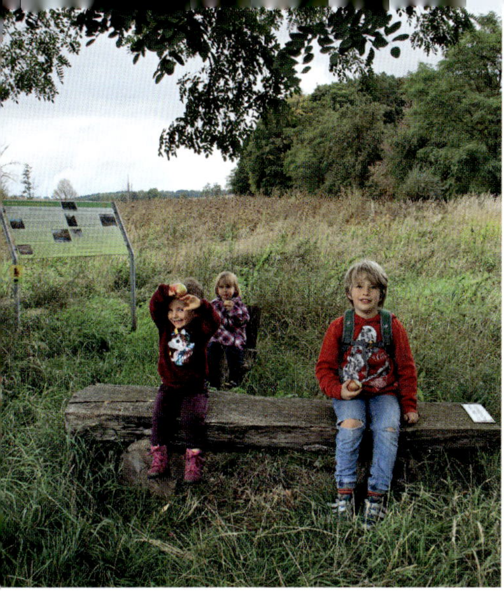

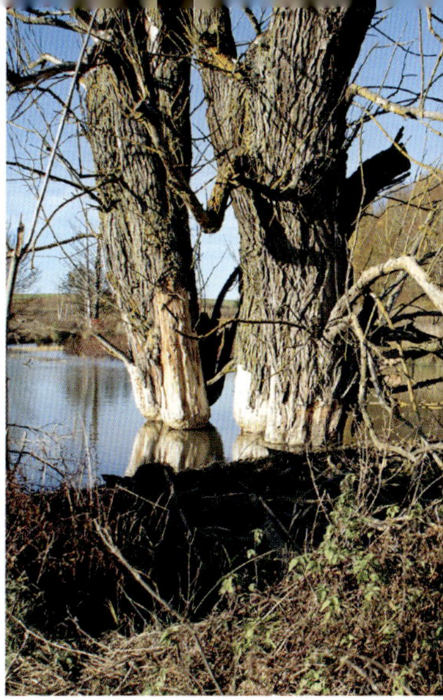

LINKS

Rast an einer Infotafel des Bibererlebnispfades.

RECHTS

Hier haben die Biber schon ganze Arbeit geleistet – wie lange die Bäume wohl noch stehen?

LOS GEHT'S

An der **Starttafel ❶** an dem kleinen See machen zwei Panoramaliegen, Rastbänke und eine Hütte bereits Lust auf eine Rast nach der Wanderung. Von hier folgen wir dem Asphaltweg am Goldbachgraben, der auch Brühl- oder Riedgraben genannt wird, entlang. Schilder informieren immer wieder über die verschiedenen Baum- und Straucharten. An der **Infotafel Biber ❷** beginnt der eigentliche Rundweg, für den wir nach links abbiegen. Schon sind wir im Biberrevier und können auf dem weiteren Weg die beeindruckende Seenlandschaft bestaunen, die die Biber hier geschaffen haben. Wendet sich der Feldweg an einer Bank nach links, verlassen wir ihn bei der nächsten Gelegenheit, indem wir rund 100 m nach der Bank den rechts abzweigenden **Grasweg ❸** nehmen. Um diesen nicht zu verfehlen, achten wir auf die Bodenmarkie-

★Highlights

- Vom Biber umgestaltete Gewässerlandschaft erleben.
- Wasservögel und vielleicht sogar den seltenen und scheuen Eisvogel beobachten.
- Einen Blick vom Aussichtsturm wagen.
- Auf kleinen Infotafeln werden Bäume und Sträucher vorgestellt.

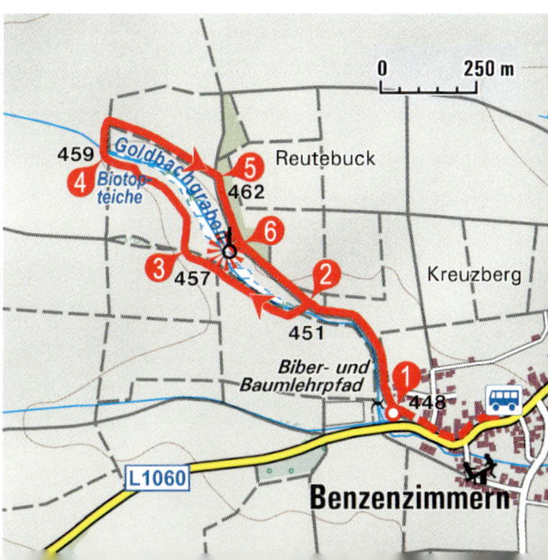

Hallo Kinder!

Seid nicht enttäuscht, wenn ihr auf dem Erlebnisweg vergeblich nach Bibern Ausschau haltet. Vielleicht entdeckt ihr stattdessen andere Tiere wie zum Beispiel **Feuerwanzen**. Manche Menschen verwechseln diese Tiere ja mit Marienkäfern, doch wenn ihr genau hinschaut, seht ihr, dass sie keine halbkugelige, sondern eine **längliche Körperform** sowie eine andere Körperzeichnung haben. Die **schwarz-rote Färbung** hat ihnen auch ihren deutschen Namen eingebracht. Obwohl sie kaum giftig sind, schrecken Vögel vor diesen Warnfarben zurück und fressen sie nur selten. Im Gegensatz zu Marienkäfern können Feuerwanzen auch nicht fliegen. Sie leben sehr gesellig, weswegen sie meist in großer Zahl zu finden sind, beispielsweise an sonnigen Plätzen oder am Stammfuß von Linden. Oft sind dabei erwachsene Tiere sowie unterschiedlich alte Jungtiere, sogenannte **Nymphen**, bei denen die rote Färbung überwiegt, anzutreffen.

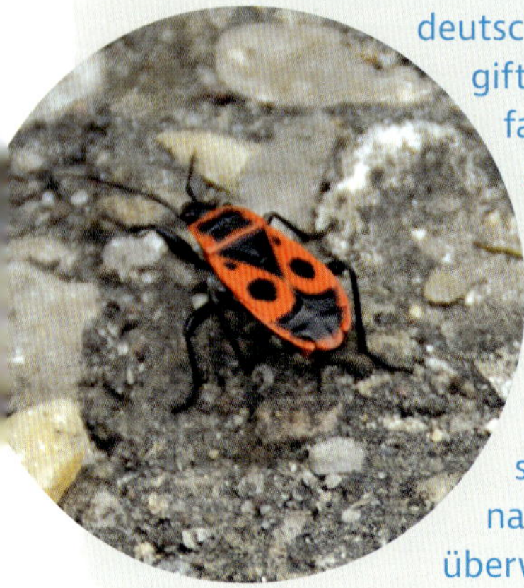

rung, die jedoch durch die Landwirtschaft verschmutzt sein kann. Der Grasweg führt mit schönem Blick weiter in Gewässernähe, wo wir Wasservögel beobachten können. Stets auf dem Grasweg halten wir bald auf einen Hochsitz zu und wandern dann ein Stück direkt am Goldbachgraben entlang. An zwei **Biotopteichen** ❹, die zur Fischzucht künstlich angelegt worden sind, geht es für uns rechts weiter. Nach der Brücke biegen wir bereits bei der nächsten Gelegenheit erneut rechts ab – auch hier eine eventuell verschmutzte Bodenmarkierung. Der Feldweg führt uns abermals mit einem schönen Blick auf die Bachlandschaft zum **Waldrand** ❺. Hier treffen wir wieder auf den Baumlehrpfad und folgen am Reisig- und Astholzplatz vorbei dem Asphaltweg nach rechts. Nach einem **Aussichtsturm** ❻ geht es ab der **Infotafel Biber** ❷ auf dem bekannten Weg zum Ausgangspunkt an der **Starttafel** ❶ zurück.

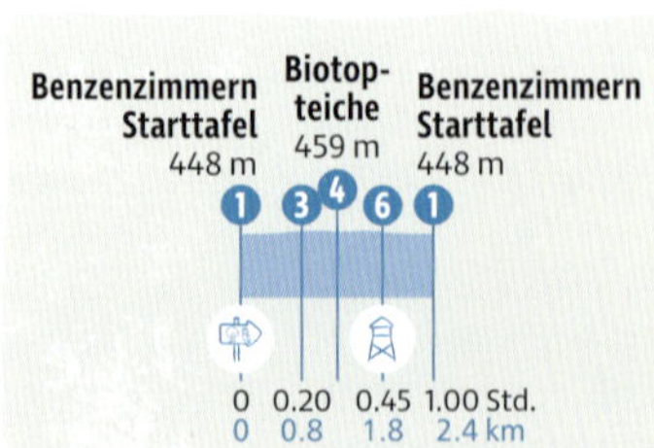

Geotope Klosterberg

VON MAIHINGEN DURCH DAS ROMANTISCHE MAUCHTAL

29

1.30 STUNDEN

3,4 KILOMETER

↗ 40 HÖHENMETER

↘ 40 HÖHENMETER

ab 4 Jahren LEICHT

Mühlen, Natur und Steine: Diese Wanderung führt uns durch das idyllische Tal der Mauch mit Kloster- und Langenmühle. Es geht vorbei an alten kleineren und größeren Steinbrüchen, wo wir verschiedene Gesteine kennenlernen können, die durch den Einschlag eines Asteroiden vor rund 15 Millionen Jahren beeinflusst oder gar neu entstanden sind. Infotafeln erläutern ausführlich die Geologie, aber auch Wissenswertes zu Pflanzen und Tieren. An einem alten Steinkreuz und später am Rentnerkreuz, wo zudem eine Panoramatafel die Landschaft erklärt, können wir die Aussicht genießen. Zwischendurch bietet sich im Steinbruch am Hahnberg die Gelegenheit, nach winzig kleinen Fossilien aus der Riesseezeit zu suchen. Zuletzt geht es durch den Wald hinab und wir können nach der Wanderung noch das spannende Museum KulturLand Ries (siehe Freizeittipp F13) mit etlichen interaktiven Stationen besuchen.

Ausgangspunkt: Parkplatz an der Hauptstraße in Maihingen, 427 m. Navi: Hauptstr. 2, 86747 Maihingen. Anfahrt auf der B25 bis Marktoffingen. Hier Richtung Maihingen abbiegen. Der Parkplatz befindet sich gleich am Ortsanfang auf der rechten Seite.
Mit Bahn/Bus: Vom Bahnhof Nördlingen (Strecke Aalen – Donauwörth) Mo – Sa mit der VDR-Linie 102 bis zur Haltestelle Maihingen, Hauptstraße. Fahrzeiten in Ferien und samstags stark eingeschränkt, teils Rufbus (Rufbuslinie 868). Von der Bushaltestelle an der Hauptstraße entlang westwärts, nach der Mauchbrücke halb rechts auf den Asphaltweg zum Einstieg in die Tour (200 m).
Ausrüstung: Gut profilierte Trekking- oder Wanderschuhe, Sonnenkappe und -schutz, Lupe für die Minifossilien.
Anforderungen: Leichte Runde, meist auf Kies-, Wiesen- und Waldwegen. Einige steilere Abschnitte können rutschig sein.

Die Mauch lässt sich mittels einer Furt, eines Steges sowie einer Brücke überqueren.

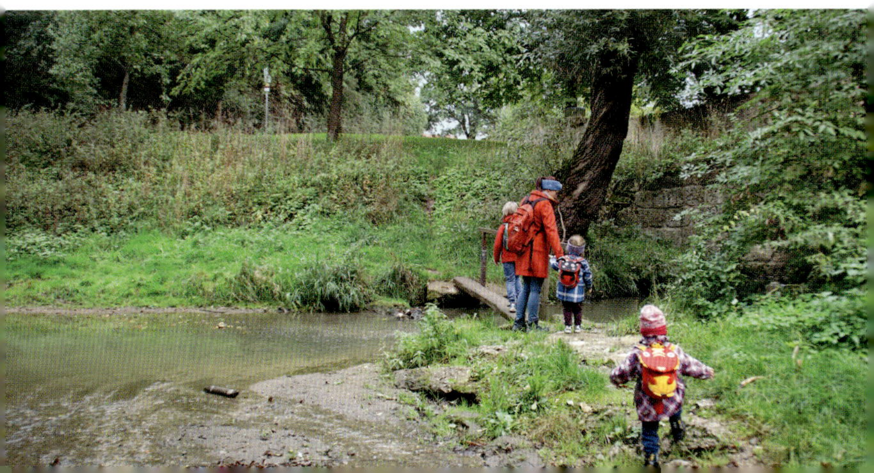

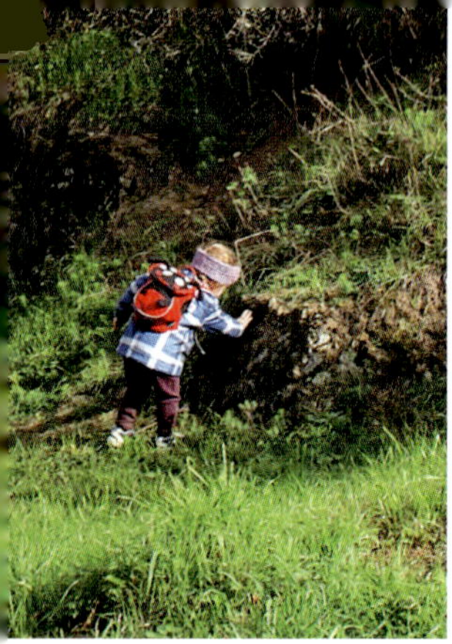

Hier ist Gestein an der Oberfläche zu sehen, das durch den Asteroideneinschlag nach oben gefedert wurde.

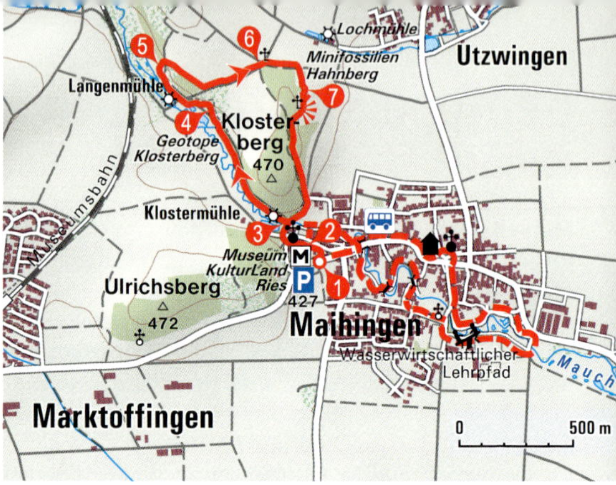

Markierung: Gelb-rote Schilder »Geotope Klosterberg«.

Einkehr: Nur im Gasthaus Zur Goldenen Sonne in Maihingen (geöffnet 11.00–14.00 Uhr und ab 17.00 Uhr, Di und Mi Ruhetag, Hauptstr. 28, Tel. +49 9087 226, sonne-maihingen.de).

Variante: Wer die Wanderung erweitern will, biegt auf dem Rückweg nach der Klosterkirche links in den Klostergarten ab. Dann nach rechts auf dem Grasweg immer an der Mauch entlang – an einem Hühnergehege vorbei, an der Mauchbrücke über die Hauptstraße, über eine Brücke und an Ziegen vorbei. Stets rechts halten und abermals über eine Brücke. Nun folgt ein Stück auf der Straße, an der Einmündung nach links am Rieser Bauernhaus und der Kapelle vorbei. Über die Straße, kurz rechts und dann dem Wegweiser zum Wasserwirtschaftlichen Lehrpfad folgen. Dieser ist mit Schautafeln ausgestattet, die uns nach einem Spielplatz mit Bolzplatz u. a. über Vögel und Pflanzen, Fische und Gewässergüte informieren. Stets links halten, bei der Kläranlage über eine Brücke. An der nächsten Brücke rechts die Straße hinauf zum Rathaus und zur Pfarrkirche. Entlang der Hauptstraße nach links zum Gasthaus Zur Goldenen Sonne und weiter zurück zur Hauptroute (Gehzeit insgesamt 2.15 Std., 6,4 km, ab 6 Jahren).

LOS GEHT'S Vom Parkplatz in **Maihingen** ❶ wenden wir uns nach rechts und folgen am Dorfanger sogleich der Beschilderung nach links zum **Museum KulturLand Ries** ❷, das in den Wirtschaftsgebäuden des ehemaligen Klosters Maihingen untergebracht ist. An der einstigen Klosterkirche, am Klostergarten, am ehemaligen Bräuhaus und am Klosterladen gehen wir vorbei und erreichen durch den Torbogen die erste Geopark-Infotafel. Links führen kurze Abstecher zu einem ehemaligen Sommerkeller und zur Geburtsgrotte. Nach rechts wandern wir an der Klostermauer entlang und queren sogleich die **Mauch**, wobei wir zwischen Brücke, Steg und Furt wählen können. Sodann beginnt der eigentliche Rundweg ❸, für den wir uns mit der Radwegbeschilderung links halten. Sie führt uns an der

★Highlights

In ehemaligen Steinbrüchen besondere Riesgesteine und Minifossilien entdecken.

Im Sommer an der Mauch am Wasser spielen.

Das Museum KulturLand Ries mit interaktiven Stationen und interessanten Außenanlagen besuchen (s. Freizeittipp F13).

Im Sommer Bademöglichkeit im Oettinger Wörnitz-Flussfreibad (s. Freizeittipp B16) oder im Solarfreibad Marienhöhe Nördlingen (s. Freizeittipp B17).

Klostermühle vorbei, deren Alter es für die älteren Kinder zu bestimmen gilt. Durch den Laubmischwald und an der Mauch entlang erreichen wir die Infotafel »Kleine Steinbrüche« mit Gesteinen des Grundgebirges. Am Hang entlang, der zeitweise durch Schafe beweidet wird, gehen wir am Beginn der Silberpappelallee halb rechts. Der Grasweg bringt uns zum Rande des alten Steinbruchs **Langenmühle 2**. Rechter Hand sind bläulich und rötlich gefärbte Gesteine zu sehen; es handelt sich um Auswurfmassen. Dann gehen wir hinab zur **Infotafel 4**. Die

Hallo Kinder!

Stellt euch vor, beim **Einschlag des Asteroiden** vor rund 15 Millionen Jahren wurden Gesteine um rund 600 m gehoben! **Gesteine des Grundgebirges wie Granit oder Gneis**, die im Bereich der Alb normalerweise erst in einer solchen Tiefe anzutreffen sind, liegen hier im Ries direkt an der Oberfläche. Das ist eine Besonderheit! Und da schon lange bekannt ist, dass in Grundgebirgsgesteinen auch **Gänge aus Gold und Silber** vorkommen, kam der Graf zu Oettingen-Wallerstein in den 1670er-Jahren auf die Idee, auch in Maihingen danach zu suchen. Hierfür wurden mehrere Suchstollen angelegt, die später als Bierkeller genutzt wurden und heute als Fledermausquartiere dienen. Die Suche war sogar erfolgreich – es wurde ein Gang mit Silber entdeckt. Doch war dieser nur recht kurz und endete plötzlich. Und so konnte der arme Graf leider nur drei Reichstaler prägen lassen und die Gold- und Silberträume im Ries mussten recht schnell wieder begraben werden.

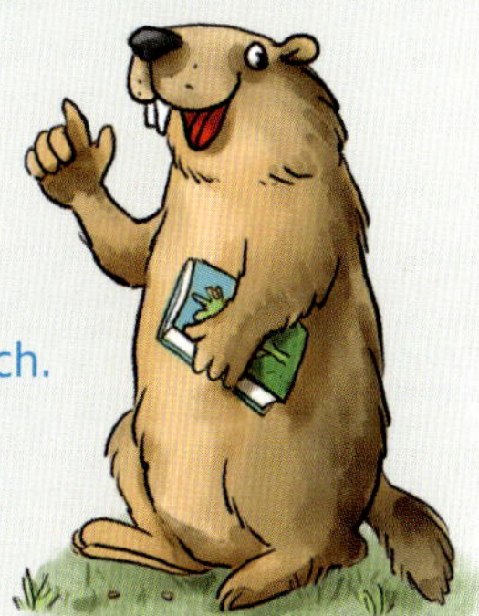

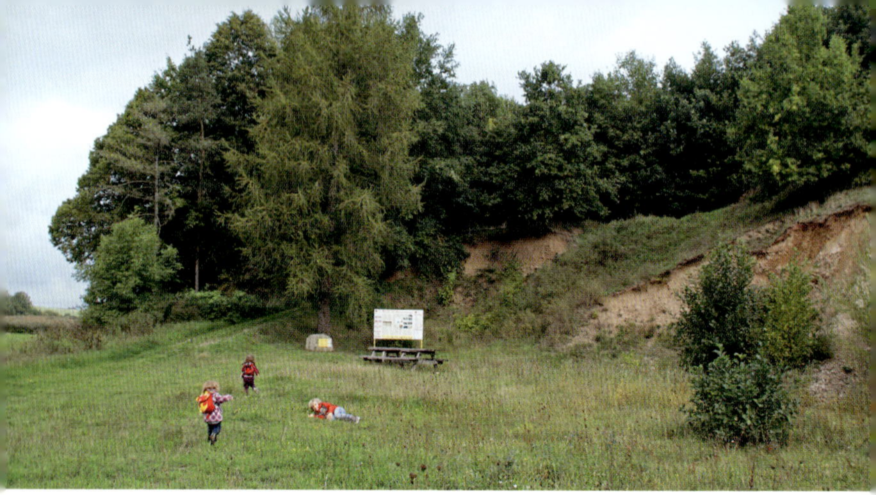

Wettlauf zur Rastbank im ehemaligen Steinbruch Langenmühle 1.

abgebildeten Stellen können wir an den Wänden suchen. Dann folgen wir dem Wanderweg hinauf und gelangen über den Halbtrockenrasen hinab. Ein Kiesweg führt zum einstigen Steinbruch **Langenmühle 1** ❺ – die namensgebende Mühle lassen wir links liegen. An der Infotafel Kleinbiotope treffen wir auf ein Feuchtbiotop, in dem die Ringelnatter vorkommt. Direkt daneben wurden in einem alten Steinbruch Sandlaufkäfer gesichtet. Hier laden Bänke zu einer Pause ein und wir können an einem Suevit-Gesteinsblock erkennen, wie dunkle Flädle herauswittern.

Der Weiterweg führt uns nach rechts in einem Bogen an Bienenstöcken (Vorsicht!) und einem Feldkreuz vorbei hinauf. Nach einem Stück am Waldrand entlang, gelangen wir an der Einmündung nach links auf einem Schotterweg zu einem nicht mehr ganz erhaltenen **Steinkreuz** ❻. Auf einem Grasweg gehen wir am Wasserspeicher vorbei auf ein weiteres Feldkreuz zu. Am Waldrand entlang und am Hochsitz nach rechts kommen wir zu den **Minifossilien am Hahnberg** ❼. Mit einer Lupe können wir winzig kleine Schalen von Salzwasserschnecken und Muschelkrebschen aus dem Riessee entdecken.

An der Wand entlang, dann bringt uns die Beschilderung nach rechts noch weiter hinauf zu einem Aussichtspunkt mit Panoramatafel. An Rentnerkreuz und -hütte vorbei wandern wir durch den Rentnerwald und nach links den bewaldeten Klosterberg hinab. Unten an der Einmündung wechseln wir sogleich auf den Pfad an der Klostermauer entlang. Dann schließt sich unsere Runde ❸ und die Kinder können an der Mauch am Wasser spielen – es sind Bank, Schaukel und ein Baum mit Höhle vorhanden –, bevor es auf bekanntem Weg zurück zum Parkplatz in **Maihingen** ❶ geht.

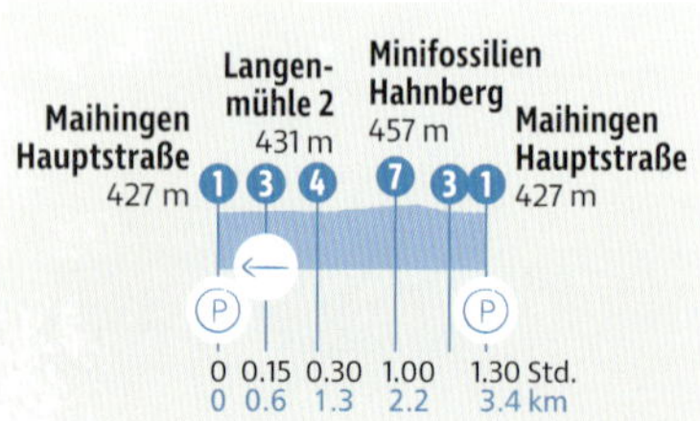

Oettinger Storchennester-Runde

30

VOM PARKPLATZ ENTENGRABEN ZUM ROSSFELD

3.00
STUNDEN

8,0
KILOMETER

↗ 100
HÖHENMETER

↘ 100
HÖHENMETER

ab 7
Jahren

MITTEL

Unterwegs in und um die Rieser Storchenhauptstadt: Auf dieser Wanderung in und bei Oettingen sind Störche vor allem im ersten Teil und am Schluss das Thema. An vielen Stellen der einstigen Fürstenstadt lassen sich Storchennester auf Hausdächern, Strommasten oder Bäumen entdecken. Zur Unterstützung der Vögel wurden an verschiedenen Stellen auch Nisthilfen installiert. Es ist der Weißstorch, der sich hier in Menschennähe so wohlfühlt und deswegen als Kulturfolger bezeichnet wird. Der scheue Schwarzstorch dagegen, der auf Bäumen in Wäldern mit Gewässern brütet und als Kulturflüchter bezeichnet wird, ist dagegen nur äußerst selten zu sehen. Er wurde jedoch auch schon mal zusammen mit Weißstörchen auf einem Oettinger Kirchendach entdeckt. Zwischendurch führt die Wanderung an einem Wildgehege vorbei auf das hügelige Roßfeld hinauf mit seinen Streuobstwiesen und Magerrasen, auf denen zahlreiche, teils seltene Pflanzen und Tiere vorkommen. Nach einem ehemaligen Steinbruch mit Riesseekalken bietet der Erlsbachwald Abwechslung, bevor es ins Wörnitztal hinabgeht, in dem die Störche ihre Nahrung wie unter anderem Mäuse, Insekten, Frösche und kleinere Fische finden. An der Route liegen auch zwei Spielplätze, mehrmals können Tiere auf der Weide beobachtet werden.

Ausgangspunkt: Parkplatz Entengraben, 415 m. Navi: Entengraben 13, 86732 Oettingen i. Bay. Anfahrt auf der B466 bis zum Kreisverkehr mit Braukessel bei der Wörnitzbrücke. Hier Richtung Innenstadt auf der Schützenstraße und nach links durch das Zwingertor. In der Rechtskurve sogleich links abbiegen. Ab hier ist der Parkplatz Entengraben ausgeschildert.
Mit Bahn/Bus: Vom Bahnhof Nördlingen (Strecke Aalen – Donauwörth) Mo – Sa mit der VDR-Linie Nr. 503 bis zur Haltestelle Oettingen, Gasthaus Sonne. Hier Einstieg in die Tour möglich.

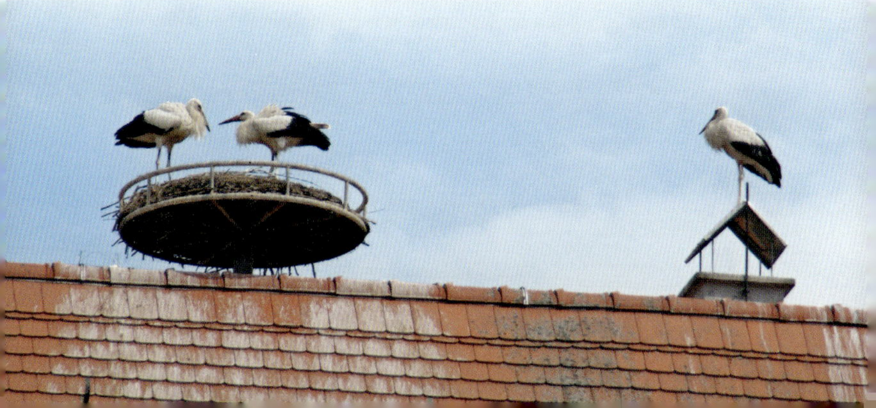

Jungstörche auf einem Dach des Oettinger Residenzschlosses.

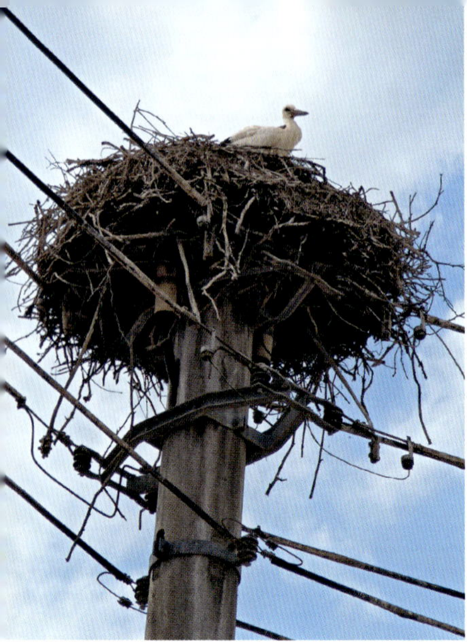

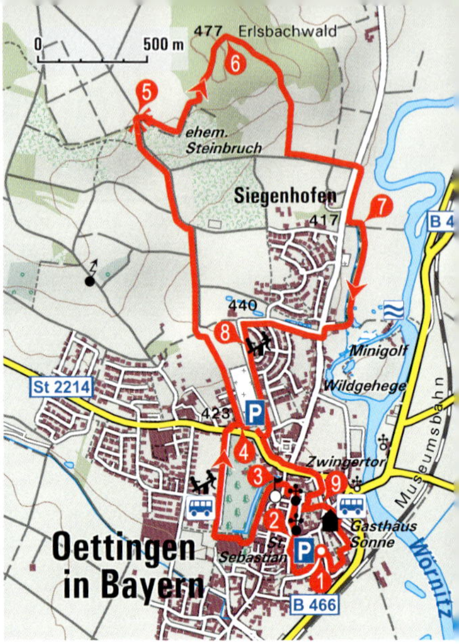

Oettingen ist eine richtige Storchenstadt. Auch von einem Strommasten lassen sich die Vögel nicht abschrecken.

Ausrüstung: Gut profilierte Trekking- oder Wanderschuhe, genügend Proviant und Getränke, Sonnenkappe und Sonnenschutz, Fernglas zur Beobachtung der Störche und weiterer Vögel.

Anforderungen: Längere Rundwanderung, meist auf Asphalt-, Gras- und Waldwegen. Aufgrund der Länge und mehrerer kürzerer Steigungen ist entsprechend Kondition nötig.

Markierung: Teils unbeschildert, teils Verlauf auf verschiedenen Wanderwegen wie Oettinger Fürstenweg und Ries-Panoramaweg.

Einkehr: Gaststätten, Restaurants und Cafés in Oettingen.

Kurzvarianten: Tour teilbar bzw. beliebig abkürzbar. Eine gute Möglichkeit besteht beim Friedhof 4. Die Runde durch die Stadt ist dann 3,0 km lang (1.15 Std., leicht, ab 3 Jahren) und auch mit Kinderwagen und Laufrad machbar, die Länge der Runde über das Roßfeld beträgt 5,1 km (2.15 Std., ab 5 Jahren).

Tipps: Wer Störche beobachten möchte, unternimmt die Tour im Frühjahr und Sommer. Geopark-Infozentrum Oettingen (s. Freizeittipp H3), Kinderführungen im Schloss Oettingen (s. Freizeittipp E5).

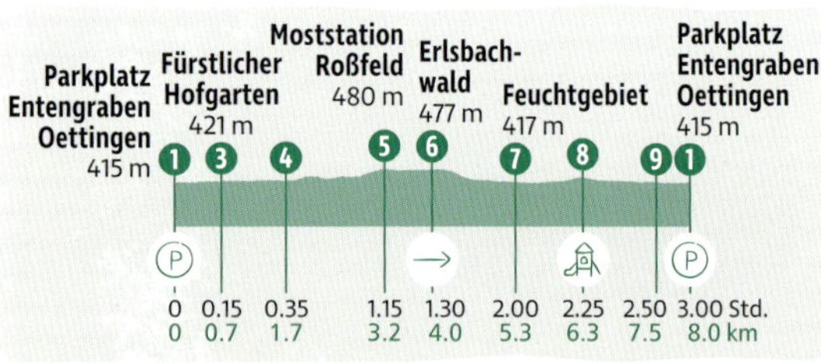

LOS GEHT'S Vom **Parkplatz Entengraben ❶**, wo bereits die ersten Storchennester zu entdecken sind, folgen wir dem Entengraben scharf nach rechts. Bevor dieser an zwei Fachwerkhäusern eine Linkskurve macht, zweigt rechts ein Fußweg ab, der uns auf einer Holzbrücke über den ehemaligen Stadtgraben und durch einen Durchgang in der einstigen Stadtmauer bringt. Reithausgasse und Manggasse schließen geradeaus an. An der Einmündung halb rechts, wechseln wir sogleich nach rechts in den Gruftgarten, wo einst das Alte Schloss der Grafen und späteren Fürsten von Oettingen-Oettingen stand. Dann gehen wir zur katholischen Kirche **St. Sebastian ❷** hinüber. Uns halb links haltend, führt uns die Pfarrgasse zum prächtigen Pfarrhaus, wo sie nach halb rechts schwenkt. An Volkshochschule und evangelischer Kirche St. Jakob gehen wir geradeaus weiter und dann nach links zwischen Kirche und Schloss hindurch über den Linsenmarkt. Mündet dieser in die prächtige Schloßstraße, gehen wir nach rechts weiter. Nach dem Schlosstor, von wo aus wir einen Blick in den Innenhof des Schlosses sowie auf den Prinzessinnenbau mit seinen Storchennestern werfen können, biegen wir nach links in den **Fürstlichen Hofgarten ❸** ab. Auf dem Spazierweg schlendern wir an einem

Hallo Kinder!

Wusstet ihr, dass bereits **seit über 400 Jahren Störche in Oettingen nisten**? Die Vögel sind auch eng mit der Geschichte der einstigen Grafen- und späteren Fürstenstadt verbunden. Graf Ludwig beispielsweise ist als Storchenfreund bekannt. Als dieser nach einem Krieg Mitte des 16. Jahrhunderts Oettingen verlassen musste, zogen auch die Störche weg. Und sie kehrten erst wieder zurück in die Stadt, als 1563 auch der Graf heimgekommen war. Heute sind die Störche eine wahre Attraktion in Oettingen. Neben dem **Storchennester-Rundgang** gibt es eine **Storchenbeauftragte**, die ein **Storchentagebuch** führt, sowie **Storchengerichte**. Die Stadt hat sich dank des reichen Nahrungsangebotes in den Wörnitzwiesen und den eigens angelegten Storchenweihern zu einer richtigen Storchenstadt entwickelt. So gab es 2021 bereits 29 besetzte Nester, 2023 waren es sogar 45! Wie wäre es, auf der Tour einen Wettbewerb zu machen, wer die meisten Storchennester entdeckt?

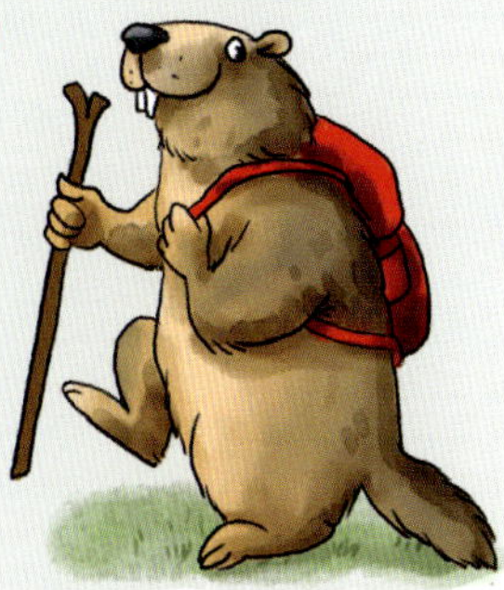

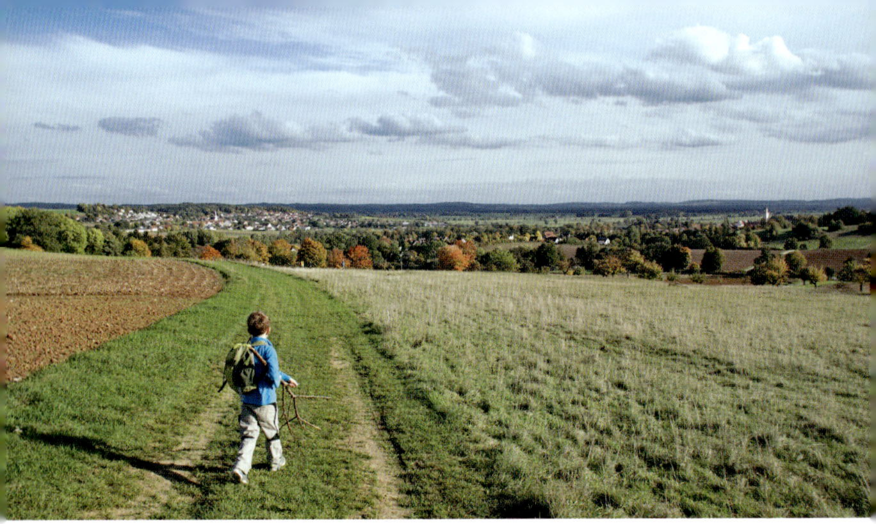

Grasweg auf dem Roßfeld mit herrlicher Aussicht ins Ries – links Hainsfarth, rechts Oettingen.

wasserführenden Graben entlang. Wendet sich dieser nach rechts, wechseln wir nach einem Tor ebenfalls den Weg und wandern nun nach rechts ein Stück auf dem Oettinger Fürstenweg. Wir verlassen diesen jedoch bereits bei den Fahrradständern der Mittelschule wieder und gehen nach rechts an der Langen Mauer entlang. Auf Höhe der Bushaltestelle befindet sich auf der linken Seite ein Spielplatz. An der Einmündung kurz rechts, queren wir dann die Kellerstraße und gelangen nach rechts zum **Friedhof ❹** mit Parkplatz, an dessen Eck wir nach links auf einem Graspfad an Kastanien vorbei hinaufgehen. Stets geradeaus folgen wir dem Wanderweg – an dem Spielplatz rechter Hand werden wir später noch vorbeikommen –, bis er uns nach links an ein Gebüsch bringt. Hier geht es nach rechts hinab weiter – an einem kleinen **Wildgehege** vorbei. Nach der nächsten Steigung verlässt uns der Oettinger Fürstenweg – wir wandern geradeaus weiter bis zu einem Asphaltweg. Auf diesem nach links queren wir einen Graben und gelangen an Heideflächen und Streuobstbäumen vorbei hinauf zur **Moststation Roßfeld ❺**. Nach dem Walnussbaum biegen wir rechts ab und folgen dem Grasweg aussichtsreich an einem ehemaligen Steinbruch mit Riesseekalken vorbei zum Waldrand, an dem wir kurz nach rechts entlanggehen und dann sogleich in den **Erlsbachwald** hinein abbiegen. Stets geradeaus bringen uns Waldwege zu einer **Einmündung ❻**, wo wir nach rechts weiterwandern. Der Waldweg führt uns hinab und schließlich an den Waldrand. Mit Blick auf Oettingen und das Wörnitztal gehen wir geradeaus weiter bis zur Einmündung. Hier nach links wandern wir an der Weide entlang und dann weiter bis zur Straße. Diese überqueren wir und folgen dem Geh- und Radweg nach rechts bis zu seinem Ende. Hier nach links und sogleich nach rechts wandern wir durch ein **Feuchtgebiet ❼** an einem Graben entlang am jüdischen Friedhof sowie an Tümpeln vorbei. Wir bleiben stets auf dem Grasweg, da ein wichtiges Vogel-

★Highlights

Auf den Dächern Oettingens gibt es eine Vielzahl an Storchennestern zu entdecken.

Tiere können wir unterwegs auch im Wildgehege und auf der Weide beobachten.

Das hügelige Roßfeld glänzt mit seiner Aussicht.

Schöne Waldwege führen durch den Erlsbachwald.

Zwei Spielplätze liegen am Weg.

Nach der Tour: Im Sommer Bademöglichkeit im Oettinger Wörnitz-Flussfreibad (s. Freizeittipp B16).

schutzgebiet angrenzt, bis er nach rechts abbiegt und wir zur Mühlstraße gelangen. Diese in einem Links-Rechts-Schlenker gequert, führt uns die Straße Am Itzelweiher an einer Fischzucht vorbei. Stets geradeaus, biegt sie am Rand der Bebauung nach links ab und wir gelangen hinauf zu einem **Spielplatz 8**. Weiter geradeaus gelangen wir an der Friedhofsmauer entlang hinab. An der Einmündung in einem Rechts-Links-Schlenker weiter, führt uns die Georg-Friedrich-Steinmeyer-Straße an weiteren Storchennestern vorbei. An der Ampel queren wir die anschließende Straße Schloßbuck, folgen ihr aber noch ein Stück weiter, bis rechts die Sonnengasse abzweigt. Diese verlassen wir auch sogleich wieder über einen Fußweg nach rechts am Pfarrheim St. Sebastian vorbei. Dabei blicken wir auf den Prinzessinnenbau mit seinen Storchennestern – diesmal von der anderen Seite. An der Einmündung gehen wir nach links in der Ledergasse weiter. Bald jedoch nehmen wir auf Höhe der Haus-Nr. 17 den links abzweigenden, versteckten Fußweg durch einen Durchgang durch die Stadtmauer zur Schützenstraße nahe dem **Zwingertor 9**. Diese überqueren wir und setzen unseren Weg in der Bleichgasse fort. Dann nach rechts in die Gartengasse, deren Verlauf wir nach links folgen. An der Einmündung nehmen wir erst den Fußweg nach rechts, dann nach links. Kurz vor der B466 biegen wir nach rechts in die Sudetenstraße ein. Deren Verlauf folgen wir, indem wir uns stets rechts halten. Über den anschließenden Entengraben gelangen wir zurück zum **Parkplatz 1**.

LINKS

Im Erlsbachwald: Pilze, wohin das Auge blickt.

RECHTS

Seilpyramide mit Hängebrücke auf dem Spielplatz »Am Langacker«.

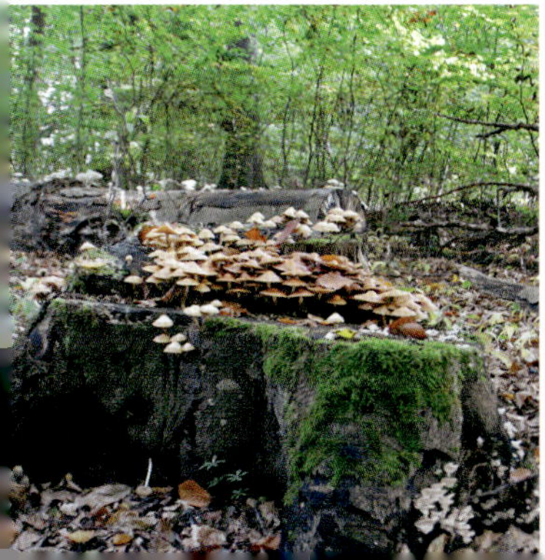

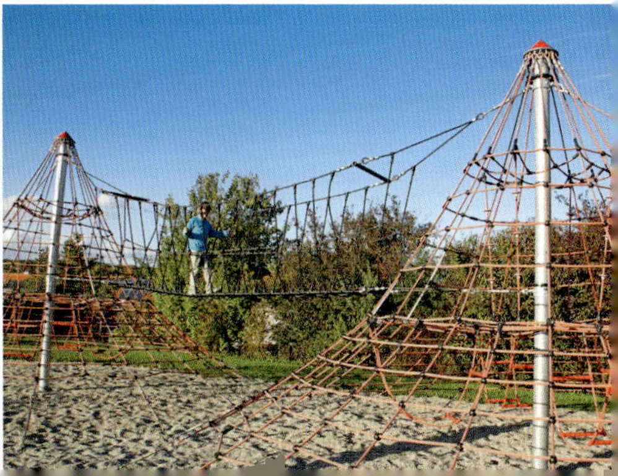

31 Nördlinger Stadtrundgang

IN UND UM DIE HISTORISCHE ALTSTADT

1.30 STUNDEN

3,8 KILOMETER

↗ 20 HÖHENMETER

↘ 20 HÖHENMETER

LEICHT ab 3 Jahren

Stadtmauer mit Graben, Gerberviertel und Spielplätze: Eine Attraktion für Jung und Alt ist die vollständig erhaltene und begehbare Stadtmauer in Nördlingen. Sie ist rund 2,7 km lang und bietet immer wieder neue Einblicke in den Stadtgraben sowie in die Höfe und Gärten der Altstadthäuser. Ein Teil der Schießscharten, welche früher der Verteidigung der Stadt dienten, ist heute zugemauert, um das Werfen von Müll von der Stadtmauer in die teils privaten Grabengrundstücke zu verhindern. Das mag bedauerlich sein, animiert viele Kinder aber auch zu einem lustigen Spiel: »Auf«, »zu«, »auf«, »zu«,... klingt es in verschiedenen Sprachen vom Wehrgang herunter. Auch der Besuch eines mittlerweile in Deutschland selten gewordenen handbetriebenen Bahnübergangs sowie der Nördlinger Sau, welche laut Legende einst die Stadt vor der Einnahme durch die Grafen von Oettingen bewahrt haben soll (siehe »Hallo Kinder«), gehört zu den spannenden Highlights der Tour. Mit dem Gerberviertel, in dem es auch eine Kneippanlage gibt, durchstreifen wir eines der romantischsten Viertel der sehenswerten Altstadt. Zum Austoben, Spielen und Rasten laden zwischendurch schön gelegene Spielplätze ein.

Ausgangspunkt: Parkplatz am Reimlinger Tor, 435 m. Navi: Augsburger Str. 6, 86720 Nördlingen. Anfahrt auf der B25 bis Ausfahrt Nördlingen/Süd und stets geradeaus auf der Augsburger Straße bis zum Parkplatz vor dem Reimlinger Tor. Von B466 und B29 kommend, der Beschilderung des Parkrings bis zur Kreuzung Oskar-Mayer-Straße/Augsburger Straße/Bürgermeister-Reiger-Straße folgen. Hier ist der Parkplatz Reimlinger Tor beschildert.
Mit der Bahn: Am Bahnhof Nördlingen (Strecke Aalen – Donauwörth) auf dem Zebrastreifen die Bürgermeister-Reiger-Straße queren und dieser nach rechts folgen. Am Kreisverkehr links zum Deininger Tor, dort abermals die Straße queren (Vorsicht!) und an der Innenseite der Stadtmauer den Aufgang nutzen, um auf dem Wehrgang nach links nach rund 350 m in die Tour einzusteigen.

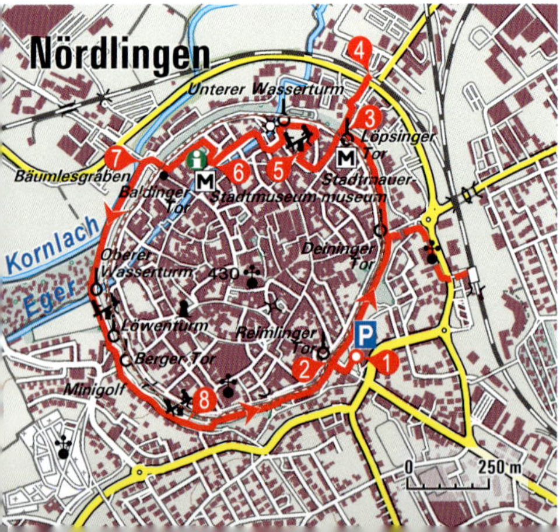

Ausrüstung: Feste Freizeitschuhe, Sonnenkappe und -schutz.
Anforderungen: Leichter Stadtrundgang auf Asphalt, Kopfsteinpflaster und gekiesten Parkwegen. Vorsicht ist auf der Stadtmauer und auf den Treppenstufen der Auf- und Abgänge geboten, da hier Absturzgefahr besteht. Kleine Kinder

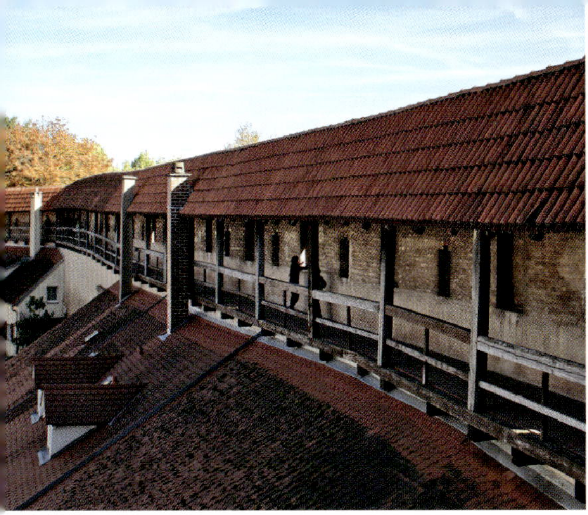

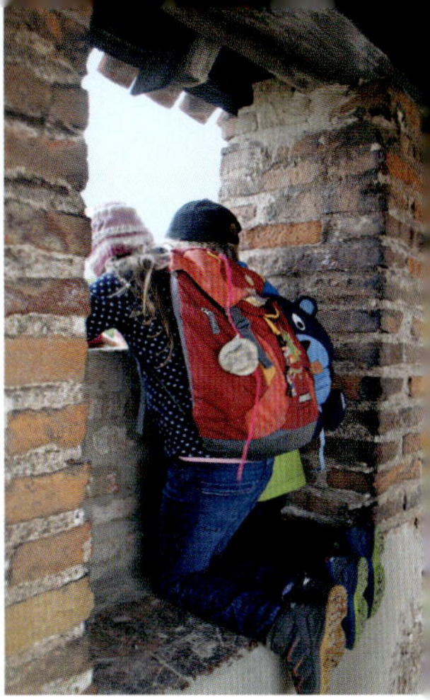

gegebenenfalls an die Hand nehmen und nicht rennen. Mit Kinderwagen und Laufrad befahrbar mit Ausnahme der Abschnitte auf der Stadtmauer. Hier einfach innen an der Mauer entlanggehen bzw. im Graben bleiben.

Markierung: Größtenteils unbeschildert. Nur kürzere Abschnitte verlaufen auf ausgeschilderten Wanderwegen.

Einkehr: Gasthäuser, Restaurants und Cafés in Nördlingen, eine Übersicht ist auf noerdlingen.de zu finden.

Tipps: Die Altstadt kann komplett umrundet werden – auf der Stadtmauer (2,7 km), im Stadtgraben oder innen an der Mauer entlang. Historischer Rundgang (3,7 km, Innenstadtplan mit Informationen unter noerdlingen.de, Tourismus, Service, Downloads). Lauschtour Hexen in Nördlingen – Dunkle Kapitel der Stadtgeschichte (1,4 km, weitere Infos unter bayerisch-schwaben.de).

Hinweis: Das Betreten der Stadtmauer erfolgt auf eigene Gefahr. Es besteht Absturzgefahr, weswegen kleine Kinder am besten an die Hand genommen werden sollten.

Die Nördlinger Stadtmauer mit zahlreichen schmalen Schießscharten und weiteren Öffnungen ist noch vollständig erhalten und rundum begehbar – eine einmalige Besonderheit in Europa.

★Highlights

Rundum begehbare Stadtmauer mit Einblicken in die Altstadt und den Stadtgraben.

Ein handbetriebener Bahnübergang – eine echte Rarität.

Die Nördlinger Sau aus Stein und ihre vielen hübsch gestalteten Artgenossen.

Die Füße in der Kneippanlage im Gerberviertel kühlen.

Die Statue der Torjägerlegende Gerd Müller auf dem Gerd-Müller-Platz (Ecke Berger Straße/Am Stänglesbrunnen/Herrengasse) bestaunen.

Hübsch gelegene Spielplätze zum Austoben und Rasten.

Nach der Tour bietet sich ein Besuch des Solarfreibades auf der Marienhöhe an (s. Freizeittipp B17).

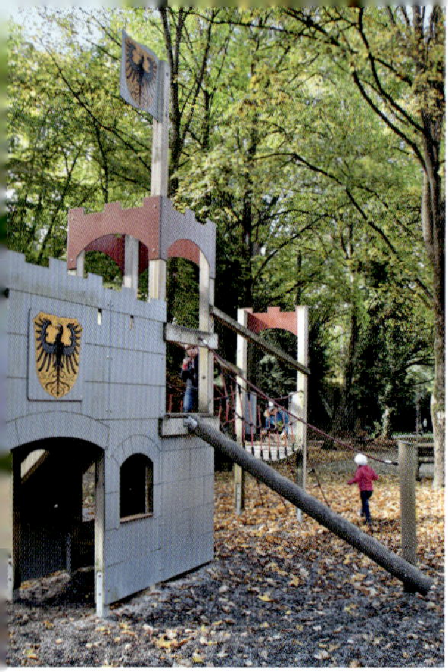

Auf dem Spielplatz in den Frickhinger Anlagen gilt es, eine Burg mit Nördlinger Stadtwappen zu erklimmen.

LOS GEHT'S Vom **Parkplatz ❶** mit der Station Erde des Rieser Planetenweges gehen wir zum **Reimlinger Tor**, wo wir rechter Hand die Stufen auf die **Stadtmauer ❷** hinaufsteigen. Oben starten wir rechtsherum. Immer wieder bieten sich Blicke auf die Altstadt. Auf der anderen Seite lassen alle paar Meter Schießscharten Blicke in den Graben sowie auf angrenzende Häuser zu. Die an die Stadtmauer angebauten »halben« Häuser heißen Kasarmen und mussten einst in Krisenzeiten für die Soldaten zur Verfügung gestellt werden. Wir passieren den Reißturm sowie das Deininger Tor und bleiben auf der Stadtmauer, bis wir das **Löpsinger Tor ❸** mit dem Stadtmauermuseum erreichen. Ein paar Meter weiter steigen wir die Wendeltreppe hinab. Nun verlassen wir nach rechts für einen Abstecher die Altstadt, gelangen an der **Nördlinger Sau** vorbei und gehen bis zum noch handbetriebenen **Bahnübergang ❹**. Wieder zurück am **Löpsinger Tor ❸** gehen wir in die Altstadt hinein. Die Löpsinger Straße führt uns zum Plätzle mit Parkplätzen, wo wir rechts abbiegen und in der leicht nach links versetzten Mühlgasse weitergehen. Zweigt links die Heugasse ab, biegen wir rechts ab und gelangen auf einem schmalen Durchgang zwischen den Häusern hindurch zum **Spielplatz Am Loderanger ❺**. Dann gehen wir weiter bis zur Stadtmauer und nun nach links an ihr entlang. Am Unteren Wasserturm wendet sich die Gasse nach links und wir haben die Egerbrücke bei der Neumühle mit einem **Mühlrad** erreicht. Vor dieser kurz links, biegen wir sogleich rechts in die Vordere Gerbergasse ab, von wo aus wir – jetzt ist besondere Aufmerksamkeit gefragt – zwischen den Häusern Nr. 33 und 35 hindurchschlüpfen. Ein Steg führt uns über die Eger. Dann erreichen wir nach links die **Kneippanlage**. Stets geradeaus schließt an die Lederergasse die Mittlere Gerbergasse an. An einem besonders prächtigen **Gerberhaus ❻** – geradeaus ginge es zu Stadtmuseum, RiesKraterMuseum (s. Freizeittipp F14) und Geopark-Infozentrum – biegen wir scharf nach rechts ab in die Hintere Gerbergasse, auf der wir wieder zur Stadtmauer gelangen. An einem ehemaligen Handwerkerhaus gehen wir nach links – weiter an der Mauer entlang bis zum Baldinger Tor. Nach rechts passieren wir dieses und queren dann die Straße (Vorsicht!) hinüber zum **Bäumlesgraben ❼**, einer Allee, die auf dem Wall gepflanzt worden ist. Hier können wir nach Bäumen su-

Schwein muss man haben! Wie die Stadt Nördlingen, die von einer Sau gerettet wurde.

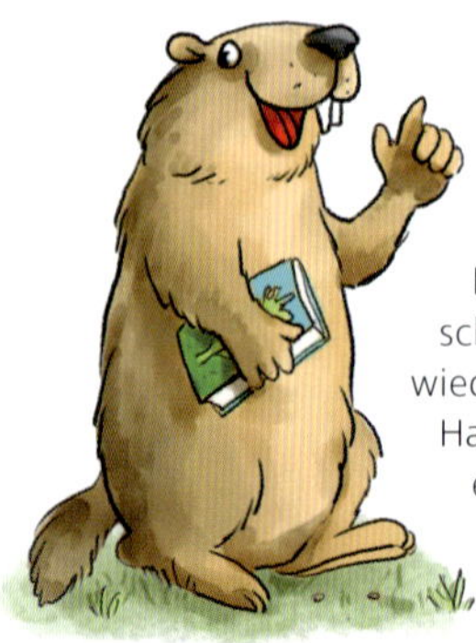

Hallo Kinder!

Im **Jahr 1440** soll es gewesen sein, als sich **eine Sau am Löpsinger Tor rieb**. Das Knarzen des hölzernen Torflügels hörte eine Frau, die für ihren Mann spätabends noch Bier holte, und sie sah, dass sich die Torflügel bewegten, das Tor also nicht abgesperrt war, wie es nachts eigentlich sein sollte. Sie rief **»So, G'sell, so«**, schlug Alarm und es stellte sich heraus, dass die Torwächter vom **Grafen von Oettingen** bestochen worden waren, dass sie das Löpsinger Tor nicht absperrten. Denn der Graf wollte die freie Reichsstadt möglichst einfach einnehmen. Dass es dazu nicht kam, hat die Stadt also einer Sau zu verdanken. Daher könnt ihr in der Stadt etwa vor Geschäften, in Schaufenstern oder auch in Fenstern und Höfen von Wohnhäusern teils bunt bemalte und hübsch gestaltete große und kleine Schweine entdecken.

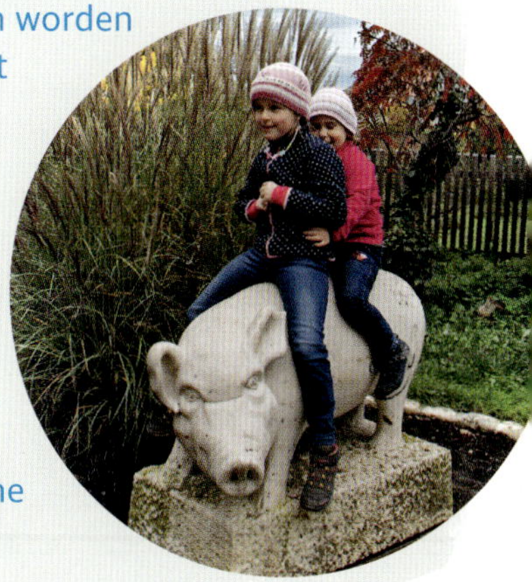

chen, in denen der Eremitenkäfer vorkommt. Diese sind mit einem Käfer markiert. Rechter Hand fließt die Kornlach, die um die Altstadt herumgeleitet wird. So gelangen wir an Backofentürmen, Schrebergärten, dem Oberen Wasserturm, wo wir die Eger queren, dem Eisplatz sowie am Spielplatz beim Löwenturm vorbei, den wir vom Parkplatz vor dem Berger Tor aus erreichen können. Am Berger Tor queren wir die Straße und wandern geradeaus am Minigolfplatz (von innen erreichbar) vorbei in den Stadtgraben hinab. Es geht nun durch die Frickhinger Anlagen mit zahlreichen exotischen Baumarten. Wir passieren den Rosengarten, der sich auf der Zwingermauer befindet, eine Boulebahn sowie den **Spielplatz Frickhinger Anlagen** ❽. Dann wird es noch einmal abenteuerlich, denn an einer Wegkreuzung geht es links eine Wendeltreppe hinauf auf die Zwingermauer und von hier aus weiter hinauf auf die Stadtmauer, der wir nach rechts an Feilturm und Alter Bastei vorbei zum **Reimlinger Tor** ❷ folgen. Von hier aus auf bekanntem Weg zum **Parkplatz** ❶ zurück.

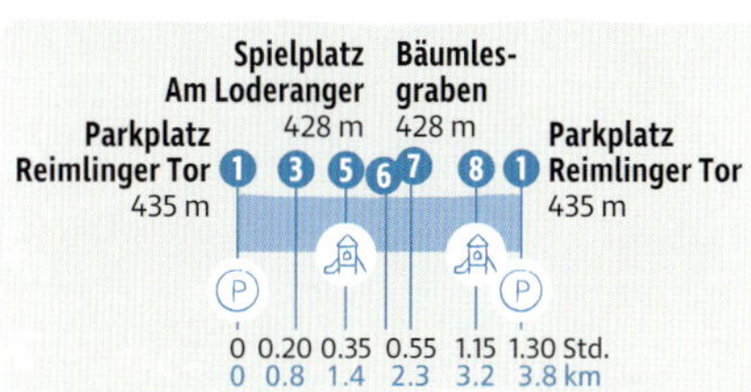

32 Erlebnisgeotop Lindle

RUNDWANDERUNG VOM LITERATURCAFÉ

1.45 STUNDEN

3,5 KILOMETER

↗ 60 HÖHENMETER

↘ 60 HÖHENMETER

LEICHT ab 4 Jahren

Asteroideneinschlag und der Lebensraum Steinbruch: Fast hundert Jahre lang ist hier ein Steinbruch betrieben worden, der hauptsächlich in Schollen aus Kalkgestein angelegt ist, welche beim Einschlag des Riesasteroiden vor rund 14,5 Millionen Jahren bewegt und unterschiedlich stark zertrümmert worden sind. Darüber sind Auswurfmassen abgelagert worden – eine bunte Mischung verschiedenster Gesteine unterschiedlichsten Alters. Der ehemalige Steinbruch ist heute nicht nur ein Geotop, also ein Fenster in die Erdgeschichte, sondern mit seiner Umgebung auch ein Biotop, in dem teils seltene Pflanzen- und Tierarten vorkommen. Für Kinder gibt es hier so einiges zu erleben und entdecken wie etwa die spannende Entstehung des Rieses, die als Landschaftspfleger tätigen Walliser Schwarzhalsziegen und die seltene Gelbbauchunke. Neben speziellen Kindertafeln gibt es außerdem ein Memory zum Thema Geopark Ries sowie eine Klopfstelle, die zum Aktivwerden einladen. Ein Rätselheftchen bringt zusätzlichen Spaß – nicht nur für Knobelfreunde.

Ausgangspunkt: Literaturcafé am Lindle, 471 m. Navi: Am Lindle 4, 86720 Nördlingen-Holheim. Anfahrt auf der B466 bis auf Höhe der Abzweigung nach Holheim, hier aus Richtung Heidenheim/A7 kommend rechts abbiegen, aus Richtung Nördlingen kommend links abbiegen. Sogleich dem Sträßchen rechts hinauf bis zum Parkplatz-Schild beim Literaturcafé folgen. Parkmöglichkeit am Fahrbahnrand.
Mit Bahn/Bus: Mit dem Zug nach Nördlingen (Strecke Aalen – Donauwörth). Mo bis Fr sowie am Samstagvormittag kann das NÖ-mobil angefordert werden (Rufbus, mind. eine Stunde vor Antritt der Fahrt buchen). Es fährt vom Busbahnhof Nördlingen (gleich neben dem Bahnhof) zum Geotop Lindle (Haltestelle knapp unterhalb des Literaturcafés).
Ausrüstung: Gut profilierte Trekking- oder Wanderschuhe, genügend Proviant und Getränke, Sonnenkappe und -schutz. Wer an der Klopfstelle Steine klopfen möchte, bringt Hammer und Schutzbrille mit.

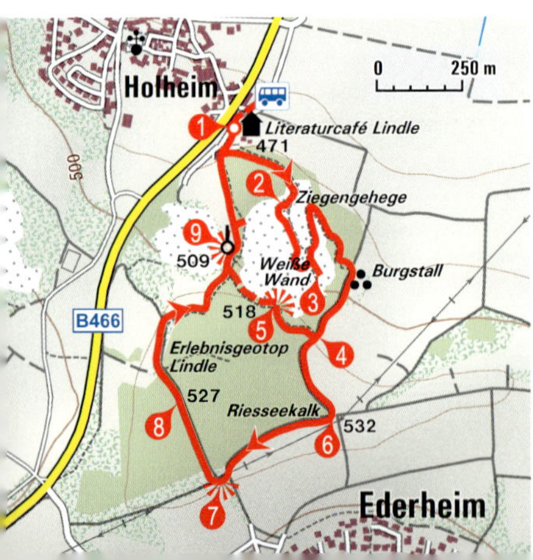

Anforderungen: Leichte Rundwanderung, meist auf Kies-, Wald- und Graswegen. Mehrere kurze An- und Abstiege sind zu bewältigen und machen die Tour abwechslungsreich.
Markierung: Sehr gut beschildert mit gelb-roten Geopark Ries-Schildern »Erlebnis-Geotop Lindle«.
Einkehr: Literaturcafé am Lindle (Tagesgerichte, selbstgemachte Kuchen, regionale Zutaten. Größere Gruppen sollten vorab reservieren. Geöffnet Fr

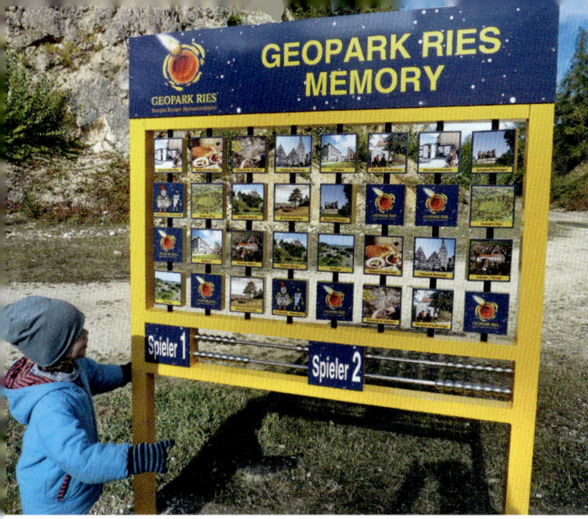

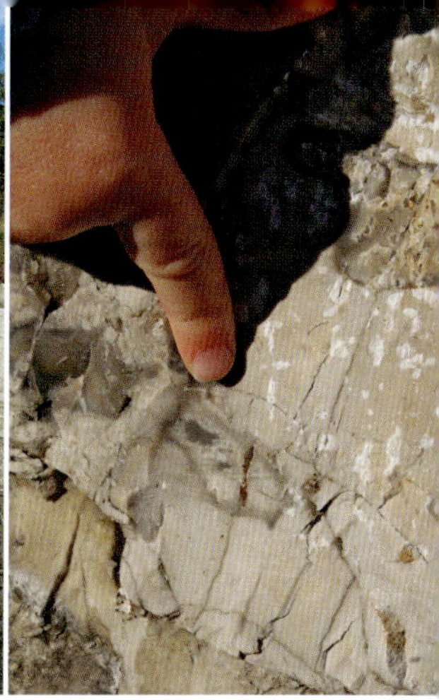

bis Di 12.00–20.00 Uhr. Am Lindle 4, 86720 Nördlingen-Holheim, Tel. +49 9081 2902122).

Kurzvariante: Von der Aussichtsplattform 5 auf dem Lehrpfad weiter durch den Wald und am Aussichtsturm 9 vorbei direkt zurück zum Ausgangspunkt (1.00 Std., 2,2 km, ab 3 Jahren).

Hinweise: Aufgrund der vielen interessanten Stationen sollte genügend zusätzliche Zeit eingeplant werden. Bitte nur an der ausgewiesenen Klopfstelle klopfen. Zum Schutz vor Gesteinssplittern unbedingt Schutzbrille tragen. Klopfen nur unter Aufsicht von Erwachsenen.

Tipps: Wer mehr über den Riesimpakt erfahren will, besucht das RiesKraterMuseum in Nördlingen (s. Freizeittipp F14) oder nimmt an einer Geoparkführung teil (s. Freizeittipp A7).

LINKS

Gedächtnistraining mit dem Geopark-Ries-Memory im Erlebnisgeotop Lindle.

RECHTS

An der Klopfstelle lassen sich im rauen Kalkgestein etwas dunklere Bereiche ausmachen, die sich glatt anfühlen. Es handelt sich dabei um Feuersteine.

LOS GEHT'S Von den Parkplätzen am Fahrbahnrand beim **Literaturcafé Lindle** 1 aus folgen wir der Straße weiter aufwärts und gelangen nach links zur Starttafel des Lehrpfades. An der Schranke mit Gefahrenhinweisen vorbei gehen wir in den ehemaligen Steinbruch hinein. Hier treffen wir auf eine Kindertafel, auf der sich die beiden Maskottchen Suevitchen und Riesitchen vorstellen, sowie ein Memory. Dahinter liegt Suevit, an dem geklopft werden darf. Zudem können wir uns einen Überblick über die Geologie verschaffen und an der Klopfstelle gegenüber Feuerstein erkunden. Dann geht es hinüber zum **Gehege mit Walliser Schwarzhalsziegen** 2. Auf dem weiteren Weg wandern wir am Zaun entlang. Nach

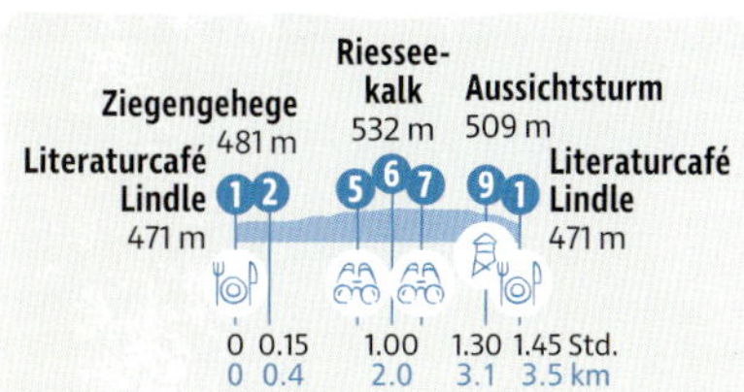

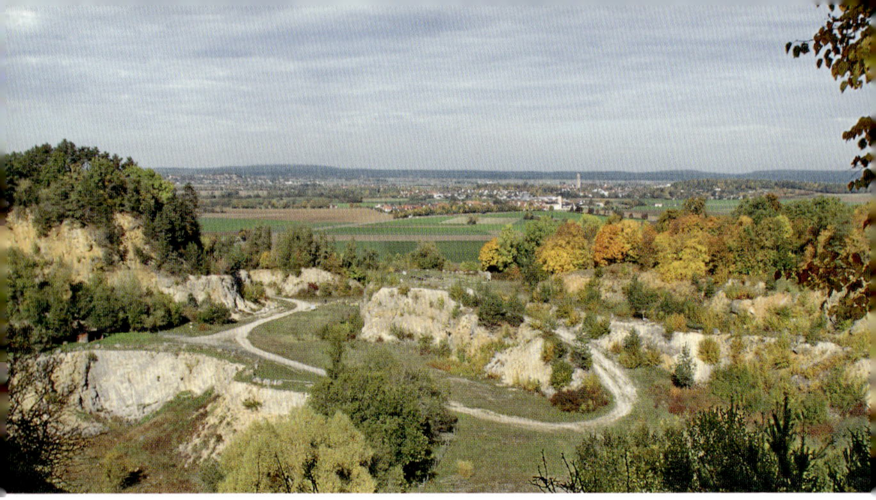

Die Aussichtsplattform eröffnet einen weiten Ausblick über den ehemaligen Steinbruch mit Ziegengehege hinaus ins Ries.

diesem verlassen wir den Hauptweg und nehmen einen Pfad nach rechts, der uns zu einem Flachtümpel führt, in dem wir mit Glück u. a. Gelbbauchunken beobachten können. Über einen weiteren Pfad gelangen wir auf den Hauptweg zurück, der uns sogleich an einer Wildruhezone vorbeibringt. Wir befinden uns nun auf einem Abstecher, welcher nach einem Steg an der sogenannten **Weißen Wand** ❸ mit Infotafeln endet. Auf demselben Weg wieder zurück, gehen wir dann die Rampe hinauf zu einer großen Infotafel mit Rastplatz, von wo aus wir den gesamten Steinbruch mit seinen Wänden überblicken und ein kommentiertes Bild mit der Natur vergleichen können. Dann geht es nach rechts bald durch einen Niederwald – im Frühjahr auch mit Frühblühern. Noch ein Blick in den Steinbruch, dann wandern wir den sogenannten Zickzackweg hinab und wieder nach rechts aufwärts, an einem ehemaligen Burgstall vorbei. Kurz geht es durch Wald, bevor wir den Wegweisern nach rechts ❹ für einen Abstecher zur **Aussichtsplattform** ❺ mit Panoramafoto folgen. Auf demselben Weg zurück zu ❹, geht es dann weiter aufwärts am Waldrand entlang, bis wir am Waldrandeck zu Blöcken aus **Riesseekalk** ❻ gelangen. Nach rechts wandern wir nun auch auf dem Schäferweg weiter. So gelangen wir zu einem **Aussichtspunkt** ❼ auf Ederheim, den Albuch, Hürnheim und die Ruine Niederhaus. Hier rechts und sogleich wieder nach rechts, verlassen wir den Schäferweg und wandern durch den Wald an einem **Tümpel** ❽ vorbei, an dem wir vielleicht Amphibien oder Libellen beobachten können. Dann gelangen wir bald aussichtsreich am Waldrand entlang und uns an der Weggabelung halb links haltend zum **Aussichtsturm** ❾. Dieser erlaubt uns einen Blick in den sogenannten »Astronau-

Wusstet ihr, dass Gelbbauchunken herzförmige Pupillen haben?

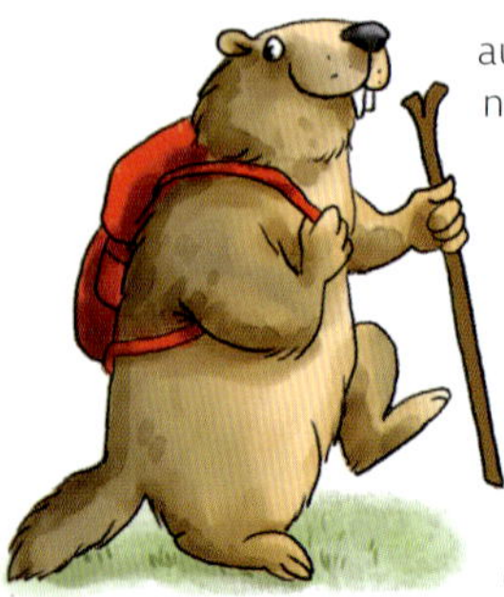

★Highlights

Mit Glück lassen sich je nach Jahreszeit Schwarzhalsziegen, Gelbbauchunken und Zauneidechsen beobachten.

Interessanter Lehrpfad mit speziellen Kindertafeln, einem Rätselheftchen und Geopark-Ries-Memory.

Mit Hammer und Schutzbrille ausgerüstet, können wir an einer Klopfstelle das Gestein genauer untersuchen.

Mehrere Aussichtspunkte, eine Aussichtsplattform sowie ein Aussichtsturm.

Bademöglichkeiten im Solarfreibad Marienhöhe in Nördlingen (s. Freizeittipp **B17**) sowie im Schmähinger Badeweiher (s. Freizeittipp **B18**).

tensteinbruch«, in dem 1970 Astronauten für ihren Besuch auf dem Mond »trainierten«. Jetzt ist noch ein abschließender Blick ins Steinbruchgelände möglich und wir können an der letzten Infotafel den rötlichen Eisensandstein näher betrachten, bevor uns der Wanderweg hinabführt und wir zum **Literaturcafé Lindle** ❶ zurückgelangen.

Hallo Kinder!

Die **Walliser Schwarzhalsziegen** sind eine ganz besondere Ziegenrasse, denn sie werden weder zur Gewinnung von Milch noch von Fleisch gehalten, sondern nur als **Landschaftspfleger** eingesetzt. Vor rund 50 Jahren waren sie sogar vom Aussterben bedroht. Doch da in den letzten Jahrzehnten die Zahl ihrer Einsätze als Landschaftspfleger immer mehr zugenommen hat, hat sich ihr Bestand mittlerweile wieder erholt. Auch im Erlebnisgeotop Lindle könnt ihr sie bei ihrer Arbeit sehen. Sie fressen besonders gerne Laub und frische Triebe. So sollen sie die Steinbruchsohle sowie die Wände von aufkommenden Sträuchern freihalten, damit man zum einen etwas von den Gesteinen sieht und zum anderen seltene, an kahle Felsen angepasste Pflanzen und in Felsennischen brütende Vögel hier leben können. Gerne könnt ihr die knuddeligen Gesellen beobachten, denkt aber daran, dass sie keine Streicheltiere sind. Also bitte füttert und stört sie nicht.

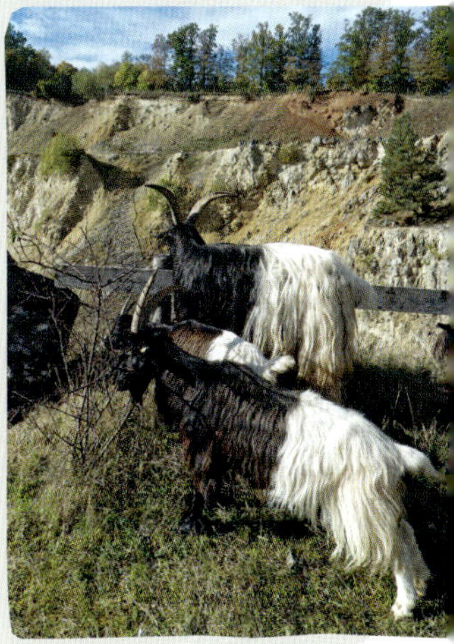

33 Vom Riegelberg zur Alten Bürg

RUNDE ÜBER UTZMEMMINGEN IM SÜDWESTRIES

3.00 STUNDEN

7,4 KILOMETER

↗ 160 HÖHENMETER

↘ 160 HÖHENMETER

MITTEL **ab 7** Jahren

Geschichte, Geologie, Natur und tolle Spielplätze: Diese Tour ist eigentlich für jeden etwas: Geschichtsfans kommen am Riegelberg und an der Alten Bürg auf ihre Kosten. Gleich am Startpunkt erzählen Mäuerchen, die auch zum Balancieren einladen, vom Leben der Römer im Ries vor fast 2.000 Jahren. Die Große Ofnethöhle ist für ihre bis zu 40.000 Jahre alten Funde bekannt sowie für die beiden Schädelnester aus der mittleren Steinzeit berühmt. Hier können Höhlenfans auf Erkundungstour gehen ebenso wie in der nahen Kleinen Ofnethöhle, die über einen kurzen Abstecher erreichbar ist. Für Naturliebhaber bietet der Riegelberg neben einer herrlichen Aussicht eine Vielzahl an für die Wacholderheide typischen und teils seltenen Pflanzen- und Tierarten. Gesteinsfans können auf dem Riegelberg einen Blick in einen ehemaligen Kalksteinbruch werfen und im Suevitaufschluss Altenbürg den berühmten Schwabenstein, Suevit genannt, kennenlernen. Spielplätze laden zwischendurch zum Austoben und Rasten ein – an der Alten Bürg gibt es sogar eine Möglichkeit zum Grillen, während in Utzmemmingen recht neue Spielgeräte vorhanden sind, die nicht auf jedem Spielplatz zu finden sind.

Ausgangspunkt: Parkplatz an der Villa Rustica am Riegelberg, 464 m. Navi: N48.81719, E10.44720. Anfahrt auf der B466 bis auf Höhe der Abzweigung nach Ederheim, hier aus Richtung Heidenheim/A7 kommend links abbiegen, aus Richtung Nördlingen kommend rechts abbiegen. Dem Sträßchen (hier auch brauner Geotop-Wegweiser) hinab bis zum Parkplatz an der Villa Rustica folgen.

Mit Bahn/Bus: Mit dem Zug nach Nördlingen (Strecke Aalen – Donauwörth). Mo bis Fr sowie am Samstagvormittag kann das NÖ-mobil angefordert werden (Rufbus, mind. eine Stunde vor Antritt der Fahrt buchen). Es fährt vom Busbahnhof Nördlingen (gleich neben dem Bahnhof) zur Haltestelle Holheim, Ofnethöhlen direkt am Ausgangspunkt.

Ausrüstung: Gut profilierte Trekking- oder Wanderschuhe, ausreichend Proviant und Getränke, Sonnenkappe und Sonnenschutz, Taschen- oder Stirnlampe für die Höhlen, Bestimmungsbuch für die Pflanzen und Tiere auf der Heide.

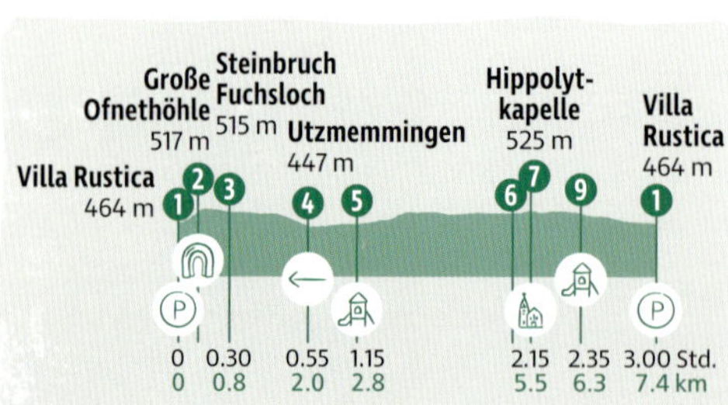

Anforderungen: Mittelschwere Rundtour mit mehreren Steigungen, überwiegend auf Heidepfaden, Kies- und Waldwegen, zwischendurch asphaltierte Abschnitte. Am Riegelberg gilt es über die Felsen zu klettern, wobei auch die Hände zum Einsatz kommen.

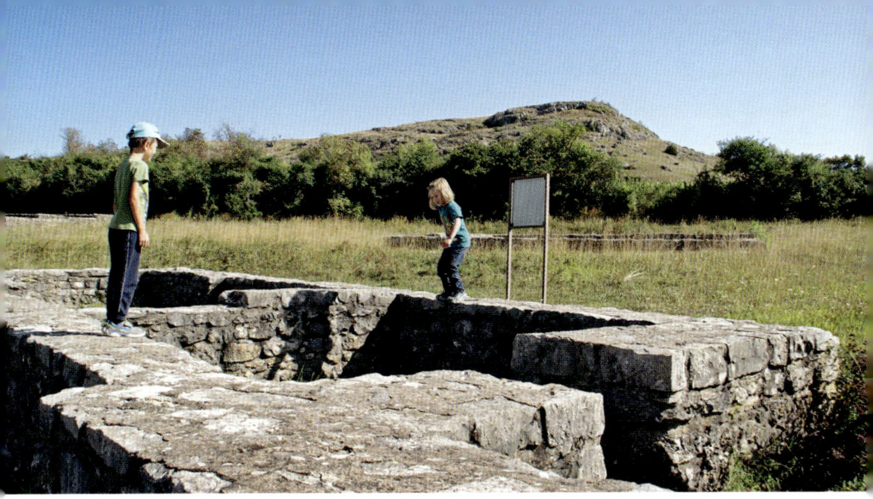

Das Badegebäude der römischen Villa Rustica. Wer traut sich von den Mauern in den einstigen Umkleideraum zu springen?

Markierung: Größtenteils als Schäferweg bzw. Albblickweg beschildert, abschnittsweise unbeschildert.
Einkehr: Etwas abseits der Route Landgasthof Adler Utzmemmingen mit Biergarten (Mi Ruhetag, Mo und Di nur abends, Öffnungszeiten s. Website, Brunnenstr. 5, 73469 Riesbürg-Utzmemmingen, Tel. +49 9081 3476, adler-utzmemmingen.de).
Varianten: Kleine Runde Riegelberg (1.45 Std., 3,8 km, ab 4 Jahren). Hierfür am Ortsrand von Utzmemmingen auf dem Sträßchen geradeaus weiter und bei der nächsten Gelegenheit den Asphaltweg nach links über den Maienbach nehmen. So treffen wir auf die Kurzvariante, deren Verlauf wir weiter folgen. Kleine Runde an der Alten Bürg (1.00 Std., 2,3 km, ab 3 Jahren) mit Start an der ehemaligen Waldgaststätte oder am Parkplatz mit Infotafel des Schäferweges. Am Waldrand mit Blick auf den Riegelberg links entlang zur Hauptroute.
Kurzvariante: Vom Riegelberg durch das Tälchen hinab, dann dem Asphaltweg nach links folgen. Zweigt rechts ein weiterer Asphaltweg ab, folgen wir ihm zu einem Wegweiser, an dem es nach links auf einem Feldweg weitergeht. Stets geradeaus, mal an Äckern vorbei, mal an Hecken, zur Villa Rustica und dem Parkplatz (1.15 Std., 2,8 km, ab 4 Jahren).
Tipp: Lauschtour »Durch den Rieskrater – Auf den Spuren einer kosmischen Katastrophe« (zwei Stationen auch auf dieser Wanderung), weitere Infos unter bayerisch-schwaben.de.

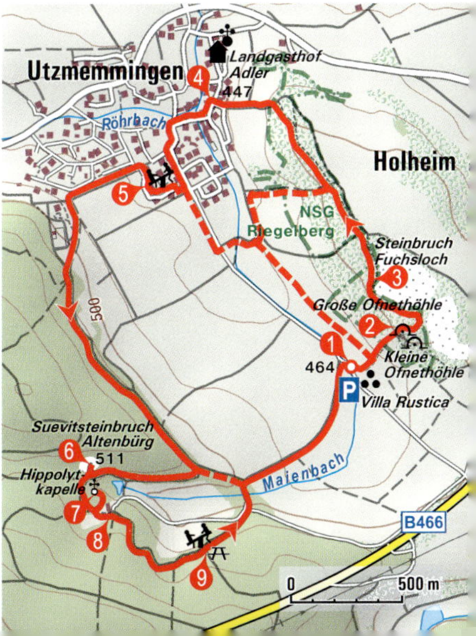

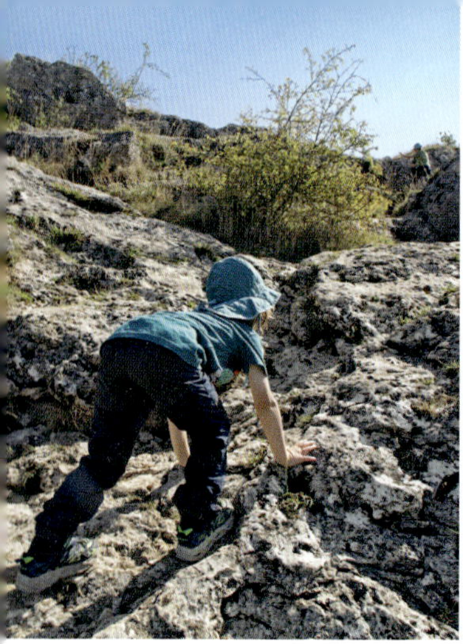

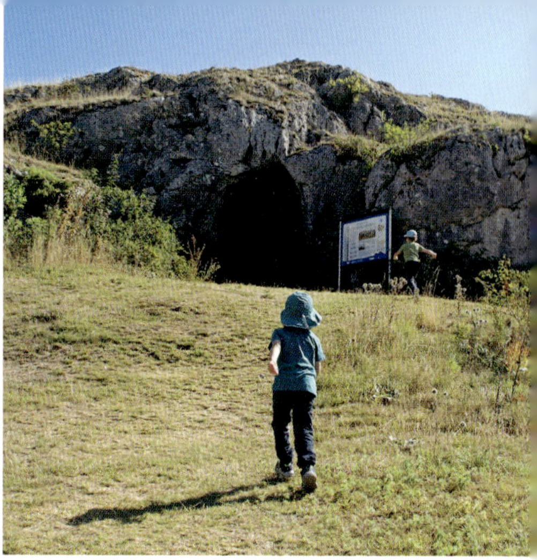

OBEN LINKS

Kleine Kletterei über die Felsen hinauf.

OBEN RECHTS

Sturm auf die Große Ofnethöhle.

UNTEN

Höhlenforscher in der Kleinen Ofnethöhle.

LOS GEHT'S Vom **Parkplatz ①** bei der **Villa Rustica** im Maienbachtal aus wandern wir an den Überresten des einstigen römischen Landgutes mit Infotafeln vorbei den Riegelberg aufwärts. Wir passieren weitere Infotafeln und gelangen dann ins Naturschutzgebiet mit Heidevegetation. Zweigt der Schäferweg links ab, gehen wir geradeaus weiter und klettern über die Kalkfelsen mit interessanter Vegetation zur **Großen Ofnethöhle ②** mit Infotafeln hinauf, die wir erkunden können. Kommen wir wieder heraus, folgen wir dem Pfad über die Felsen nach rechts hinauf – nach links ginge es in einem Abstecher zur **Kleinen Ofnethöhle**. Wir halten uns rechts und gehen dann in einem Linksbogen am Rand der Heidefläche auf dem Himmelreich entlang. Haben wir den Zaun an der Nordseite erreicht, wandern wir aussichtsreich nach links an diesem entlang weiter. So gelangen wir etwas hinab an einer Infotafel vorbei. Hier halb rechts weiter stets am Zaun entlang. Sogleich sind wir an einem schönen Aussichtspunkt in den **Steinbruch Fuchsloch ③**. Auf dem Schäferweg weiter, erreichen wir nach einem größeren Kalkbrocken und einem Rechts-Links-Schwenk etliche Kalkbrocken, die die Grenze des Naturschutzgebietes markieren. Wir wandern links von diesen entlang auf dem Heidepfad weiter. Stets geradeaus führt er uns weiter mit herrlichem Riesblick über den Riegelberg. Zwischendurch geht es durch ein Tälchen, wo

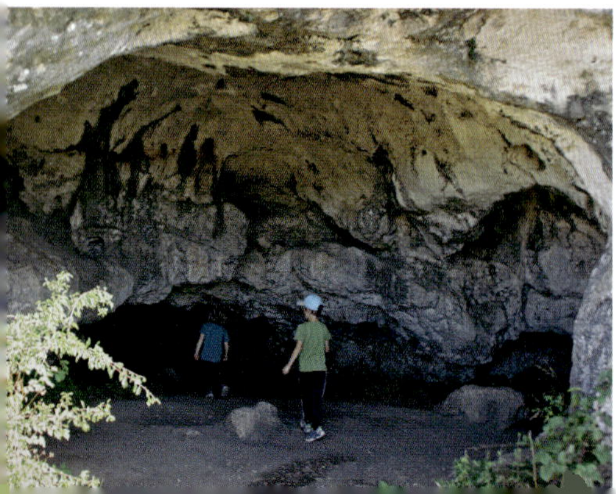

Hallo Kinder!

Schon die **alten Römer** haben vor 2.000 Jahren im Ries gelebt. Am Fuß des Riegelbergs finden sich ausgegrabene und teils rekonstruierte Grundmauern einer sogenannten **Villa Rustica**, einer Art Aussiedlerhof, von denen es im Ries über 100 Stück gab. Die **Große Ofnethöhle** war schon den Menschen in der Altsteinzeit bekannt. 40.000 Jahre sind die ältesten Funde alt. Es handelt sich um Mammutknochen, die wohl davon zeugen, dass Menschen hier rasteten und Mammutfleisch verspeisten. Die beiden weltberühmten **Schädelnester**, die vor über 100 Jahren gefunden worden sind, datieren in die mittlere Steinzeit und sind rund 8.000 Jahre alt. Sie stammen wohl von Überfällen, bei denen neben ein paar Männern besonders viele Kinder und Frauen ums Leben gekommen sind.

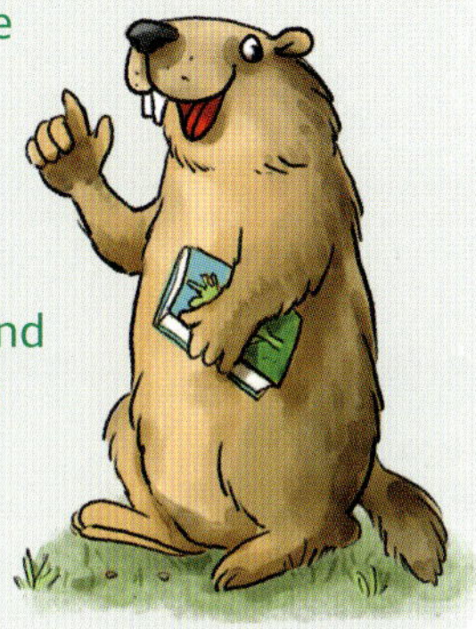

die Kurzvariante links abzweigt. Wieder hinauf, halten wir bald auf die Bänke zu, die sich bei einer Feuerstelle befinden, die aber aus Gründen des Naturschutzes nicht genutzt werden darf. Von diesem herrlichen Rast- und Aussichtspunkt aus führt uns der Heidepfad – zwischendurch kurz steil – hinab zu einem Feldkreuz, an dem wir wieder den Schäferweg erreichen. Nach einem Links-Rechts-Schlenker verlassen wir ihn sogleich wieder und erreichen geradeaus **Utzmemmingen** ❹ über die Rosenstraße, welche in die Brunnenstraße mündet (rechts geht es hier zum Landgasthof Adler). Wir halten uns links und verlassen

★Highlights

- Balancierspaß auf den Grundmauern der römischen Villa Rustica.
- Felsiger Pfad und spannende Höhlen am Riegelberg.
- Aussichtsreicher Riegelberg mit artenreicher Wacholderheide.
- Ein mit Ziegen und Schafen beweideter Steinbruch, in dem einst der berühmte Schwabenstein, der Suevit, abgebaut worden ist.
- Toll gelegene Spielplätze zum Austoben und Rasten.
- Im Sommer Bademöglichkeiten im Solarfreibad Marienhöhe in Nördlingen (s. Freizeittipp B17) sowie im Schmähinger Badeweiher (s. Freizeittipp B18).

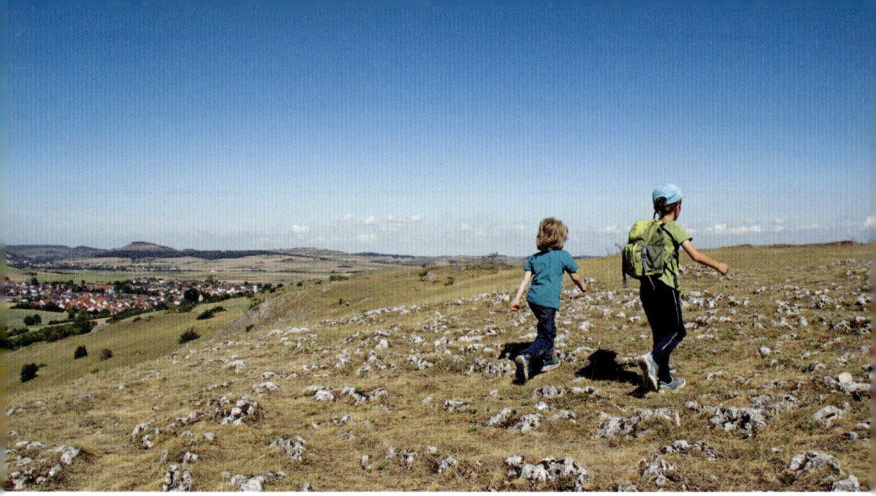

Auf dem Himmelreich, wie die Hochfläche des Riegelberges auch genannt wird.

die Brunnenstraße an einem Haus mit Marienfigur und Wegkreuz davor sogleich wieder nach rechts. Die Weilerstraße bringt uns zur Römerstraße, der wir stets nach links bis zum Ortsrand folgen, wo wir auf Höhe der Ofnetstraße nach rechts abbiegen. Den Asphaltweg verlassen wir jedoch sogleich wieder nach rechts. Im Neubaugebiet folgen wir dem Verlauf der Straße geradeaus, bevor rechts ein Fußweg abzweigt, der uns zu einem **Spielplatz** ❺ bringt. Weiter auf der gepflasterten Fläche gehen wir dann auf der Straße nach links weiter. An der Einmündung des Buchenwegs in die Waldstraße folgen wir dieser nach links hinauf am Siedlungsrand entlang. Am Ortsschild biegen wir an einer Aufforstungsfläche der ehemaligen Deponie links ab und wandern erst mit schönem Blick auf den Riegelberg und dann halb rechts auf dem Grasweg über die Heide an einem Bildstock vorbei hinauf. An einer Kiefer folgen wir einem gekiesten Waldweg nach links. Meist in Waldrandnähe bringt er uns durch den Wald zu einem Wegedreieck am Waldrand. Hier wandern wir nach rechts auf Albblickweg und Schäferweg weiter. Erst in Waldrandnähe, führt der Schäferweg uns dann geradeaus in den Wald hinein und an einer Steinverladestelle vorbei zum **Suevitsteinbruch Altenbürg** ❻ mit Infotafel. Von hier aus weiter auf dem Schäferweg, erst geradeaus und dann nach links durch den einstigen, künstlich angelegten Halsgraben einer Burg, von der nur noch die **Hippolytkapelle** ❼ erhalten ist, die wir nach links über einen Abstecher erreichen. Wieder zurück auf dem Waldweg, geht es am Waldkindergarten vorbei weiter zur ehemaligen **Waldgaststätte Alte Bürg** ❽. Dann führt uns der Schäferweg durch den Wald hinauf zum **Spiel- und Grillplatz** ❾, bevor er uns wieder hinabbringt. Jenseits des Sträßchens gehen wir zu einem Parkplatz hinüber. Hier uns links haltend verlassen wir den Schäferweg nun kurz und gelangen geradeaus zum Waldrand und von hier auf dem Asphaltsträßchen mit Blick auf Maienbachtal und Riegelberg hinab zurück zum **Parkplatz** ❶ bei der Villa Rustica.

Lehrpfad »Rund um die Hölle«

34

WALDWANDERUNG ZUR HOHLENSTEINHÖHLE

2.00 STUNDEN

4,3 KILOMETER

↗ 100 HÖHENMETER

↘ 100 HÖHENMETER

ab 5 Jahren LEICHT

Waldwissen, eine Höhle und die Nördlinger Trinkwasserquellen: Auch wenn der Teufel mit dem Dreizack hier ursprünglich den Weg wies und der Lehrpfad mittlerweile in die Jahre gekommen ist, braucht sich in der Waldabteilung Hölle niemand zu fürchten. Der abwechslungsreiche Wald, durch den schöne Wald- und Forstwege führen, lädt zu spannenden Entdeckungen ein. Seien es die Frühblüher im Frühjahr, ein Grenzstein, dessen Aufgabe es zu ermitteln gilt, oder die Hohlensteinhöhle. Unterwegs erfahren wir nicht nur einiges über den Wald, seine Bäume und das Holz, sondern können uns auch als Förster betätigen. Eine Schutzhütte sowie ein weiterer Rastplatz laden zu gemütlichen Pausen zwischendurch ein. Letzte Station sind die Trinkwasserquellen oberhalb der Ederheimer Thalmühle, die seit 1896 der Stadt Nördlingen das Trinkwasser liefern. Zum Schutz sind sie umzäunt und auch die Land- und Forstwirte im Einzugsgebiet der Quellen müssen einiges beachten, um das Wasser sauber zu halten.

Ausgangspunkt: Parkplatz an der B466 bei Ederheim, 522 m. Navi: N48.80916, E10.44888. Auf der B466 aus Richtung Heidenheim/A7 kommend kurz nach der Bundeslandgrenze rechts Richtung Wanderparkplatz abbiegen. Aus Richtung Nördlingen kommend kurz nach der Abzweigung nach Ederheim links Richtung Wanderparkplatz abbiegen. **Mit Bahn/Bus:** Mit dem Zug nach Nördlingen (Strecke Aalen – Donauwörth). Mo bis Fr sowie am Samstagvormittag kann das NÖ-mobil angefordert werden (Rufbus, mind. eine Stunde vor Antritt der Fahrt buchen). Vom Busbahnhof Nördlingen (gleich neben dem Bahnhof) bis zur Haltestelle Ederheim, Hauptstraße 2. Von hier der Hauptstraße kurz hinabfolgen, bis die Thalmühlstraße scharf nach rechts abbiegt. Dieser folgen

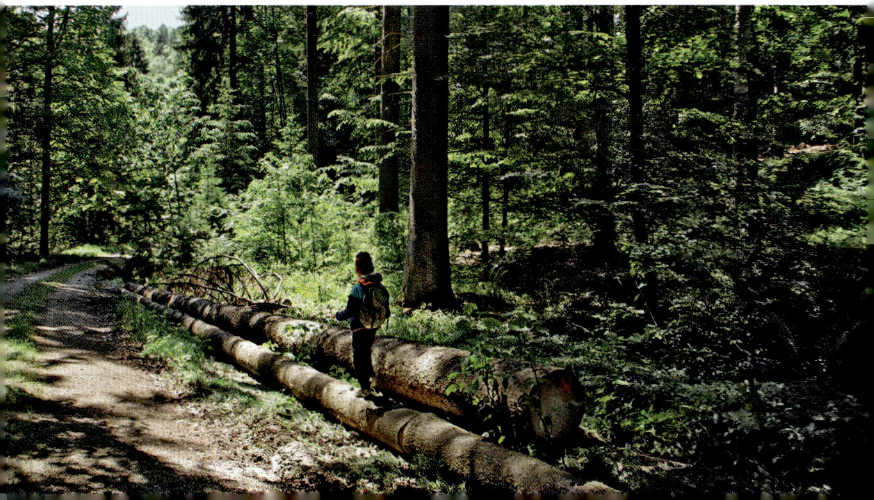

Der Waldlehrpfad verläuft auf schönen Wald- und Forstwegen.

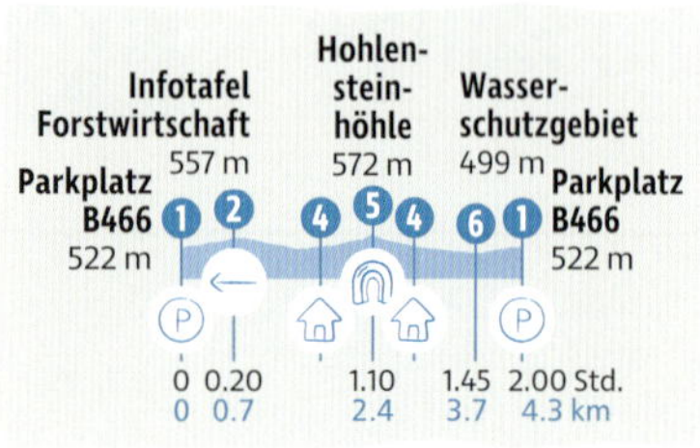

wir an der Thalmühle sowie dem Thalmühlweiher vorbei, bis wir am Waldrand bei Wegpunkt 6 in die Tour einsteigen können (Gehzeit insgesamt: 2.45 Std., 7,0 km, ab 7 Jahren).

Ausrüstung: Gut profilierte Trekking- oder Wanderschuhe, Proviant und Getränke, Taschen- oder Stirnlampe für die Höhle.

Anforderungen: Leichte Rundwanderung, meist auf Wald- und Forstwegen sowie Pfaden. Der Abstecher zur Höhle kann bei Nässe stellenweise etwas rutschig sein, sonst problemlos.

Markierung: Nur teilweise Beschilderung vorhanden. Waldlehrpfad größtenteils unbeschildert. Hohlensteinhöhle ab Rasthütte gut ausgeschildert.

Einkehr: Keine. In der näheren Umgebung Landgasthof Adler Utzmemmingen (s. Tour 33), Literaturcafé Lindle (s. Tour 32), Schweindorf (neresheim.de). Gaststätten und Cafés in Nördlingen (noerdlingen.de).

Hinweis: Vorsicht auf den Forstwegen. Hier können Forstfahrzeuge unterwegs sein.

Tipps: Schöner Spielplatz mit Schatten und Sandspielsachen in Ederheim im Bogenweg, Ruinen Niederhaus und Hochhaus (von Ederheim Richtung Hürnheim, dann am Ortsende von Hürnheim nach rechts den Berg hinauf. Vom dortigen Parkplatz aus sind beide Ruinen ausgeschildert und zu Fuß zu erreichen).

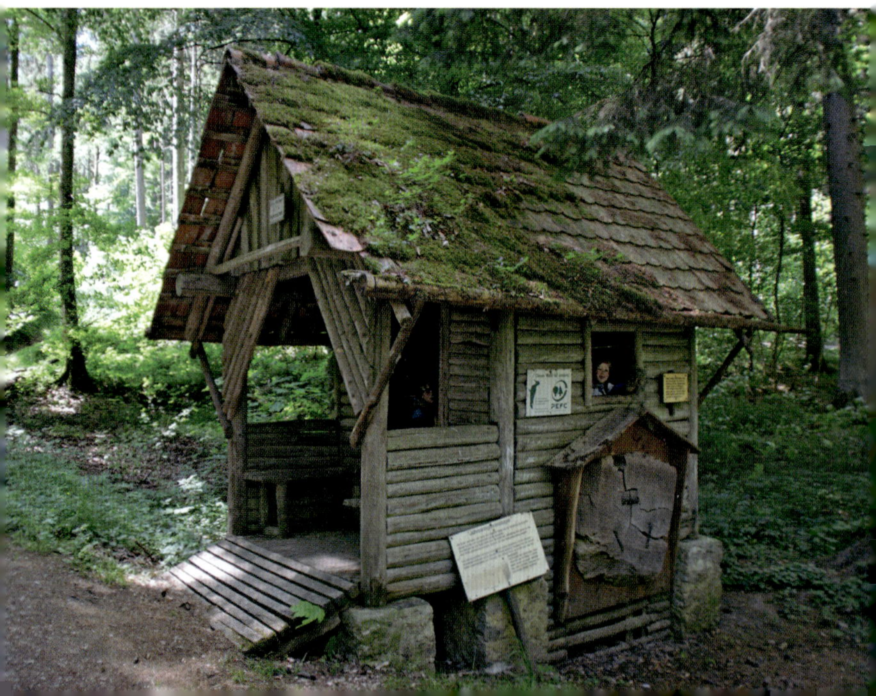

In der verwunschenen Rasthütte im Wald gibt es sogar einen Dachboden.

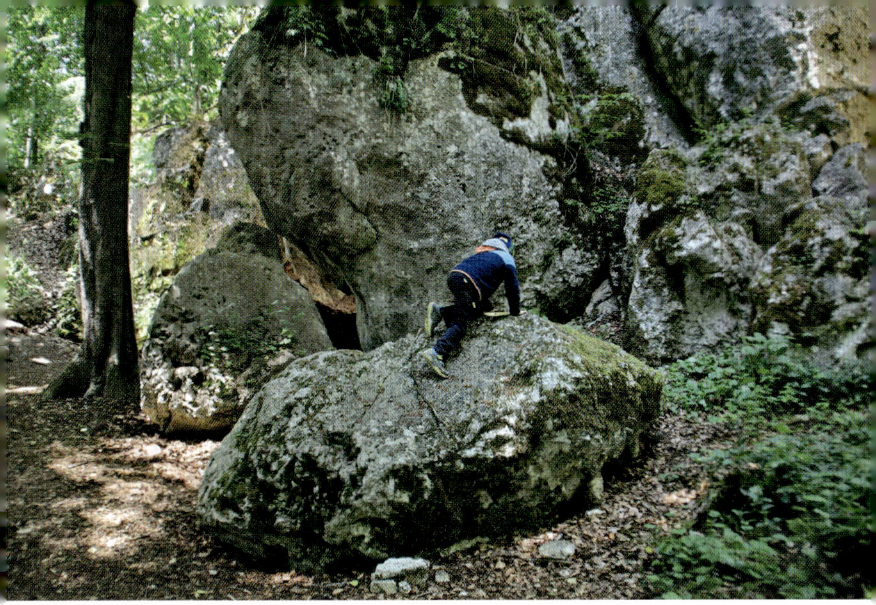

Die Felsbrocken vor der Hohlensteinhöhle laden zum Kraxeln ein.

LOS GEHT'S Vom **Parkplatz** ❶ an der B466 bei Ederheim folgen wir am »Durchfahrt verboten«-Schild dem Waldweg an der Starttafel mit Karte vorbei. Wir passieren mehrere Baumtafeln sowie einen Grenzstein. Welche Grenze dieser markiert, kann erraten, wer die beiden eingravierten Anfangsbuchstaben entdeckt und entziffert. Nach einem weiteren Grenzstein bei der Infotafel zur Kiefer mündet unser Waldweg nahe einer Bank ein – gegenüber steht eine **Infotafel** ❷ zu den Aufgaben der Forstwirtschaft. Hier halten wir uns links und folgen am Wegedreieck dem Forstweg nach links, der uns an der Infotafel zum Dachs sowie einer zum Thema Alt- und Totholz vorbeiführt – in der Umgebung sind abgestorbene Biotopbäume vorhanden. Mündet unser Forstweg ein ❸, starten wir nach rechts unseren Abstecher zur Hohlensteinhöhle. Wir gelangen zu einer **Schutzhütte** ❹, an der wir etwas über die Jahresringe der Bäume erfahren können und die zur Rast einlädt. Unweit davon steht auch eine Infotafel zu Vögeln in Wald

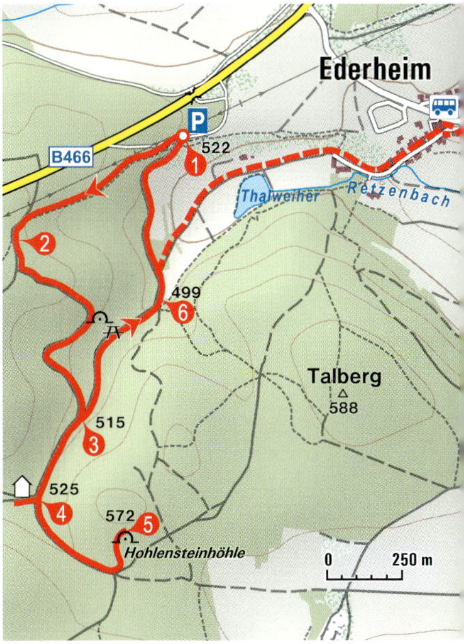

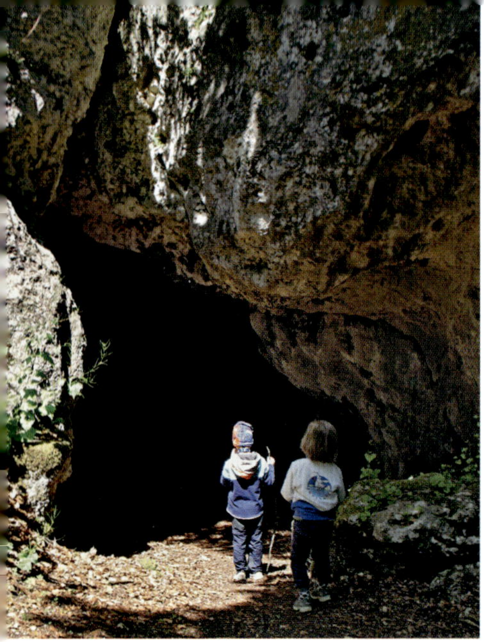

und Flur, zu der wir hinübergehen können. Dann folgen wir gemäß Beschilderung dem Forstweg an der Schutzhütte vorbei weiter. An der nächsten Bank, wo der Spruch »Ohne Wald kein Wasser. Ohne Wasser kein Leben.« auf einem Stein zum Nachdenken anregt, weist uns ein Schild nach links. Wir halten uns erst auf dem Pfad links hinauf und gehen dann auf einem Pfad nach rechts zu den Felsen mit der bereits sichtbaren **Hohlensteinhöhle 5** hinüber. Auf demselben Weg zurück zu 3 setzen wir unsere Wanderung geradeaus auf dem Forstweg fort. Bald dürfen wir selbst Förster spielen, bevor wir an einem Rastplatz, der sich wohl in einem ehemaligen Kalksteinbruch befindet, sowie weiteren Infotafeln vorbeikommen. Schließlich erreichen wir das **Wasserschutzgebiet 6**, aus dessen Quellen ein Großteil des Nördlinger Trinkwassers gewonnen wird. Im Hintergrund sind der Thalmühlweiher und ein paar Häuser von Ederheim zu sehen. Hier nach links führt uns der Waldweg und spätere Waldrandweg an interessanten Pflanzen, die in Trockenbiotopen gedeihen, vorbei mit Blick auf Thalmühlweiher, Ederheim und die Wacholderheide am Albuch zum **Parkplatz 1** zurück.

OBEN

Höhlenforscher unter sich in der Hohlensteinhöhle.

UNTEN

Aussicht auf Ederheim, den Thalmühlweiher sowie den Albuch in der Bildmitte hinten.

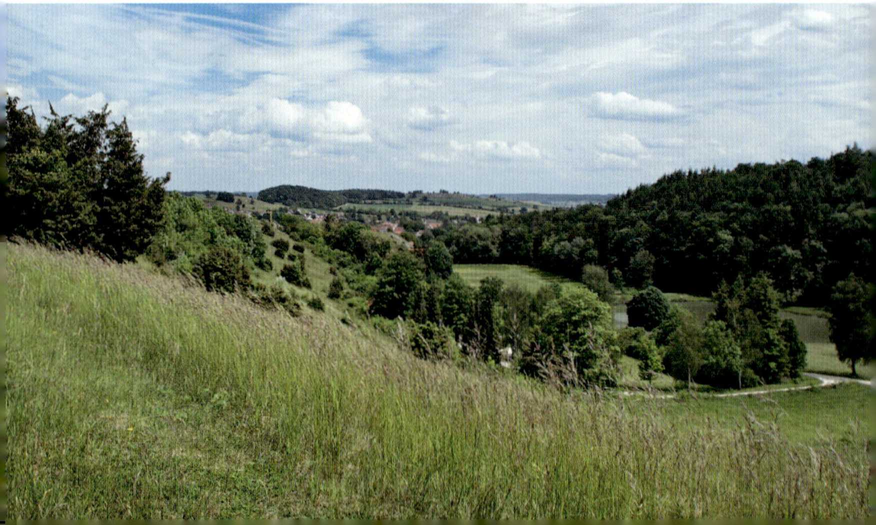

Hallo Kinder!

In der **Hohlensteinhöhle** wurde im Rahmen der Grabungen in den Jahren 1911 und 1912 eine **zerbrochene Kalksteinplatte** gefunden, in die Tier- und Frauendarstellungen geritzt waren. Zu sehen sind der Kopf eines Wildpferdes sowie sechs angedeutete Frauenkörper. Ihr Alter wird auf **15.000 bis 16.000 Jahre** geschätzt, sie stammt also aus der **späten Altsteinzeit**. Damit gilt sie als ältestes Kunstwerk im Ries und sogar in ganz Bayerisch-Schwaben. Angefertigt wurde es in einer Zeit, als gerade der Höhepunkt der letzten Eiszeit überschritten war, es langsam wärmer wurde und die Gletscher nach und nach abschmolzen. Doch noch waren weite Teile Deutschlands von dicken Eispanzern, den Gletschern, überzogen. Das Ries aber gehörte zu einem Bereich, der durchgehend eisfrei war – doch war es besonders im Winter sehr kalt. Es gab damals keine Wälder, sondern vor allem Gräser; Birken und Kiefern als erste Bäume hielten erst nach und nach wieder Einzug. In der Hohlensteinhöhle wurden noch weitere Fundstücke aus der späten Altsteinzeit entdeckt, daneben welche aus der Römerzeit sowie dem Mittelalter. Da aber keine noch älteren Werkzeuge darunter waren, wird vermutet, dass die Höhle in früheren Zeiten verschüttet und daher nicht zugänglich war.

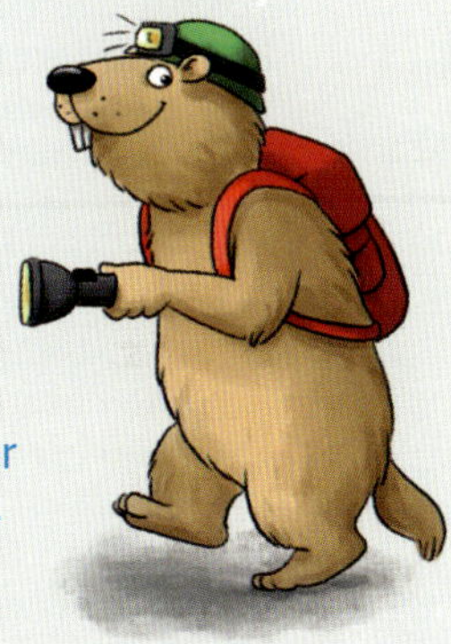

★Highlights

Interessanter Waldlehrpfad, teils zum Selber-Aktiv-Werden.

Grenzstein zum Knobeln und Felsen zum Kraxeln.

Die spannende Hohlensteinhöhle lädt zum Entdecken ein.

Mit Niederhaus und Hochhaus gibt es in der Nähe zwei spannende Ruinen.

Im Sommer Bademöglichkeiten im Solarfreibad Marienhöhe in Nördlingen (s. Freizeittipp B17) sowie im Schmähinger Badeweiher (s. Freizeittipp B18).

35 Rund um den Michelsberg

ERLEBNISWEG UND BAUMLEHRPFAD

2.00 STUNDEN

4,4 KILOMETER

↗100 HÖHENMETER

↘100 HÖHENMETER

MITTEL ab 5 Jahren

Zwei Höhlen, eine Ruine und ein Wildgehege: Auf dieser Wanderung im idyllischen Kesseltal gibt es so einiges zu entdecken: Anfangs geht es an der leise vor sich hinplätschernden Kessel entlang, bevor uns ein Kreuzweg mit hübschen Stationen auf den Michelsberg mit der Kirche St. Michael hinaufbringt. Ein Pfad führt uns zur Hanseles Hohl, die wir neben einer weiteren kleinen Höhle erkunden können. Aussichtsreiche Pfade erschließen uns den schönsten Abschnitt des Kesseltales. Auf einem weiteren Abstecher können wir die Reste der einstigen Hohenburg erkunden. Durch die Hecke wandern wir nach Thalheim und gelangen über den Kreuzberg, wieder mit idyllischem Blick, zu einem Wildgehege, einer Panoramaliege sowie zum Marbach, wo die Kinder am Wasser spielen können. Ein kleiner Baumlehrpfad führt uns zum Parkplatz zurück. Wer zum Schluss noch Lust auf einen kurzen Abstecher hat, kann den angeblich »Schönsten Platz im Kesseltal« aufsuchen. Ob das tatsächlich stimmt, mag jeder angesichts der bei der Wanderung gewonnenen Eindrücke selbst entscheiden. Dem Biber jedenfalls scheint es hier zu gefallen, wie Bissspuren an Bäumen zeigen. Nach der Wanderung lädt die Michelshütt, eine überdachte Rastbank ein, sich die mitgebrachte Brotzeit schmecken und die Wanderung Revue passieren zu lassen.

Ausgangspunkt: Parkplatz am Zeltplatz Michelsberg zwischen Fronhofen und Tuifstädt, 462 m. Navi: N48.73686, E10.56206. Anfahrt auf der St2212 bis Thalheim, dann Richtung Fronhofen. Am Ortsrand von Fronhofen links Richtung Tuifstädt und nach der Brücke über die Kessel wieder links der Beschilderung zum Zeltplatz Michelsberg folgen.
Mit Bahn/Bus: Vom Bahnhof Nördlingen (Strecke Aalen – Donauwörth) Mo bis Sa mit der VDR-Linie 505 bis zur Haltestelle Thalheim. Hier am Straßendreieck rechts, durch den kleinen Ort und nach knapp 300 m vor der Linkskurve in die Tour einsteigen.

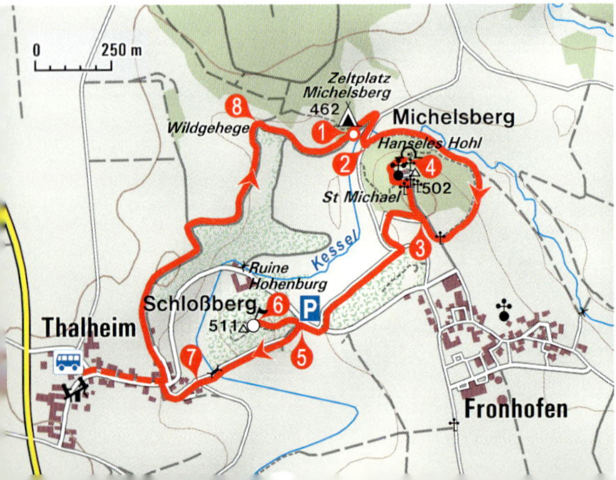

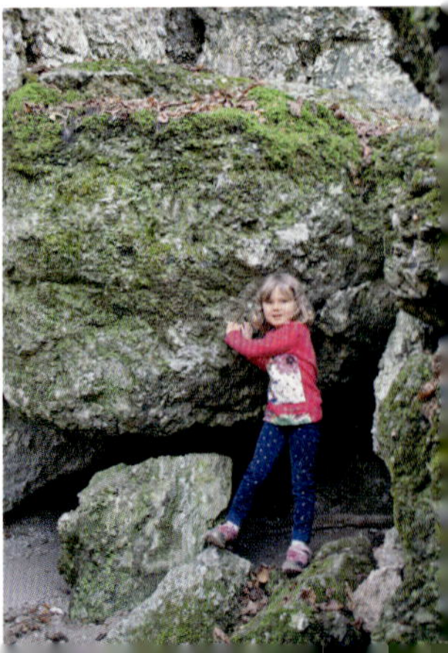

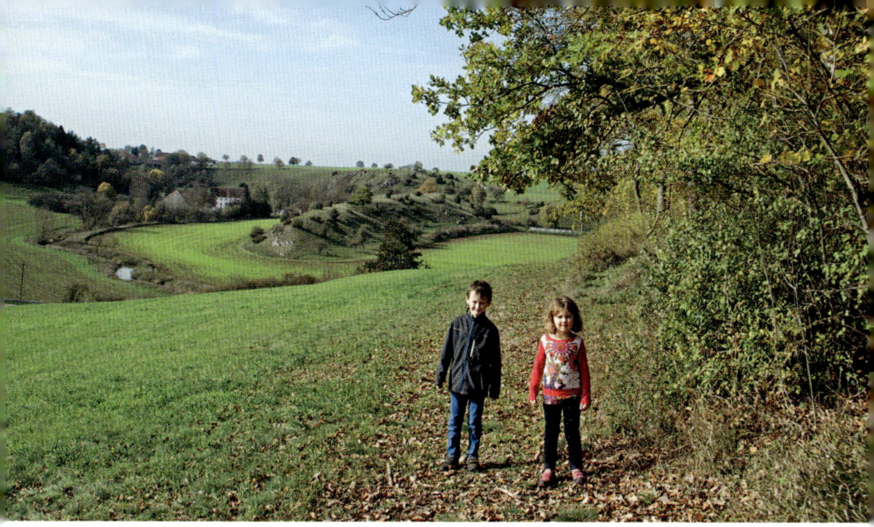

Ausrüstung: Gut profilierte Trekking- oder Wanderschuhe, Proviant und Getränke, Sonnenkappe und Sonnenschutz, Taschen- oder Stirnlampe für die Höhle.
Anforderungen: Rundtour meist auf Naturwegen, Pfaden und Kieswegen, zwischendurch auf kaum befahrenen Sträßchen. Es geht mehrmals mäßig steil bis steil auf und ab. Kleine Kinder ggf. an die Hand nehmen. Ansonsten problemlos.
Markierung: Teils unbeschildert, teils als Hügelwanderung im Kesseltal beschildert.
Einkehr: Keine. Gasthäuser in Bissingen und Untermagerbein.
Kurzvariante: Nur Runde um den Michelsberg mit Abstecher zur Hanseles Hohl (1.00 Std., 2,2 km, ab 3 Jahren).

OBEN

Am Waldrand des Michelsberges geht's mit herrlichem Blick auf die Windungen der Kessel sowie die Hohenburger Mühle entlang.

LINKS UNTEN

Neben der Hanseles Hohl gibt es noch eine kleinere Höhle.

LOS GEHT'S Vom Parkplatz am **Zeltplatz Michelsberg** ❶ aus, wo auch eine Starttafel des Wanderwegs Hügelwanderung im Kesseltal sowie erste Infotafeln des Erlebnisweges »Rund um den Michelsberg« stehen, gehen wir zur Straße und folgen ihr nach rechts über die **Kessel**. An dieser geht es sogleich ❷ nach links entlang. Tafeln informieren uns über Bach- und Waldbewohner sowie über Diebe, die einst von einem herabstürzenden Felsbrocken vertrieben wurden. An einer Bank treffen wir auf eine Baumscheibe, an der ältere Kinder durch Zählen der Jahresringe das Alter des Baumes bestimmen können. Hier verlässt uns die Hügelwanderung im Kesseltal, denn wir halten uns rechts und wandern weiter am

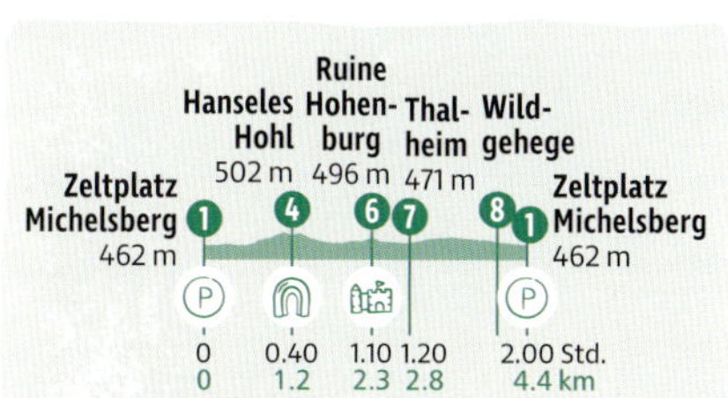

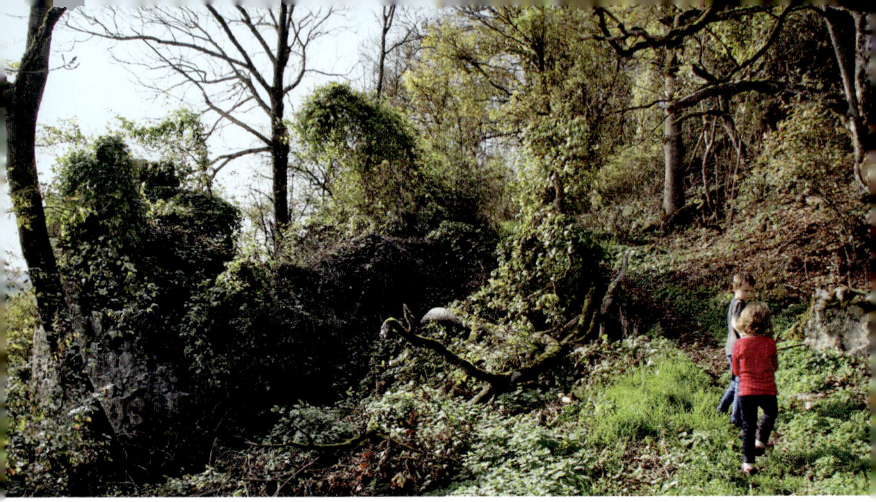

OBEN

Die Hohenburg ist heute nur noch als Ruine erhalten. Hier der Rest eines Turmes.

UNTEN

Begegnung mit einem Mufflon am Wildgehege.

Waldrand entlang, nun aufwärts. Der Grasweg mündet in ein Sträßchen, dem wir nach rechts folgen. Am Waldrand, wo auch der **Kreuzweg ❸** anfängt und wir wieder auf die Hügelwanderung im Kesseltal stoßen, beginnen wir einen Abstecher. Dafür folgen wir dem Sträßchen geradeaus an den Kreuzwegstationen sowie einer Kapelle vorbei zur **Kirche St. Michael** hinauf. Hier geht es links und dann rechts weiter. Ein Pfad bringt uns hinab zur Höhle **Hanseles Hohl ❹**, die wird erkunden können. Wieder zurück bei ❸, folgen wir nun der Hügelwanderung im Kesseltal am aussichtsreichen Waldrand entlang. So gelangen wir zu einer Infotafel mit schönem Blick auf das idyllische Kesseltal sowie die Hohenburger Mühle. Gleich danach geht es links hinab, an weiteren Tafeln vorbei durch das Gebüsch. An der Einmündung verabschieden wir uns wieder von der Hügelwanderung im Kesseltal und folgen dem Sträßchen nach links. Doch schon bei der nächsten Gelegenheit verlassen wir es wieder und wandern ab dem Schild Rundweg in entgegengesetzter Richtung nach rechts auf dem Kies-Grasweg an Heideflächen entlang, die mit Felsen durchsetzt sind. Auf diesen lassen sich Moose und Flechten entdecken. Das nächste Sträßchen queren wir in einem Rechts-Links-Schlenker und beginnen am **Parkplatz ❺** unseren nächsten Abstecher. Hierzu wandern wir auf dem Pfad (Achtung, Privatweg) geradeaus hinauf über die Heide des Schloßbergs, bis wir auf die Mauerreste der einstigen Ringmauer sowie des Bergfrieds der **Ruine Hohenburg ❻** treffen.

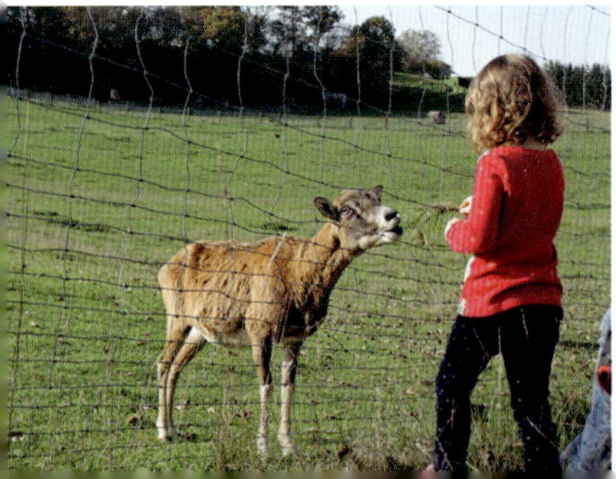

Wieder zurück am **Parkplatz ❺**, gehen wir scharf nach rechts und sogleich halb rechts auf dem Grasweg an Heideflächen vorbei und durch Hecken und Feldgehölze. Ein Brück-

Hallo Kinder!

Heute könnt ihr von der einst auf dem Schloßberg thronenden **Hohenburg** nur noch wenige Reste entdecken. Die Burg gehörte einst den **Edelfreien von Hohenburg**, die 1140 erstmals erwähnt wurden und wohl 1270 ausstarben. Danach ging sie durch die Hände mehrerer Besitzer, bevor ihr Verfall begann. Im Jahr 1871 stürzten Teile der Ringmauer und des Bergfriedes ein, später wurde sie als Steinbruch genutzt. Etliche Steine wurden in den Mauern der Hohenburger Mühle, die sich am Fuß des Schloßberges an der Kessel befindet, verbaut. Eigentlich eine tolle Recycling-Idee, doch leider mit der Zerstörung der Burg verbunden, die heute als Denkmal geschützt ist. Wie sie einmal ausgesehen haben könnte, zeigt euch eine Infotafel am Erlebnisweg.

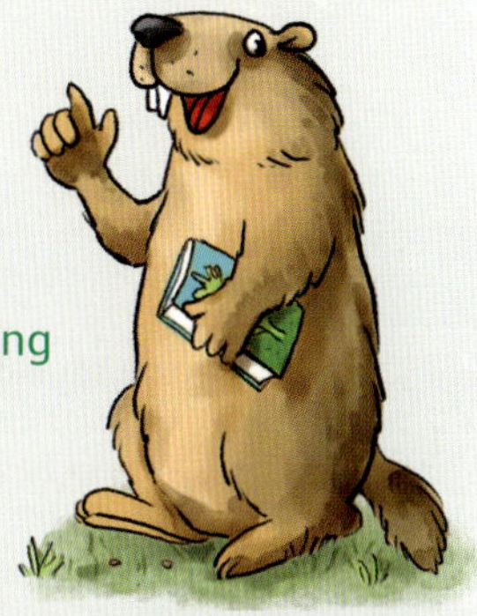

lein bringt uns über die Kessel an den Ortsrand von **Thalheim ❼**, wo wir erneut auf die Hügelwanderung im Kesseltal stoßen. Mit dieser nun nach rechts, wandern wir nach einem Ziegengehege an der Einmündung geradeaus weiter. Etwas ansteigend verlassen wir den Ort an einer Pferdekoppel vorbei. Bald geht es mit Blick auf die Hohenburger Mühle, den Schloßberg und den Michelsberg über den Kreuzberg, uns am Lesesteinhaufen mit Infotafel rechts haltend. Nach einem **Wildgehege ❽** gehen wir an einer Panoramaliege – hier auch die Möglichkeit zum Spielen am Wasser – nach rechts weiter am **Marbach** mit Baumlehrpfad entlang zum Ausgangspunkt am **Zeltplatz Michelsberg ❶**.

★Highlights

Idyllisches Kesseltal mit vielen Biotopen.

Ein Erlebnispfad und ein Baumlehrpfad – gestaltet mit Kindern für Kinder.

Hübsche Kreuzwegstationen zur Kirche St. Michael hinauf.

Im Wald gibt es für kleine Höhlenforscher und- forscherinnen zwei Höhlen zu entdecken.

Auf dem Schloßberg die überwachsenen Mauerreste der Hohenburg erkunden.

Tiere beobachten auf der Weide, auf der Koppel und im Wildgehege.

36 Lauschtour am Goldberg

VON DER GOLDBERGALM BEI LUTZINGEN

2.00 STUNDEN

4,5 KILOMETER

↗ 80 HÖHENMETER

↘ 80 HÖHENMETER

LEICHT ab 4 Jahren

Sagenhaftes mit Blick ins Donautal: Bei dieser amüsanten und informativen Wanderung über den Goldberg geht es mal durch den Wald, mal mit Blick ins Donautal am Waldrand entlang. Zwischendurch gibt es immer wieder was auf die Ohren. Wir besuchen die geheimnisvolle Goldburg. Die Ringelblumen aus Keramik, die immer wieder an den Bäumen zu sehen sind, sollen laut einer Sage geblüht haben, als das Schloss unterging. Wir kommen am Jubiläumskreuz und an einer Waldkapelle vorbei, über deren Entstehung wir ebenfalls etwas erfahren. Nach einem Bachlauf im Wald und Informationen zu den Goldbergrittern, die hier einst ihr Unwesen getrieben haben sollen, geht es zur Goldbergalm zurück, wo wir zum Abschluss gemütlich einkehren können.

Ausgangspunkt: Goldbergalm bei Lutzingen, 501 m. Navi: Goldbergalm 1, 89440 Lutzingen. Anfahrt auf der St2212 bis Lutzingen und von hier aus der Beschilderung zur Goldbergalm folgen.
Mit Bahn/Bus: Vom Bahnhof Höchstädt (Strecke Ulm – Donauwörth) mit der Schwabenbus-Linie 9108 oder dem Rufbus (Anmeldung mindestens eine Stunde vor Abfahrtszeit) bis zur Haltestelle Lutzingen, Hauptstraße. Entlang dieser weiter nach Süden, an der Kirche nach rechts in die Raiffeisenstraße und hinauf, bis am Ortsrand nach links ein beschilderter Grasweg abzweigt. Mit dem Wanderweg »Sagenhaft« und zuletzt auf dem Sträßchen zur Goldbergalm hinauf (Gehzeit insgesamt: 3.15 Std., 7,8 km, 150 m im Anstieg, 150 m im Abstieg, ab 7 Jahren).
Ausrüstung: Gut profilierte Trekking- oder Wanderschuhe, bei Bedarf Proviant und Getränke, Sonnenkappe und Sonnenschutz, Bestimmungsbuch und Fernglas zum Beobachten von Vögeln mitnehmen (mehrere Futterstellen am Wegesrand).
Anforderungen: Leichte Rundwanderung, meist auf Wald-, Kies- und Naturwegen. Zwischendurch ist im Wald ein längerer Anstieg zu absolvieren, aber sonst problemlos. Von Lutzingen aus längerer Anstieg zur Goldbergalm hinauf (mittlere Schwierigkeitskategorie).

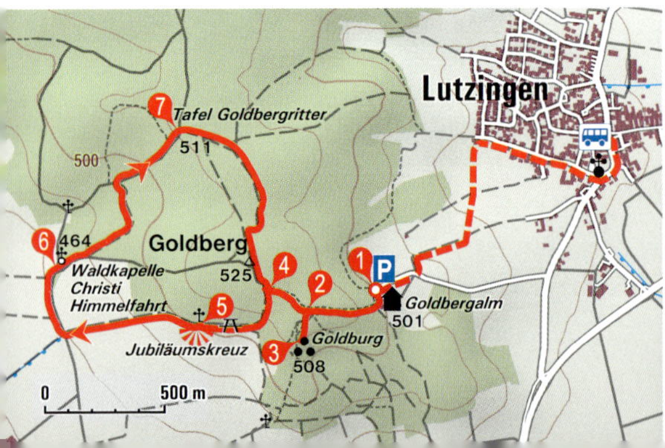

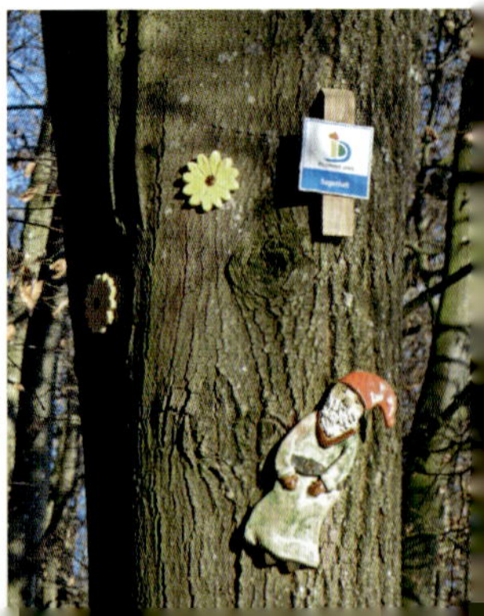

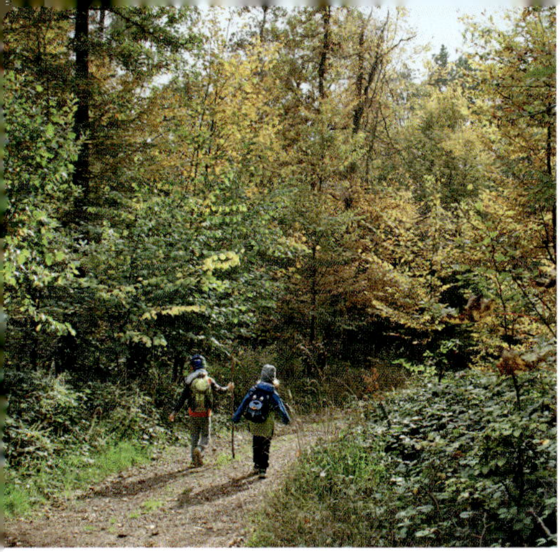

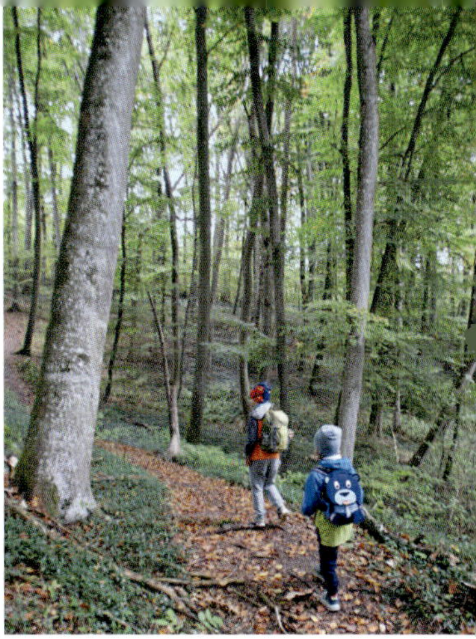

OBEN

Die Lauschtour am Goldberg führt durch abwechslungsreiche Wälder mit vielen Laubbäumen.

LINKS UNTEN

Baumschmuck und Wegmarkierung am Goldberg.

Markierung: Sehr gut beschildert mit Wegweisern »Sagenhaft«, »Lauschtour« bzw. Märchenfiguren.
Einkehr: Goldbergalm (regionale Zutaten, Biergarten, Spielplatz, Öffnungszeiten s. Website, Tel. +49 9074 4994, goldberg-alm.de).
Variante: Wer mit dem Kinderwagen unterwegs ist, lässt den Abstecher zur Goldburg weg, geht am besten nur bis zur Waldkapelle und von dort aus auf demselben Weg wieder zurück (Gehzeit insgesamt: 1.30 Std., 3,6 km).
Tipps: Interaktive Lauschtour sehr empfehlenswert! I-Pods auf der Goldbergalm ausleihbar (kostenlose App unter bayerisch-schwaben.de). Heimatmuseum in Höchstädt mit Zinnsoldaten-Diorama (geöffnet So und feiertags April bis September, 14.00–17.00 Uhr, und nach Vereinbarung, Marktplatz 7, Tel. +49 9074 4412, vg-hoechstaedt.de/?s=Heimatmuseum) und Museum Schloss Höchstädt (geöffnet von April bis Anfang Oktober, Di – So und feiertags, 9.00–18.00 Uhr, Dauerausstellungen zur Schlacht von 1704 und »Über den Tellerrand – Museum deutscher Fayencen« mit zahlreichen Mitmachstationen, Herzogin-Anna-Str. 52, Tel. +49 9074 9585700, schloss-hoechstaedt.de).

★Highlights

Wanderung durch abwechslungsreichen Wald und am Waldrand entlang mit herrlich weiter Aussicht ins Donautal.

An den Lauschstationen den Sagen und Geschichten vom Goldberg lauschen, die Stimmen seltener Tierarten hören und Faszinierendes aus Erd- und Weltgeschichte erfahren.

Vögel beobachten – im Wald, am Waldrand und an Futterstellen.

Wie Pfadfinder den vom Laub verdeckten Pfad durch den Wald finden.

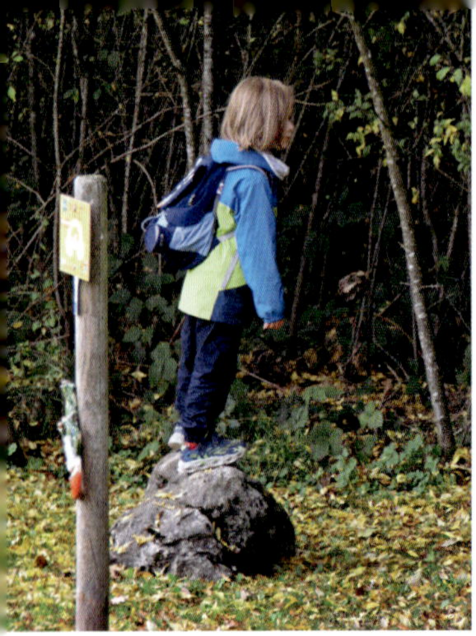

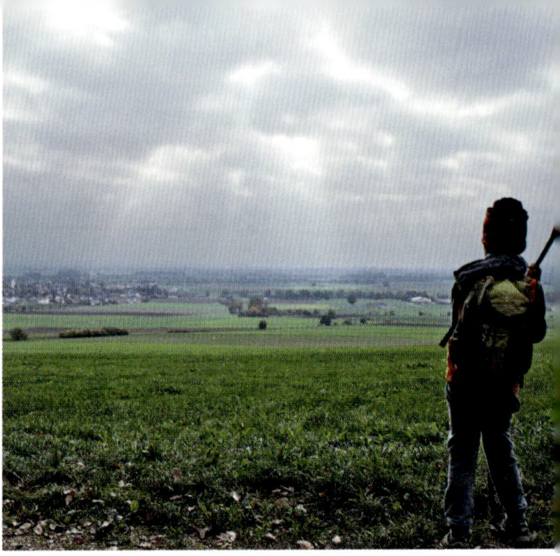

LINKS

Wer kann, auf einem Stein stehend, länger das Gleichgewicht halten?

RECHTS

Sonnenstrahlen brechen durch die Wolken über dem Donautal. Links ist Mörslingen zu sehen.

LOS GEHT'S Wir starten am Parkplatz an der **Goldbergalm 1**, wo sich neben Infotafeln die erste Hörstation am Gedenkstein zur Schlacht bei Höchstädt befindet, die sich 1704 in der von hier aus sichtbaren weiten Ebene abgespielt hat. Auf einer Tafel wird das Goldbergmärchen erzählt. Gut beschildert gelangen wir durch den Mischwald etwas aufwärts. Nach der 2. Station »Tor zur Sagenwelt« erreichen wir nach zwei in Baumstämme geschnitzten Gesellen eine **Abzweigung 2** mit der 3. Lauschstation. Von hier aus können wir einen Abstecher hinüber zur **Goldburg 3** machen, wobei wir eine Infotafel zu dieser passieren. Auf diesem mittelalterlichen Burgstall saßen einst die Ritter Lutz – daher der Ortsname Lutzingen. Der Hügel sowie der umgebende Graben sind gut erkennbar. Heute befindet sich hier eine Schatztruhe und etwas abseits steht eine kleine Holzhütte. Wieder zurück an der **Abzweigung 2**, folgen wir dem Waldweg weiter bis zur **Einmündung 4**. Hier beginnt nach links der eigentliche Rundweg. Bald erreichen wir eine Bank am Waldrand, wo sich ein weiter Blick über das Donautal Richtung Lauingen und Gundremmingen mit dem Atomkraftwerk bietet. Mit etwas Glück können wir hier den relativ seltenen Rotmilan mit seinem charakteristisch gegabelten Schwanz beobachten, der im Donautal einen Verbreitungsschwerpunkt hat. Der Kiesweg führt aussichtsreich an einem Insektenhotel – daneben der erste Rastplatz – vorbei zum **Jubiläumskreuz 5**, wo viele Gedächtnismessen stattfinden. Auf mehreren Sitzmöglichkeiten, darunter einer Panoramaliege, lässt sich hier der freie Blick über das weite Donautal genießen. Wandern wir weiter sanft hinab, so treffen wir auf freier Flur auf ein Sträßchen. Diesem folgen wir nach rechts bis zum Waldrand, wo rechts die **Waldkapelle Christi Himmelfahrt 6** steht. Auch hier befinden sich etliche Bänke sowie eine Vogelfutterstelle. Jetzt noch ein Stück am Waldrand entlang, dann weist uns die Beschilderung nach halb links in den Wald. Auf dem Forstdirektor-Mayr-Weg gelangen wir zu einem Bachlauf mit der nächsten Hörstation. Dann stoßen wir auf einen etwas stärker ansteigenden Forstweg, dem wir nach rechts hinauf folgen. An der **Tafel zu den Goldbergrittern** ❼ geht es nach rechts weiter (»Rückweg Lauschtour«) auf dem Waldweg über den Goldberg. Besonders wenn dieser im Winterhalbjahr mit Laub bedeckt ist, können sich die Kinder als Pfadfinder betätigen. Nach einer von Markus aufgestellten Bank erreichen wir wieder die **Wegverzweigung** ❹ und wandern nach links auf dem bekannten Forstweg zur **Goldbergalm** ❶ zurück. Vom Biergarten sowie vom Parkplatz aus können wir die Aussicht genießen und die Kinder sich auf dem Spielplatz austoben.

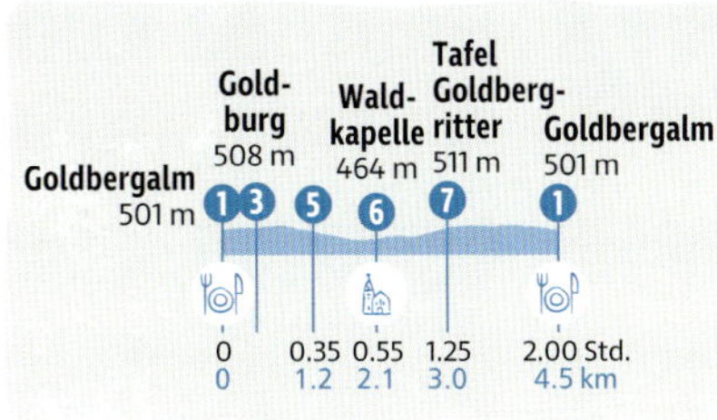

Hallo Kinder!

Um den **Goldberg bei Lutzingen** ranken sich zahlreiche Sagen und Märchen. Auf einem kleinen Hügel im Wald auf dem Goldberg stand, umgeben von einem Graben, einst die **Goldburg**. Und diese Burg, deren Name heute auch in Landkarten verzeichnet ist, hat es tatsächlich gegeben. Vom 14. bis 16. Jahrhundert taucht sie immer wieder in historischen Quellen auf, danach ist sie wohl verfallen. Die **Goldbergritter**, die hier wohnten, sollen **vornehme, aber böse Rittersleut** gewesen sein, die vorbeiziehende Reisende und Kaufleute überfallen und ausplündern ließen. So wurden sie und ihre Helfer, mit denen sie die Beute teilten, reicher und reicher. Als sie daher verwunschen wurden, soll das Schloss mitsamt den Bewohnern und ihren Schätzen im Boden versunken sein. Seitdem sollen hier böse Geister oder das Goldbergmännle herumspuken. Wer dessen Fragen beantwortet oder nachts am Schloss vorbeigeht, würde sich verirren – so die Sage. Auch die Goldschätze sollen noch immer hier vergraben sein – gefunden hat sie trotz mehrerer Grabversuche allerdings noch keiner.

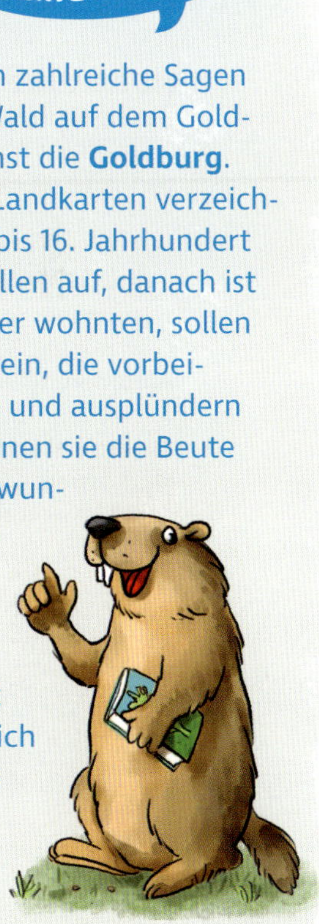

37 Geotope Kühstein

VOM EHEMALIGEN ALMARINBAD IN MÖNCHSDEGGINGEN

1.15 STUNDEN

2,5 KILOMETER

↗ 70 HÖHENMETER

↘ 70 HÖHENMETER

LEICHT ab 4 Jahren

Spannende Riesgesteine, eine fantastische Aussicht und mehr: Diese Rundwanderung führt uns zu zwei einstigen Steinbrüchen, welche interessante Gesteine im südlichen Kraterrandbereich erschließen. Zum einen sind es versteinerte Riffe aus Schwämmen, welche vor rund 160 Millionen Jahren entstanden sind und beim Riesereignis teils kaum zerstört worden sind. Zum anderen handelt es sich um Ablagerungen eines in den nachfolgenden Riessee mündenden Flusses. Aber auch artenreiche Magerrasen mit seltenen Pflanzen und Tieren, ein geheimnisvoller Kunstwald sowie eine vielleicht über tausendjährige Linde stehen auf dem Programm. Immer wieder sind großartige Ausblicke ins Ries bis zum Hesselberg möglich – am Buchberg erläutert uns eine Panoramatafel, was wir sehen.

Ausgangspunkt: Parkplatz in der Almarinstraße in Mönchsdeggingen, 456 m. Navi: Almarinstr. 9, 86751 Mönchsdeggingen. Anfahrt auf der B25 bis Möttingen, hier auf die St2221 Richtung Bissingen abbiegen. In Mönchsdeggingen kurz vor dem Ortsende rechts in die Almarinstraße.
Mit Bahn/Bus: Vom Bahnhof Möttingen (Strecke Aalen – Donauwörth) Mo bis Sa mit der VDR-Linie 126 (größtenteils Rufbus, mindestens 1,5 Stunden vor Abfahrt anmelden) bis zur Bushaltestelle Mönchsdeggingen in der Alemannenstraße. Von hier an der Klostermühle nach links in die Raiffeisenstraße, an der Gabelung nach rechts. An der Einmündung in die Römerstraße nach links, dann rechts der Albstraße folgen, bis halb rechts die Almarinstraße abbiegt (Gehzeit insgesamt: 1.45 Std., 3,3 km).
Ausrüstung: Gut profilierte Trekking- oder Wanderschuhe, bei Bedarf Proviant und Getränke, Sonnenkappe und Sonnenschutz.
Anforderungen: Leichte Rundwanderung, meist auf Heide- und Waldwegen sowie auf Pfaden. Zwischendurch auf Asphalt. Zwei teils steilere Anstiege, aber sonst problemlos. Vorsicht bei der Querung von Straßen.
Markierung: Durchgehend beschildert mit gelb-roten Geopark-Schildern als Geotope Kühstein.

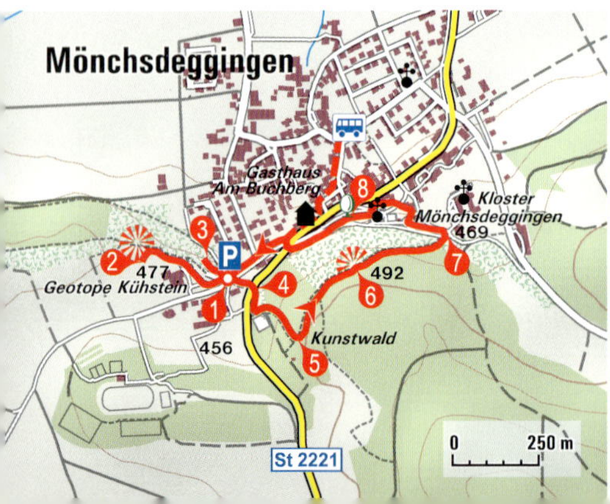

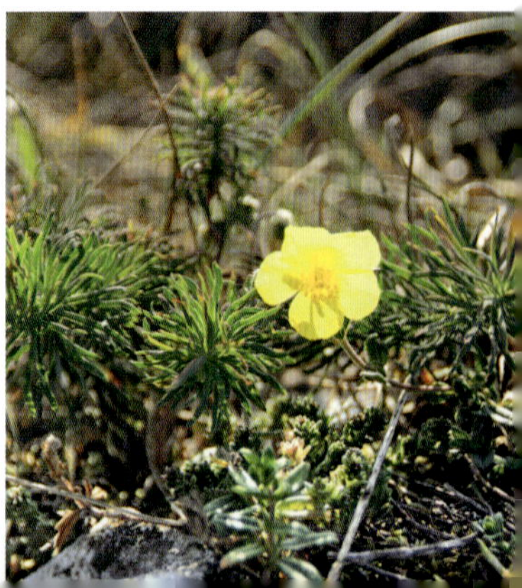

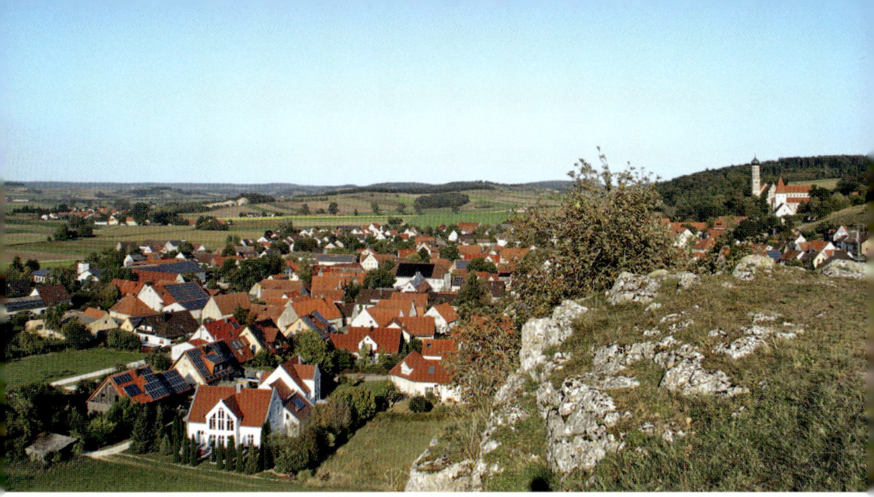

Einkehr: Gasthaus Am Buchberg (täglich ab 11.30 Uhr geöffnet, Mi Ruhetag, Albstr. 36, Tel. +49 9088 700, hotel-moenchsdeggingen.bayern).

Tipp: Kneippanlage mit Barfußpfad am Bautenbach an der Kreisstraße DON9 zwischen Mönchsdeggingen und Abzweigung nach Merzingen.

OBEN

Blick vom Kühstein ins Ries.

LINKS UNTEN

Ein blühendes Sonnenröschen sowie die tannenwedelartigen Blätter der giftigen Zypressenwolfsmilch sind typische Vertreter der Heiden.

LOS GEHT'S Vom **Parkplatz Almarinstraße 1** an der Einmündung der Straße Am Riesblick gehen wir zur Starttafel »Schollenreiche Riesalb« des Geotopwanderweges – daneben auch die Starttafel des Weiherweges – und gelangen nach rechts hinauf durch das Gebüsch auf die Heide, wo wir uns an einer Pfadgabelung rechts halten. Linker Hand sehen wir das einstige Freizeitbad Almarin, das auf seine Reaktivierung wartet. Wir folgen stets dem kaum sichtbaren Pfad über die mit Felsen durchzogene Heide. An typischen Pflanzen kommen etwa Kartäusernelke, Sonnenröschen und Zypressen-Wolfsmilch vor. Im Bereich des höchsten Punktes erreichen wir den Sonnwendfeuerplatz auf dem **Kühsteinfelsen** mit herrlicher Aussicht über das Ries. Dann gehen wir hinüber zur **Geopark-Infotafel 2**. Nun abweichend von der Beschilderung auf demselben Weg zurück zum **Parkplatz 1** und auf dem Weiherweg sogleich zum **Aufschluss Kühsteinfelsen 3** mit Infotafel und Rastbänken. Dann gehen wir am **Parkplatz 1** vorbei und überqueren die Straße, um hinüber zum Aufschluss Riesseekonglomerate am **Schafstadel 4** mit Infotafel zu gelangen. Stufen führen uns hinauf

Im Aufschluss Kühsteinfelsen könnt ihr Gesteine mit Schwämmen und mit Glück Fossilien wie Brachiopoden und Ammoniten entdecken.

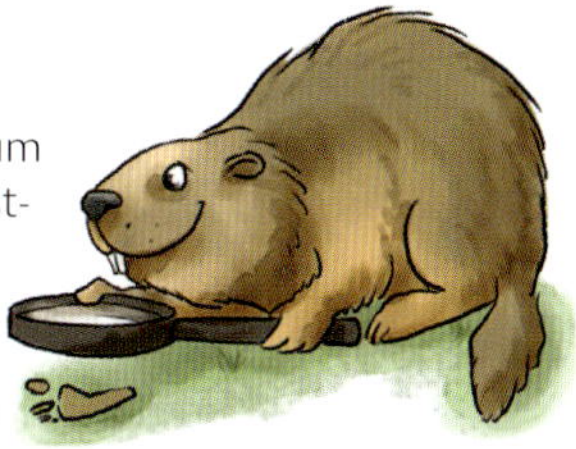

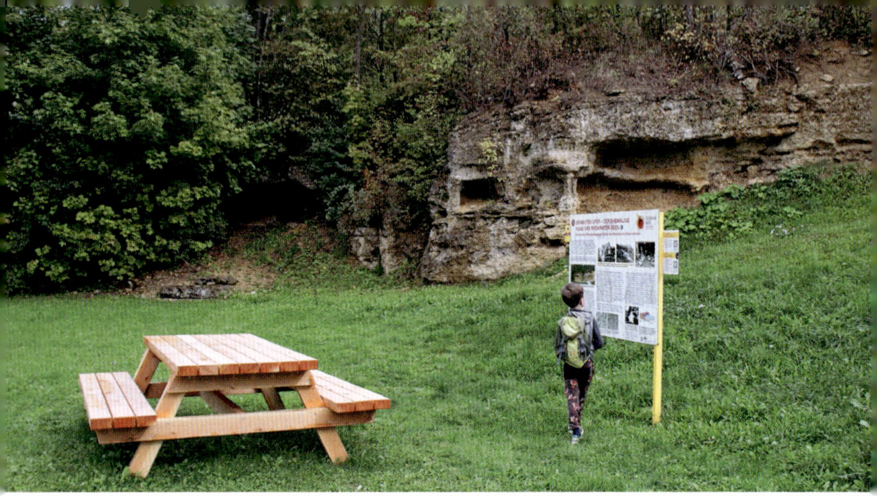

OBEN

Die Gesteine, die hier zu sehen sind, sind einst von einem Fluss in den Riessee transportiert worden.

UNTEN

Die uralte Gerichtslinde in Mönchsdeggingen ist ein beeindruckendes Naturdenkmal.

zur Staatsstraße, die wir überqueren (Vorsicht!). Der Lehrpfad führt am jüdischen Friedhof vorbei, bevor er durch den Wald ansteigt. Hier kann man Zelte aus Ästen entdecken (bitte stehen lassen). An der Einmündung nach links, wandern wir durch den **Kunstwald 5**, der auf Vergänglichkeit angelegt ist. Im Vergleich mit dem Foto aus dem Jahr 2010 auf der Infotafel ist das Verblassen der Farben gut zu erkennen. Hier befindet sich auch ein kleiner Aufschluss mit Kalkgestein. Mit fantastischer Aussicht über das gesamte Ries wandern wir nun über die Heide des Buchbergs weiter zur **Panoramatafel 6**. Bei der Infotafel ist ein Etterstein zu finden, dessen eingravierte Buchstaben es zu entziffern gilt. Dann geht es hinab zum Parkplatz beim **Kloster 7**, wo sich eine etwas versteckte Geopark-Infotafel zur einstigen Trassbahn befindet, deren Trasse am Waldrand entlang sichtbar ist. Hier nach links folgen wir dem Asphaltsträßchen, lassen dabei die evangelische Kirche St. Georg erst links liegen und gehen dann nach links über die Obstbaumwiese hinab, bevor wir auf dem schmalen Kirchenweg unterhalb dieser an einer Hecke entlanggehen. Stets geradeaus

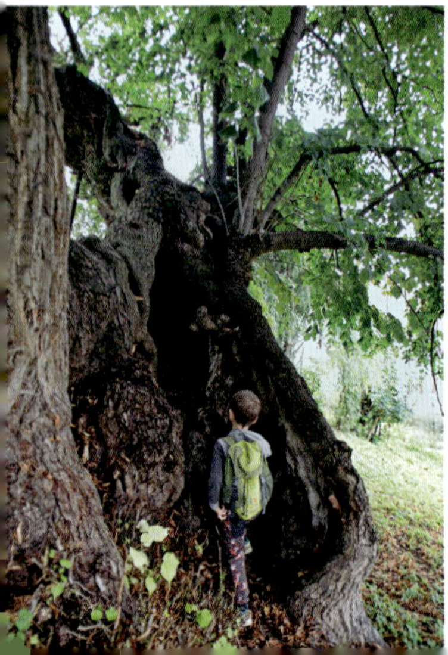

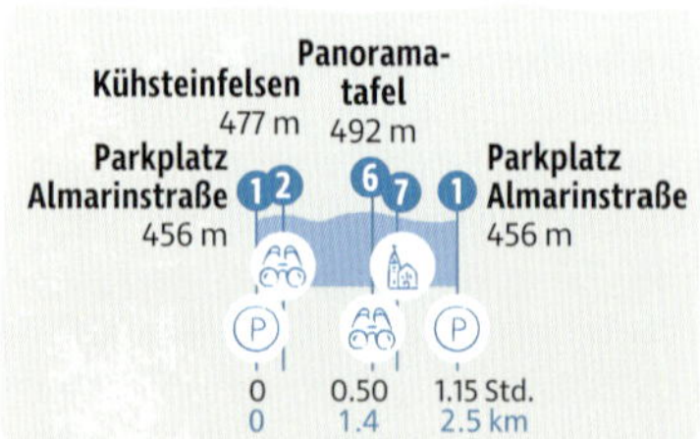

Hallo Kinder!

Im heutigen Ries befand sich vor 13 bis 15 Millionen Jahren ein großer See, in den hier in Mönchsdeggingen ein Fluss einmündete. Dabei schüttete er ein **Delta** auf. Dieses ist mit einem Fächer vergleichbar, der aus unzähligen **Steinen, Sand, Schluff und Ton** besteht. Da Wasser, wenn es beim Einmünden abgebremst wird, nicht mehr so viel schweres Gesteinsmaterial transportieren kann, wird dieses abgelagert. Feineres, leichteres Gesteinsmaterial wird dagegen noch ein Stück weiter in den See hineintransportiert. Da die Geschwindigkeit des Wassers nicht immer gleich war und somit mal mehr feineres, leichteres Gesteinsmaterial, mal mehr gröberes, schwereres am Ufer abgelagert wurde, entstand eine interessante Abfolge von unterschiedlich groben Lagen, die ihr beim Schafstadel erkunden könnt. Sie sind wie ein Klimaarchiv: In Zeiten mit starken Regenfällen floss das Wasser schnell und transportierte viel grobes Gesteinsmaterial, das dann im Delta abgelagert wurde, während der Fluss bei Trockenheit wenig Wasser führte, das träge dahinfloss, und nur feineres Gesteinsmaterial in den See brachte.

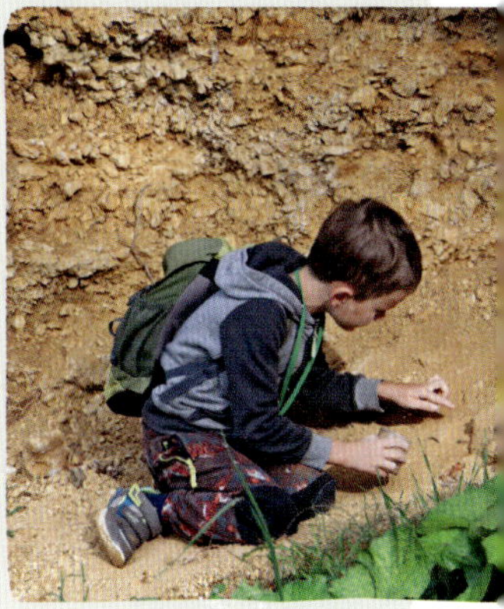

auf Graswegen erreichen wir die beeindruckende **Gerichtslinde 8**, die als Naturdenkmal ausgewiesen ist. Wir wandern geradeaus weiter und gelangen schließlich zur Albstraße, von wo aus nach rechts das Gasthaus Am Buchberg erreichbar ist. Ansonsten folgen wir geradeaus der Almarinstraße zurück zum **Parkplatz Almarinstraße 1**.

★Highlights

Die tolle Aussicht vom Kühsteinfelsen und vom Buchberg mit Panoramatafel genießen.

Seltene Pflanzen und Tiere auf den Heiden entdecken.

Spannende ehemalige Steinbrüche, die von der Riesentstehung und der Riesseezeit erzählen.

Bunt bemalte Bäume im Kunstwald bestaunen.

38 Märchenweg zur Harburg

VOM WÖRNITZSTRAND ZUR WALDSCHÄNKE EISBRUNN

3.30 STUNDEN

11,5 KILOMETER

↗ 230 HÖHENMETER

↘ 230 HÖHENMETER

MITTEL ab 10 Jahren

Märchen, Burg und Wälder: Liebevoll und detailreich gestaltet, begeistert der Harburger Märchenweg zusammen mit dem Märchenwald Jung und Alt. Die natürlichen Gegebenheiten wie Felsen, Baumstümpfe und Bäume werden in die Gestaltung miteinbezogen und auch die Burg Harburg dient als Kulisse für die Darstellung verschiedener Märchen. Klapptafeln enthalten Ausschnitte aus den traditionellen Märchen, aber auch moderne sind mit dabei. Auch ein mehrmaliger Besuch von Märchenweg und Märchenwald lohnt sich, denn die Stationen sind jedes Jahr anders aufgebaut und gestaltet. Dazwischen führt die Tour auf den Bock hinauf, von dem aus bei guter Fernsicht die Alpen am Horizont erkennbar sind – zuvor an der Station Pluto ist schon ein Blick ins Ries möglich. Die anschließende Waldwanderung zur Waldschänke Eisbrunn mit Biergarten und Spielplatz sorgt für Genuss und Erholung. Weitere Spielplätze liegen am Wegesrand.

Ausgangspunkt: Wörnitzstrand mit Parkplatz in Harburg, 405 m. Navi: Grasstr. 3, 86655 Harburg/Schwaben. Anfahrt von Nördlingen auf der B25 nach Harburg. Nach den beiden Tunnels auf die Donauwörther Straße und über die Wörnitz in die Grasstraße, wo sich links der Parkplatz befindet. Da die Parkdauer Mo – Fr 8.00–18.00 Uhr auf drei Stunden beschränkt ist, sind dann die Parkplätze Oberer bzw. Unterer Burgparkplatz zu empfehlen (Oberer Burgparkplatz kostenpflichtig).
Mit Bahn/Bus: Vom Bahnhof Harburg (Strecke Aalen – Donauwörth) nach rechts und am Bahnübergang auf dem Fußweg nach links. Nach links durch eine Wohnstraße, dann dem Sträßchen nach rechts hinab mit Blick auf die Harburg folgen. Auf der Mündlinger Straße weiter hinunter zur Grasstraße, die wir an der Verkehrsinsel queren, und zum Wörnitzstrand (Gehdauer insgesamt: 3.45 Std., 12,6 km).
Ausrüstung: Gut profilierte Trekking- oder Wanderschuhe, genügend Proviant und Getränke, Sonnenkappe und Sonnenschutz.
Anforderungen: Lange Wanderung mit längeren, kurz auch steileren Anstiegen, meist auf Wald-, Kies- und Naturwegen sowie Pfaden. Wege teils steinig und wurzelig. In der Harburger Altstadt Asphalt und Pflastersteine. Zwischen Burg und Bock geht es ein Stück im Seitenstreifen an einer befahrenen Straße entlang (Vorsicht!). Aufgrund der Länge und des Höhenunterschiedes ist ausreichend Kondition erforderlich. Kleinere Kinder im abschüssigen Gelände bei der Harburg an die Hand nehmen.
Markierung: Sehr gut beschildert als Märchenweg, Bockrundweg bzw. mit Harburg-Holzschildern.
Einkehr: Waldschänke Eisbrunn mit Biergarten (regionale Zutaten, Mi – So und feiertags geöffnet ab 11.00 Uhr, Mo und Di Ruhetag, Eisbrunn 1, 86655 Harburg/Schwaben, Tel. +49 9080 9239100, eisbrunn-harburg.de), Burgschenke Harburg (regionale Zutaten, geöffnet täglich ab 11.00 Uhr, Mo Ruhetag, Burgstr. 1, 86655 Harburg/Schwaben,

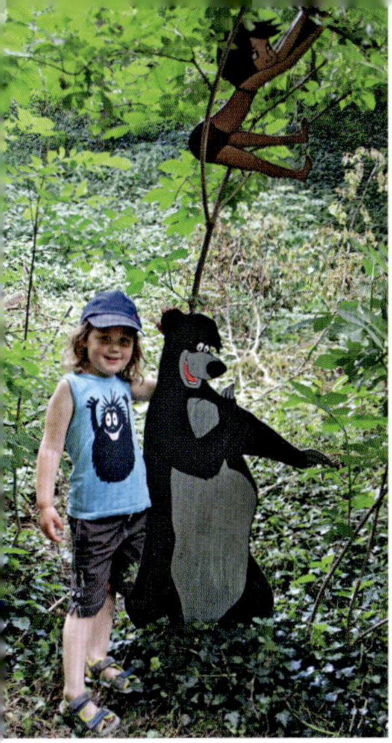

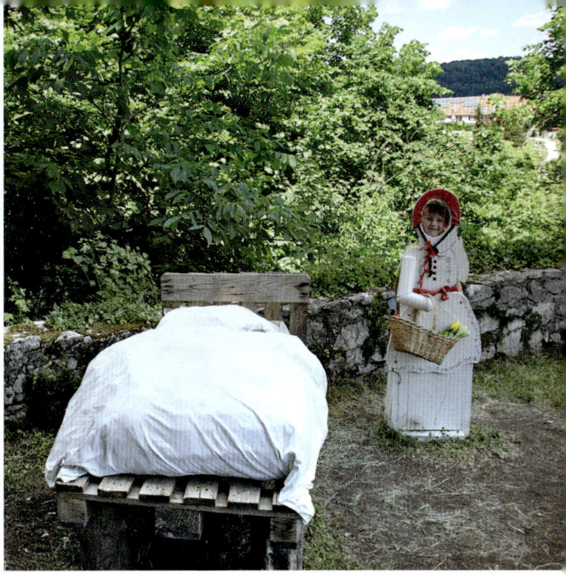

LINKS

Dschungelbuch im Harburger Märchenwald.

RECHTS

Die Stationen des Märchenweges wie hier Rotkäppchen sind perfekt in die Landschaft und die Baulichkeiten integriert.

Tel. +49 9080 1504, burgschenke-harburg.de). Weitere Gasthäuser und Cafés in Harburg.

Kurzvarianten: Märchenweg (0.45 Std., 1,6 km, ab 3 Jahren), Märchenweg und Märchenwald (1.15 Std., 2,6 km, ab 4 Jahren).

Hinweis: Der Harburger Märchenweg sowie der Märchenwald sind nur von Mitte Mai bis Ende Oktober aufgebaut (stadt-harburg-schwaben.de/maerchen/wandern/kinder/familien). Jedes Jahr sind sie etwas anders gestaltet.

Tipps: Romantische Altstadt von Harburg, Geopark-Infostelle Harburg (geopark-ries.de/freizeit/a-z/geopark_infostelle_harburg-35084), Besichtigung der Burg Harburg (s. Freizeittipp E6), Bootsverleih. Für Geschichtsfans bietet sich die Lauschtour »Harburg hören« an (QR-Code auf Tafel scannen) die ebenfalls am Wörnitzstrand beginnt.

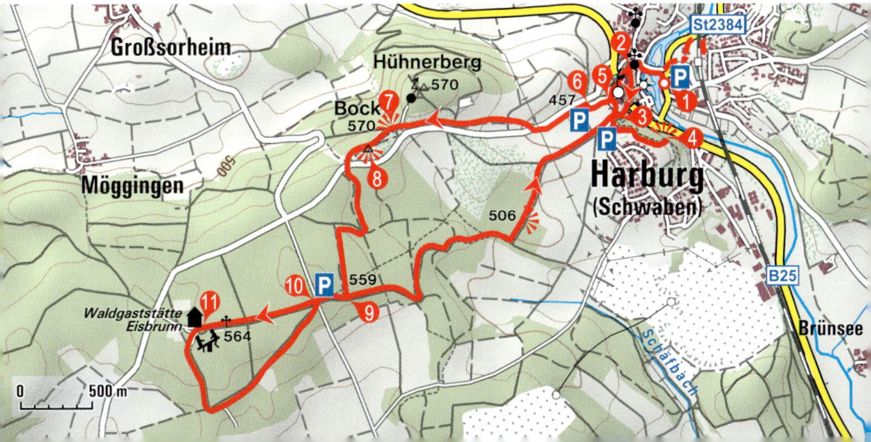

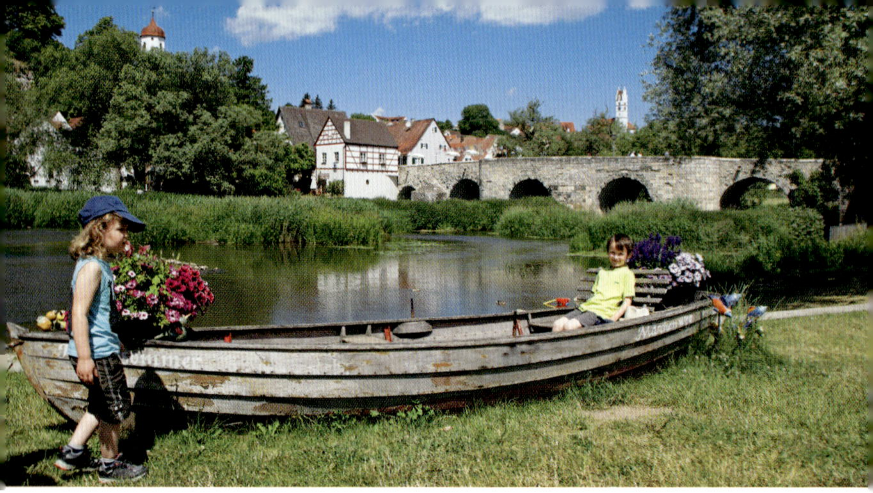

Vor der Wanderung erst mal gemütlich in den alten Holzkahn am Harburger Wörnitzstrand.

LOS GEHT'S Am **Wörnitzstrand ❶** beginnt an einem geschmückten Kahn der Märchenweg. Dessen Beschilderung folgen wir kurz nach rechts und überqueren die Wörnitz auf der Steinernen Brücke. Im Wasser können wir bereits erste Figuren des Märchenwegs entdecken. Nach dem Brückencafé, wo rechts Hochwasserstände abzulesen sind, und dem ehemaligen Badhaus passieren wir am Gasthaus Lamm den ehemaligen Standort des Brucktores. An der Einmündung nach rechts und dem Straßenverlauf sogleich nach links weiter folgend, gelangen wir an einer amüsanten Wetterstation vorbei zum Marktplatzbrunnen. Am Rathaus geht es links weiter und dann die Treppen hinauf an der Kirche St. Barbara vorbei, wo wir die wilden Kirchenbewohner kennenlernen. An einer Bank gabelt sich der **Märchenweg ❷** – hier beginnt unsere eigentliche Rundwanderung. Nach links folgen wir dem Wanderweg an den Stationen des Märchenweges vorbei. So erreichen wir durch einen von Schafen und Ziegen beweideten Bereich hindurch den **Oberen Burgparkplatz ❸**. Für einen Abstecher durch den **Märchenwald** wandern wir nach links weiter. Wir gelangen an weiteren Märchenstationen sowie einer Panoramaliege und einem großen Spielplatz mit Bolzplatz vorbei. Dann erreichen wir die **Schöne Aussicht ❹**,

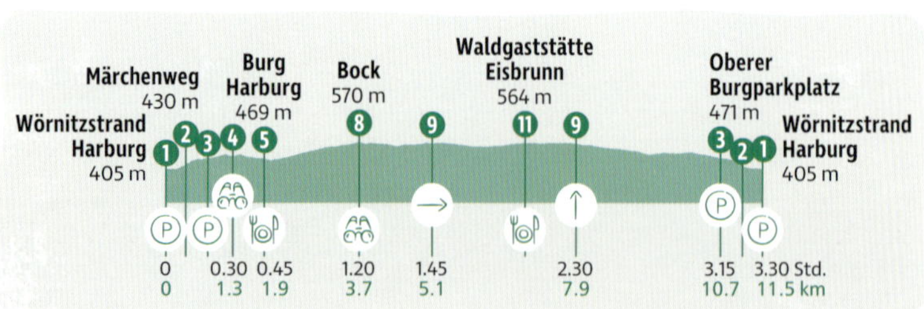

Hallo Kinder!

Habt ihr schon mal eine echte Burg besucht und seid in die Zeit des Mittelalters eingetaucht? Mit der **Harburg** könnt ihr eine der **größten, schönsten und besterhaltenen Burganlagen Süddeutschlands** kennenlernen – sogar im Rahmen einer speziellen Kinderführung. Mächtig und wehrhaft thront die Burg auf den Felsen über der Stadt an der Wörnitz, die hier den Rieskraterrand durchbricht. Sie ist zudem die östlichste Burg der Schwäbischen Alb. 1150 ist sie erstmals erwähnt worden, vielleicht ist sie aber auch schon viel älter. Jedenfalls gehörte sie anfangs den Staufern, später den Grafen von Oettingen. Hier wurde gewohnt und von hier aus wurde regiert. Die Gebäude stammen aus den unterschiedlichsten Zeiten mit ihrem jeweils ganz eigenen Baustil. Der Wehrgang mit seinen Schießscharten diente einst der Verteidigung, es gab Gefängnistürme, ein Verlies und einen Gerichtssaal. Der Fürsten- und Saalbau besitzt einen prächtigen Festsaal – hier wurde gefeiert.

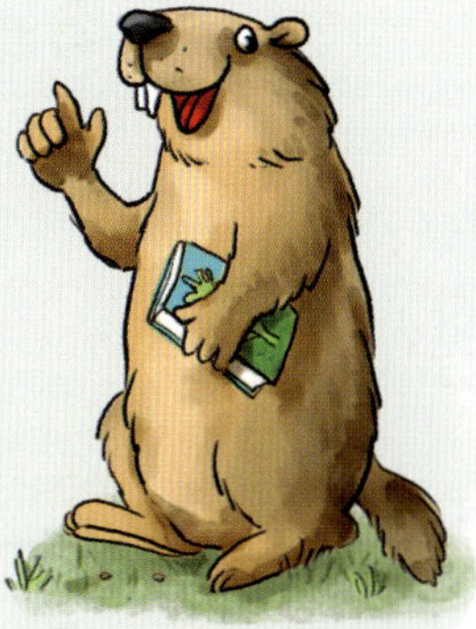

wo wir den Blick auf Stadt und Burg Harburg sowie das Wörnitztal genießen können. Auf demselben Weg zurück, passieren wir den **Oberen Burgparkplatz** ❸ geradeaus und sind nun bis zum Eingang zur **Burg Harburg** ❺ kurz wieder auf dem Märchenweg. Weiter dem Bockrundweg folgend gelangen wir bald nach rechts hinab zum **Unteren Burgpark-**

Blick von der Schönen Aussicht auf die Stadt mit Burg und Fluss.

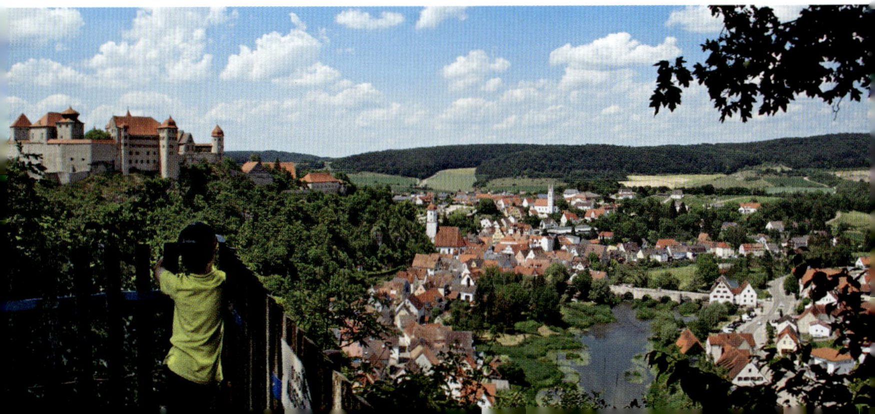

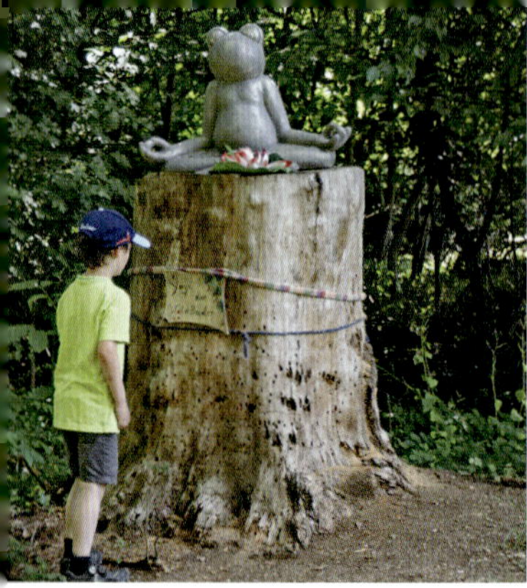

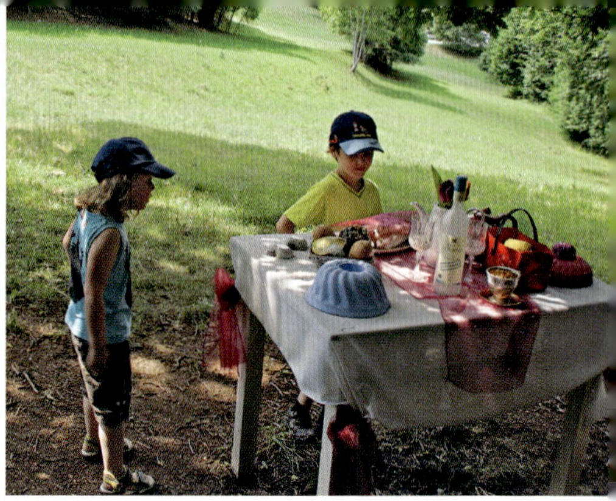

LINKS
Yogi, der Wald-Bader im Harburger Märchenwald.

RECHTS
Was es bei »Tischlein deck dich« alles zum Essen gibt!

platz 6, wo die Starttafeln desselbigen sowie des Ries-Panoramaweges stehen. Deren Beschilderung folgen wir fortan. Anfangs geht es an der Straße entlang aufwärts – bestenfalls im gemähten Grünstreifen. Schon bald wechseln wir auf den Grasweg, der durch Hecken aufwärtsführt. Zwischendurch können wir rechter Hand den jüdischen Friedhof entdecken – der angrenzende Wald auf dem Großen Hühnerberg mit Sendemast ist heute ein Bestattungswald. Haben wir die Heideflächen erreicht, wandern wir bald an einem Parkplatz mit einer Allee aus mächtigen Bäumen vorbei. Zweigen der Albsteig und andere Wanderwege halb rechts ab, verlassen wir kurz den Bockrundweg und folgen ihnen. Nach einem löchrigen Kalkblock können wir nach links einen kurzen Abstecher zur Infotafel der Heideallianz machen. Dann folgen wir der Beschilderung über die Heide mit Felsen hinauf zur **Station Pluto 7**, dem Endpunkt des Rieskrater-Planetenweges. Von hier aus bietet sich ein schöner Ausblick Richtung Donauwörth und auf Teile des südöstlichen Rieses. Dann wandern wir weiter hinauf und gehen nach links hinüber zur Sandgrube mit einem Exemplar der sehr seltenen Ries-Mehlbeere, die weltweit nur hier im Ries und auf seinen Rändern vorkommt. Hier können wir uns auch im Weitsprung messen. Schließlich erreichen wir den Gipfel des **Bock 8**, von wo aus der Blick über das Wörnitztal bis nach Donauwörth geht – bei starkem Föhn sind sogar die Alpen zu sehen. Dann geht es den Heidehügel an Felsen vorbei auf der Westseite wieder hinab. Wir queren die Straße und folgen dem anfangs parallel verlaufenden beschilderten Waldweg. An der Einmündung nach links, wandern wir tiefer in den Wald hinein. An der Einmündung nach rechts, geht es bei der nächsten Gelegenheit gleich wieder nach links weiter. In der Senke gelangen wir an einem kleinen Tümpel mit Futterstellen vorbei. Nach einem Grenzpflock und einem Grenzstein gehen wir an der **Einmündung 9** nach rechts weiter, queren nach einem kleinen Parkplatz eine Straße und halten uns an der **Weggabelung 10** halb links. Wir wandern stets geradeaus durch den Wald weiter, bis wir mit dem Bockrundweg rechts auf einen Forstweg abbiegen. Bald führt uns ein erdiger Weg nach rechts auf einen Park-

★Highlights

Auf dem Märchenweg vom Wörnitzstrand zur Burg hinauf eintauchen in die Welt von Rapunzel, Dornröschen und Co.

Burg Harburg – eine der größten, schönsten und besterhaltenen Burganlagen Süddeutschlands.

Vom Heidehügel Bock die Aussicht ins Ries genießen, bei Föhn sogar bis zu den Alpen.

Schöne Waldwanderung zur Waldgaststätte Eisbrunn.

Mehrere Spielplätze liegen am Weg.

Zum Abschluss am Strand der Wörnitz am Wasser spielen oder auf den Panoramaliegen entspannen.

Nach der Tour: Bademöglichkeit im Freibad auf dem Schellenberg Donauwörth (s. Freizeittipp B20).

platz mit Blockhütte und zur **Waldgaststätte Eisbrunn** ⑪, wo es auch einen Spielplatz (sogar mit Trampolin) sowie ein Fußballtor (Fußbälle im Gasthaus ausleihbar) gibt. An diesen vorbei wandern wir weiter durch den Forstgarten mit einigen exotischen Baumarten. Stets geradeaus führt uns der Forstweg wieder zu ⑩, von wo aus wir auf bekanntem Weg bis ⑨ weiterwandern. Hier geht es nun geradeaus weiter. Wir folgen dem kurvigen Forstweg und verlassen ihn erst in einer Linkskurve, wo ein Holzschild uns rechts Richtung Harburg weist. Ein markierter Pfad führt uns durch den Wald. Weist ein weiteres Holzschild nach links, folgen wir dem Spurweg bald aus dem Wald hinaus. Aussichtsreich wandern wir nun weiter, wobei wir an der Einmündung mit Bank unter einer Kastanie rechts dem Sträßchen hinab folgen. Es bringt uns mit Blick auf die Harburg am **Oberen Burgparkplatz** ③ vorbei zur **Burg Harburg** ⑤. Hier nach rechts, folgen wir nach der Infotafel zur Harburg sogleich dem Märchenweg nach links hinab. Ab ② geht es auf bekanntem Weg durch die Harburger Altstadt und über die Wörnitzbrücke zum **Wörnitzstrand** ① zurück.

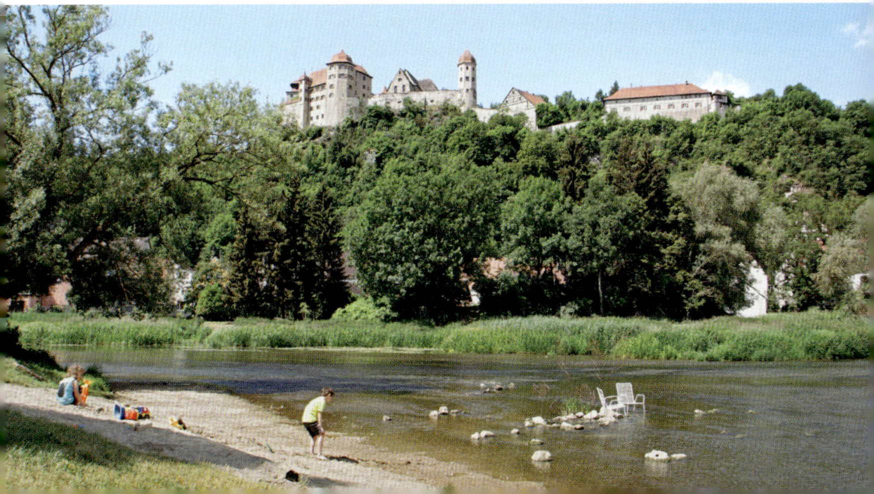

Spielen am Wörnitzstrand vor der traumhaften Kulisse der Harburg.

39 Walderlebnispfad Wemding

RUNDE DURCH DEN BAYERISCHEN STAATSWALD

2.00 STUNDEN

4,4 KILOMETER

↗ 80 HÖHENMETER

↘ 80 HÖHENMETER

LEICHT ab 4 Jahren

Naturwaldreservat und Hexengedenkstätte: Auf dem Walderlebnispfad Wemding lässt sich der Wald erleben und verstehen. Didaktisch gut aufbereitete Tafeln geben Einblicke in diesen besonderen Lebensraum. Es werden verschiedene Baumarten vorgestellt, die es im weiteren Wegverlauf wiederzuerkennen gilt. Wir lernen Tierspuren und Baubewohner kennen und können auf Stelzen balancieren. Das Thema Stoffkreislauf erschließt ein Balancierpfad. Der Buchengeheimgang ist etwas für Mutige, denn hier dürfen Kinder allein dem Pfad durch das Buchenjungholz folgen. Die Infotafel Vogeluhr bringt uns zum Staunen, die Wald-Weisheiten regen zum Nachdenken an. Teilabschnitte führen am Rande des Naturwaldreservats Schneetal entlang. Auf unserer Wanderung begleitet uns der Specht, den wir vielleicht auch klopfen hören. Ein Abstecher führt zur Hexengedenkstätte mit Aussicht in einen noch in Abbau befindlichen Steinbruch. Zwischendurch laden die Schneetalhütte mitten im Wald und der Rastplatz Lerchenweg mit Riesblick zu einem Picknick ein.

Ausgangspunkt: Parkplatz am Ende der Richard-Wagner-Straße in Wemding, 489 m. Navi: Richard-Wagner-Str. 14, 86650 Wemding. Anfahrt nach Wemding über die Staatsstraßen 2213, 2214 und 2384. In der Stadt der Beschilderung Walderlebnispfad über die Harburger Straße, Am Urnenfeld, Lommersheimer Weg (hier Links-Rechts-Schwenk) zur Richard-Wagner-Straße folgen.
Mit Bahn/Bus: Vom Bahnhof Nördlingen (Strecke Aalen – Donauwörth) Mo bis Sa mit der VDR-Linie Nr. 504 (teils Rufbus, mindestens 1,5 Stunden vor Abfahrt anmelden) bis zur Haltestelle Wemding, Herzog-Albrecht-Straße. Dieser folgen wir weiter bis zum Lommersheimer Weg, auf dem wir sodann nach rechts gehen, bis links die Richard-Wagner-Straße abzweigt, die uns kurz hinauf zum Ausgangspunkt der Tour bringt (Gehdauer insgesamt: 2.30 Std., 5,4 km, ab 5 Jahren).
Ausrüstung: Gut profilierte Trekking- oder Wanderschuhe, Proviant und Getränke. Wer möchte, nimmt Fernglas und Vogelbestimmungsbuch mit.

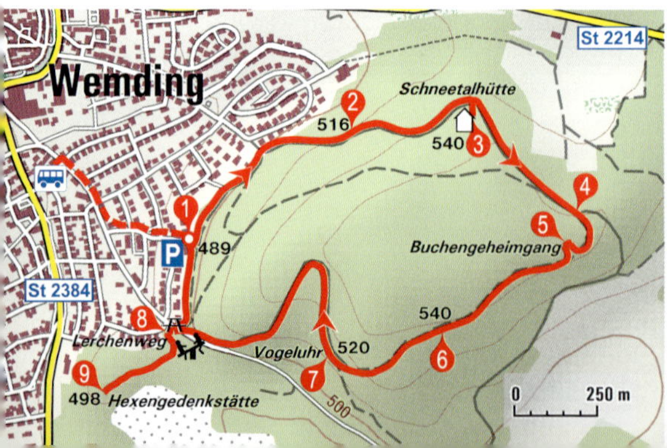

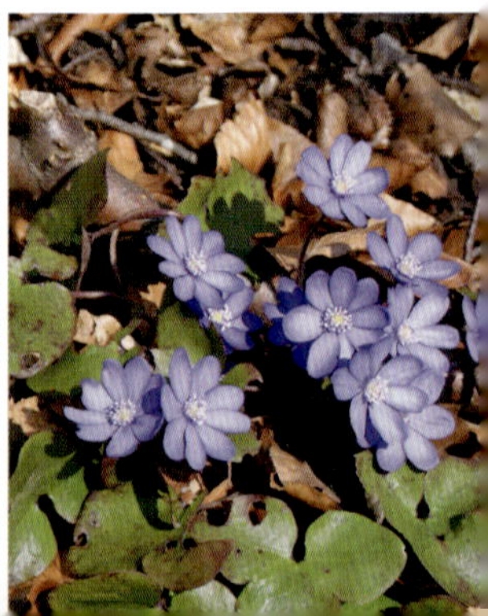

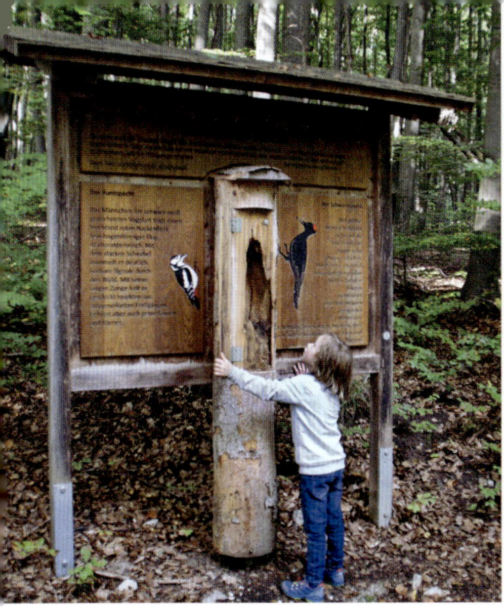

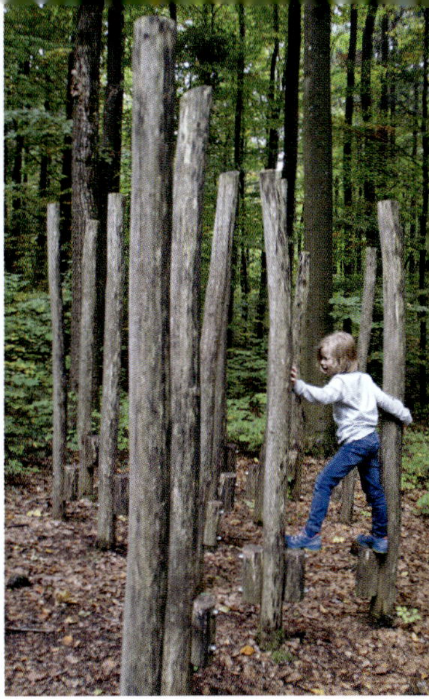

Anforderungen: Leichte Rundwanderung, meist auf Wald- und Forstwegen, zur Hexengedenkstätte auf einem Pfad. Für den Abstecher zum Rastplatz Lerchenweg muss eine Straße gequert werden (Vorsicht!). Ein längerer und zwei kürzere Anstiege. Abschnittsweise steiler Hang, aber meist recht breiter Forstweg. Nur beim Abstecher zur Hexengedenkstätte ist der Weg schmäler und kleinere Kinder sollten gegebenenfalls an die Hand genommen werden.
Markierung: Sehr gut beschildert mit einem Specht. Gelegentlich sind auch blaue Pfeile an den Bäumen angebracht.
Einkehr: Unterwegs keine. Gasthäuser und Cafés in Wemding.
Kurzvariante: Abstecher zur Hexengedenkstätte weglassen. Bis zum Rastplatz Lerchenweg ist das Befahren mit dem Kinderwagen möglich (1.45 Std., 3,8 km).
Tipps: Geopark-Erlebnisstation für Kinder mit Memory und Klingenden Steinen im Wemdinger Graben (Abgang Mangoldstraße). Daneben gibt es im Graben einen Barfußpfad mit Wasserspielmöglichkeiten sowie mehrere Spielplätze. Wallfahrtskirche Maria Brünnlein und Wallfahrtsgaststätte mit Biergarten, Spielplatz und Wildgehege (regionale Zutaten, Mo und Di Ruhetag, Mi – So und feiertags ab 9.00 Uhr geöffnet, Oettinger Str. 107, 86650 Wemding, Tel. +49 9092 362, gasthaus-wallfahrt.de).

OBEN LINKS

Mal vorsichtig aufmachen und nachschauen, ob jemand zu Hause ist.

OBEN RECHTS

Stelzen am Walderlebnispfad Wemding sorgen für Abwechslung.

LINKS UNTEN

Im zeitigen Frühjahr sprießen im Wald die Leberblümchen.

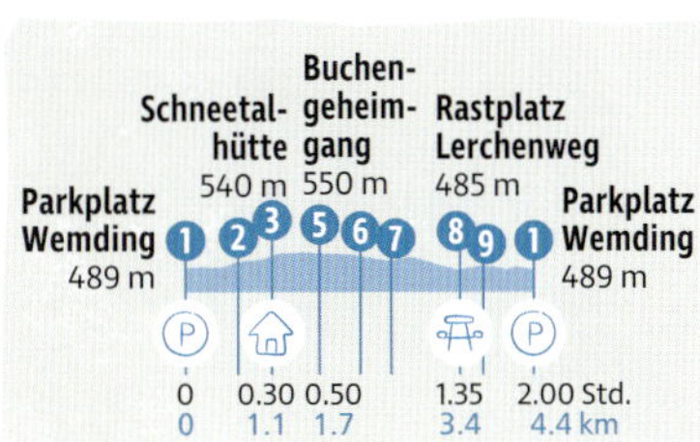

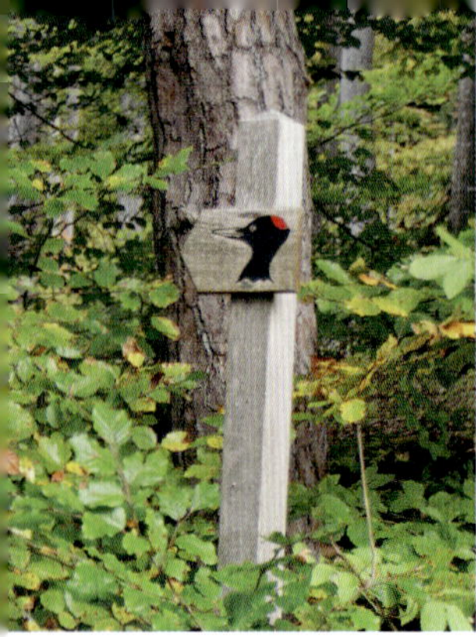

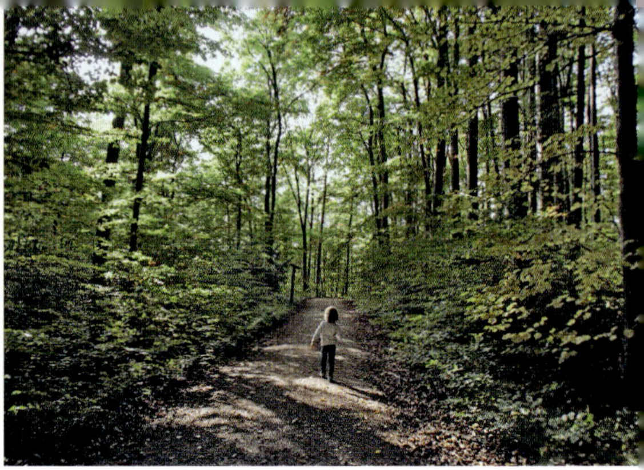

LINKS
Der Specht weist uns den Weg.

RECHTS
Der Walderlebnispfad Wemding führt durch herrliche Wälder.

LOS GEHT'S Vom **Parkplatz ❶** aus gehen wir noch ein Stück hinauf und starten unseren Rundweg nach links an der etwas hinter Gebüsch versteckten Starttafel des Walderlebnispfades. Der Specht führt uns an einer Tafel zur Nachhaltigkeit vorbei zu einer Station am Waldrand, an der die Lebensformel Photosynthese erklärt wird. Dann wandern wir in den Wald hinein. Der Forstweg steigt nun an und wir passieren die Abzweigung zum Schützenhaus geradeaus. Bald gelangen wir an einer **Infotafel mit Baumarten ❷** vorbei – unser Wissen können wir auf dem nachfolgenden Weg mithilfe von Klapptafeln testen. Beim nächsten Specht-Wegweiser ist ein kurzer Abstecher nach rechts zur **Schneetalhütte ❸** mit Rastbank möglich. Nach den Stelzen halten wir uns im Bereich der Douglasie links und lernen sogleich Tierspuren kennen. An der folgenden **Station Stoffkreislauf ❹** können wir wieder aktiv werden, denn hier gibt es einen Balancierpfad. Richtig aufregend wird es am **Buchengeheimgang ❺**, auf dem die Kinder alleine durch den Wald wandern können, um dann hoffentlich wieder auf den Hauptweg zu stoßen. Folgen wir dem Forstweg weiter, gelangen wir zu einem Tierbau, an dem die Baubewohner Dachs und Fuchs vorgestellt werden. Hier schauen wir nur mit den Augen ebenso wie ein Stück weiter, wo in einer Baumwurzel mit Steinen und Figuren eine kleine Grotte gestaltet ist. Bald geht es um das vielfältige Leben im **Totholz ❻**. Auf dem weiteren Weg sehen wir im Wald zwischen zwei Fichten die Buchstaben des Baumes aufgehängt. Danach können wir einen Blick in eine Spechthöhle werfen. Nach der giftigen Eibe lernen wir die **Vogeluhr ❼** kennen und können darüber staunen, welche Frühaufsteher unsere Singvögel doch sind. Hier stößt der Frankenweg auf unseren Forstweg, mit dem es nun an weiteren Stationen vorbeigeht. Drei auf Holztafeln geschriebene Wald-Weisheiten regen zum

Im Naturwaldreservat wird auch erforscht, wie man den Wald am besten an die Klimaerwärmung anpasst.

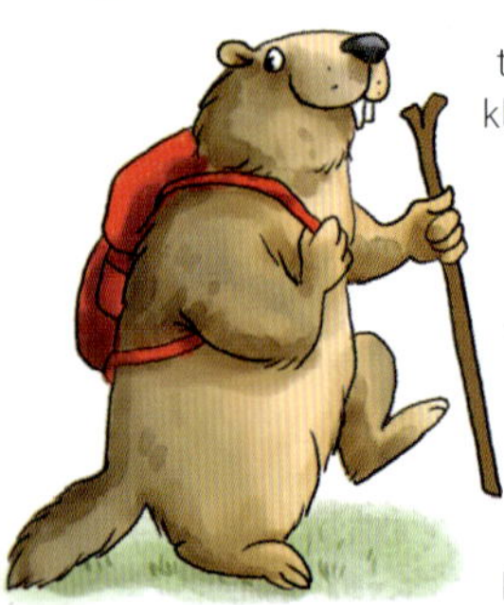

Hallo Kinder!

Findet ihr auch, dass **Naturwaldreservat** ein ganz schön schwieriges Wort ist? Und was für eine Unordnung hier herrscht ... Doch wenn ihr jetzt denkt, dass der Förster hier ein ziemlicher Faulpelz sein muss, liegt ihr falsch. Denn im Gegensatz zu eurem Zimmer ist in einem solchen besonderen Wald Unordnung erwünscht. **Abgestorbene Bäume** sind nämlich **Lebensraum für eine Vielzahl an Lebewesen**. Zahlreiche Pilze und Insekten sind auf dieses **Totholz** angewiesen. Aber auch Spechte zimmern ihre Höhlen in abgestorbene Bäume und Fledermäuse, Marder und Siebenschläfer nutzen alte Spechthöhlen. Liegendes Totholz dient beispielsweise Erdkröten, Waldeidechsen und Blindschleichen als Unterschlupf, Sonnenplatz und Überwinterungsquartier.

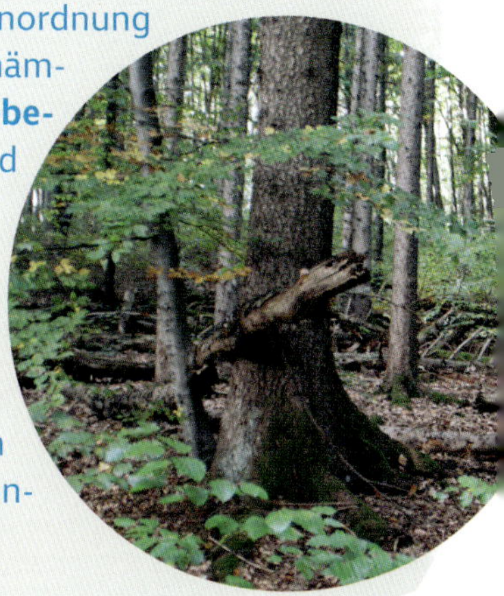

Nachdenken an. Dann gelangen wir wieder zu einer Starttafel, wo der Frankenweg den Walderlebnispfad verlässt. Hier starten wir geradeaus abwärts zu einem Abstecher, folgen der Straße kurz hinab und queren sie dann. Schon haben wir den **Rastplatz Lerchenweg** ❽ erreicht, der neben einer überdachten Rastbank einen Spielplatz bietet. Auf dem Kiesweg passieren wir einen Grenzstein, wo uns nach rechts ein Pfad hinauf zur **Hexengedenkstätte** ❾ mit Blick ins Südries und in den Steinbruch bringt. Auf demselben Weg geht es am **Rastplatz Lerchenweg** ❽ vorbei wieder zum Walderlebnispfad. Wir folgen dem Specht nach links und gelangen zum **Parkplatz** ❶ zurück, wo Felsbrocken zum Kraxeln und ein Hartplatz mit Basketballkorb vorhanden sind.

★Highlights

Den Wald an spannenden Wissens- und Aktivstationen erkunden.

Picknicken bei der Schneetalhütte und am Rastplatz Lerchenweg mit kleinem Spielplatz.

An der Hexengedenkstätte einen Blick in den noch aktiven Steinbruch werfen.

Nach der Tour: Im Sommer Bademöglichkeit im Wemdinger Waldsee mit Wasserrutsche, Wasserspielplatz und Kleinkinderbecken (s. Freizeittipp B19).

40 Zukunftswald Monheim

THEMENPFAD IM MONHEIMER STADTWALD

2.30 STUNDEN

5,8 KILOMETER

↗ 60 HÖHENMETER

↘ 60 HÖHENMETER

LEICHT ab 5 Jahren

Kneippanlage, Barfußpfad und Weiher: Welches sind die Bäume der Zukunft, wenn es wegen des Klimawandels wärmer wird und die Niederschläge unregelmäßiger und extremer ausfallen? Etliche dieser Baumarten lernen wir auf dem Themenpfad Zukunftswald Monheim kennen. Wir kommen dabei auch an einer Kneippanlage mit Barfußpfad vorbei sowie am Roßköpfleweiher mit Fischereilehrhütte, wo uns die heimischen Fischarten sowie die Lebewesen am und im Weiher auf Schautafeln vorgestellt werden. Auf der Wanderung durch den Monheimer Stadtwald können wir Vögel beobachten, Spechte klopfen hören oder aus Ästen ein Tipi bauen. Und nach der Tour bietet im Sommer das Freibad Monheim eine willkommene Abkühlung oder es lässt sich noch ein Besuch auf dem Pädagogischen Wasserspielplatz im Altweiherweg anschließen.

Ausgangspunkt: Parkplatz Sportplatz Monheim, 550 m. Navi: N48.83148, E10.85518. Anfahrt von Nördlingen auf den Staatsstraßen 2213 und 2214 über Wemding nach Monheim oder über die B2 nach Monheim. Hier an der Einmündung in die Donauwörther Straße kurz nach rechts und sogleich nach links in die Kölburger Straße abbiegen, die zum Sportplatz führt.
Mit Bahn/Bus: Vom Bahnhof Donauwörth Mo bis Sa mit der VDR-Linie 830 (teils Rufbus, mindestens 1 Stunde vor Abfahrt anmelden) bis zur Haltestelle Monheim, Abzweigung Wemding. Auf der Donauwörther Straße kurz stadtauswärts, dann links in die Kölburger Straße (Vorsicht bei Querung! Gehdauer insgesamt: 3.00 Std., 7,7 km, ab 7 Jahren).
Ausrüstung: Gut profilierte Trekking- oder Wanderschuhe, genügend Proviant und Getränke, Sonnenkappe und Sonnenschutz, Fernglas, Bestimmungsbücher für Vögel und Schmetterlinge.

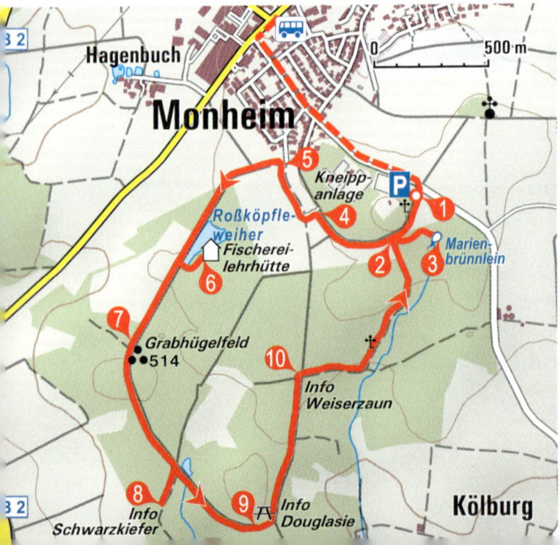

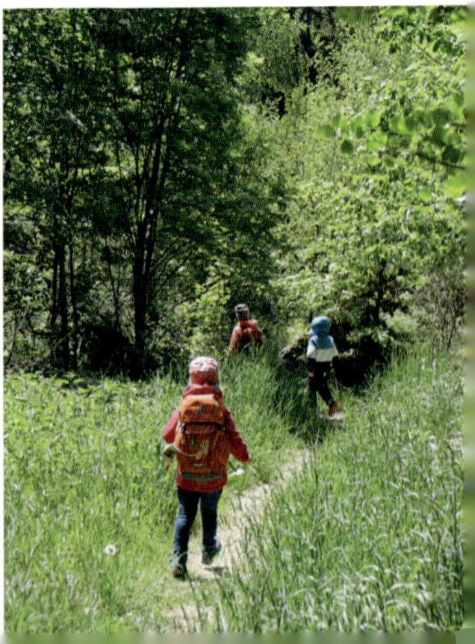

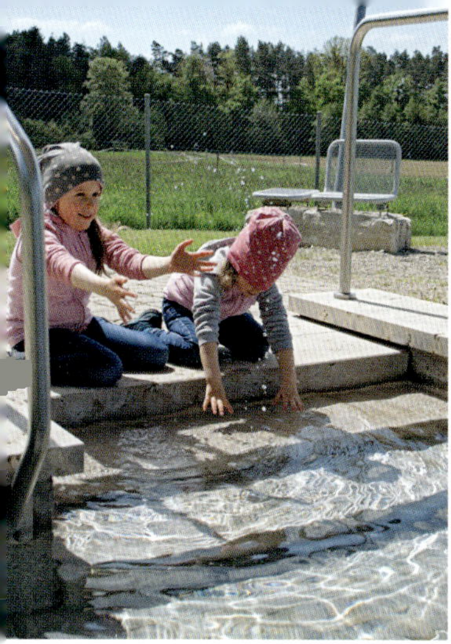

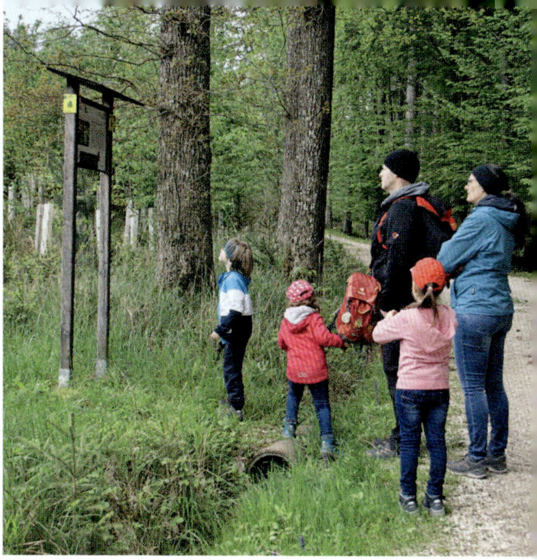

Anforderungen: Leichte Rundwanderung, meist auf Wald-, Kies- und Wiesenwegen, kürzere Wegstrecke auf einem Asphaltweg. Ein kürzerer Anstieg gegen Ende der Tour.
Markierung: Sehr gut beschildert mit einem Blatt. Von welchem Baum dieses stammt, können die Kinder auf der Wanderung erraten.
Einkehr: Unterwegs keine. Gasthäuser, Restaurants und Cafés in Monheim.
Variante: Wer sich den Roßköpfleweiher sowie die Kneippanlage für den Schluss aufheben möchte, macht die Tour entgegen der Beschilderungsrichtung.
Tipps: Im Sommer Bademöglichkeit im Freibad Monheim, mit kombiniertem Schwimmer- und Nichtschwimmerbecken, Kinderbecken, großer Liegewiese, Klettergerüst, Sandkasten, Rutsche, Tischtennisplatte, zwei Beachvolleyballfeldern sowie einem Kiosk (Öffnungszeiten 11.00–20.00 Uhr, Brunnenweg 8, 86653 Monheim, Tel. +49 9091 508687, monheim-bayern.de/freizeit/a-z/freibad_monheim-2294). Außerdem gibt es im Altweiherweg den Pädagogischen Wasserspielplatz, in der Donauwörther Str. 40 den Kreislehrgarten sowie am alten Bahnhofsgelände den Lehrbienenstand mit Bienenweide (monheim-bayern.de, Kultur, Lernorte).

OBEN LINKS

Spielen mit Wasser an der Kneippanlage.

OBEN RECHTS

Infotafeln auf dem Themenpfad Zukunftswald Monheim vermitteln Spannendes und Wissenswertes über den Wald der Zukunft.

LINKS UNTEN

Ein Pfad führt durch die Wiese zum Marienbrünnlein.

LOS GEHT'S Von der Starttafel des Themenpfads am **Parkplatz Sportplatz Monheim ❶**, der am Waldrand des Stütelbergs gelegen ist, gelangen wir sogleich an einem Marterl vorbei. Am **Waldrandeck ❷**, wo auch die Infotafel »Der Monheimer Stadtwald« steht, beginnt unser eigentlicher Rundweg. Doch zuvor unternehmen wir einen beschilderten Abstecher zum idyllischen **Marienbrünnlein ❸**, das wir nach links auf einem Wiesenweg am Waldrand

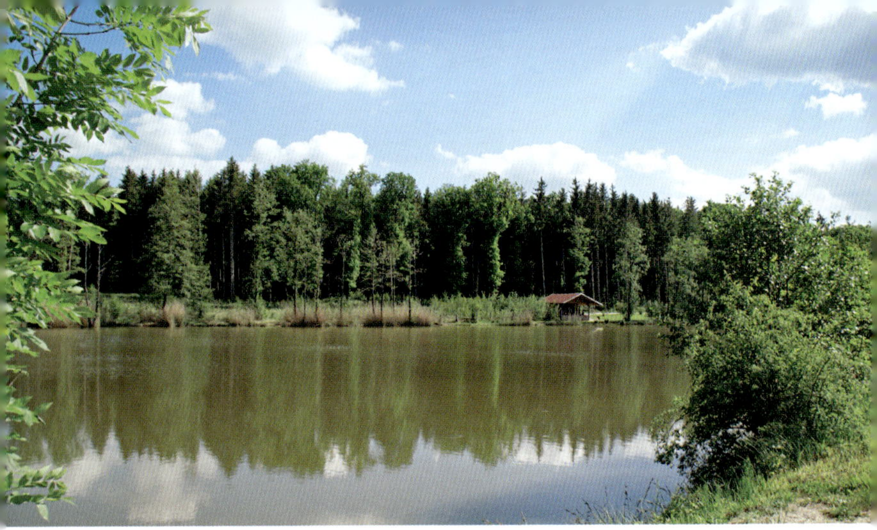

Die Fischereilehrhütte befindet sich am Roßköpfleweiher.

entlang, über einen Waldweg und zuletzt über einen Pfad erreichen. Wieder zurück am **Waldrandeck ❷**, folgen wir der Beschilderung, weiter überwiegend am Waldrand entlang. An ein paar Streuobstwiesen vorbei verlassen wir an der Infotafel »Es wird wärmer...« den Waldrand und wandern quer über das Gelände der **Kneippanlage mit Barfußpfad ❹**. Danach geht es nach rechts weiter. Direkt vor den ersten **Häusern ❺** biegen wir an einem Hühnergehege und einer Pferdekoppel links ab und folgen mit Blick auf Flotzheim dem Asphaltsträßchen sanft hinab bis zum Waldrandeck, wo der Waldrand als schützender Mantel erklärt wird. Dann gelangen wir in den Wald, wo sich rechts die Halde der Erddeponie Monheim auftürmt und sich links in idyllischer Lage der **Roßköpfleweiher** befindet. An seinem Ufer steht die **Fischereilehrhütte ❻** mit Infotafeln und Rastbank, die wir an der Infotafel »Sorgenkind Fichte« über einen Abstecher nach links erreichen. Es handelt sich um einen künstlichen Stausee, der als Angelgewässer genutzt wird, aber auch als Biotop geschützt ist. Wieder zurück passieren wir einen Biberdamm, durch den ein Laichgewässer für Amphibien aufgestaut worden ist, sowie im Bereich einer langgezogenen Linkskurve ein **Grabhügelfeld ❼** mit teils markanten, vorgeschichtlichen Grabhügeln. Hier bietet sich ein Spiel an: Wer entdeckt vom Weg aus die meisten Grabhügel? Nach der Infotafel »Die Eiche früher und heute« geht es am nächsten Weiher, wo wir auch Fraßspuren des Bibers entdecken können, um Klima und Wald von morgen. Hier nehmen wir den Abstecher nach rechts zu den **Schwarzkiefern ❽** mit und setzen dann un-

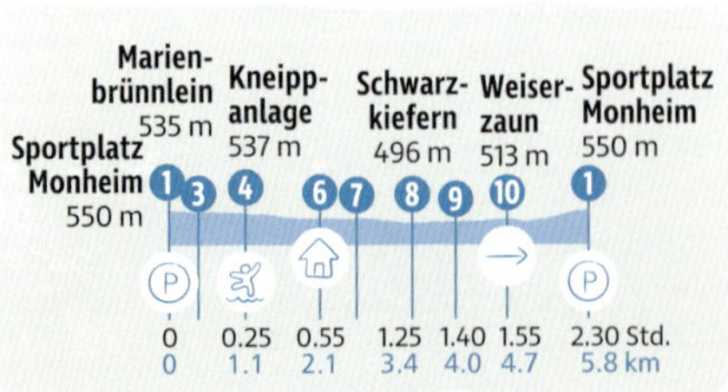

★Highlights

Wandern und Forschen im Wald.

Wasserspaß an der Kneippanlage mit Barfußpfad.

Idyllischer Roßköpfleweiher mit der Fischereilehrhütte sowie interessanter Themenpfad mit Infotafeln durch den Zukunftswald Monheim.

Nach der Tour: Im Sommer Bademöglichkeit im Freibad Monheim oder Besuch des Pädagogischen Wasserspielplatzes im Altweiherweg.

sere Wanderung auf dem Hauptweg durch den abwechslungsreichen Wald fort. Nach der Infotafel zur **Douglasie** ❾, deren zerriebene Nadeln nach Zitrusfrüchten duften, erreichen wir eine Rastbank. Als Nächstes erfahren wir etwas über Naturverjüngung, bevor wir zur etwas nach links versetzten Tafel zum **Weiserzaun** ❿ gelangen. Hier biegen wir rechts ab. Wir erreichen direkt nach einem etwas versteckten Marterl mit Spruch zum Nachdenken die Infotafel »Elsbeere – der Klimawandel als Chance«. Dann wird noch die Hybridnuss – die »neue« Baumart vorgestellt, bevor wir nach der Infotafel »Waldumbau – es bleibt viel zu tun...« zu Wegpunkt ❷ gelangen, von wo aus es auf schon bekanntem Weg zum **Parkplatz** ❶ zurückgeht.

Hallo Kinder!

Im Wald könnt ihr so viel erleben und spielen! Im Frühling Teppiche aus **Frühblühern** bestaunen, im Sommer **barfuß über die Waldböden** gehen, im Herbst **Blätter, Kastanien oder Eicheln sammeln** und im Winter **Spuren im Schnee oder Matsch** entdecken und herausfinden, wer da unterwegs war. Ihr könnt Bäume bestimmen und umarmen, um das **Waldbaden** mal auszuprobieren oder um den Umfang der Bäume zu ermitteln, die Rinde verschiedener Bäume betasten, die **Jahresringe** von gefällten Baumstämmen zählen und das Alter dieser Bäume bestimmen, Vögeln lauschen und den Specht klopfen hören, auf Lichtungen Schmetterlinge beobachten sowie Leben am oder im Totholz entdecken. Oder wie wäre es mal mit **Zapfenweitwurf**? Falls ihr genügend Äste findet, könnt ihr daraus ein **Tipi bauen**.

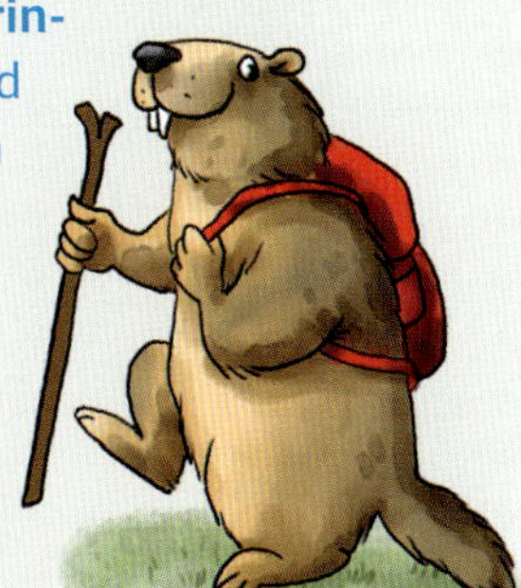

41 GEMULA-Weg

VON BLOSSENAU ZUR ÜBERSFELDER RUINENKIRCHE

1.45 STUNDEN

4,0 KILOMETER

↗ 70 HÖHENMETER

↘ 70 HÖHENMETER

LEICHT ab 4 Jahren

Unterwegs mit dem Waldgeistlein: Vom Natur- und Umweltbildungszentrum in Blossenau führt uns diese entdeckungsreiche Tour zum verwunschen wirkenden Gut Berg und weiter zur geheimnisvollen Übersfelder Ruinenkirche. Am Wegesrand befinden sich unter anderem eine Baumstammbank, eine Doline und ein Anlehnbaum. An diesen Forschertreffs gibt es verschiedene Aufgaben aus dem Begleitheft zu lösen, die Spaß machen und zusammen mit den enthaltenen Hintergrundinformationen und Geschichten spielerisch und kindgerecht Wissen vermitteln. Mit den Forscherutensilien wie Kompass und Lupe aus dem GEMULA-Rucksack, den es zu kaufen gibt, sind die jungen Wanderer perfekt ausgestattet. Am Kräuterhäusl erwartet uns mit dem Fuchsbau und dem Fitnessparcours eine Art großer Abenteuerspielplatz für Kinder. Es gibt sogar ein eigenes Lied von GEMULA nach einer bekannten Melodie, welches wir ganz leicht mitsingen können.

Ausgangspunkt: Natur- und Umweltbildungszentrum Tagmersheim-Blossenau, 502 m. Navi: Römerstr. 51, 86704 Tagmersheim-Blossenau. Anfahrt von Nördlingen auf der St2213 nach Wemding und weiter auf der St2214 nach Monheim oder über B2 nach Monheim, ab hier weiter auf der St2214 Richtung Neuburg/Donau bis Blossenau. Ab hier ist das Natur- und Umweltbildungszentrum B+ beschildert, das sich am südlichen Ortsende befindet.
Mit Bahn/Bus: Vom Bahnhof Donauwörth Mo bis Sa mit der VDR-Linie 830 (teils Rufbus, mindestens 1 Stunde vor Abfahrt anmelden) bis zur Haltestelle Blossenau, Kirche. Wir folgen der Römerstraße weiter nach Süden bis zum Ausgangspunkt der Tour (Gehzeit insgesamt: 2.15 Std., 4,9 km, ab 5 Jahren).
Ausrüstung: Gut profilierte Trekking- oder Wanderschuhe, Proviant und Getränke, Sonnenkappe und Sonnenschutz. Wer möchte, nimmt Fernglas und Bestimmungsbuch für Vögel mit.

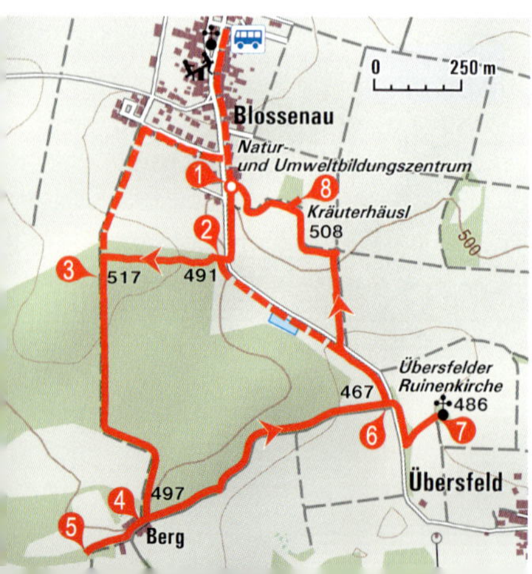

Anforderungen: Leichte Rundwanderung, meist auf Wald-, Kies- und Wiesenwegen, kürzere Wegstrecken auch auf einer asphaltierten, kaum befahrenen Straße. Zwei kürzere Anstiege zur Übersfelder Ruinenkirche und zum Kräuterhäusl und entsprechende Abstiege vom Abstecher bzw. zum Parkplatz zurück.
Markierung: Das Waldgeistlein GEMULA begleitet uns zu den Erlebnisstationen. Die genaue Wegbe-

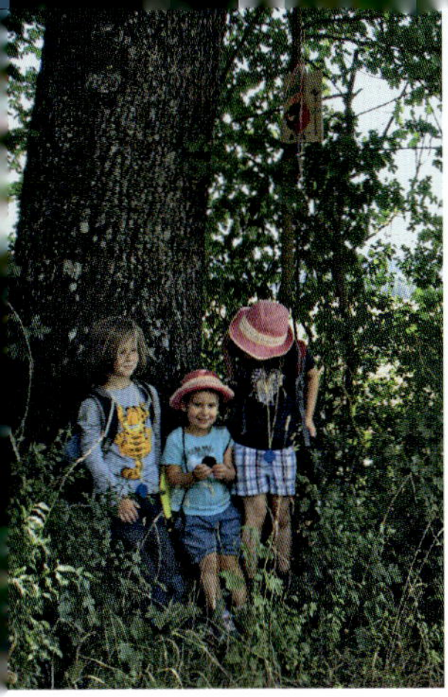

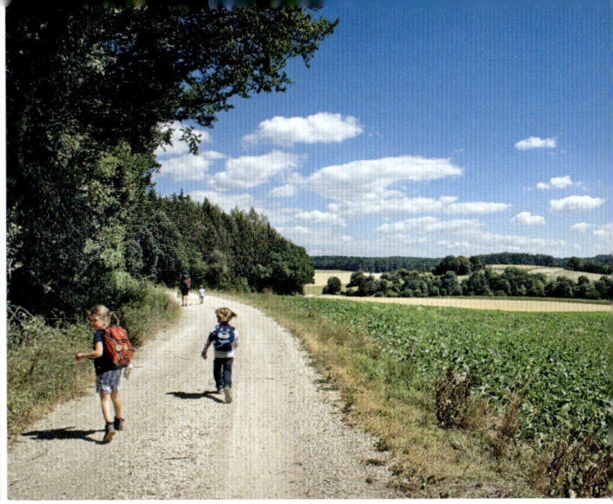

schreibung ist im Begleitheft zu finden. Trotzdem ist etwas Orientierungsvermögen von Vorteil.

Einkehr: Unterwegs keine. Gasthäuser, Restaurants und Cafés in Monheim und Tagmersheim.

Kinderwagenvariante: Wer mit dem Kinderwagen unterwegs ist, gelangt über die Wohnstraße »Am Steinbuck« zum Sträßchen nach Gut Berg, lässt zudem die Abstecher weg und geht ab 6 auf der Straße zurück (Gehzeit insgesamt: 1.30 Std., 3,2 km, ab 3 Jahren).

Tipps: Im nahen Tagmersheim gibt es im Ortszentrum (Ottinger Ring) einen tollen Spielpatz. Auch in Blossenau bei der Kirche befindet sich ein schöner Spielplatz. Zum Wanderweg gibt es einen GEMULA-Rucksack, der im B+-Zentrum für 10 € erworben werden kann (Bestellung bei Eva Münsinger, info@blossenau.de). Neben diversen Forscherutensilien enthält er ein Begleitheft mit Aufgaben zu den Forschertreffs, Hintergrundinformationen und Anregungen. Es ist in einer Sommer- und einer Winterversion erhältlich. Inwieweit diese Materialien eingesetzt werden, ist jedem selbst überlassen und abhängig davon, ob die Kinder Motivation und Anregung brauchen bzw. ob sie mehr wissen wollen.

Im nahen Daiting gibt es ein Erlebnis-Geotop mit Kindertafeln und einem Rätselheftchen.

LINKS

Am Ende der Allee bei Gut Berg gibt es einen Anlehnbaum zum Entspannen – wenn die richtige Position eingenommen ist.

RECHTS

Am Waldrand geht's entlang Richtung Übersfelder Ruinenkirche.

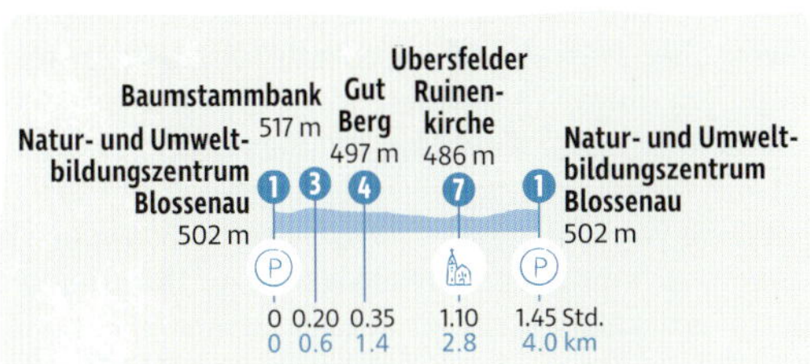

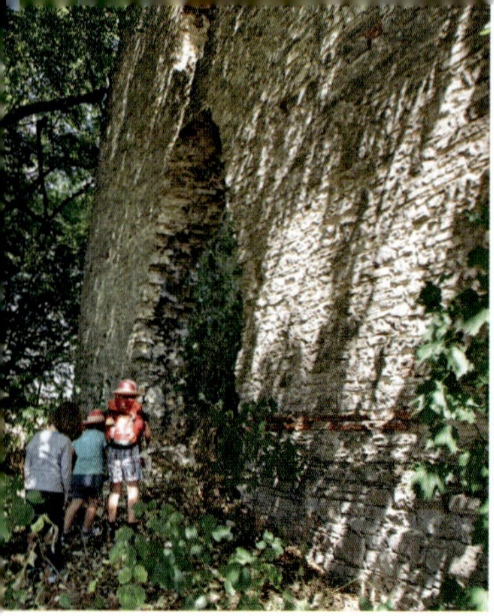

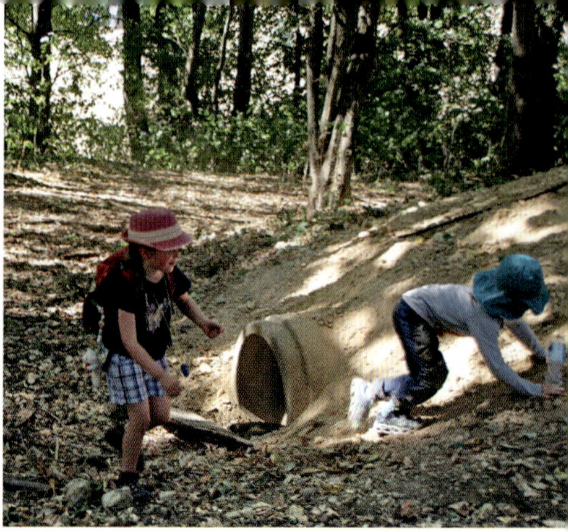

LINKS
Auf Entdeckungstour an der Übersfelder Ruinenkirche.

RECHTS
Am Kräuterhäusl wird der Fuchsbau erkundet.

LOS GEHT'S Wir starten am **Natur- und Umweltbildungszentrum ❶** und folgen dem Sträßchen nach links hinab Richtung Übersfeld. Direkt vor der Kurve gehen wir nach rechts zum **Waldrand ❷** hinüber, wo wir ab dem roten Holzpflock einem Pfad durch den Wald folgen. Sogleich geht es an einem Grenzstein vorbei, welcher die Grenze des privaten Waldstreifens zum Wald, der zum Gut Berg und somit dem Grafen Moy gehört, markiert. Unser Waldweg steigt an und mündet in ein Sträßchen. Hier biegen wir links ab und folgen dem Kiesweg durch den Berger Wald. Schräg gegenüber von Telefonmast Nr. 8 steht eine **Baumstammbank ❸**, wo es erste Aufgaben zu erfüllen gibt. Bei Telefonmast Nr. 12 gelangen wir an einer Doline vorbei. Am Waldrand folgen wir dem links abbiegenden Kiesweg an einem Baumstamm vorbei, dessen Alter es zu bestimmen gilt. Außerdem ist er als Baumtelefon nutzbar. Dann gelangen wir durch die Kastanienallee sowie an zwei mächtigen Wächter-Bäumen vorbei zu **Gut Berg ❹**, wo wir nach rechts zu einem Abstecher starten. Hierzu gehen wir auf dem anfangs etwas schlechten Weg zwischen den Gebäuden hindurch durch eine Eichenallee, die uns an einer Baumwurzel mit Bank sowie einer alten Kapelle vorbeiführt. Am Waldrand steht ein **Anlehnbaum ❺** – von hier aus bietet sich eine herrliche Aussicht ins Usseltal und nach Gansheim. Wieder zurück auf **Gut Berg ❹** wandern wir nun geradeaus weiter. Es geht aussichtsreich am Waldrand entlang. Hier können wir Vögel beobachten bzw. ihre Rufe hören. Wir folgen dem Feldweg bis zur **Straße ❻** und dieser für einen Abstecher nach rechts. Nach dem dritten Leitpfosten bringt uns ein Pfad nach links hinauf durch die Büsche an einem kleinen Steinbruch, einem alten Bienenhaus sowie einem verschlossenen Brunnen vorbei. Hier steht auch eine interessante Bank, die beweist, dass wir uns in Schwaben befinden. Schließlich wandern wir über die Wiese hinauf zur **Übersfelder Ruinenkirche ❼**, wo es die Marien-Hag-Hainbuche zu finden gilt. Auf demselben Weg zurück folgen wir der kaum befahrenen **Straße ❻** noch ein

Hallo Kinder!

Geheimnisvoll thront die **Übersfelder Ruinenkirche** auf dem Kapplberg. Gebaut wurde die einstige Kirche St. Wolfgang im 16. Jahrhundert, da sich etwas unterhalb eine Quelle befand, deren Wasser viele Menschen geheilt haben soll. Anfangs stand hier eine Kapelle, die mit der Zeit jedoch zu klein wurde, weswegen weiter oben die Kirche erbaut wurde. Als der Neuburger Pfalzgraf schon bald zum evangelischen Glauben übertrat, ließ er die Dächer von katholischen Kirchen entfernen, auch das von St. Wolfgang. Die Bewohner umliegender Orte entnahmen Steine aus dem Gotteshaus, um sie zum Bauen zu verwenden. Heute ist die einstige Wallfahrtskirche nur noch eine Ruine – aber vielleicht findet ihr sie dewegen umso interessanter. Ein schöner Rastplatz ist sie allemal.

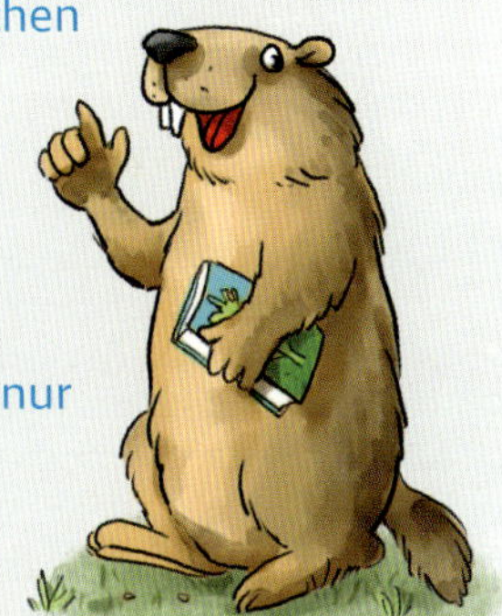

Stück weiter, nehmen nach der einzelnen Eiche den nach Norden abzweigenden Feldweg hinauf. Dann wechseln wir nach links auf einen Grasweg, der bald nach rechts abbiegt. Am Waldrand kurz nach links, erreichen wir das **Kräuterhäusl** 8. Im angrenzenden Wäldchen lassen sich ein Fitnessparcours sowie ein Fuchsbau erkunden. Grill- und Sitzmöglichkeiten laden zur Rast ein. Weiter am Waldrand entlang gehen wir an der beschilderten Weggabelung geradeaus weiter und gelangen nach einem kleinen Insektenhotel an interessanten Schaukästen vorbei hinab und zurück zum **Natur- und Umweltbildungszentrum** 1.

★Highlights

An den GEMULA-Forschertreffs können die Kinder spannende Aufgaben lösen.

Die Übersfelder Ruinenkapelle ist ein schöner Rastplatz und lädt zum Erkunden ein.

Das Areal beim Kräuterhäusl mit Fuchsbau und Fitnessparcours ist für Kinder ein großer Abenteuerspielplatz.

Nach der Tour: Bademöglichkeiten im Freibad im nahen Tagmersheim mit Schwimmer- und Nichtschwimmerbecken, Sprungturm, kleiner Wasserrutsche, Planschbecken, Spielplatz, Beachvolleyballfeld und Kiosk (Jakobusweg 2, 86704 Tagmersheim, Tel. +49 9094 902366, tagmersheim.de) oder im Freibad Monheim (s. Tour 40).

Freizeit- & Schlechtwettertipps

Tiere und Natur

A1 Eseltrekking Zachersmühle

Neben zahlreichen Haus- und Hoftieren gibt es in der Zachersmühle auch Esel, mit denen Tierliebhaber auf Tour gehen können. Kinder und Jugendliche lernen beim Bepacken und Führen der Tiere nicht nur den Umgang mit den Eseln, sondern auch zusammenzuarbeiten und Verantwortung zu übernehmen. Zusammen mit den geduldigen Tieren zu wandern, motiviert auch weniger bewegungsaffine Kinder und Jugendliche. Es werden offene Tageswanderungen sowie buchbare Eseltouren unterschiedlicher Dauer für Gruppen angeboten. Auch Kindergeburtstage mit Picknick oder anschließendem Grillen können gefeiert werden. Die Zachersmühle ist eine idyllisch gelegene Gaststätte mit Biergarten, einer großen Auswahl an Kindergerichten, einem Spielplatz und einem Bach, an dem ebenfalls gespielt werden kann.

Öffnungszeiten: s. Website. **Adresse:** Zachersmühle 1, 73099 Adelberg, Tel. +49 7166 255, zachersmuehle.de

A2 Tierpark Göppingen

Einen kleinen, aber feinen Tierpark gibt es in Göppingen. Um die verschiedenen Tiere des Tierparks zu entdecken, gibt es auf der Website einen Fragebogen zum Herunterladen. Zudem werden spezielle Führungen für Kinder sowie Kindergeburtstage angeboten, Schaubrüten an Ostern und eine Tierpark-Nacht mit Feuershow am ersten Samstag im November.

Öffnungszeiten: s. Website. **Adresse:** Lorcher Str. 99, 73033 Göppingen, Tel. +49 7161 25760, tierpark-goeppingen.de

A3 Alpakafarmhofwiese

Hier ist Streicheln, Füttern und Fotografieren von Alpakas erlaubt. Außerdem werden Alpakawanderungen unterschiedlicher Dauer, Kindergeburtstage und Sonntagskaffee angeboten.

Adresse: Hauptstr. 45, 73092 Heiningen, Tel. +49 7161 42237, alpakafarmhofwiese.de

A4 Tiergarten Ulm

Im Eingangsbereich des Tiergartens werden im begehbaren Donautunnel heimische Kaltwasserfische gezeigt. Doch auch die bunte Vielfalt tropischer Meer- und Süßwasserfische darf nicht fehlen. Weiter gibt es ein Tropenhaus mit Affen und Krokodilen, Terrarien mit Amphibien und Reptilien sowie Außenanlagen mit Tieren verschiedener Kontinente wie australischen Emus und Kängurus, südamerikanischen Nandus, Lamas und Alpakas sowie »gewöhnlichen« Haustierarten. Führungen und Kindergeburtstage im Zoo können gebucht werden.

Öffnungszeiten: April bis September täglich 10.00–18.00 Uhr, Oktober bis März täglich 10.00–17.00 Uhr. **Adresse:** Friedrichsau 40, 89073 Ulm, Tel. +49 731 1616742, tiergarten.ulm.de

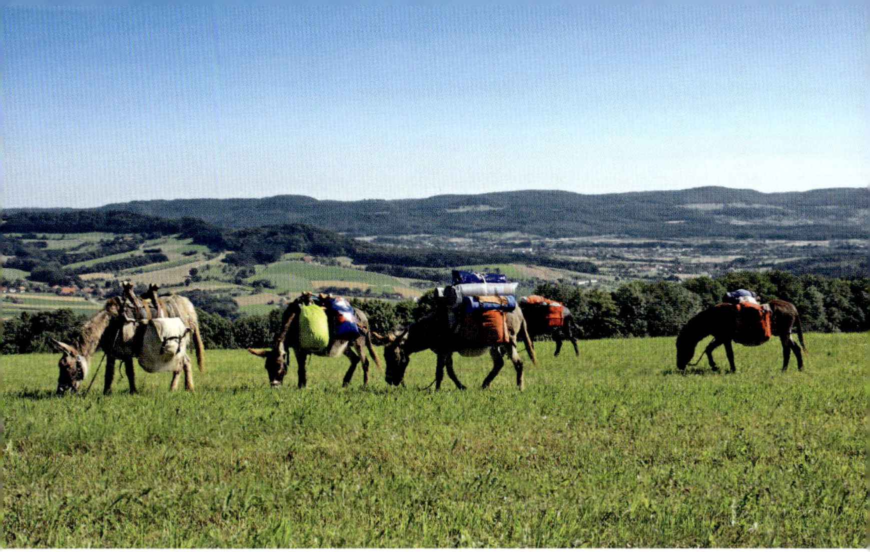

A5 Härtsfeld-Lamas Auernheim

In Auernheim werden Wanderungen mit den viel Ruhe ausstrahlenden Lamas angeboten. Wer auf Tour 23 unterwegs ist, kann sie vielleicht auf der Weide entdecken oder begegnet ihnen unterwegs.

Adresse: Auertalstr. 23, 89564 Nattheim-Auernheim, Tel. +49 7326 963759, haertsfeld-lamas.de

A6 DON-KEY Tours... Eselwandern im Donau-Ries

Zweistündige Eselwanderungen mit den drei Eseln Ralf, Anton und Olivier bietet DON-KEY Tours im Donau-Ries.

Adresse: Im Ängerle 8, 86720 Nördlingen-Grosselfingen, Tel. +49 9081 276 2916, donkeytours.de

OBEN

Eseltrekking in der herrlichen Landschaft des Schurwaldes bietet die Zachersmühle.

UNTEN

Familiengerechte Geoparkführungen machen die spannende Riesentstehung auch für Kinder verständlich.

A7 Geoparkführungen im Geopark Ries

Wer die komplexen Details des Asteroideneinschlags vor rund 15 Millionen Jahren durch anschauliche Erklärungen verstehen, die heute noch sichtbaren Auswirkungen auf die Landschaft sehen und in alten Steinbrüchen seine Entdeckungen erläutert haben möchte, der nimmt an den Geoparkführungen teil. Rund 25 Geoparkführer bieten zu Themen aus den Bereichen Geologie, Natur und Landschaft sowie Besiedlungsgeschichte offene sowie buchbare Führungen an, darunter auch spezielle Kinderführungen, Forschertouren und Zeitreisen.

Adresse: Pflegstr. 2, 86609 Donauwörth, Tel. +49 906 746030, geopark-ries.de

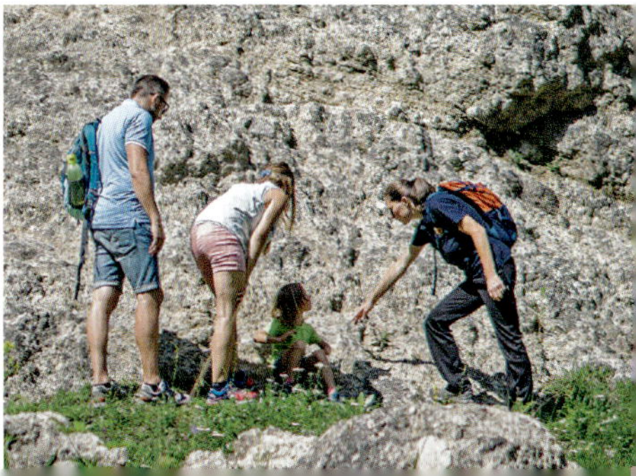

Badeseen und Erlebnisbäder

B1 Barbarossa-Thermen Göppingen

Neben Sauna und Wellness gibt es hier auch eine Badearena mit Sportbecken, Nichtschwimmerbecken sowie Erlebnisbecken mit Bodensprudler, Sprudelpilz und Strömungskanal. Ein besonderes Highlight für die Kinder ist die 57 m lange Großrutsche. Daneben sind Sprünge aus einem, drei und fünf Metern möglich. Ein großzügiger Eltern-Kind-Bereich komplettiert das Angebot.
Öffnungszeiten: s. Website. **Adresse:** Lorcher Str. 44, 73033 Göppingen, Tel. +49 7161 6101630, barbarossa-thermen.de

B2 Freibad Göppingen

Das zentrumsnah gelegene Freibad bietet ein Schwimmer- sowie ein Nichtschwimmerbecken, eine Sprunganlage, eine Riesenrutsche und einen Wasserpilz. Ein Planschbecken mit Wasserrutsche, Wasserspeier und Strömungskanal sowie ein Spielplatz mit Sand und Klettergerüst stehen ebenfalls zur Verfügung. Weitere Sportarten können auf Beachvolleyball-, Beachhandball-, Basketball-, Bolz- und Badmintonplatz sowie an den Tischtennisplatten ausgeübt werden. Große Liegewiesen und eine Cafeteria vervollständigen das Angebot.
Öffnungszeiten: s. Website. **Adresse:** Ulmer Str. 50, 73033 Göppingen, Tel. +49 7161 6101650, freibad-goeppingen.de

B3 Bud Spencer Freizeit- und Erlebnisbad Schwäbisch Gmünd

Neben einem Schwimmerbecken bietet das im Grünen gelegene Freibad einen Sprungturm mit Ein-, Drei- und Fünfmeterbrett, eine Kinderbecken-Landschaft sowie ein Erlebnisbecken mit Wasserfall, Whirlpool und Strömungskanal. Darüber hinaus gibt es eine 101-Meter-lange Riesenrutsche. Beachvolleyball, Beach-Soccer und Streetball können ebenfalls gespielt werden. Für das leibliche Wohl sorgt eine Cafeteria. Benannt ist das Bad nach dem bekannten Schauspieler, der auch ein erfolgreicher Schwimmer war und die Einweihung selbst übernommen hat.
Öffnungszeiten: Von Mai bis September, Details s. Website. **Adresse:** Richard-Bullinger-Straße 15, 73525 Schwäbisch Gmünd, Tel. +49 7171 6038542, gmuender-baeder.de

B4 Gmünder Hallenbad

Im Sport- und Wellnessbad für die ganze Familie können Besucher Sprünge vom 1-, 3- und 5-Meter-Brett wagen oder sich im Wohlfühlbecken mit Bodensprudler, Nackenschwall und Massagedüsen entspannen. Neben einem Sportbecken gibt es ein Kinderbecken sowie ein Planschbecken.
Öffnungszeiten: s. Website. **Adresse:** Goethestr. 47, 73525 Schwäbisch Gmünd, Tel. +49 7171 6038582, gmuender-baeder.de

B5 Mutlantis Mutlangen

Das Erlebnisbad bietet ein Schwimmer- sowie ein Nichtschwimmerbecken mit Rutsche, einen Whirlpool und ein Baby-Planschbecken. Für das leibliche Wohl sorgt eine Cafeteria. Im Sommer kann eine Liegewiese genutzt werden.
Öffnungszeiten: s. Website. Bis ca. Frühjahr 2024 geschlossen (Renovierung).

Adresse: Feldstr. 36, 73557 Mutlangen, Tel. +49 7171 777822, mutlangen.de/Home/freizeit+_+kultur/freizeitbad+mutlantis.html

B6 Blautopfbäder Freibad

Das sonnig gelegene Freibad gehört zu den schönsten Bädern im Alb-Donau-Kreis. Es gibt hier ein Kombibecken mit Schwimmer- und Sprungbereich (1- und 3-Meter), ein Nichtschwimmerbecken mit Wasserkanone, Massagepilz, Massagedüsen, Bodenblubbler und 62 m langer Riesenrutsche sowie ein Planschbecken mit kleiner Rutsche, Bodenblubbler und Quelltopf, das schön mit Hügeln angelegt ist. Kindern steht außerdem ein Sandkastenbereich mit Spielhäuschen und zwei Schwengelpumpen zur Verfügung. Eine Tischtennisplatte, Slacklines, ein Beachvolleyballfeld sowie ein Bistro runden das Angebot ab.
Öffnungszeiten: s. Website. **Adresse:** Mühlweg 16, 89143 Blaubeuren, Tel. +49 7344 9248090, tw-blaubeuren.de, BlautopfBäder, Freibad

B7 Freizeitbad Bad Blau

Es erwarten die Besucher ein Abenteuerbecken, in dem getobt und Ball gespielt werden kann und im Wasser treibende Flöße erobert werden können, ein Babybecken mit Wasserkanone und Wasserpilz, ein Kinderbecken mit Elefantenrutsche und Schiffchenkanal sowie eine 80 m lange Abenteuerrutsche. Für Erholung sorgen unter anderem Solevital-Becken, Whirlpool und Dampfbad. Draußen gibt es einen Sandstrand mit Strandbar sowie einen Wasserspielplatz und ein Beachvolleyballfeld. Wer Hunger hat, findet in der Gastronomie Black & Blue ein vielfältiges Angebot vor – für Kinder gibt es sogar spezielle Menüs.
Öffnungszeiten: s. Website. **Adresse:** Boschstr. 12, 89134 Blaustein, Tel. +49 7304 4369610, badblau.de

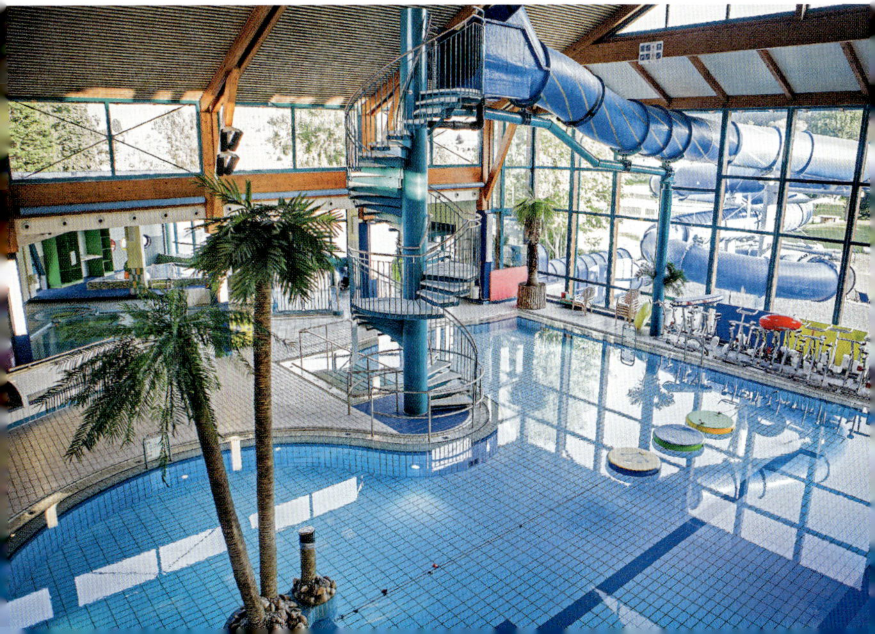

Freizeitatmosphäre im Bad Blau in Blaustein.

B8 5-Täler-Bad Geislingen an der Steige

Als Frei- und Hallenbad in einem garantiert das 5-Täler-Bad das ganze Jahr über Badespaß. Neben Schwimmer- und Nichtschwimmerbecken mit Bodenblubbler und Wasserfall gibt es eine Sprunganlage, eine Riesenrutsche und einen Wasserpilz. Die Kleinen fühlen sich in der Eltern-Kind-Plansche mit Babypool, Spritzdüsen und Wasserhähnen wohl. Draußen gibt es große Liegewiesen sowie eine Minigolfanlage. Mit einer Cafeteria ist für das leibliche Wohl gesorgt. **Öffnungszeiten:** s. Website. **Adresse:** Schlachthausstr. 30, 73312 Geislingen an der Steige, Tel. +49 7161 6101670, 5-taeler-bad.de

B9 HellensteinBad aquarena Heidenheim

Hier gibt es insgesamt fünf verschiedene Becken: das Variobecken für Schwimmer und Nichtschwimmer, das Sprungbecken mit 1-, 3- und 5-Meter-Brett, das Außenbecken mit Massagedüsen, Schwallbrausen und Schwallpilz, das Warmsprudelbecken sowie das Kinderbecken mit kleiner Elefantenrutsche und mehreren Schwimmtieren. Highlights sind die 95 m lange Blackhole-Rutsche mit Lichteffekten und die 55 m lange, transparente Reifenrutsche. Zu bestimmten Zeiten wird außerdem eine Slackline über dem Sprungbecken gespannt, eine sogenannte Aqualine, auf der jeder sein Gleichgewicht testen kann. **Öffnungszeiten:** s. Website. **Adresse:** Friedrich-Pfenning-Str. 24, 89518 Heidenheim, Tel. +49 7321 328130, hellensteinbad-aquarena.de

B10 Waldfreibad Heidenheim

Neben einem Schwimmerbecken mit zwei Sprungtürmen (ein bzw. drei Meter hoch) bietet das Waldfreibad ein Nichtschwimmerbecken mit einer 11 m langen Rutsche. Kleine Kinder haben im Planschbecken, das teilweise überdacht ist, Spaß. Größere können sich an den Tischtennisplatten, einer Torwand, einem Volleyballfeld, einem Basketballfeld sowie einem Fußballfeld austoben. Eine große Liegewiese mit Bäumen sorgt für angenehmes Urlaubsfeeling. **Öffnungszeiten:** Mai bis September, täglich 8.00–20.30 Uhr, Mi ab 6.00 Uhr. **Adresse:** Jahnstr. 46, 89518 Heidenheim, Tel. +49 7321 44100, heidenheimer-brenzregion.de/ich-bin/familie/wassererlebnis/waldbad-heidenheim

B11 Freizeitbad Jurawell

Neben einem Schwimmer- sowie einem Nichtschwimmerbecken gibt es ein Kleinkinderbecken mit Wasserspielen und Spielbereich. **Öffnungszeiten:** Di bis So 9.00–22.00 Uhr, Mi ab 7.00 Uhr, Mo Ruhetag. **Adresse:** Baumschulenweg 27, 89542 Herbrechtingen, Tel. +49 7324 985160, jurawell.de

B12 Bergbad Giengen

Das schön gelegene Freibad bietet für Kinder eine 60 m lange Riesenrutsche, einen 3-m-Sprungturm, ein Nichtschwimmerbecken, einen Planschbereich mit Minirutsche sowie einen Spielbereich für Kleinkinder. Beachvolleyball, Minigolf, Tischtennis und Freiluftschach können gespielt werden. Für das leibliche Wohl sorgt das Terrassencafé mit kleinen Snacks und Erfrischungen. **Öffnungszeiten:** Mai bis August 9.00–20.00 Uhr, September 9.00–19.00 Uhr, Mi jeweils ab 7.00 Uhr. **Adresse:** Auf dem Schießberg 4, 89537 Giengen an der Brenz, Tel. +49 7322 5373, giengen.de/Bergbad

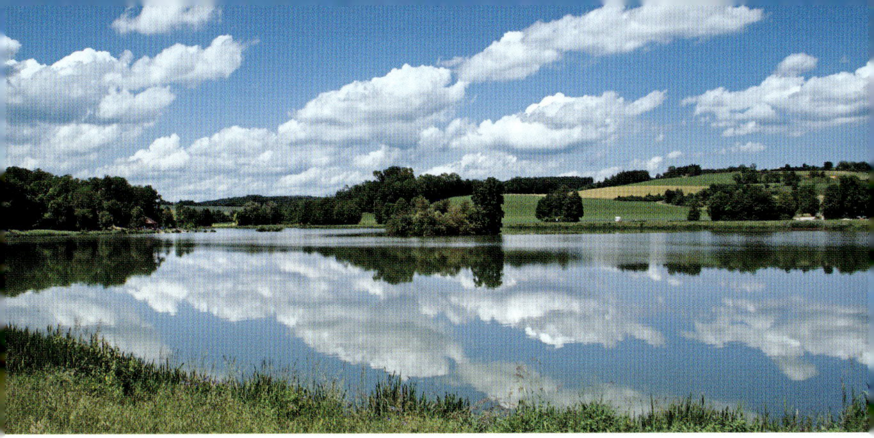

B13 Härtsfeldsee

Der Härtsfeldsee liegt an der L2033 ca. 2 km nordöstlich von Dischingen auf Höhe Katzenstein. Einst entstanden als Hochwasserrückhaltebecken, dient er heute auch der Erholung und dem Naturschutz. Baden, Bootfahren und Surfen ist hier erlaubt. Die beiden Inseln dürfen jedoch nicht betreten werden, da dort Vögel brüten. Es gibt einen Sand- und Matschbereich sowie Wasserspielgeräte, daneben einen Mehrgenerationenspielplatz sowie einen Kiosk. Naturinfotafeln begleiten den Rundweg um den See (1,8 km lang).

Öffnungszeiten Kiosk: s. kiosk-am-haertsfeldsee.de. **Parkplätze:** Es gibt drei größere Parkplätze, zwei davon liegen direkt an der L2033. Navi: N48.71324, E10.37861.

OBEN

Natur erleben, baden, Boot fahren und surfen – das alles geht am Härtsfeldsee.

UNTEN

Naturerlebnisbad Niederalfingen.

B14 Aalener Hallenbad

Hier gibt es neben einem kombinierten Schwimmer- und Nichtschwimmerbecken ein Warmwasserbecken und ein Kinderbecken, zudem zwei Sprungbretter (1 m und 3 m), Wasserspielgeräte sowie eine Spiele-Ecke.

Öffnungszeiten: s. Website. **Adresse:** Bleichgartenstr. 14, 73431 Aalen, Tel. + 49 7361 952290, aalen.de/hallenbad.3565.25.htm

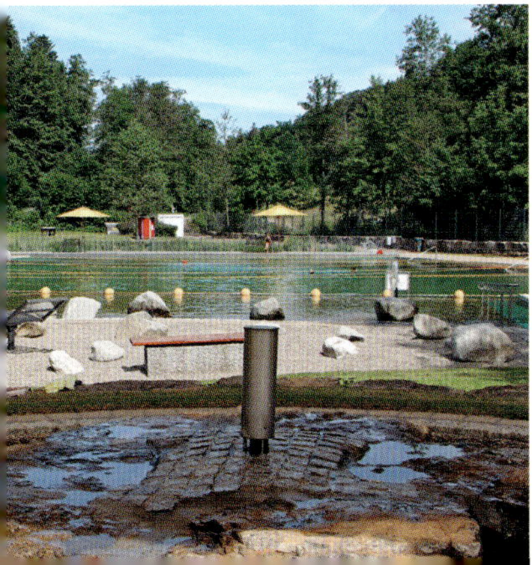

B15 Naturerlebnisbad Niederalfingen

Wer ohne Chlor baden möchte, ist im Naturerlebnisbad Niederalfingen genau richtig. Da dieses voll ökologisch betrieben wird, findet die Reinigung in einem separaten Regenerationsteich statt. Gestaltet ist es mit Natursteinen, Sprungfelsen und einem flachen Kiesstrand mit sprudelnden Wasserfontänen. Für Kinder

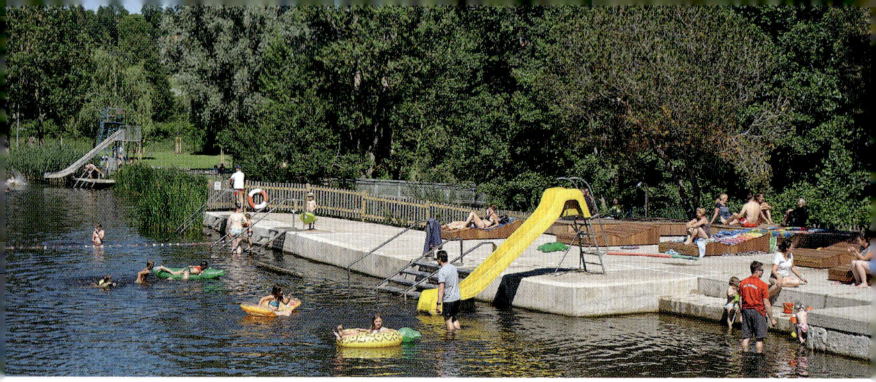

Das Flussfreibad Oettingen bietet Badespaß direkt in der Wörnitz.

ist das Spielen am Bachlauf sowie im Matschbereich eine besondere Attraktion. Daneben gibt es eine extrabreite Rutsche, ein Beachvolleyballfeld und Tischtennisplatten sowie ein Bistro. **Öffnungszeiten:** Nach Wetterlage, Mai bis Juni täglich 10.00–18.00 Uhr, ab Juli bis ca. Mitte September täglich 9.00–19.00 Uhr. **Adresse:** Schlierbachstr. 56, 73460 Hüttlingen-Niederalfingen, Tel. + 49 7361 71422, huettlingen.de/kultur-freizeit/freizeitangebotefreizeit-tourismus/naturerlebnisbad-niederalfingen

B16 Wörnitz-Flussfreibad Oettingen

Als eines der wenigen Flussfreibäder, die es noch gibt, liegt das Wörnitz-Flussfreibad idyllisch auf einer durch einen Altwasserarm der Wörnitz gebildeten Insel. Es sind ein Nichtschwimmerbereich, Sprungbretter sowie eine Rutsche vorhanden. Für Kinder gibt es ein extra Planschbecken, eine Matschanlage, ein Hüpfkissen sowie einen großen Spielplatz mit Kletterhaus. Es kann Tischtennis, Fußball und Beachvolleyball gespielt werden. In der parkartigen Anlage gibt es auch eine große Liegewiese, einen Kiosk mit Biergarten, eine Kneippanlage, eine Minigolfanlage sowie ein Damwildgehege. Boote für eine Kahnfahrt auf der Wörnitz bis zur Fürfällmühle gibt es im Freibad auszuleihen. **Öffnungszeiten:** s. Website. **Adresse:** Schießwasen 18, 86732 Oettingen, Tel. +49 9082 961990, oettingen.de/oettingen-erleben/aktiv-erleben-und-erkunden/woernitz-flussfreibad

B17 Solarfreibad Marienhöhe Nördlingen

Familiengerechtes Freizeitbad in reizvoller Lage am Rande eines Landschaftsschutzgebietes mit Aussicht, Kiosk, Sonnenterrasse und großer Liegewiese. Für Kinder gibt es eine 60 m lange Riesenrutsche, eine Breitrutsche, ein Nichtschwimmerbecken mit Wasserpilz, ein großes Planschbecken mit Sonnensegel sowie einen Spielplatz. Für ältere Kinder und Jugendliche bieten sich das Sprungbecken mit Großsprunganlage (bis 5 m), Beachvolleyball, Streetball und das Rasenspielfeld an.

Öffnungszeiten: Mai bis Mitte September täglich ab 9.00 Uhr, abends bis 20.30 Uhr, ab Mitte August bis 20.00 Uhr, ab September bis 19.30 Uhr. **Adresse:** Herkheimer Weg 8, 86720 Nördlingen, Tel. +49 9081 5055, noerdlingen.de/kultur-und-freizeit/baeder/freibad

B18 Schmähinger Badeweiher

Ein Geheimtipp ist der inmitten von landwirtschaftlichen Feldern am Ortsrand des zu Nördlingen gehörenden Dorfes Schmähingen gelegene Badeweiher. Neben mit Geländern gesicherten Einstiegsmöglichkeiten und einem Sprungbrett gibt es eine große Liegewiese sowie einen Bolzplatz. Am Kiosk wird Pizza verkauft. Ansonsten keine weitere Infrastruktur, Hunde sind nicht erlaubt.
Lage: Am Ortsrand von Nördlingen-Schmähingen, Verlängerung Mühlbachstraße. Navi: N48.80572, E10.50952

B19 Waldsee Wemding

Idyllisch gelegener Naturbadesee mit Kiosk, großer Liegewiese und Bootsverleih. Für Kinder gibt es eine 70 m lange Rutsche, einen Wasserspielplatz sowie ein Kleinkinderbecken.
Öffnungszeiten: Mitte Mai bis Mitte September 10.00–20.00 Uhr. **Adresse:** Wolferstädter Str. 98, 86650 Wemding, Tel. +49 9092 3220115, wemding.de/freizeit/a-z/freibad_am_waldsee-2427

B20 Freibad auf dem Schellenberg Donauwörth

Aussichtsreich oberhalb der Stadt auf dem Schellenberg gelegen, bietet das Freibad neben einem Sportbecken ein Sprungbecken, sogar mit 10-Meter-Sprungturm, einen Nichtschwimmerbereich mit Wellnessoase, die Strömungskanal, Massagedüsen, Wasserspeier und Luftsprudel beinhaltet, sowie eine Rutschenlandschaft mit Familien-, Speed- und Breitwellen-Rutsche. Für die Kleinsten stehen ein Kleinkinderbecken mit Splash-Area und Wasserspraypark sowie ein Spielplatz zur Verfügung. Weiträumige Liegewiesen, ein Beachvolleyballfeld sowie ein Café-Bistro ergänzen das Angebot.
Öffnungszeiten: Mitte Mai bis Mitte September, Details s. Website. **Adresse:** Sternschanzenstr. 3, 86609 Donauwörth, Tel. +49 906 98005455, donauwoerth.de/leben-in-donauwoerth/sport-und-freizeit/baeder

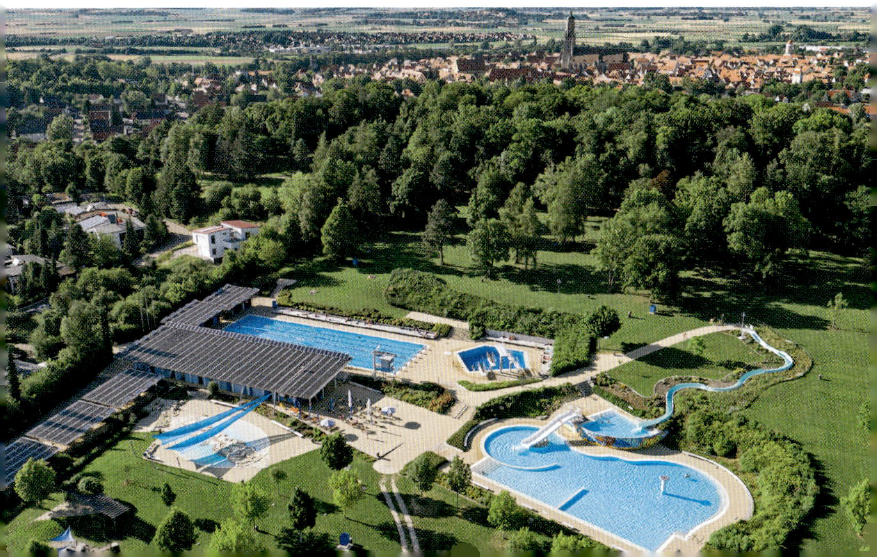

Das Solarfreibad auf der Marienhöhe in Nördlingen.

Freizeitparks und Erlebnisspielplätze

C1 Familienpark Schwäbische Alb Westerheim

In der höchstgelegenen Gemeinde des Alb-Donau-Kreises lädt der Familienpark Schwäbische Alb mit seinen zahlreichen Attraktionen ein. Es gibt einen Funpark mit Hüpfburgen, Karussells, Fahrgeschäften, darunter auch eine Eisenbahn, und Dinoland, ein Museum mit alten Fahrzeugen und Maschinen, eine Safari-Bobbahn durch den Tierpark mit über 100 Tieren, einen Streichelzoo sowie eine Verkehrsschule. Für das leibliche Wohl sorgen die Schwabenstube und der historische Bauern- und Handwerker-Biergarten.
Öffnungszeiten: April bis Oktober, täglich 10.00–18.00 Uhr. **Adresse:** Donnstetter Str. 99, 72589 Westerheim, Tel. +49 7333 4990, familienpark-westerheim.de

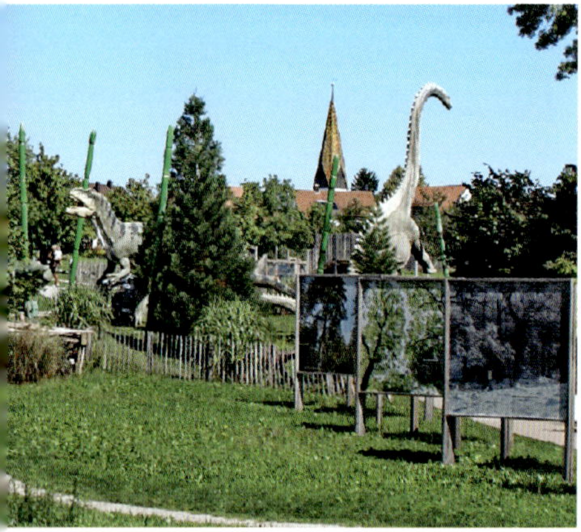

Dinosaurier-Garten im Landschaftspark Himmelsgarten.

C2 Familienpark Himmelsgarten

Auf der Hochfläche von Wetzgau befindet sich der Familienpark Himmelsgarten, entstanden als Teilgelände der Landesgartenschau 2014. Highlight ist der 40 m hohe Aussichtsturm Himmelsstürmer. Daneben gibt es eine Sprungschanze für die Holzkugeln der Kugelbahn auf dem Abenteuerhügel, einen Wasserspielplatz mit Floßbecken, einen Dinosaurier-Garten und ein Kleintier-Gehege. Neben dem Kletterparcours Skypark (s. Freizeittipp D1) bietet sich eine große Spielgolfanlage mit 18 Bahnen, Fußball-Billard sowie ein Biergarten an (spielgolf-wetzgau.de; s. Tour 9).
Adresse: Landschaftspark Wetzgau 1, 73527 Schwäbisch Gmünd, schwaebisch-gmuend.de/familienpark-himmelsgarten.html

C3 Wassererlebnisbereich Lonesee

Erst seit 1978 gibt es den Lonesee. Obwohl der Ortsname Lonsee nichts mit einem See zu tun hat, fanden damals die Einwohner, dass ein See gut zu ihrem Ort passen würde. Deshalb legten sie den Lonesee an, um ihn zur Fischzucht und zur Erholung zu nutzen. Es gibt einen Wassererlebnisbereich mit Archimedischer Schraube, Wasserschöpfanlage und Wasserrinnen sowie einen Abenteuerspielplatz mit Geräten zum Klettern, Hangeln, Rutschen und Balancieren. Für kleinere Kinder steht eine Spielscheune mit Rutsche zur Verfügung. Ein Erlebnispfad mit Spielstationen und Infotafeln führt am Ufer entlang. Es gibt Picknickbereiche, ein Wasserrad, ein Insektenhotel sowie einen Beobachtungsturm, von dem aus Wasservögel beobachtet werden können (s. Tour 13).
Parkplätze: Nur 5 Min. zu Fuß entfernt gibt es Parkplätze an der Mühlbachhalle, Mühlweg 3, 89173 Lonsee, lonsee.de/de/freizeit-und-tourismus/freizeit/lonesee. Der Fußweg ist auch für Kinderwägen geeignet.

C4 Mehrgenerationenspielpark Heldenfinger Kliff

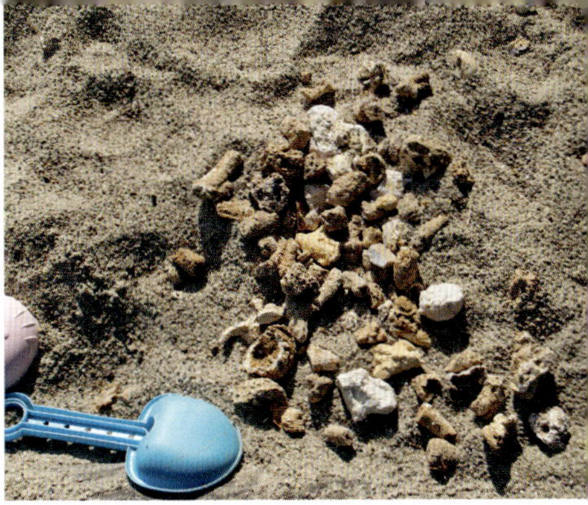

Für Geofans ist das Heldenfinger Kliff mit seinen Bohrlöchern von Bohrmuscheln und Borschwämmen schon eine Attraktion für sich. Auch gibt es hier einen Geopfad, auf dem Gesteine aus den verschiedensten Phasen der Erdgeschichte vorgestellt werden, und den Mehrgenerationenspielpark mit einer Röhrenrutsche, verschiedenen Spiel-, Balancier- und Klettergeräten sowie einem Sandkasten, in dem nach Fossilien einer 18 Millionen Jahre alten Kliffküste gebuddelt werden kann. **Adresse:** Raiffeisenstraße, 89547 Gerstetten-Heldenfingen, heidenheimer-brenzregion.de/ich-bin/familie/erlebnisspielplaetze/gerstetten-heldenfingen

Im Sandkasten am Heldenfinger Kliff lassen sich Fossilien, insbesondere Austern, ausgraben.

C5 Brenzpark Heidenheim

Ein vielseitiges Angebot zum Spielen, Klettern und Rutschen sowie Spielen mit Sand, Matsch und Wasser bietet sich im Brenzpark. Neben zahlreichen Spielgeräten gibt es einen Kletterfelsen, eine Brenzwelle, eine Seilkletterbrücke sowie einen Seilklettergarten. Ein Fitness-Parcours und das Café-Bistro Lieblingsplatz (lieblingsplatz-brenzpark.de) ergänzen das Angebot. Hier kann eine Familie schon mal einen halben oder gar ganzen Tag verbringen.

Öffnungszeiten: März und April sowie Mitte September bis Ende Oktober täglich 11.00–18.00 Uhr, Mai bis Mitte September täglich 9.00–20.00 Uhr. **Adresse:** Nördlinger Str. 52, 89522 Heidenheim an der Brenz, Tel. +49 7321 274248, brenzpark.de

C6 Abenteuerspielplatz HöhlenErlebnisWelt

Direkt unterhalb der Charlottenhöhle befindet sich die HöhlenErlebnisWelt (s. Freizeittipp G5, Tour 22). Angegliedert ist ein Abenteuerspielplatz. Es kann geklettert und gerutscht werden, Spielwände, Hütten und eine Spielhöhle können erkundet werden. Daneben gibt es einen Wasserspielplatz direkt an der Hürbe, der sich besonders für heiße Tage eignet. Schöne Rastplätze sowie eine Gastronomie mit familiengerechtem Angebot stehen zur Verfügung. Das ganze Jahr über gibt es Aktionen und Veranstaltungen zum Mitmachen.

Adresse: Lonetalstr. 61, 89537 Giengen an der Brenz – Hürben, Tel. +49 7324 987146, hoehlenerlebniswelt.de

Der Spielplatz in der HöhlenerlebnisWelt begeistert auch ältere Kinder.

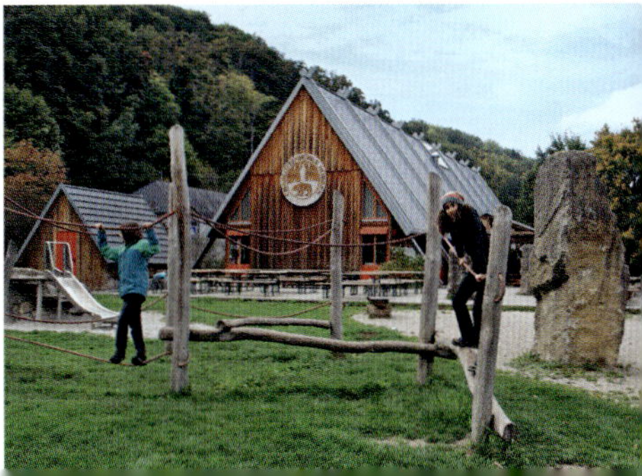

Klettergärten und Sommerrodelbahn

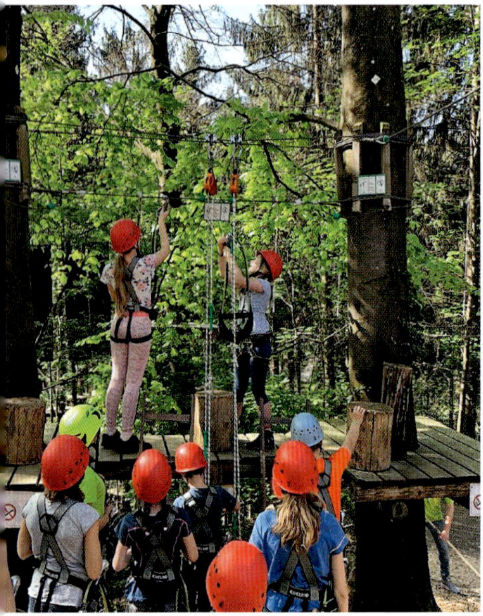

Gut gesichert kann der Kletterspaß im Skypark epia Kletterwald beginnen.

D1 Skypark epia Kletterwald

In dem naturbelassenen Waldseilgarten mit fast zwei Kilometern Länge am oberen Ende des Taubentals (s. Tour 9) sind die insgesamt 15 Parcours unterschiedlichen Schwierigkeitsgrades und 160 Übungen harmonisch in den Wald eingefügt. Bereits ab 2 Jahren können Kinder auf zwei speziellen Kleinkinder-Parcours ihren Mut beweisen und ihre Kletterkünste trainieren. Für Kinder und Familien stehen fünf unterschiedlich schwere Parcours zur Auswahl. Daneben gibt es einen 3D-Bogenschießen-Parcours und die Kletterschänke.
Öffnungszeiten: s. Website. **Adresse:** Himmelsgarten 5, 73525 Schwäbisch Gmünd – Wetzgau, Tel. +49 7171 8053552, skypark.de

D2 Kletterwald Laichingen

Direkt neben der Tiefenhöhle (s. Tour 11) bei Laichingen befindet sich Baden-Württembergs größter Kletterwald. Auf 17 Parcours unterschiedlichen Schwierigkeitsgrades mit insgesamt rund 300 Elementen kann auf einer Höhe von bis zu 16 m von Baum zu Baum geklettert werden. Wacklige Brücken, Seilbahnen mit einer Länge von rund 150 Metern, eine Netzbrücke sowie ein Tarzan-Seil sind als Herausforderungen zu nennen. Schon die Kleinsten ab 2 Jahren können in Begleitung eines Erwachsenen auf speziellen Parcours erste Erfahrungen sammeln. Im Eingangsbereich gibt es Speisen und Getränke.
Öffnungszeiten: s. Website. **Adresse:** Höhleweg 240, 89150 Laichingen, Tel. +49 7333 950010, kletterwald-laichingen.de

D3 Bobbahn Donnstetten

Auf der modernen Ganzjahres-Bobbahn mit ihren vielen Steilkurven und Wellen ist Freizeitspaß für die ganze Familie garantiert. Auf über 1100 m Länge und 50 m Höhenunterschied kann eine Geschwindigkeit von bis zu 40 km/h erreicht werden. Daneben gibt es ein Bungee-Trampolin sowie eine große Terrasse mit Verköstigung und angrenzender Spielwiese an der Talstation. Wer sich einen schönen Rundblick über die Schwäbische Alb verschaffen will, wandert zum nur 30 Minuten entfernten Aussichtsturm Römerstein.
Öffnungszeiten: s. Website. **Adresse:** Böhringer Str. 18, 72587 Römerstein-Donnstetten, Tel. +49 7382 609, bobbahn-donnstetten.de

Festungen und Burgen

E1 Schloss Brenz

Heute sind in den Räumen des Schlosses Brenz Heimatmuseum und Geopark-Infostelle untergebracht. Letztere widmet sich der Geologie rund um Sontheim an der Brenz. Das Heimatmuseum behandelt nicht nur die Geschichte von Schloss, Dorf und Kirche, sondern es sind auch bäuerliche Arbeitsgeräte, Geschirr und Trachten ausgestellt. Für Kinder werden Kostümführungen angeboten. Außerdem gibt es eine große Fossiliensammlung mit Versteinerungen von der Schwäbischen Alb. Auch die übrigen Innenräume des Schlosses, welches einst Ritterburg war und dessen Geschichte wohl bis ins 12. Jahrhundert zurückreicht, können zu den Öffnungszeiten besichtigt werden.
Öffnungszeiten: 1. Mai bis 31. Oktober, So und Feiertage 13.00–17.00 Uhr.
Adresse: Schlossstr. 3, 89567 Sontheim an der Brenz, Tel. +49 7325 1725, heidenheimer-brenzregion.de/was-kann-ich-unternehmen/ausflugszeit/top-10/schloss-brenz

E2 Burg Katzenstein

Wohl aus dem 12. Jahrhundert stammend, gehört die einstige Stauferburg Katzenstein vermutlich zu den ältesten Burgen Süddeutschlands. Sie kann auf eigene Faust oder im Rahmen einer Führung erkundet werden, wobei auch Kinderführungen angeboten werden. Dabei ist auch der Schatz zu sehen, der erst 2015 gefunden worden ist. Es handelt sich dabei um rund 250 Schmuckstücke. Für Kinder werden weitere Aktionen angeboten wie das Bemalen einer eigenen Schatztruhe oder eines Wappens, eine Schatzsuche sowie Bogen- und Armbrustschießen. Für das leibliche Wohl gibt es eine eigene Burggastronomie mit originell benannten Gerichten.
Öffnungszeiten: s. Website. **Adresse:** Oberer Weiler 1–3, 89561 Dischingen-Katzenstein, Tel. +49 7326 919656, burg-katzenstein.de

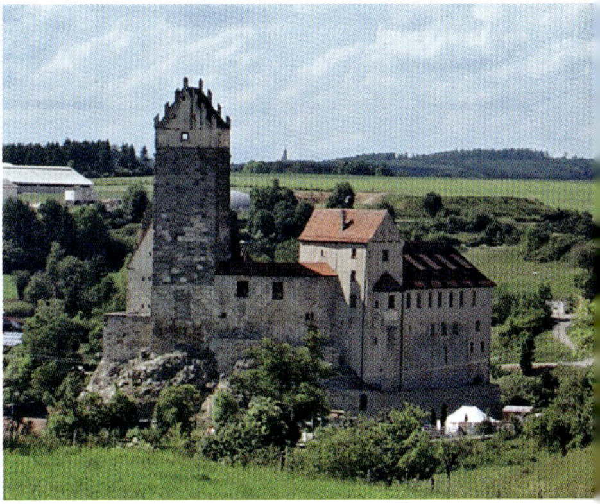

Majestätisch thront Burg Katzenstein auf einer aus dem Ries heraustransportierten Kalkscholle.

E3 Schloss Kapfenburg

Die einstige Stauferburg, die über der Stadt Lauchheim am Albtrauf thront, wurde in ihrer langen Geschichte nie zerstört und weist eine Vielfalt an unterschiedlichen Baustilen auf. Ihr Name kommt vom mittelalterlichen Wort »kapfen«, was soviel wie »gaffen« bzw. »ins Land schauen« bedeutet. Jahrhundertelang war sie Deutschordensfeste, seit 1999 ist in ihren Räumen eine Musikschulakademie untergebracht. Für Kinder und Jugendliche werden eigene Gruppenführungen angeboten, die gebucht werden können. Die Titel »Napole-

on und der Koch«, »Finchen und die Suche nach den verlorenen Dracheneiern« oder »ZeitReise mit d'Artagnan« versprechen kindgerechtes Eintauchen in die Geschichte der Kapfenburg. Die interaktiven ZeitReisen können auch als Kindergeburtstage zusammen mit Catering und Bastelaktionen gebucht werden.
Öffnungszeiten: s. Website. **Adresse:** Schloss Kapfenburg, 73466 Lauchheim, Tel. +49 7363 961819, schloss-kapfenburg.de

E4 Schloss Baldern

Weithin sichtbar thront das barocke Schloss auf einer aus dem Ries ausgeworfenen Scholle. Im 18. Jahrhundert ist es auf den Mauern einer alten Stauferburg aus dem 11. Jahrhundert errichtet worden und war einst Residenz der Grafen zu Oettingen-Baldern. Umgeben ist es vom Walled Garden, der für Gartenliebhaber allein schon einen Besuch wert ist. Führungen können gebucht werden. Das Schloss selbst kann nur mit einer Führung besichtigt werden. Für Kinder werden spezielle Führungen angeboten. Sie können mit der Fledermaus d'Artagnan, dem Schlossgespenst Sir George und Prinzessin Caro die prunkvollen Räume besichtigen und das Leben der früheren Schlossbewohner anhand von spannenden Geschichten kennenlernen. Stärkung gibt es im Schlosscafé.
Führungen: s. Website. **Adresse:** Schlossparkstr. 12, 73441 Bopfingen-Baldern, Tel. +49 7362 96880, fuerstwallerstein.de/schloss-baldern

E5 Schloss Oettingen

Einst gab es in der Residenzstadt Oettingen (s. Tour 30) sogar zwei Schlösser und zwei verschiedene Herrschaften. Das heute noch vorhandene prächtige Obere Schloss hat für Kinder einiges zu bieten! Es gibt spezielle Schlossführungen für Kinder mit anschließendem, kindgerechtem Konzert des Oettinger Kammerorchesters, Kinder-Märchenführungen und die Führung »Prinz und Prinzessin«. Bei der Führung »Schlossdetektive« geht es darum, einen gestohlenen Schatz wiederzufinden. Die Erlebnisführung »Schlossrallye« steht unter dem Motto »suchen-finden-schätzen-erraten« – es müssen auf dem Rundgang durch das Schloss knifflige Rätsel gelöst werden. Und wer keine Angst vor Dunkelheit hat, bewegt sich mit der Taschenlampe »Nachts im Schloss«. Alle Führungen werden zu bestimmten Terminen als offene Führungen angeboten und können auch als Gruppenführungen ganzjährig gebucht werden.
Führungen: s. Website. **Adresse:** Schloßstr. 1, 86732 Oettingen i. Bay., Tel. +49 9082 969412, oettingen-spielberg.de

E6 Burg Harburg

Hoch über der gleichnamigen Stadt an der Wörnitz thronend (s. Tour 38), gehört die Burg Harburg zu den ältesten, größten und am besten erhaltenen Burganlagen Süddeutschlands. Sie kann im Rahmen von Schlossführungen, die stündlich stattfinden, erkundet werden. Daneben gibt es mehrere Sonderführungen, darunter auch eine spezielle Kinderführung sowie eine Nachtführung. Zur Einkehr lädt die Burgschenke, deren Speisekarte auch Kindergerichte beinhaltet.
Öffnungszeiten: Von Mitte März bis Anfang November täglich 10.00–17.00 Uhr. **Adresse:** Burgstr. 1, 86655 Harburg (Schwaben), Tel. +49 9080 96860, burg-harburg.de

Museen

F1 Urweltmuseum Hauff Holzmaden

Die Lebenswelt einer großen Meeresbucht, die in Süddeutschland vor 180 Millionen Jahren bestand, lässt sich im Urweltmuseum Hauff in Holzmaden am Fuße der Schwäbischen Alb in Form von Modellen und beeindruckend gut erhaltenen Fossilien erleben. Zu sehen sind neben verschiedenen Sauriern Fische, Seelilien, Ammoniten und Belemniten. Gefunden wurden sie in den Schieferbrüchen von Holzmaden und Ohmden, weltbekannten Fossilienfundstellen. Die Cafeteria bietet Kuchen und Getränke an. Wer ein Mitbringsel sucht, wird im Museumsshop sicher fündig. Fossilien können im Schieferbruch Kromer im Nachbarort Ohmden gesucht werden. Im Außengelände des Museums gibt es einen Dinopark mit acht lebensgroßen Dinosauriern aus dem Erdmittelalter zu sehen.

Öffnungszeiten: s. Website. **Adresse:** Aichelbergstraße 90, 73271 Holzmaden, Tel. +49 7023 2873, urweltmuseum.de

F2 Märklineum Göppingen

Im neuen Museum Märklineum wird die gesamte Firmengeschichte von Märklin anhand ihrer Produkte modern, kreativ und interaktiv präsentiert. Daneben gibt es eine über 100 m² große Modelleisenbahnanlage auf zwei Ebenen zu bestaunen. Da diese noch im Aufbau ist, kann den Modellbauern dabei über die Schulter geschaut werden. Zur Stärkung steht ein Bistro zur Verfügung, im Store können Zubehörartikel von Märklin und weiterer namhafter Hersteller erworben und der Märklin Service für jede Modellbahn genutzt werden. Das Märklineum ist ein Muss für Eisenbahnfans und für alle, die es werden wollen.

Öffnungszeiten: s. Website. **Adresse:** Reuschstr. 6, 73033 Göppingen, Tel. +49 7161 608289, maerklineum.de

F3 Höhlenkundliches Museum

Anschaulich erklärt das Höhlenkundliche Museum im Rasthaus bei der Laichinger Tiefenhöhle (s. Tour 11) die Entstehung von Höhlen sowie die Verkarstung der Schwäbischen Alb. Außerdem geht es um Höhlenbewohner in Gegenwart und Vergangenheit sowie um die Erforschung von Höhlen. Viel Spannendes und Geheimnisvolles gibt es hier zu entdecken. Wer Hunger oder Durst bekommt, kann im Rasthaus kleine Vesper und Getränke bestellen.

Öffnungszeiten: Von Palmsonntag bis Anfang November täglich 10.00–18.00 Uhr. **Adresse:** Höhleweg 220, 89150 Laichingen, Tel. +49 7333 5586, tiefenhoehle.de

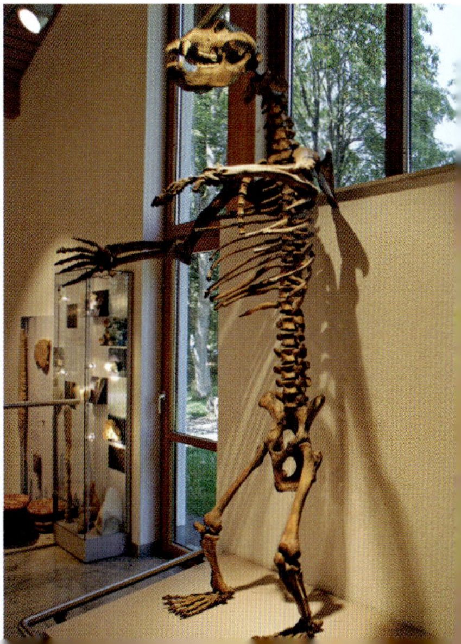

Im Höhlenkundlichen Museum gibt es das Skelett eines Höhlenbären zu bestaunen.

F4 Urgeschichtliches Museum Blaubeuren

Hier gibt es alles über das Leben von Neandertaler und modernem Mensch während der letzten Eiszeit zu erfahren. Grundlage hierfür bieten die weltweit bedeutenden Funde aus den Höhlen der Umgebung. Die damaligen Menschen entwickelten neue Werkzeugtechniken und gestalteten Tier- und Menschenfiguren, die zu den ältesten Kunstwerken der Menschheit zählen. Auch die ältesten Musikinstrumente sind hier gefunden worden sowie zahlreiche Schmuckgegenstände. In einzelnen Themenräumen werden die Schätze der Eiszeitkunst dargestellt. Besucher dürfen die Steinwerkzeuge selbst ausprobieren. Für Kinder gibt es ein Mitmachset und es werden Mal- und Bastelsets angeboten. Daneben gibt es saisonal bzw. buchbar weitere Angebote wie die SteinZeitWerkstatt oder spezielle Führungen mit dem Erlernen von Steinzeittechniken oder Höhlenbesuchen. **Öffnungszeiten:** s. Website. **Adresse:** Kirchplatz 10, 89143 Blaubeuren, Tel. +49 7344 966990, urmu.de

F5 Museum Brot und Kunst Ulm

Dass die Themen Brot und Kunst nicht staubtrocken sein müssen, beweist das Museum in Ulm. Hier gibt es für Kinder einiges zu entdecken und auszuprobieren. Ein kostenfreier Museumsguide, der als App auf das eigene Smartphone geladen werden kann (auch Leihgeräte an der Museumskasse), bietet Erklärungen, Hörspiele und historische Stimmen auf Deutsch und Englisch. Für Kinder gibt es eine eigene Version, die in Form einer Schnitzeljagd durch die Ausstellung führt. Zudem können spezielle Kinderführungen gebucht werden.
Öffnungszeiten: s. Website. **Adresse:** Salzstadelgasse 10, 89073 Ulm, Tel. +49 731 140090, museumbrotundkunst.de

F6 Naturkundliches Bildungszentrum Ulm

In der Dauerausstellung geht es um Naturräume, -vielfalt und -geschichte. Nachbildungen von Lebensräumen, Modelle und originale Sammlungsobjekte wie Minerale und Fossilien machen das fundiert vermittelte Wissen anschaulich. Für Kinder werden spezielle Führungen angeboten. Es gibt eine Museumsrallye und die Möglichkeit, heimische Tiere zu zeichnen oder eigenständig in der Ausstellung zu forschen. Auch Kindergeburtstage können im Museum gefeiert werden.
Öffnungszeiten: Di 14.00–20.00 Uhr, Mi bis Fr 10.00–16.00 Uhr, Sa, So und feiertags 11.00–17.00 Uhr. **Adresse:** Kornhausgasse 3, 89073 Ulm, Tel. +49 731 1614742, naturmuseum-ulm.de

F7 Meteorkrater-Museum Steinheim

In der spannenden Ausstellung erfährt man alles über die Entstehung des Steinheimer Beckens durch einen Meteoriteneinschlag vor rund 15 Millionen Jahren. Ein Animationsfilm macht die Katastrophe greifbar. Versteinerungen von Pflanzen und Tieren veranschaulichen die Lebewelt des Sees, der nach dem Meteoriteneinschlag im Krater entstand. Daneben gibt es einen Präparationsraum, in dem nach Voranmeldung eigene Funde präpariert werden können.
Öffnungszeiten: 01.03.–30.11., Do u. Fr 13.00–17.00 Uhr, Sa, So und feiertags 10.00–18.00 Uhr. **Adresse:** Hochfeldweg 5, 89555 Steinheim am Albuch – Sontheim im Stubental, Tel. +49 7329 96060, steinheim.com/freizeit-tourismus/sehenswuerdigkeiten/meteorkrater-museum

F8 Riff- und Eisenbahnmuseum Gerstetten

Im historischen Bahnhofsgebäude können Besucher in das Jurameer mit seiner Vielfalt an Korallen und Schwämmen, die vor 150 Millionen Jahren eine beeindruckende Unterwasserwelt mit zahlreichen Riffen bildeten, eintauchen. Es gibt eine Lauschtour (Audioguide ausleihbar) und eine kleine Forschungsstation, an der man selbst Minifossilien unter die Lupe nehmen kann. Im selben Gebäude ist das Eisenbahnmuseum untergebracht, welches die Bedeutung der Bahn für die Industrialisierung und die Erschließung der Albhochfläche aufzeigt.
Öffnungszeiten: Anfang März bis Ende Oktober, So und Feiertage 10.00–17.00 Uhr. **Adresse:** Am Bahnhof 1, 89547 Gerstetten, Tel. +49 7323 84101, gerstetten.de/de/Freizeit-Kultur/Museen

F9 Steiff Museum Giengen an der Brenz

Frieda und Knopf begleiten die jungen Besucher durch die animierten Erlebniswelten, die es mit allen Sinnen zu erleben gilt. In der Schaufertigung wird live gezeigt, wie ein Teddybär entsteht. Im Steiff Streichelzoo gibt es Tiere in Lebensgröße zum Streicheln und Anfassen, darunter Elefanten, Löwen und Eisbären. Der historische Bereich präsentiert ausgewählte und seltene Stofftiere aus der seit 1880 währenden Firmengeschichte. Außerdem gibt es eine 15 m lange Schlangenrutsche und das Bistro Knopf.
Öffnungszeiten: s. Website. **Adresse:** Margarete-Steiff-Platz 1, 89537 Giengen an der Brenz, Tel. +49 7322 131500, corporate.steiff.com/de/museum

F10 explorhino Aalen

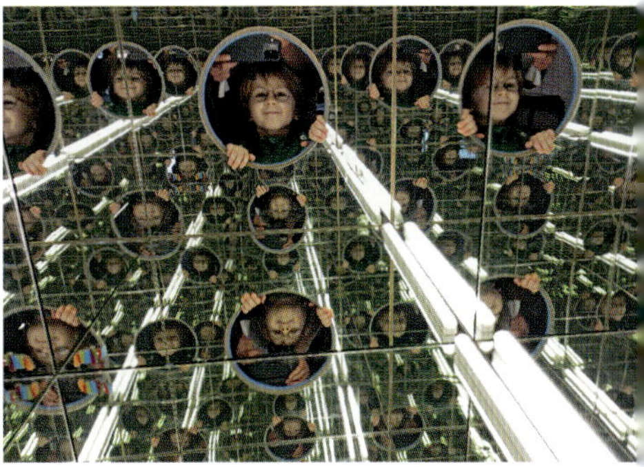

Ein Experiment mit Spiegeln lädt im explorhino zum Staunen und Begreifen ein.

Dieses außergewöhnliche Museum lädt dazu ein, anhand von über 120 Experimenten spannende Phänomene aus den Bereichen Mathematik, Technik und Naturwissenschaften kennenzulernen, zu erforschen und zu verstehen. Hier können die Kinder den eigenen Schatten einfrieren lassen, in überdimensionale Seifenblasen schlüpfen oder sich mit kniffligen Knobelspielen beschäftigen. Neben dem freien Experimentieren werden Entdeckerkurse und Veranstaltungen angeboten. Auch ein Café und einen Shop gibt es.
Öffnungszeiten: s. Website. **Adresse:** Beethovenstr. 12, 73430 Aalen, Tel. +49 7361 5761800, explorhino.de

F11 Limesmuseum Aalen

Hier erfährt man anhand von zahlreiche Originalfundstücken, großflächigen Illustrationen, Modellen und Hörstationen alles Wissenswerte rund um das einstige römische Reiterkastell am Limes, dessen Überreste in das Limesmuseum integriert bzw. im anschließenden Freigelände, dem Römerpark, konserviert sind. Für Kinder gibt es einen Mal- und Bastelbogen, römische Spiele zum

Ausprobieren im Freigelände, einen Limeswachtturm zum Spielen sowie eine Kleiderecke, wo sie sich als römischer Soldat, Senator oder römische Patrizierin verkleiden können. Daneben gibt es weitere buchbare Angebote wie die Spielkiste oder den Museumskoffer und sogar zwei Aktionspakete für zu Hause.
Öffnungszeiten: Di bis So und feiertags 10.00–17.00 Uhr, Mo geschlossen. **Adresse:** St.-Johann-Str. 5, 73430 Aalen, Tel. +49 7361 5282870, limesmuseum.de

F12 Urweltmuseum Aalen

Wer sich für Geologie und Fossilien interessiert, ist hier genau richtig. Anhand von Rekonstruktionen und Modellen sowie über 1.500 Versteinerungen wird die Entstehung der Ostalb anschaulich erklärt. Daneben gibt es eine Spezialabteilung zu den Impaktkratern Nördlinger Ries und Steinheimer Becken.
Öffnungszeiten: s. Website. **Adresse:** Reichsstädter Str. 1, 73430 Aalen, Tel. +49 7361 522365, aalen-kultur.de/urweltmuseum.177092.htm

F13 Museum KulturLand Ries Maihingen

Mit der Museumsgans Marie und verständlichen Kindertexten können Kinder im Museum KulturLand Ries (s. Tour 29) vom Alltagsleben in den letzten 300 Jahren im Ries erfahren. Mit Filmen, zahlreichen Hörstationen, an denen Zeitzeugen zu Wort kommen, und Mitmachstationen wird die Vergangenheit lebendig. Neben der Dauerausstellung gibt es wechselnde Sonderausstellungen. Für Kinder bietet das Museum spezielle Führungen und museumspädagogische Angebote (offene Angebote und buchbare Gruppenveranstaltungen). Außerdem gibt es einen Geocache, bei dem ein Einbruch im Museum nachgestellt wird und die Spuren des Täters verfolgt werden.
Öffnungszeiten: s. Website. **Adresse:** Klosterhof 3 und 8, 86747 Maihingen, Tel. +49 9087 9207170, mklr.bezirk-schwaben.de

F14 RiesKraterMuseum Nördlingen

Die Entstehung des Asteroidenkraters Ries wird im RiesKraterMuseum in Nördlingen (s. Tour 31) anschaulich erklärt. Dabei geht es um die Entstehung von Impaktkratern allgemein und des Rieses im Speziellen, um die Herkunft von Einschlagskörpern, das Sonnensystem, den Riessee und die Folgen des Riesereignisses. Mit Filmen, Modellen, Fossilien, Meteoriten, Impaktgesteinen und interaktiven Stationen werden diese anspruchsvollen Themen auch für Kinder verständlich vermittelt. Es gibt sogar ein echtes Mondgestein zu betrachten. Interessante Sonderausstellungen ergänzen die Dauerausstellung.
Öffnungszeiten: s. Website. **Adresse:** Eugene-Shoemaker-Platz 1, 86720 Nördlingen, Tel. +49 9081 84710, rieskrater-museum.de

F15 Bayerisches Eisenbahnmuseum Nördlingen

Im ehemaligen Bahnbetriebswerk Nördlingen ist das größte private Eisenbahnmuseum Süddeutschlands untergebracht. Loks mit Dampf-, Diesel- oder Elektroantrieb sind im Lokschuppen und im Freigelände zu sehen. Mehrmals im Jahr finden Sonderveranstaltungen wie das Teddybärenwochenende mit Besichtigung der Schaumodellbahnanlage sowie Fahrten mit historischen Zügen statt.
Öffnungszeiten: s. Website. **Adresse:** Am Hohen Weg 6a, 86720 Nördlingen, Tel. +49 9081 24309, bayerisches-eisenbahnmuseum.de

Höhlen und Bergwerk

Auf der Schwäbischen Alb gibt es eine unglaubliche Vielzahl an kleineren und größeren Höhlen – insgesamt sind über 2.600 Höhlen bekannt –, weswegen hier nur eine kleine Auswahl besonders sehenswerter Schau- und Naturhöhlen aufgeführt ist. Ein paar weitere Höhlen werden im Rahmen der Wandertouren aufgesucht und sind bereits dort ausführlich beschrieben.

G1 Sontheimer Höhle

Die älteste Schauhöhle Deutschlands fasziniert seit Jahrhunderten die Besucher mit ihrem Tropfsteinschmuck. Auch der älteste Höhlenplan der Schwäbischen Alb stammt von der Sontheimer Höhle. Besichtigt werden kann sie nur im Rahmen einer Führung. Außer dem angegliederten Rasthaus gibt es ganz in der Nähe auch eine Grillstelle sowie einen Spielplatz. Da die Sontheimer Höhle zu den bedeutendsten natürlichen Winterquartieren von Fledermäusen auf der Schwäbischen Alb zählt, ist sie von November bis April zu deren Schutz geschlossen. Wer die Fledermäuse hautnah erleben will, kommt zur Bat-Night, die jährlich Ende August stattfindet.

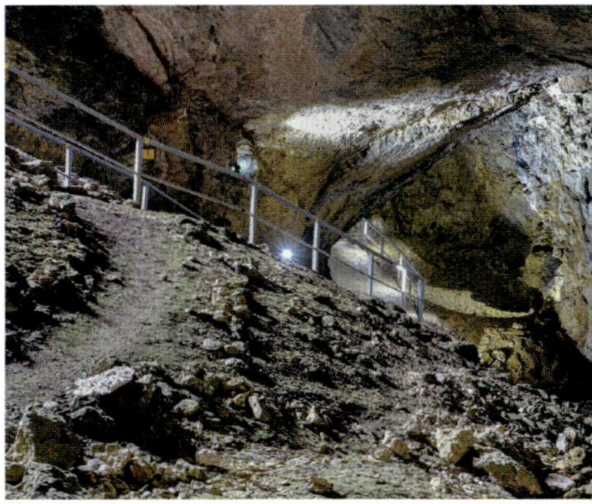

Die Sontheimer Höhle ist die älteste Schauhöhle Deutschlands.

Öffnungszeiten: s. Website. **Lage und Adresse:** Die Sontheimer Höhle ist zu Fuß bzw. mit dem Fahrrad von den Parkplätzen P1 und P2 aus ausgeschildert. Diese sind von Heroldstatt, Seißen und Suppingen aus mit dem Auto sowie mit dem RadWanderBus (P2) zu erreichen. Vom Parkplatz P2 aus führt ein schöner Weg durch das Tiefental in 30 Min. zur Höhle, für den Alternativweg werden 20 Min. benötigt. Vom Parkplatz P1 aus sind es nur 5 Min. Fußweg. Kohlhalde 1, 72535 Heroldstatt, Tel. +49 7389 906648 oder 906404, sontheimer-hoehle.de

G2 Hohle Fels

Eine der größten Hallenhöhlen der Schwäbischen Alb ist der Hohle Fels im Achtal nahe Schelklingen. Bekannt ist die Höhle für den bedeutendsten Fund, der in ihr gemacht worden ist, nämlich die »Venus vom Hohle Fels«, die als die älteste Figur einer Frau sowie eines Menschen überhaupt gilt. Besichtigt werden kann die Höhle nur im Sommerhalbjahr im Rahmen einer einstündigen Führung. Im Winter ist sie zum Schutz der Fledermäuse geschlossen.

Öffnungszeiten: s. Website. **Lage und Adresse:** Parkplatz nahe der B492 von Blaubeuren kommend kurz vor Schelklingen, von dort aus kurzer Fußweg zur Höhle. Hohle Fels Weg, 89601 Schelklingen, Tel. +49 7394 24817, schelklingen.de/freizeit-tourismus/sehenswuerdigkeiten/unesco-welterbe-hohle-fels

G3 Sirgensteinhöhle

Schon der Wanderweg »Eiszeitspur Sirgenstein«, der zu dieser frei zugänglichen Naturhöhle führt, ist für Kinder ein Erlebnis. Bei Ausgrabungen wurde festgestellt, dass einst sowohl Neandertaler als auch moderne Menschen diese aufsuchten. Thema des Erlebnispfades ist der Mensch. Unter dem Motto »Du bist Mensch, weil...« können Kinder und Erwachsene spielerisch den Urmenschen in sich entdecken. Bereits am Parkplatz gibt es ein großes Klettergerüst sowie eine Fotostation mit Eiszeitkleidung. Unterwegs säumen den Themenweg Infotafeln und Mitmachstationen. Ziel ist die Sirgensteinhöhle, die allerdings während der Brutzeit des Wanderfalken sowie von November bis einschließlich April wegen des Fledermausschutzes nicht betreten werden darf.
Lage: Parkplatz Tiefental an der B492 kurz nach Blaubeuren-Weiler Richtung Schelklingen (Navi: N48.395490, E9.766886). Von dort ist der Weg (einfache Strecke ca. 1,5 km) als Eiszeitspur Sirgenstein ausgeschildert.

G4 Fohlenhaus

Im schönsten Abschnitt des Lonetales, wo das Gewässer noch naturnah und weitgehend unbegradigt dahinplätschern darf, befindet sich das Fohlenhaus. Das Aussehen des Felsens soll an ein Fohlen erinnern – daher der Name. Es wurden hier auch vorgeschichtliche Funde gemacht, die jedoch nicht die Bedeutung wie die anderer Lonetalhöhlen haben. Das Fohlenhaus besteht aus zwei kleineren Höhlen, die frei zugänglich sind. Davor befindet sich eine Schutzhütte mit Grilllmöglichkeit.
Lage: Vom Wanderparkplatz Salzbühl nördlich Bernstadt aus (Navi: N48.51744, E10.03384) ist das Fohlenhaus über einen zwei Kilometer langen Wanderweg (einfache Strecke) durch das wunderschöne Lonetal zu erreichen.

G5 Charlottenhöhle mit HöhlenErlebnisWelt

Die Charlottenhöhle allein ist schon einen Besuch wert. Sie ist nicht nur die längste begehbare Schauhöhle der Schwäbischen Alb, sondern zählt mit ihren Tropfsteinen auch zu den schönsten Schauhöhlen Deutschlands. Im Rahmen einer Führung kann sie im Sommerhalbjahr besichtigt werden. Von Anfang November und Ende März gehört sie den Fledermäusen. Doch daneben gibt es bei Hürben auch noch einen Abenteuerspielplatz (s. Freizeittipp C6), das HöhlenHaus sowie das HöhlenSchauLand. Das HöhlenHaus, das in der Gestaltung einem jungsteinzeitlichen Langhaus nachempfunden ist, dient als Informations- und Servicezentrum. Hier sorgt nicht nur ein Biergarten für das leibliche Wohl, sondern es werden auch Eiszeit und Geopark Schwäbische Alb anschaulich erklärt. Im Mittelpunkt steht des Weiteren die Entstehung und Entdeckung der Charlottenhöhle. Auch in dem interaktiven Erlebnismuseum HöhlenSchauLand wird Wissen spannend vermittelt in Form von Fledermaushöhlen, sprechenden Steinen und Erdgeschichte zum Mitmachen (s. Tour 22).
Öffnungszeiten: s. Website. **Adresse:** Lonetalstr. 61, 89537 Giengen an der Brenz – Hürben, Tel. +49 7324 987146, hoehlenerlebniswelt.de

G6 Tiefer Stollen

Schon die Fahrt mit der Grubenbahn 400 m tief in das einzige Besucherbergwerk der Schwäbischen Alb ist für Groß und Klein ein Erlebnis. Mittels Multivisi-

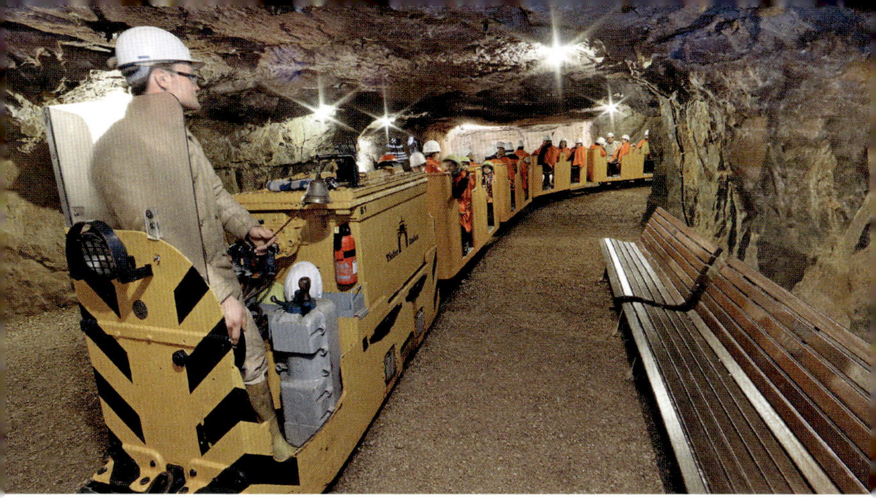

onsshow und auf dem geführten Rundgang wird die harte Arbeit der Bergleute in der geheimnisvollen Unterwelt spannend dargestellt. Weitere Highlights sind das Modell »Gläserner Braunenberg« sowie eine kleine, inszenierte Gewinnsprengung unter Tage. Es werden barrierefreie Rundgänge angeboten, die sich auch für Familien mit kleineren Kindern eignen. Für Schulkinder (etwa 4. – 6. Klasse) gibt es ein Erkundungs- und Informationsheft zum Herunterladen auf der Website (s. Tour 24).

Mit der Grubenbahn im Besucherbergwerk Tiefer Stollen.

Öffnungszeiten: Mitte März bis Anfang November, Di bis So, 9.30–16.00 Uhr.
Adresse: Erzhäusle 1, 73433 Aalen, Tel. +49 7361 970249, bergwerk-aalen.de

Infozentren

H1 Naturschutzzentrum Schopflocher Alb

Die Dauerausstellung vermittelt anhand zahlreicher interaktiver Stationen viel Wissen rund um den Albtrauf, Geologie, Naturschutz, Landschaftspflege sowie die Vielfalt an Pflanzen, Tieren und Lebensräumen. Neben einem über 20 Meter langen Holzmodell des Albtraufs gibt es das »Kabinett der Artenvielfalt«, in dem 120 typische Pflanzen und Tiere der Schwäbischen Alb vorgestellt werden sowie eine Sagen-Station. Sonderausstellungen, zu denen auch thematisch passende Kindernachmittage angeboten werden, ergänzen die Dauerausstellung. Im Außengelände befinden sich ein Schaugarten sowie ein aufgelassener Kalksteinbruch, der allerdings nur im Rahmen einer Führung besichtigt werden kann. Ein vielfältiges Erlebnisangebot mit Führungen, Vorträgen, Seminaren und Erlebnisnachmittagen hält auch Interessantes für Familien und Kinder bereit wie Führungen und Naturgeburtstage zu verschiedenen Themen. Im Biosphärenlädle werden Erzeugnisse aus dem Biosphärenreservat angeboten. Außerdem gibt es hier Kaffee und Hefezopf.
Öffnungszeiten: s. Website. **Adresse:** Vogelloch 1, 73252 Lenningen-Schopfloch, Tel. +49 7026 950120, naturschutzzentrum-schopfloch.de

H2 Erlebniswelt Grundwasser im Wasserwerk Langenau

Nur mit Anmeldung und im Rahmen einer kostenlosen Führung kann die Erlebniswelt Grundwasser im Wasserwerk Langenau besucht werden. Dieses zählt zu den modernsten und größten Wasserwerken Europas und kann ebenfalls besichtigt werden. Die Erlebniswelt erschließt interaktiv den Weg des Trinkwassers. **Öffnungszeiten:** Mo bis Fr 9.00–17.00 Uhr, So 10.00–15.00 Uhr. **Adresse:** Am Spitzigen Berg 1, 89129 Langenau, Tel. +49 7345 96380, lw-online.de/service/besichtigungen

H3 Geopark-Infozentrum Oettingen

Im historischen Rathaus von Oettingen geben bebilderte Infotafeln Aufschluss über den Geopark Ries und seine besonderen Gesteine, die auch in Vitrinen ausgestellt sind. Schwerpunkt der kostenlosen Ausstellung ist die Besiedlungsgeschichte des Nordrieses, anschaulich dargestellt anhand zahlreicher Fundstücke. Am Bildschirm werden die Einschlagssimulation sowie die Uhr der Erdgeschichte gezeigt. Außerdem gibt es ein Modell des Rieskraters. **Öffnungszeiten:** s. Website. **Adresse:** Schloßstr. 36, 86732 Oettingen i. Bay., Tel. +49 9082 70952, geopark-ries.de/freizeit/a-z/geopark_infozentrum_oettingen-21876

H4 Geopark-Infozentrum Nördlingen

Gleich neben dem RiesKraterMuseum befindet sich das Geopark-Infozentrum Nördlingen (s. Tour 31). Bebilderte Infotafeln geben Aufschluss über den Geopark Ries und seine besonderen Gesteine, die auch in Vitrinen ausgestellt sind. Der Zusammenhang von Geologie und Architektur, die Bedeutung der Kraterforschung im Ries sowie die Auswirkungen des Einschlags auf Landschaft und Wirtschaft sind weitere Themen der kostenlosen Ausstellung. Am Computer werden die Einschlagssimulation sowie die Uhr der Erdgeschichte gezeigt. **Öffnungszeiten:** Di bis So und feiertags 10.00–16.30 Uhr. **Adresse:** Eugene-Shoemaker-Platz 3, 86720 Nördlingen, Tel. +49 9081 2738220, geopark-ries.de/freizeit/a-z/geopark_infozentrum_noerdlinge-21874

Themenwege

I1 Gmünder Steigen und Staffeln – Tour II

In Schwäbisch Gmünd gibt es mehrere, allerdings unbeschilderte Touren mit dem Titel »Gmünder Steigen und Staffeln«. Für Familien und Kinder besonders interessant ist Tour II, die auf den Zeisigberg führt, wo es eine Riesenrutsche gibt. Außerdem bietet er eine herrliche Aussicht auf Schwäbisch Gmünd. Auf gut 4 km gilt es, 90 Höhenmeter zu überwinden.
Ausgangspunkt: Dreifaltigkeitsfriedhof, Weißensteiner Str. 176, 73525 Schwäbisch Gmünd. **Info:** schwaebisch-gmuend.de/steigen-staffeln.html#/article

I2 Nellinger Bärenpfade

Auf Entdeckungstour zu Natur und Geschichte gegangen werden kann auf den Nellinger Bärenpfaden. Es gibt einen kleinen und einen großen Bärenpfad (4,3 km bzw. 7 km) sowie einen Radler Bärenpfad (20,4 km). Stationen sind bei-

spielsweise eine Lehmgrube, eine Wettereiche, ein Hutewald und das mysteriöse Kuhloch. Auf Tafeln werden die Attraktionen leicht verständlich erklärt. Die Bezeichnung Bärenpfad hat übrigens mit den Herren von Nellingen zu tun, die im 12–15. Jahrhundert als Ortsherren nachweisbar sind und den Bären im Wappen trugen. Auch heute noch ziert ein schwarzer Bär mit roter Zunge das Ortswappen von Nellingen.
Ausgangspunkt: Grill- und Spielplatz im Mäuselauch westlich Nellingen (Navi: N48.54936, E09.77483). **Info:** nellingen.de/freizeit-kultur/wandern-radfahren-langlauf

13 Solarlehrpfad Lonsee

An sechs interaktiven Stationen lässt sich auf dem Solarlehrpfad Lonsee spielerisch alles über den seit 2020 in Betrieb befindlichen Solarpark erfahren, sowohl wie die Energie erzeugt wird als auch wie er als Lebensraum dient. Eine Entdecker-Rallye lädt zu einer spannenden Rätseljagd ein – mit Forscher-Pass und Urkunde. Mit Rückweg beträgt die Wegstrecke nicht einmal einen Kilometer.
Ausgangspunkt: Am Nohl 80, 89173 Lonsee. **Info:** albwerk.de/solarlehrpfad mit Flyer zum Download.

14 Festungsweg Ulm/Neu-Ulm

Für Geschichtsfans und ältere Kinder lohnt sich der Festungsweg Ulm/Neu-Ulm. Er ist insgesamt 12,5 km lang, kann aber dank zahlreicher Haltestellen von Bussen und Straßenbahnen beliebig abgekürzt und in Etappen gegangen werden. Er verbindet die heute noch vorhandenen Bauwerke der einstigen Bundesfestung in Ulm und Neu-Ulm und führt hauptsächlich durch Park- und Grünanlagen. Auf insgesamt 32 Tafeln geht es um die Entstehung, Funktion und Nachnutzung der imposanten Festungsbauwerke, die zwischen 1842 und 1859 als zentraler Waffenplatz des Deutschen Bundes in Süddeutschland erbaut worden sind. Für Familien mit kleineren Kindern bietet sich der Neu-Ulmer Abschnitt mit Spielplätzen und Biergärten besonders an.
Info: tourismus.ulm.de/de/entdecken/sehen-und-erleben/sehenswuerdigkeiten/bundesfestung/festungsweg-ulm-neu-ulm mit Links zu Flyern und weiteren Informationen.

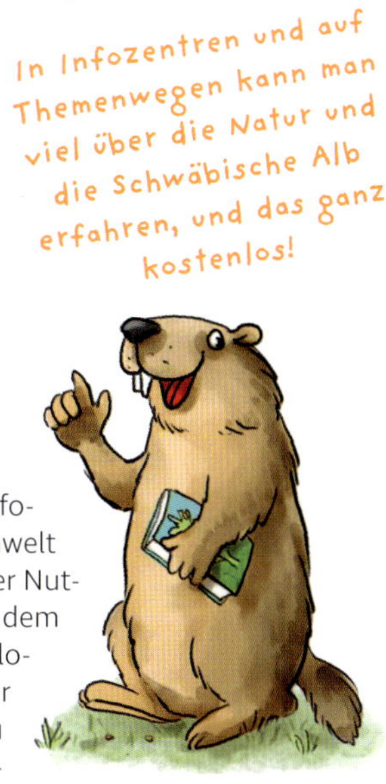

15 Umweltlehrpfad Riedweg

An der Nau entlang und durch das Langenauer Ried führt der Umweltlehrpfad Riedweg. Er ist rund 6 km lang und verläuft auf Kies- und Asphaltwegen. 14 Infotafeln geben Aufschluss über die Tier- und Pflanzenwelt sowie das Donauried mit seiner Ökologie sowie seiner Nutzung. Außerdem gibt es einen Aussichtsturm, von dem aus sich besonders während des Vogelzuges ornithologische Beobachtungen machen lassen. Ein kurzer, nur 700 m langer Lehrpfad mit nur wenigen Infotafeln zu Geologie und Hydrologie führt als Abstecher zum sagenumwobenen Grimmensee, einem Karstquelltopf, in dem einst ein Schloss versunken sein soll.

Ausgangspunkt: Parkplatz Kompostieranlage, Ostener Kuften 32, 89129 Langenau. **Info:** langenau.de/de/Erleben/Aktiv-in-Langenau/Wandern/Wandern-im-Donauried mit Flyer zum Download.

I6 Mergelstetter Wasserweg

Thema und ständiger Begleiter auf dem Mergelstetter Wasserweg ist das Wasser. Es geht an der Brenz sowie an idyllischen Bächen entlang, mehrere Quellen liegen an dem rund 7 km langen, steigungsarmen Rundweg mit 33 Stationen, der zwischendurch auch abgekürzt werden kann. Unweit des beschilderten Wanderweges gibt es einen Spielplatz mit Wasserspielplatz in der Gurstraße. Unterwegs können mit Glück Schwäne und andere Tiere beobachtet werden und es besteht die Möglichkeit, am Wasser zu spielen.

Ausgangspunkt: Brunnenmühlquelle zwischen Mergelstetten und Heidenheim, zu erreichen mit verschiedenen Buslinien, Haltestelle Hartmann. Für Autofahrer zu empfehlen ist die Gurstraße in 89522 Heidenheim-Mergelstetten, da es hier Parkmöglichkeiten gibt. **Info:** heidenheimer-brenzregion.de/was-kann-ich-unternehmen/themenwege/mergelstetter-wasserweg

I7 Auf dem Holzweg bei Oggenhausen

Der knapp 5 km lange Rundwanderweg »Auf dem Holzweg bei Oggenhausen« beschäftigt sich an elf Stationen mit dem Thema Holz. So erfahren wir beispielsweise von den »Oggenhauser Holzkatzen«. Unterwegs gibt es mehrere Aktivstationen wie etwa ein Klangspiel aus verschiedenen Holzarten, ein Würfelpuzzle und ein Fernrohr zur Tiersuche. Zudem liegt neben einem Balancierelement ein Spielplatz am Weg. Wer ein Smartphone dabei hat, kann über QR-Codes Hörspiele sowie ein Quiz aufrufen.

Ausgangspunkt: Brauerei Königsbräu, Oggenhauser Hauptstr. 1, 89522 Heidenheim-Oggenhausen. **Info:** heidenheimer-brenzregion.de/was-kann-ich-unternehmen/themenwege/holzweg

XXL-Stuhl am Holzweg bei Oggenhausen.

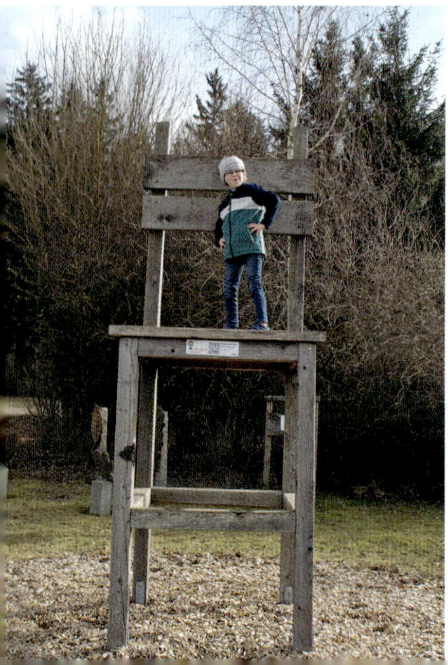

Fossiliensteinbruch

J1 Schieferbruch Kromer Ohmden

Mit Hammer und Meißel lassen sich in dem schwarzen Possidonienschiefer des Schieferbruchs Kromer in Ohmden Fossilien finden. Sie stammen von Bewohnern eines Flachmeeres, das damals vor rund 180 Millionen Jahren existierte. Am häufigsten kommen golden schimmernde Ammoni-

ten, Belemniten und Muscheln vor. Es können aber auch fossiles Treibholz, Fische und mit Glück sogar Knochen von Reptilien wie dem weltberühmten Ichtyosaurus gefunden werden. Als weitere Ausrüstung werden Handschuhe, Schutzbrille, lange Kleidung, die schmutzig werden darf, Sonnencreme und Kopfbedeckung sowie ausreichend Essen und Trinken empfohlen.
Öffnungszeiten: April bis Oktober, Mo bis Fr 9.00–17.00 Uhr, Sa, So und feiertags 10.00–17.00 Uhr. **Adresse:** Am Golfplatz, 73275 Ohmden, Tel. +49 7023 4703, schieferbruch-kromer.de

Dampfeisen- und Bimmelbahnen

K1 Blautopfbähnle

Ganz ohne Schienen kommt das Blautopfbähnle aus, welches in und um Blaubeuren unterwegs ist und verschiedene Sehenswürdigkeiten anfährt. Angeboten werden diverse Touren, die durch idyllische Täler führen. Teils werden auf kurzen Abstechern zu Fuß Aussichtspunkte aufgesucht oder Höhlen besichtigt. Das in Ulm verkehrende Pendant ist das Spatzenbähnle.
Fahrzeiten: April bis Oktober. **Adresse:** Auto-Mann GmbH & Co., Steingrubenstr. 13, 89143 Blaubeuren, Tel. +49 7344 96300, blautopfbaehnle.de

K2 Schmalspurbahn Amstetten-Oppingen

Auf der sechs Kilometer langen Schmalspurbahnstrecke von Amstetten nach Oppingen fährt zu ausgewählten Terminen das Alb-Bähnle.
Fahrzeiten: April bis Oktober und Dezember. **Adresse:** Lonetalstr. 19, 73340 Amstetten, Tel. +49 7331 7979, albbaehnle.de

K3 Lokalbahn Amstetten-Gerstetten

Auf der einstigen 20 Kilometer langen Nebenbahnstrecke Amstetten – Gerstetten verkehren heute zu ausgewählten Terminen historische Züge mit Dampf- bzw. Dieselantrieb.
Fahrzeiten: April bis Oktober und Dezember. **Adresse:** Bahnhof 2, 89547 Gerstetten, Tel. +49 151 28855000, uef-lokalbahn.de

K4 Härtsfeld-Museumsbahn »Schättere«

Durch das idyllische Egautal fährt zu ausgewählten Terminen die Härtsfeld-Museumsbahn, die liebevoll »Schättere« genannt wird. Sie verkehrt mit Dampf- oder Dieselantrieb zwischen Neresheim und Katzenstein und es gibt mit Steinmühle, Sägmühle und Iggenhausen mehrere Zu- und Ausstiegsmöglichkeiten. So kann gut eine historische Bahnfahrt mit einer Wanderung oder Fahrradtour kombiniert werden, denn auch Fahrräder sowie Kinderwägen werden transportiert. Der knapp 11 km lange Themenweg Geologisches Musterländle Härtsfeld (Streckentour) bietet sich dafür an. Auch Wisente können besucht werden. Daneben gibt es im alten Neresheimer Bahnhofsgebäude ein Museum über die Geschichte der Härtsfeldbahn, das unter anderem eine kleine Modellbahnanlage beinhaltet.
Fahrzeiten: April bis Oktober. **Adresse:** Dischinger Str. 11, 73450 Neresheim, Tel. +49 7326 5755, hmb-ev.de

Stichwortverzeichnis

A
Aalen 19, 126, 207, 217, 218
Aalener Hallenbad 129, 207
Abenteuerspielplatz HöhlenErlebnisWelt 211
Alpakafarmhofwiese 202
Alte Bürg 162
Ameisenstadt 130
Archäopark Vogelherd 114
Auernheim 122, 203
Auerochsenweg 138
B
Badbächle 50
Bad Boll 19, 48
Badestelle Unterschneidheim 139
Badwäldle 19, 49
Ballpark Heideköpfe 102
Barbarossa-Thermen 55, 204
Bärentrek 118
Baumlehrpfad Benzenzimmern 142
Bayerisches Eisenbahnmuseum 218
Benzenzimmern 142
Bergbad Giengen 121, 206
Bergbaupfad Aalen 19, 126
Berghütte Kraterblick 94
Bibererlebnispfad Benzenzimmern 142
Blaubeuren 74, 216
Blaufels 74
Blaustein 205
Blautopf 74
Blautopfbäder Freibad 77, 205
Blautopfbähnle 225
Blossenau 21, 198
Bobbahn Donnstetten 212
Bock 184
Bolheim 106
Bolheimer Gipfel 106
Breitenstein 24
Brenders 51
Brenz 20, 98
Brenzpark 103, 211
Brenzquellrunde 98
Bud Spencer Freizeit- und Erlebnisbad 61, 65, 204
Burg Harburg 184, 214
Burg Katzenstein 213
Burgruine Helfenstein 7, 84
Burgstall 94
Burkhardtshöhle 38
C
Charlottenhöhle 118, 220
Charlottensee 52
D
Dellenhäule 130
Donauwörth 209
DON-KEY Tours 203
Donnstetten 212
Drackensteiner Wasserfall 44
E
Ebnater Tal 130
Ederheim 167
Eiszeitpfad Lonequellrunde 80
Entengraben 149
Erlebnisgeotop Lindle 158
ErlebnisWaldpfad NATURATUM 62
Erlebniswelt Grundwasser 222
Erlsbachwald 149
Eselsburg 110
Eselsburger Tal 110
Eseltrekking Zachersmühle 202
explorhino Aalen 10, 217
Eybach 84
F
Familienpark Himmelsgarten 19, 65, 210
Familienpark Schwäbische Alb Westerheim 210
Felsenmeer Wental 89
Felsental 84
Festungsweg Ulm/Neu-Ulm 223
Fils 20, 43
Flugplatz Elchingen 130
Fohlenhaus 220
Freibad auf dem Schellenberg 209
Freibad Bad Boll 51
Freibad Göppingen 55, 204
Freibad Monheim 194
Freibad Spiesel 129
Freibad Tagmersheim 201
Freibad Westhausen 137
Freizeitbad Bad Blau 77, 205
Freizeitbad Jurawell 109, 110, 113, 206
Fuchsmühle 134
Fünf-Täler-Bad 87, 206
G
Gaststätte Albengel 30
Geislingen an der Steige 7, 18, 84, 206
GEMULA-Weg 21, 198
Geoparkführungen Geopark Ries 203
Geopark-Infozentrum Nördlingen 222
Geopark-Infozentrum Oettingen 222
Geopark Ries 20
Geo-Pfad Schwäbisch Gmünd 56
Geo-Pfad Steinheimer Becken 94
Geotope Klosterberg 145
Geotope Kühstein 180
Gerstetten 217
Giengen an der Brenz 206, 211, 217
Gmünder Hallenbad 61, 65, 204

Gmünder Steigen und Staffeln 222
Goldberg 21, 176
Goldbergalm 176
Goldburg 176
Göppingen 202, 204, 215
Gut Berg 200

H

Haarberg 20, 66
Hägelesberg 80
Hahnberg 145
Haldenberg 66
Hallenbad Blaubeuren 77
Hanseles Hohl 172
Harburg 21, 184, 214
Härtsfeld-Lamas 122, 203
Härtsfeld-Museumsbahn »Schättere« 225
Härtsfeldsee 20, 207
Heidenheim 102, 206, 211
Heimatmuseum Höchstädt 177
Helfenstein 84
HellensteinBad aquarena 101, 105, 206
Hepsisauer Steige 24
Herbrechtingen 110, 206
Hexensattel 66
Hohe Beet 94
Hohenburg 172
Hohle Fels 219
HöhlenErlebnisWelt 118, 220
Höhlenkundliches Museum 70, 215
Hohlenstein 114
Hohlensteinhöhle 167
Hohler Stein 72
Hölltal 56
Holzmaden 215
Holzweg Oggenhausen 224
Hürbe 118

I

Ipf 139
Ipfweiher 138
Itzelberger See 98

K

Kaltenburg 118
Kapfenburg 134
Karst-Lehrpfad Laichingen 70
Kastellbad, römisches 61
Kessel 172
Kletterwald Laichingen 19, 71, 212
Knill 94
Knillwald 94
Knoblauchfelsen 74
Königsbronn 98
Kreuzberg 172
Kreuzkapelle 45
Kugelbahn Böbingen 63
Kugelbahn Essingen 63
Kühstein 22

L

Laichingen 70, 212, 215
Landschaftspark Schloss Filseck 52
Lauchheim 134
Lauschtour Goldberg 176
Lehrpfad »Rund um die Hölle« 167
Lettenhülbe 94
Limesmuseum 20, 217
Lindenau 114
Literaturcafé am Lindle 158
Lokalbahn Amstetten-Gerstetten 225
Lone 80, 83, 114, 117, 118, 220
Lonesee 20, 80, 210
Lonetal 10
Lonetopf 80
Lonsee 80, 210, 223
Lonseer Heide 80
Löwenpfad »Orchideenpfad« 66
Lutzingen 176

M

Maihingen 145, 218
Marbach 172
Märchenweg Harburg 11, 21, 184
Märklineum 53, 215
Mauchtal 145
Mehrgenerationenspielpark Heldenfinger Kliff 211
Mergelstetter Wasserweg 224
Meteorkrater-Museum 94, 216
Michelsberg 172
Mönchsdeggingen 180
Monheim 194
Mörikefels 24
Mostbirnenlehrpfad 50
Museum Brot und Kunst 216
Museum im Prediger 57
Museum KulturLand Ries 145, 218
Museum Schloss Höchstädt 177
Mutlangen 204
Mutlantis Mutlangen 204

N

Nationenweg 74
Naturerlebnisbad Niederalfingen 129, 207
Naturkundliches Bildungszentrum Ulm 216
Naturlehr- und Bewegungspfad Lauchheim 134
Naturpfad SinnesWandel 12, 48
Naturschutzzentrum Schopflocher Alb 18, 30, 221
Natur- und Umweltbildungszentrum Blossenau 198
Neandertalerweg 10, 114
Neidlingen 18, 34
Neidlinger Wasserfall 34
Nellinger Bärenpfade 222
Niederalfingen 207
Nördlingen 21, 154, 208, 218, 222
Nördlinger Ries 20, 94, 218

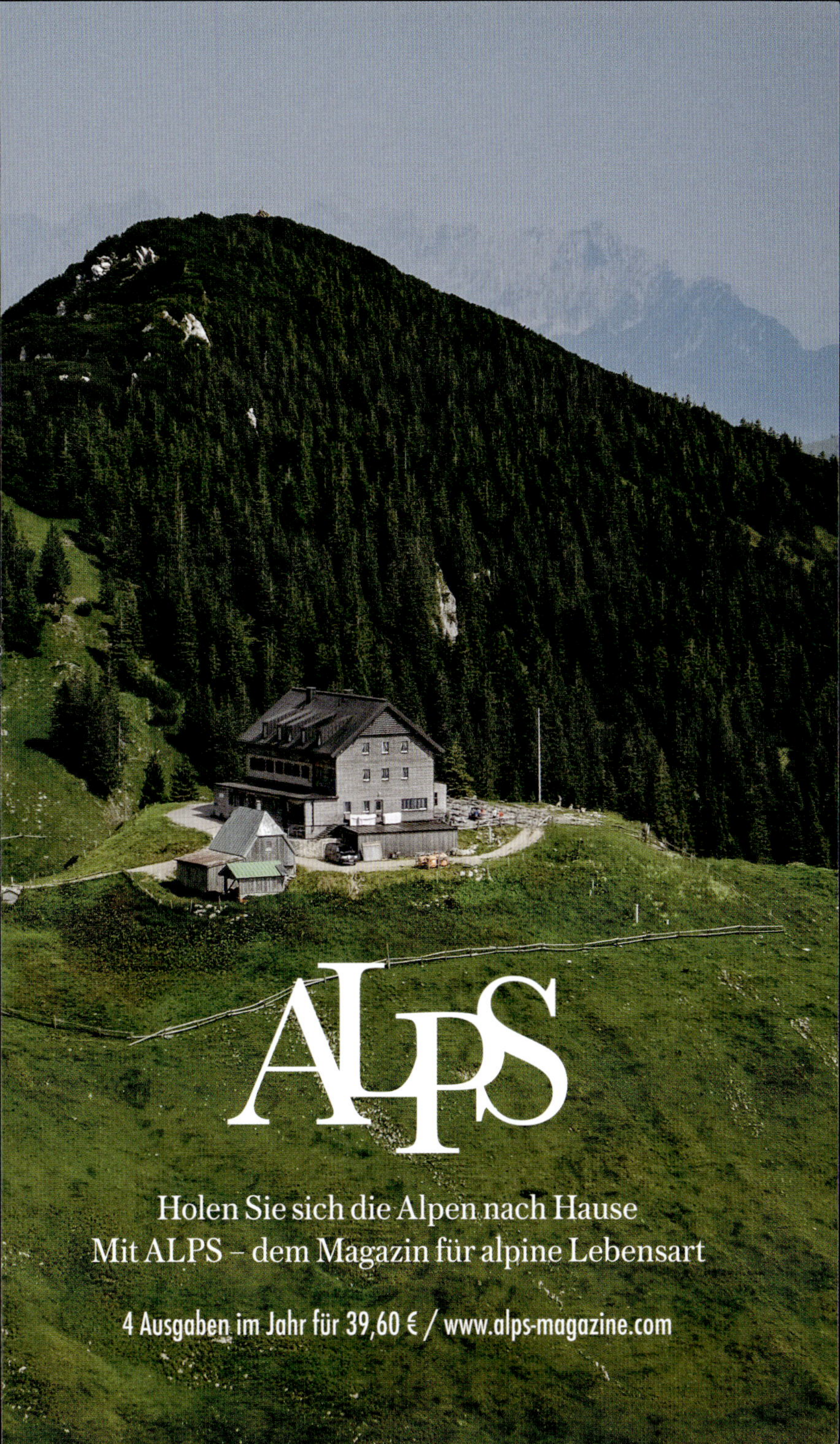
ALPS
Holen Sie sich die Alpen nach Hause
Mit ALPS – dem Magazin für alpine Lebensart
4 Ausgaben im Jahr für 39,60 € / www.alps-magazine.com

O
Ochsenwang 24
Ödenturm 84
Oettingen 21, 149, 208, 214, 222
Oettinger Storchennester-Runde 149
Ofnethöhle, Große und Kleine 162
Oggenhausen 224
Ohmden 224
Orchideenpfad 66
Otto-Hoffmeister-Haus 30
P
Pädagogischer Wasserspielplatz 194
Papiermühle Wiesensteig 43
Pfuhlbach 52
Ponyhof und Märchenpark Zwergental 71
R
Randeck 24
Randecker Maar 13, 18, 24
Rechberg 18, 19, 56
Reichenbach im Täle 19
Reimlinger Tor 154
Riegelberg 23, 162
RiesKraterMuseum 21, 156, 159, 218
Riff- und Eisenbahnmuseum Gerstetten 217
Roggenmühle, Obere 85
Rohrbach 135
Roßfeld 149
Roßköpfleweiher 194
Röthardt 126
Ruckenberg 74
Ruine Herwartstein 98
Ruine Hochhaus 168
Ruine Hohenrechberg 59
Ruine Niederhaus 168
Ruine Reußenstein 34
Rusenschloss 74
S
Schattentheatermuseum »Schattenreich« 57
Schertelshöhle 38
Schieferbruch Kromer 215, 224
Schloss Baldern 139, 214
Schlossberg Heidenheim 102
Schloss Brenz 213
Schloss Filseck 52
Schloss Hellenstein 102
Schloss Kapfenburg 213
Schloss Oettingen 214
Schmähinger Badeweiher 161, 165, 171, 209
Schmalspurbahn Amstetten-Oppingen 225
Schneetalhütte 190
Schneidheimer Sechta 138
Schopflocher Moor 18, 30
Schulmuseum im Klösterle 57, 63
Schwäbisch Gmünd 19, 56, 62, 204, 210, 212, 222
Schwebender Pfad 52
Sirgensteinhöhle 220
Skypark epia Kletterwald 19, 65, 212
Solarfreibad Marienhöhe 147, 155, 161, 165, 171, 208
Solarlehrpfad Lonsee 80, 223
Sommerberg 43
Sonderbuch 74
Sontheim an der Brenz 213
Sontheimer Höhle 219
Sontheim im Stubental 94
Steiff Museum 217
Steinernes Haus 38
Steinheim 216
Steinheimer Becken 94
Stetten ob Lontal 114
Straßdorf 56
T
Tälesbad 43, 47
Talhof 102
Taubental 19, 62
Tempele 50
Tiefenhöhle 70, 215
Tiefer Stollen 19, 126, 220
Tiergarten Ulm 202
Tierpark Göppingen 202
Torfgrube 30
U
Übersfelder Ruinenkirche 198
Uhingen 52
Ulm 202, 216, 223
Umweltlehrpfad Riedweg 223
Unterdrackenstein 44
Urgeschichtliches Museum 75, 216
Urspring 80
Urweltmuseum Aalen 127, 218
Urweltmuseum Hauff 215
Urweltpfad Bolheim 106
Utzmemmingen 162
V
Villa Rustica 162
Vogelherdhöhle 114
Voith-Arena 102
W
Waldentdeckersteg 62
Walderlebnispfad Wemding 190
Waldfreibad Heidenheim 101, 105, 206
Waldkugelbahn 62
Waldlehrpfad Helfenstein 84
Wäldlesfelsen 94
Waldschänke Eisbrunn 184
Waldsee Wemding 193, 209
Wallfahrtskirche St. Maria 60
Wanderparkplatz Braike 34
Wasseralfingen 126
Wasserberg 66
Wasserberghaus 66
Wassererlebnisbereich Lonesee 80, 210
Wasser-/Klang-Pfad Auernheim 122
Wasserspielplatz Blaustein 75

Wasserwerk Langenau 222
Weiler ob Helfenstein 84
Wemding 190, 209
Wental 18, 19, 89
Westerheim 38, 210
Westerheimer Höhlentour 38
Wetzgauer Bach 65
Wiesensteig 43
Wiesensteiger Geopfad 43
Wildgehege Westerlau 71
Wildpark Eichert 102
Woellwarthstein 126
Wörnitz 184
Wörnitz-Flussfreibad 147, 153, 208
Wörnitztal 149

Z

Zachersmühle 202
Zehentscheuer 122
Ziegelhütte 24
Zipfelbachschlucht 24
Zukunftswald Monheim 194

Bildnachweis: Alle Fotos von der Autorin, ausgenommen die Fotos der Seiten 35 (https://lgrbwissen.lgrb-bw.de/geotourismus/bachbetten-prall-haenge-wasserfaelle/schwaebische-alb/neidlinger-wasserfall, Abrufdatum: 27.02.2024, © Regierungspräsidium Freiburg - LGRB), 203 o. (Harald Walz), 203 u. (Dietmar Denger, © Geopark Ries e. V.), 205 (Bildrechte: Bad Blau), 207 u. (Sandra Fischer, Gemeinde Hüttlingen), 208 (Werner Rensing), 209 (Foto Finck, © Stadt Nördlingen), 212 (Skypark epia Kletterwald, Yannick Friedel), 219 (Udo Besenreuther), 221 (Peter Schlipf, © Stadt Aalen).

Impressum

Umschlagbild: Höhlenforscher an der Großen Ofnethöhle (Tour 33).

Bildnachweis: Siehe S. 231.

Die Autorin: Kathrin Schön ist Diplom-Geographin und lebt in Nördlingen. Als Geoparkführerin zeigt sie unter anderem Schulklassen, Kindergruppen und Familien den Geopark Ries.
Website der Autorin: geo-idea.de

Kartografie: 41 Wanderkärtchen im Maßstab 1:25.000, 1:35.000 und 1:50.000, Geodaten © OpenStreetMap und Mitwirkende, kartografisches Design: SHOCart (CZ), www.shocart.cz
2 Übersichtskärtchen © Freytag & Berndt, Wien

Illustrationen: Alle Illustrationen von Stephanie Stickel (stephanie-stickel.de).

Werk-Nr.: 3376

1. Auflage 2024

ISBN 978-3-7633-3376-9

Wir freuen uns über jeden Korrekturhinweis zu diesem Wanderbuch!
Bitte per E-Mail an: **leserzuschrift@rother.de**

ROTHER BERGVERLAG · Keltenring 17 · D-82041 Oberhaching
Tel. +49 89 608669-0 · rother.de